北京青少年教育与发展研究基地成果

《BEIJING QINGNIAN YANJIU》
YOUXIU LUNWENJI

《北京青年研究》优秀论文集(2014—2016)

《北京青年研究》编辑部 ◎ 主编

北京理工大学出版社
BEIJING INSTITUTE OF TECHNOLOGY PRESS

图书在版编目（CIP）数据

《北京青年研究》优秀论文集 : 2014—2016 / 《北京青年研究》编辑部主编. —北京：北京理工大学出版社，2017.8
ISBN 978-7-5682-4510-4

Ⅰ. ①北…　Ⅱ. ①北…　Ⅲ. ①青年工作–中国–文集　Ⅳ. ①D432.6–53

中国版本图书馆 CIP 数据核字（2017）第 176813 号

出版发行 / 北京理工大学出版社有限责任公司
社　　址 / 北京市海淀区中关村南大街 5 号
邮　　编 / 100081
电　　话 /（010）68914775（总编室）
（010）82562903（教材售后服务热线）
（010）68948351（其他图书服务热线）
网　　址 / http://www.bitpress.com.cn
经　　销 / 全国各地新华书店
印　　刷 / 保定市中画美凯印刷有限公司
开　　本 / 710 毫米×1000 毫米　1/16
印　　张 / 22
字　　数 / 418 千字
版　　次 / 2017 年 8 月第 1 版　2017 年 8 月第 1 次印刷
定　　价 / 58.00 元

责任编辑 / 申玉琴
文案编辑 / 申玉琴
责任校对 / 周瑞红
责任印制 / 李志强

目　录

十八大以来习近平关于青年工作重要论述研究

楚国清

（北京青年政治学院）

青年是祖国的未来和民族的希望。党的十八大以来，习近平同志高度重视青年工作，先后在多个场合、用多种形式表达了对广大青年的亲切关怀和殷切期望。他站在培养中国特色社会主义事业合格建设者和可靠接班人的战略高度，着眼于实现中华民族伟大复兴中国梦的宏伟目标，在研究新情况、解决新问题、总结新经验的基础上，把坚持继承和发展创新辩证地统一起来，肯定了近代以来广大青年对于国家振兴和民族复兴做出的重大贡献，阐述了当代青年对实现中华民族伟大复兴中国梦的重大责任，指明了新时期当代青年成长成才的必由之路，要求全党上下努力为青年成长成才创造条件。习近平关于青年工作的一系列重要论述，提出了许多新观点、新论断、新要求，体现了理论逻辑、实践逻辑和历史逻辑的高度统一，是当代青年在实现中国梦进程中建功立业的行动指南，也是指导青年工作的行动纲领。深入学习贯彻习近平关于青年工作的一系列重要论述，对于不断增强做好新形势下党的青年工作的坚定信心和历史责任感，努力汇聚广大青年实现中国梦的青春力量，具有十分重大而深远的意义。

一、实现中国梦是当代青年的历史使命

党的十八大以来，习近平同志反复强调，青年最富有朝气、最富有梦想，青年兴则国家兴，青年强则国家强。[1]他指出，青年是中华民族伟大事业的接班人，是将来社会的主人，是时代发展的生力军；青年一代有理想、有担当，国家就有前途，民族就有希望，实现我们的发展目标就有源源不断的强大力量。[2]

我国青年始终是推动社会进步的重要力量。在中华民族复兴的每个节点上，率先呐喊并勇敢走在时代前列的总是青年；而青年也一直以自己的实际行动，赢得了作为时代先锋地位的承认。2013 年 5 月 4 日，习近平同志在同全国各界优秀青年代表座谈时，充分肯定了近代以来我国青年对于国家振兴和民族复兴做出的重大贡献。他指出，近代以来，我国青年不懈追求的美好梦想始终与振兴中华的历史进程紧密相连，广大青年在革命战争年代，满怀革命理想，为争取民族独立和人民解放冲锋陷阵、抛洒热血；在社会主义革命和建设时期，积极响应党的号召，保卫祖国、建设祖国；在改革开放历史新时期，发出团结起来、振兴中华的时代强音，为祖国繁荣富强开拓奋进、锐意创新。习近平同志的这些重要论述，充分肯定了我国青年在推动社会发展、促进社会变革的历史地位和重要作用，强调青年是我国社会发展中一支最为活跃、最有生气、最具创造性的力量，蕴含着推动历史发展和社会前进的强劲能量。从历史上看，鸦片战争至今的 170 多年间，一代又一代先进青年为争取民族独立和人民解放，为实现国家富强和人民幸福，进行了不懈奋斗，建立了卓越功勋，是中华民族百年追寻强国之梦道路上的中坚力量。

重视青年和青年工作，是中国共产党重要的方针政策，也是优良的工作传统。中国共产党从来都把青年看作是祖国的未来和民族的希望，从来都把青年作为党和人民事业发展的生力军，从来都支持青年在人民的伟大奋斗中实现自己的人生理想。习近平同志指出，在革命、建设、改革各个历史时期，中国共产党始终高度重视青年、关怀青年、信任青年，对青年一代寄予殷切期望。[3]党的十八大以来，习近平同志在不同场合反复强调要一如既往地重视青年工作，为青年成长成才创造条件。习近平同志的这些重要论述，与中国共产党四代领导集体重视青年工作的思想一脉相承。中国共产党自成立之日起，就把青年与无产阶级政党所肩负的历史使命紧密联系起来，与建设有中国特色社会主义事业的兴衰成败紧密联系起来，将青年工作与党的工作有机结合起来，将青年工作与党的建设紧密结合起来，牢牢把握青年工作的主导权，通过建立中国共青团，团结和带领全国各族、各社会阶层的青年，围绕更加有效地组织青年、解放青年、服务青年和促进青年发展来开展工作。我国青年工作的实践充分说明，只有在中国共产党的领导下，广大青年才能朝着正确方向奋勇前进，青年运动才能沿着正确道路蓬勃发展。[4]

一个时代有一个时代的任务，一代人有一代人的使命。在当代中国发展的进程中，青年被赋予不同的历史使命。在革命战争年代，青年运动的主题是救亡图存，求得民族独立和民族解放。在社会主义革命和建设时期，青年运动的主题是艰苦创业，建设社会主义新家园。在改革开放历史新时期，青年运动的主题是高举中国特色社会主义旗帜，推动中华民族伟大复兴。党的十八大明确提出了“两个一百年”的奋斗目标，特别是党的十八大之后，习近平同志从时代发展进步的角度，科学把握世情、国情、党情、民情，在全面建成小康社会即将到来、实现社会主义现代化大有希望的背景下，适时提出和阐述了实现中华民族伟大复兴的中国梦的奋斗目标。

中国梦从根本上说更是青年梦。习近平同志强调，中国梦是我们的，更是青年一代的，中国梦必将为当代青年实现人生理想、创造美好生活打开无比广阔的空间。习近平同志的这些重要论述，在理论和实践层面高度浓缩了中国特色社会主义现代化事业的依靠力量、现实要求和总体目标，既为青年群体实现群体自觉提供了具体的奋斗指向，又对青年个体践行和实现中国梦提出了具体要求，是当代青年奋斗的行动指南和力量源泉。为什么说中国梦从根本上说更是青年梦？原因有以下几点：一是中国梦是包括广大青年在内的我国各族人民的共同理想，为青年提供了不断前行的不竭动力；二是中国梦从近代中国的悲惨命运和 1949 年后的探索与前进，靠的是一代又一代青年的努力奋斗；三是中国梦的逐步实现过程也是广大青年在实际行动中磨砺与蜕变的全面发展过程，是中国特色社会主义事业合格建设者和可靠接班人培养的过程。回首中国梦百年来的演变过程，我们可以发现，中国梦与青年梦目标是一致的。

实现中国梦是当代青年的历史使命。在实现中国梦的征程中，青年是不可或缺的社会群体，也是大有可为的中坚力量。习近平同志站在党和国家事业发展全局的战略高度，围绕中国梦与当代青年历史使命这一主题，与时俱进赋予青年新的时代历史使命。他多次指出，青年肩负着带领全国各族人民全面建成小康社会、实现中华民族伟大复兴的中国梦的神圣职责和光荣使命。他反复强调，实现中华民族伟大复兴的中国梦，需要一代又一代有志青年接续奋斗。他要求，广大青年要在实现中国梦的伟大实践中勇做奋进者、开拓者、奉献者，要在为人民利益的不懈奋斗中书写人生华章。习近平同志的这些重要论述，阐述了当代青年对实现中华民族伟大复兴的中国梦的重大责任，体现了中国共产党对青年和青年工作的一贯态度，也反映了党对新时期青年发展和青年工作的新思考、新要求。青年掌握着最先进的科学理论，有初生牛犊不怕虎的魄力，有了青年才使得民族力量不断加强。作为建设中国特色社会主义事业承前启后、继往开来的一代，当代青年个人的前途和命运与国家和民族的前途和命运紧密相连，实现民族复兴的接力棒，已经交到当代青年手上。面对伟大的时代召唤，当代青年要自觉树立主体意识，怀揣梦想，大步前行。

让更多的年轻人成长起来，我们的事业才能万古长青。历史经验告诉我们，造就一代人是一项浩大的工程，有个工程周期，必须着眼于长远，着手于当前，着力于基础，扎扎实实地从早从紧抓起，这样才能保证我们在更加激烈的竞争环境中立于不败之地。

二、当代青年成长成才的必由之路

习近平同志根据党所处的时代环境和所肩负的历史任务的变化，在深刻总结历史经验教训的基础上，提出了更为明确、更为具体的新时期当代青年成长成才的必由之路。

要自觉践行社会主义核心价值观。青年时期是价值观形成的关键时期，青年社会历练相对欠缺，思想困惑较多，分辨能力较弱，“可塑性”的特点较突出，需要有正确的价值观指引。习近平同志指出，青年的价值取向决定了未来整个社会的价值取向，而青年又处在价值观形成和确立的时期，抓好这一时期的价值观养成十分重要。这就像穿衣服扣扣子一样，如果第一粒扣子扣错了，剩余的扣子都会扣错。[5]他要求，全社会都要高度重视青年群体的价值观教育，引导他们迈稳步子、夯实根基，真正将社会主义核心价值观内化为精神追求，外化为自觉行动。习近平同志的这些重要论述，为培育和践行社会主义核心价值观，为教育引导和服务青年成长成才指明了方向。社会主义核心价值观是兴国之魂，回答了我们要“培育什么样的公民”的教育问题。社会主义核心价值观被广大青年所践行，就会转化为实现中国梦的强大精神力量。当前，以互联网为代表的新媒体迅猛发展，给各种社会思潮提供了传播机会，影响了青年正确价值观的形成和发展。我们必须帮助青年扣好价值观形成链条的“第一粒扣子”，努力把社会主义核心价值观的要求转化为青年日常的行为准则，进而形成自觉奉行的信念理念，引导青年在时代大潮中建功立业，否则就有可能导致部分青年“一步错，步步错”。

要传承文化精髓。中华优秀传统文化是中华民族赖以生存、发展、复兴的根基，是实现伟大复兴的中国梦的价值支撑。党的十八大以来，习近平同志多次就弘扬中华优秀传统文化做出深刻论述，认为“博大精深的中华优秀传统文化是我们在世界文化激荡中站稳脚跟的根基”，[6]“抛弃传统、丢掉根本，就等于割断了自己的精神命脉”，“需要薪火相传、代代守护”，“要认真汲取中华优秀传统文化的思想精华和道德精髓”，“更需要与时俱进、勇于创新”。习近平同志的这些重要论述，指出了中华民族伟大复兴的力量之源。文化的多元化存在已经成为当代中国不可回避的现实，异质文化的交流、交融、交锋必定会对青年产生极其复杂的影响。推进中华优秀传统文化的创造性转化和创新性发展，就是要加强对中华优秀传统文化的挖掘和阐发，把表达人类先进理念的中华优秀传统文化同当代社会发展紧密结合起来，实现中华优秀传统文化的现代转化，筑牢广大青年的思想文化根基。青年一代要肩负起实现中华民族伟大复兴的中国梦的历史使命，必须努力继承中华民族的优秀传统文化，汲取精神养分，不断革故鼎新，树立文化自觉、自省意识。

要练就过硬本领。我们正在从事的中国特色社会主义事业是伟大而波澜壮阔的，是前人没有做过的。我国发展起来后不断出现的新情况、新问题，要认识好、解决好，唯一的途径就是增强我们自己的本领。青年的素质和本领直接影响着实现伟大复兴的中国梦的进程，只有本领不断增强，“两个一百年”的奋斗目标才能实现，中华民族伟大复兴的中国梦才能梦想成真。本领不是天生的，是要通过学习来获得的。增强本领就要加强学习，既把学到的知识运用于实践，又在实践中增长解决问题的新本领。当代青年学习的任务不是轻了，而是更重了，这是由我们面临的形势和任务决定的。在每一个重大历史转折时期，面对新形势、新任务，全党上下总是把学习放在突出位置来抓；而每次学习热潮的兴起，都能推动党和人民事业实现大发展、大进步。[7]学习是习近平同志长期身体力行、反复阐述的一个重大问题。他指出，“学习是立身做人的永恒主题，也是报国为民的重要基础”。[8]青年人正处于学习的黄金时期，应该“把学习作为首要任务”，[9]“为学之要贵在勤奋、贵在钻研、贵在有恒”。他强调，青年要“既读有字之书，也读无字之书”；既要专攻博览，也要关注社会；既要向人民群众学习，向专家学者学习，也要向国外有益经验学习；既要善于向书本学习，也要善于向实践学习，在理论与实践的互动过程中，增长“能干事、干成事”的本领。习近平同志的这些重要论述，深刻揭示了学习的本质和目的，指明了学习路径，有助于广大青年增强学习的自觉性、针对性和有效性。学习是成长进步的阶梯。广大青年要真正把学习当成一种生活态度、一种工作责任、一种精神追求、一种境界要求，使一切有益的知识入脑入心，融会到学习生活工作中，让勤奋学习成为青春远航的动力，让增长本领成为青春搏击的能量。

要勇于创新创造。改革创新是时代精神的核心内容。当前，全党全国各族人民正在为全面建成小康社会、实现中华民族伟大复兴的中国梦而团结奋斗，我们比以往任何时候都更加需要强大的科技创新力量。习近平同志指出，“创新是一个民族进步的灵魂，是一个国家兴旺发达的不竭动力，也是中华民族最深沉的民族禀赋。在激烈的国际竞争中，唯创新者进，唯创新者强，唯创新者胜”。[10]他强调，“青年是社会上最富活力、最具创造性的群体，理应走在创新创造前列”。[11]习近平同志的这些重要论述，反映了我们党的深谋远虑，指明了青年创新的方向。创新是发展的灵魂，没有发展就谈不上实现梦想。历史和现实告诉我们，实现中华民族伟大复兴的中国梦，必须坚定不移地走中国特色自主创新道路，不能总是指望依赖他人的科技成果来提高自己的科技水平，更不能做其他国家的技术附庸，永远跟在别人的后面亦步亦趋。[12]青年要充分发挥敢想、敢闯、敢为天下先的特点，找准先进知识和我国实际的结合点，把创新创造的理念融入自己的学习生活中，在挖掘创新潜能、提高创新能力上下功夫，以一往无前的进取精神投身到创新实践中去，力争有所突破、有所发展、有所建树，真正使创新、创造落地生根、开花结果。

要勇于责任担当。什么是“责任担当”？从本质上讲，就是一种责任感和使命意识。敢于担当、善于担当，就是敢于和善于负起责任，这是一种工作作风，更是一种人生觉悟、个人优秀品质。[13]党的十八大以来，习近平同志在系列重要讲话中反复强调并身体力行责任担当，深刻阐明了只有尽责才能圆梦的道理，并把担当统一于实现国家富强、民族振兴、人民幸福和人类发展进步之中。他多次指出，“该承担的责任必须承担”，“要有担当意识”，要“在大是大非面前敢于担当、敢于坚持原则”，要“真抓实干，勇于担当，言必信、行必果，真正做到对历史和人民负责”。他告诫广大青年要牢记“空谈误国、实干兴邦”，要立足本职、埋头苦干，从自身做起，从点滴做起，用勤劳的双手、一流的业绩成就属于自己的精彩人生。[14]习近平同志的这些重要论述，把广大青年的责任担当与实现中华民族伟大复兴的中国梦紧密联系在一起，为责任担当赋予了新的时代内涵和目标指向性，也为广大青年尽责担当、共筑中国梦提出了具体要求和努力方向。责任担当是中华民族精神的重要内容，无论是“春蚕到死丝方尽，蜡炬成灰泪始干”，还是“先天下之忧而忧，后天下之乐而乐”，体现的都是“天下兴亡，匹夫有责”的家国情怀。近代以来，正是广大青年的这种责任担当，才冲破层层历史迷雾，推动中国社会向前发展。但是，我们应当看到，责任缺失、不敢担当、不善担当已成为当下的突出问题。责任的消解无异于青春的毁灭，广大青年要进一步增强责任意识，树立担当精神，认真履行职责使命，推动实现中华民族伟大复兴的“关键一跃”。

三、全党全社会都要关心青年成长成才

广大青年的成长成才，不仅需要自身的发奋努力，而且需要有良好的客观环境，其中包括离不开组织的培养和社会的支持。党的十八大以来，习近平同志就青年工作和共青团工作发表了多篇重要讲话。他要求全党全社会为广大青年成长成才创造条件，营造公平公正的社会环境，不断激发青年的活力和创造力，努力形成大批青年人才不断脱颖而出的良好局面。

各级党委和政府要抓好青年工作。习近平同志指出，“各级党委要从巩固和扩大党执政的青年群众基础的战略高度，加强对团的工作的领导，为团组织提供良好工作环境和条件”。[15]他强调，各级党委和政府要充分信任青年、热情关心青年、严格要求青年，各级领导干部要关注青年愿望、帮助青年发展、支持青年创业，做青年朋友的知心人，做青年工作的热心人。习近平同志的这些重要论述，充分体现了党对青年工作和共青团工作的殷切期望和有力指导，

真正把青年工作和共青团工作作为根本性和战略性工作。青年命运始终与民族命运紧密相连，青年工作始终与祖国发展息息相关，共青团工作始终与党的工作环环相扣。各级党委和政府要重视青年工作，从政治的高度，以对历史负责、对未来负责、对人民负责的态度，切实把青年工作纳入重要议事日程，把青年工作放到经济社会发展的大局中去审视、思考和把握，加快建立“党委统一领导、党政齐抓共管、共青团组织协调、有关部门各负其责、全社会积极参与”的领导体制和工作机制，努力形成全社会支持青年工作的强大合力，帮助团组织发挥好党联系青年的桥梁和纽带作用，及时提出青年工作指导性、方向性意见，为青年驰骋思想打开更浩瀚的天空，为青年实践创新搭建更广阔的舞台，为青年塑造人生提供更丰富的机会，为青年建功立业创造更有利的条件。

推动共青团事业不断开创新局面。共青团组织是中国共产党领导的先进青年的群众组织，是广大青年在实践中学习中国特色社会主义和共产主义的学校，是中国共产党联系青年群众的桥梁和纽带。2013 年 6 月 20 日，习近平同志在同团中央新一届领导班子成员集体谈话时强调，共青团工作要把握住根本性问题，把培养中国特色社会主义事业建设者和接班人作为根本任务，把巩固和扩大党执政的青年群众基础作为政治责任，把围绕中心、服务大局作为工作主线，加强团干部队伍建设，团结和带领广大青年在实现中华民族伟大复兴的征途中续写新光荣。2014 年 6 月 27 日，习近平同志在对共青团工作批示中指出，实现中华民族伟大复兴的中国梦需要依靠青年，也能成就青年，要深入研究当代青年成长的新特点和新规律，大力推进团的组织和工作创新，牢牢把广大青年团结和凝聚到党的周围。习近平同志的这些重要论述，指明了共青团工作的前进方向、基本原则和工作重点。共青团要积极适应时代发展和青年变化，认真贯彻落实中央一系列重大决策部署，把为党和人民培养人才的工作摆在首位、贯穿始终，帮助广大青年树立为实现中华民族伟大复兴的中国梦而奋斗的远大理想、坚定走中国特色社会主义道路的人生信念、自觉践行社会主义核心价值观，持续开展“我的中国梦——奋斗的青春最美丽”等主题教育实践活动，把基层团组织的积极性调动起来，把广大青年组织动员起来，推动共青团事业不断开创新局面。

重视高校人才培养工作。高校承担着培养中国特色社会主义事业合格建设者和可靠接班人的重大任务，肩负着为实现中华民族伟大复兴的中国梦提供人才保障和智力支持的重大使命。习近平同志指出，教育是人类传承文明和知识、培养年青一代、创造美好生活的根本途径，[16]要把教育摆在优先发展的战略位置，要提高教育质量，培养更多、更高素质的人才。他指出，“致天下之治者在人才”，[17]没有一支宏大的高素质人才队伍，全面建成小康社会的奋斗目标和中华民族伟大复兴的中国梦就难以顺利实现。他强调教师是办好人民满意教育、办好中国特色社会主义大学的关键，并对广大教师提出“三个牢固树立”[18]“四有”标准要求。[19]习近平同志的这些重要论述，深刻阐明了教育在实现中国梦伟大征程中的重要作用和战略地位，为我们全面贯彻党的教育方针提供了重要遵循。当今世界的综合国力竞争，说到底是人才竞争。“两个一百年”奋斗目标的实现、中华民族伟大复兴的中国梦的实现，归根到底靠人才。教育在其中的基础性、先导性、全局性地位和作用更加凸显。教育的根本任务是立德树人。从“又红又专”到“四有新人”，再到今天培养中国特色社会主义事业的合格建设者和可靠接班人，我们党的教育方针一脉相承。在全球化背景下，面对世界范围思想文化交流、交融、交锋的新形势以及当今时代思想意识多元、多样、多变的新特点，我国高校作为知识分子云集、培养青年人才的重要园地，要全面落实立德树人的根本任务，牢固树立以提高质量为核心的教育发展观，创新高校人才培养机制，培养富有民族自信心和爱国主义精神的社会主义事业合格建设者和可靠接班人。

扫除青年人才发展体制壁垒。制度顺，则人才聚，事业兴。党的十八大以来，习近平同志在调研、座谈讲话和批示中多次指出，要“建立集聚人才体制机制，择天下英才而用之”，“形成具有国际竞争力的人才制度优势”。他强调，“要着力破除束缚人才发展的思想观念，推进体制机制改革和政策创新”，“用好、用活人才，建立更为灵活的人才管理机制，打通人才流动、使用、发挥作用的体制机制障碍”，“继续完善凝聚人才、发挥人才作用的体制机制，进一步调动优秀人才创新创业的积极性”，“开创人人皆可成才、人人尽展其才的生动局面”。[20]习近平同志的这些重要论述，抓住了制约青年人才发展的瓶颈和要害，要求我们敢于攻坚克难，向顽症痼疾开刀，扫除体制壁垒和身份障碍，最大限度调动青年人才创新创业积极性，营造有利于优秀青年人才脱颖而出的环境。今天，我们比历史上任何时期都更需要大力营造青年人人皆可成才的社会氛围，更需要广开进贤之路，更需要广纳天下英才。全面深化改革为创新青年工作体制机制提供了重要契机。我们要将创新青年工作体制机制纳入国家治理体系和治理能力建设范畴，放到努力实现“两个一百年”奋斗目标、实现中华民族伟大复兴的中国梦的大局中，遵循社会主义市场经济规律和青年人才成长规律，破除制约因素和政策障碍，建立更加灵活、更加开放、更加有效的人才发展体制机制，让广大青年的创造活力汩汩涌动，让各行各业青年人才脱颖而出。

参考文献：

[1][3][9][11][14] 习近平. 在同各界优秀青年代表座谈时的讲话［N］. 人民日报，2013-05-05.

［2］习近平给华中农业大学“本禹志愿服务队”回信，勉励青年志愿者以青春梦想用实际行动为实现中国梦作出新的更大贡献［N］. 人民日报，2013-12-06.
［4］秦宜智. 汇聚实现中国梦的青春力量［N］. 人民日报，2014-01-06.
［5］习近平. 青年要自觉践行社会主义核心价值观——在北京大学师生座谈会上的讲话［N］. 人民日报，2014-05-05.
［6］江西省中国特色社会主义理论体系研究中心. 核心价值观是文化软实力的灵魂［N］. 人民日报海外版，2014-02-26.
［7］习近平. 在中央党校建校80周年庆祝大会暨2013年春季学期开学典礼上的讲话［N］. 人民日报，2013-03-03.
［8］［10］［12］［17］习近平. 在欧美同学会成立100周年庆祝大会上的讲话［N］. 人民日报，2013-10-22.
［13］霍春辉. 梦想、责任和担当［N］. 光明日报，2015-03-18.
［15］习近平在同团中央新一届领导班子成员集体谈话时强调，紧跟党走在时代前列走在青年前列，在实现中华民族伟大复兴的征途中续写新光荣［N］. 人民日报，2013-06-21.
［16］习近平主席在联合国“教育第一”全球倡议行动一周年纪念活动上发表视频贺词［N］. 人民日报，2013-09-27.
［18］2013年9月9日，习近平在向全国广大教师致慰问信中提出“三个牢固树立”，即牢固树立中国特色社会主义理想信念，带头践行社会主义核心价值观，自觉增强立德树人、教书育人的荣誉感和责任感，学为人师，行为世范，做学生健康成长的指导者和引路人；牢固树立终身学习理念，加强学习，拓宽视野，更新知识，不断提高业务能力和教育教学质量，努力成为业务精湛、学生喜爱的高素质教师；牢固树立改革创新意识，踊跃投身教育创新实践，为发展具有中国特色、世界水平的现代教育做出贡献。
［19］2014年9月9日，习近平同北京师范大学师生代表座谈时就怎样才能成为好老师这一话题提出“四有”标准，即做好老师，要有理想信念，要有道德情操，要有扎实学识，要有仁爱之心。
［20］孙学玉. 让人才事业兴旺起来——学习贯彻习近平总书记关于人才工作的重要论述［J］. 求是，2014（11）.

《北京青年研究》2015年第2期，《青少年导刊》2015年第7期全文转载

论中国共产党95年奋斗历程与中国青年工作的发展嬗变

邓希泉

（中国青少年研究中心）

青年工作的产生发展以青年群体的社会结构性存在为前提。青年群体是近代工业和社会发展的产物，青年工作则是青年群体在社会结构中稳固化后的必然产物。青年工作的发展状况，受制于社会结构中主导力量及其团结的各种社会力量对以青年为对象的社会性事务的推进过程。中国青年工作发展嬗变，是各种社会力量尤其是政治力量争取青年工作主导权的历史过程，是一个不断发现青年、确认青年、解放青年、发展青年和服务青年的历史进程，是一个不断证明并将继续证明中国青年工作有机楔入中国共产党成长壮大的发展历程，更是一个历史选择并将继续选择中国共产党作为中国青年工作领导力量的必然过程。

一、政党与青年工作的关系

政党、青年群体和青年工作都是近代社会经济发展和社会进步的产物。现代政党的影响和作用渗透到社会的方方面面，一般作用于青年工作的全过程、全要素和全体系。同时，青年工作对政党建设、政党活力、政党作用发挥等方面均产生重要影响。

（一）政党与青年工作

政党政治是现代政治生活中的普遍现象，政党青年工作是做好政党群众基础的必然要求。一个有远见的政党总是把青年看作推动历史进步、社会发展和政党前行的重要力量，总是通过青年工作来巩固和扩大自身的青年群众基础。“青年人的集会和会议如同学校和工厂一样，已经成为现代生活的一个特征。现代化进程中的青年人被深刻政治化了，这种政治化是他们成长过程的重要组成部分。”[1]政党、青年与青年工作总是如影随形，成为当代政治生活的重要方面。

青年工作的好坏影响政党生存发展的基础。联合国秘书长在《2005年世界青年报告》中指出，“学生运动在几个国家的重大社会和政治转变中起了关键作用，在民主化和促进社会进步的行动中也会继续站在最前线”。[2]相比其他社会群体，青年总是会与政治、政党发生更多的直接联系和紧密联系。“青年作为重要的社会力量，必然受到政党政治力量的牵引。”青年也“把自己视为改造社会的潜在力量”。[3]青年作为政党的组织基础、阶级基础和群众基础，政党建设和政党目标要求政党必须直接做青年工作或通过政党青年组织做青年工作。

开展青年工作是现代政党的当然责任。“青年是社会重大变革的推动者、受益者和受害者，他们通常面临着这样一个矛盾，寻求融入现有秩序或成为改变这种秩序的一种力量。”[4]现代政党必须促进社会发展，维护所代表社会阶级、阶层或社会群体的利益。当代社会，青年群体的利益需要通过政党、政策来得到保障，需要通过青年工作来确保实现。青年工作是实践性强的复杂社会系统工程，需要优秀政党尤其是优秀执政党来领导。

（二）政党、政权与青年工作

按实施主体划分，青年工作可以分为政党青年工作、政府青年工作和社会青年工作。其中，政党青年工作，主要是政党直接吸收青年作为政党成员，或者通过政党青年组织从事政党青年工作。政党青年工作主要是政党以青年群体为主要对象，通过统筹利用政党资源来吸引、凝聚、组织、服务青年等途径和方法，夯实政党的青年基础，强化青年对政党的认同，积极参与政党事务，促进政党与政权关系的密切稳固等。政府青年工作，主要通过法律制度、政策措施、职能部门，以及政府购买服务和扶助社会工作力量来促进青年成长发展。“国家青年政策是许多成员国为解决青年所关注的事情与问题而采用的主要工具。……国家青年政策应当有助于采用全面协调的方式解决青年问题。它应该为将青年问题融入国家发展战略之中发挥作用，并旨在结束青年问题的边缘化。”[5]社会青年工作，主要是指社会各界动员社会资源并以社会力量开展的青年工作。社会青年工作主要通过社会志愿组织和青年组织、社会志愿服务力量以及民间自发力量来解决青年成长发展中的问题。政府青年工作是青年工作体系中的主要部分，社会青年工作是政府青年工作的重要补充。

与政权中心的远近决定了政党在社会结构中的地位与作用，也决定了政党在青年工作体系中的地位与作用。作为执政党，其所领导的政府青年工作和引领的社会青年工作，会自觉不自觉地与本政党的政党青年工作相结合。作为非执政党的政党，被排除在政府青年工作体系之外，一般不能参与政府青年工作。

但是，处于非执政地位的政党需要尽可能通过参与政府青年工作来推动本政党的政党青年工作，尤其需要借助社会青年工作来促进政党青年工作。因此，与政权中心的远近，在很大程度上影响着政党青年工作的进展。

（三）中国共产党与青年工作的分析框架

马克思主义政党高度重视青年工作，把青年工作视作建党的重要方面。马克思在 1866 年 8 月起草的《临时中央委员会就若干问题给代表的指示》中指出："最先进的工人完全了解，他们阶级的未来，从而也是人类的未来，完全取决于正在成长的工人一代的教育。"[6]列宁指出："我们是未来的党，而未来是属于青年的。我们是革新者的党，而青年总是乐于跟着革新者走的。我们是跟旧的腐朽事物进行忘我斗争的党，而青年总是首先投身到忘我斗争中去的。"[7]毛泽东强调青年运动与工农实践相结合："革命的或不革命的或反革命的知识分子的最后的分界，看其是否愿意并且实行和工农民众相结合。"[8]邓小平、江泽民、胡锦涛、习近平等国家领导人对于中国共产党重视青年群体、重视青年工作都做出了大量的指示和论述。

中国共产党通过 95 年奋斗历程，经历了从领导人民为夺取全国政权而奋斗的党成为领导人民掌握全国政权并长期执政的党的转变，从党带领人民闹革命、打天下到党带领人民搞改革、求发展的历史方位的转变。在党的历史方位转变过程中，中国青年工作的领导力量、发展方向、体系建设、政策措施以及工作效果等，均经历了时代变化。从表 1 可以看出，作为领导人民为夺取全国政权而奋斗的党，最先主要开展的是政党青年工作，以政党青年工作带动社会青年工作，并积极参与国民党主导的青年工作，并在红色政权地区领导开展政府青年工作。处在这个阶段的青年工作，尚不具备完全意义上的现代青年工作，只是一种基于对青年群体开展相应活动的一种社会事务，从工作理念、工作措施、工作目标、工作路径、工作方式、工作评估等方面均未显现或成型。作为领导人民掌握全国政权并长期执政的党，不断开创青年工作新局面，把政党青年工作、政府青年工作和社会青年工作有效统一起来，以共青团作为青年组织体系的核心和枢纽承接和开展青年工作，开辟了中国特色社会主义青年工作体系。

表 1 中国共产党的历史方位与中国青年工作分类关系的分析框架

党的历史方位 / 青年工作分类	领导人民为夺取全国政权而奋斗的党	领导人民掌握全国政权并长期执政的党
政党青年工作	主要工作	不断创新完善
政府青年工作	局部领导、积极参与	全面领导
社会青年工作	很少开展	日益丰富

二、中国青年工作萌芽阶段的历史条件、前期探索及其历史局限

在经济落后、变革缓慢的半殖民地半封建社会，农民革命力量、封建维新力量以及资产阶级革命力量看到了青年群体对社会变革的重要作用，于是针对青年群体自发地开展了探索性工作，结果却使青年群体成为政治力量角逐的重要工具，妨碍了青年工作主导权的稳定性与延续性，破坏了青年工作发展的政治经济环境。从产生根源来看，中国青年工作在一定程度上是通过华侨青年、留学生青年、外国教会等群体和组织促发的，带有较强的外部性和延滞性。正是青年工作主导力量的更迭及其对青年工作领导的无力，以及青年工作产生时社会经济环境生态的恶劣，导致中国青年工作的萌芽阶段经历了一段相当长的缓慢徘徊时期。

（一）中国青年工作萌芽阶段的历史条件

中国青年工作伴随着中国青年代群的产生而出现。特殊历史环境下的社会变迁铸就了中国青年独特的性格特点，近代青年以自身群体的抗争影响了社会变迁的轨迹与进程。近代中国的社会性质与存亡灭种的危机，改变了青年群体的命运，赋予青年群体新的社会角色，形成了具有独特内涵的青年工作萌芽阶段。对照现代意义上青年工作的发展条件，中国青年工作萌芽阶段的历史条件特殊性主要表现在以下四个方面。

第一，半殖民地半封建社会的社会环境。社会性质决定青年工作的性质，半殖民地半封建社会决定萌芽阶段中国青年工作的封建性质和救亡图存任务。在不平等条约的庇护下，西方殖民主义加剧对中国的经济侵略，在通商口岸建设服务于侵华需求的新兴工业。中国自给自足的自然经济逐步解体，新兴的资本主义在夹缝中求生存，破产农民、破产手工业者、城镇贫民、无业游民成为雇佣劳动后备军的主体，也是中国最早的产业工人。恶劣的工作环境和生存条件，使得包括童工在内的青年工人身心遭到严重摧残，青年工人从诞生之日起便深受外国资本、封建势力和民族资本三种势力的压迫和剥削。“谁也不像中国青年那样深刻而敏锐地体验到帝国主义的压迫，谁也不像中国青年那样尖锐而痛楚地感觉到要与这种压迫做斗争。”[9]青年工人从反抗压迫、维护自身最低限度的人身权利，到后来逐步提出提高工资、改善待遇的斗争要求，从自在群体逐渐发展成为自为群体，青年工作就在近代青年的斗争中开始萌芽生长。

第二，经济社会发展水平落后的农业社会。生产力水平决定青年工作的发展水平，经济社会发展水平低就只能产生低水平的青年工作。我国是一个传统

农业社会，从儿童到成年不需要漫长的过渡期，劳动准备和受专门教育的时间比较短，简单的生产技术通过直接经验和口耳传授即可习得。鸦片战争后洋务派才开始学习西方的器物文明，社会文化观念才开始发生变化。随着自强运动的深入，“求利”“商富”“民富”上升为治国的政治原则。资本主义经济规律瓦解了传统伦理中的重本抑末、贵义贱利观念，使国人初步认识了民主和民权，而且这一时期新兴教育的集中兴办为青年工作的出现提供了基础，公共教育事业和大众传播机制客观上起了组织青年的作用，成千上万的学生聚集在学校中，通过共同学习和生活，在舆论的引导下形成了一个具有共同价值和特殊利益的青年群体。

第三，传统文化中缺乏社会工作传统尤其是青年工作传统。青年工作的文化基因，决定青年工作的发展走向与内涵建设。中国传统文化重视“善”文化，重视青少年向善，讲究道德养成，但并未形成主动提供志愿服务的社会工作传统。鸦片战争以来，民族矛盾成为社会的主要矛盾，青年意识到外国侵略者是当前最重要的敌人，站在反帝反封建的第一线，自发地或者有组织地参加一系列的反帝反封建的运动。这些运动孕育着青年工作的内涵，但却处在一种自发和盲目的状态。五花八门的主义和思潮，在青年学生和青年知识分子中有着广泛的影响，使青年群体缺乏一种能为多数青年所认同的科学理论指导。自发的青年组织虽然数量众多，但由于缺少一个强有力的核心组织而各自处于分散状态，未能形成促进社会变革的统一的政治力量。青年运动的组织工作大多依靠青年个体的意识觉醒，以及以“救亡图存”的民族斗争口号所激发和组织，具有更多的自发性。因此，无论是传统文化，还是产生于特定历史环境下的中国青年工作，均缺乏社会工作的传统支撑。

第四，青年工作很大程度上是从外部输入的。青年是近现代工业文明的产物，它作为新生产力和新文化的载体，在工业化浪潮和近代社会变革中脱颖而出，成为引人注目的新生代。中国青年并不完全是自身社会结构自发变革的内生产物，在相当大程度上是依靠华侨青年、留学生青年、外国教会这些群体和组织，在异质的西方工业文化环境中加速成长起来的。留学青年和留学经历促进了青年主体意识的觉醒，中国青年代群借助西方文化而加速形成。西方青年工作理论与方法的输入有助于中国青年工作社会氛围的形成和实务工作的展开。近代以来，资本主义商品经济缓慢发展，“公共思想”，以尽“公共义务”的观念不断传入，绅商作为一个特殊的社会力量实现联合，为青年和全社会开展了大量的行业互助、医疗慈善活动，开创了解决青年问题的先河。外国教会为了扩大教会势力，减少民众的反洋教情绪，为吸食鸦片者提供戒烟所、救济灾荒，以及吸收非教徒的孩子进入教会学校，举办了包括育婴堂、孤儿院、盲童学校、聋哑学校等在内的教会慈幼事业。[10]这些外部输入的青年工作理念和实务，在一定程度上对我国社会产生了积极影响，为中国青年工作的生成提供了经验。

（二）中国青年工作萌芽阶段的多种力量探索及其主要方式

在中国共产党成立并明确领导中国青年工作之前，农民革命力量、封建维新力量和资产阶级革命力量都对中国青年工作进行过自发的摸索，具体表现如下。

一是农民革命力量以政府（军事）青年工作为主要内容的探索，以太平天国时期的童子军为代表。太平天国实行举家参军的制度，太平军内部集中了许多太平军将士的男性子弟，太平军将领通过认领义子等方式，把 15 岁以下的儿童组建成童子军。太平天国十分注重对童子军的教育，除进行以太平天国革命为主旨的社会教育外，还十分重视军事武艺的学习、文化知识以及外语和科学技术的教育，为太平天国培养了一大批军事骨干，在社会生活、移风易俗等方面也发挥了重要作用。

二是封建维新力量对政府青年工作（青年教育）的探索，以晚清留学和新学为主要内容的青年工作为代表。晚清较大规模的留学运动，促进了中国青年群体的成长，是中国近代自发生长着的青年工作模式。甲午战争后，部分统治者认识到了学习西方近代军事科学技术的重要性，开始有计划地选派人员出国留学，主张向西方学习。以清朝当权者奕䜣、曾国藩、李鸿章、左宗棠为代表的洋务派推动的公派留学运动，促进了中国青年在西方工业文明的浸染下加速成长，从国外归来的留学生既带来了新的生产力，也带来了新的思想。留学运动虽然是为了“师夷长技以制夷”，但在客观上促进了中国近代青年群体的形成，也在一定程度上形成了以教育推动青年发展的青年工作。

三是资产阶级革命力量对政党青年工作的自发探索和政府青年工作的雏形发育，以孙中山代表的资产阶级力量进行的青年工作探索为代表。中国青年和青年运动的产生和发展同孙中山的革命有着密切的关系，以孙中山为代表的资产阶级力量对中国青年工作在萌芽阶段的发展做出了重要的历史贡献。孙中山在从事资产阶级民主革命时，就主要依靠海外华侨、留学生和会党，尤其是以留学生为主。1905 年，作为爱国进步青年大聚会的同盟会正式成立，标志着孙中山领导的资产阶级革命进入新阶段，也标志着孙中山在青年运动中领导地位的确立。1919 年，孙中山提出：“中国的将来，中国的命运，这些重大的责任，完全落在你们这一代青年的身上。你们要学科学，要爱国。”[11]以孙中山为代表的资产阶级基于一种朴素的青年观发展起来的青年工作，为中国青年工作打下了一定基础，积累了一些经验。

（三）中国青年工作萌芽阶段的主要历史局限

中国青年工作萌芽阶段的最根本局限在于中国青年工作的自发无序状态。农民革命力量、封建维新力量和资产阶级革命力量主导下的青年工作，形成的是一种青年群体自发需求下应激式的工作方式。虽然在某些领域取得了局部进展，但青年工作总体上仍然处于一种自发的、无序的、外部力量推动的、以青年为社会变革工具的低层次水平。这种局面的形成，与当时社会生产力水平和青年群体较低的社会地位相关，但更多地与青年工作主导力量未能代表社会前进的方向、未能正确领导青年工作走上科学发展路径的失误紧密相关。归结起来看，中国青年工作在萌芽阶段的历史局限主要表现在以下三个方面。

第一，政治力量开始介入青年工作格局，但青年工作没有主导力量和科学发展方向。虽然当时兴起的各种政治力量，政党组织的出现与各种政治力量的相互较量，以政党为主导掀起年轻崇拜的社会风潮及对青年工作的重视，但并未形成方向明确和主导力量明确的青年工作格局。鸦片战争以后，中国社会逐步沦为半殖民地半封建社会。为改变国家和民族命运，中国社会各革命阶级相继而起，领导人民奋力抗争。自 1905 年孙中山先生创建中国近代史上第一个具有完整意义的政党——中国同盟会，政党开始登上中国的政治舞台。各种政治力量纷纷组织政党，围绕国家政权展开了激烈的角逐。正是认识到青年在革命中的力量和作用，一些资产阶级人士为加强势力，加强拉拢争取工人群众对发展实业和进行民主革命的支持，以劳资混合的工业团体等名义在一些地方的工人中进行组织活动，力图通过建立工人组织控制工人阶级队伍。但是，这些政治力量在不同历史时期曾经作为青年工作萌芽的主导力量，由于没有形成科学的青年观，没有真正认识到青年群体的社会性特征和社会地位，没有通过青年组织来有效地组织青年和服务青年，也就无法真正推动青年工作的科学发展。

第二，民主民权意识开始觉醒和形成，但青年群体在青年工作的主体地位并未确立，青年群体的工具性比较明显。处在萌芽阶段的青年工作，民主民权意识并未确定青年群体的主体地位，未能正确认识青年群体的本质、社会地位和社会作用，未能尊重青年群体的主体地位，未能把青年群体看作一种主体作为社会发展的重要关注对象，对青年群体的组织是工具性的而非目的性。作为一种新兴的社会力量，青年群体并不能成为一个独立的社会阶级，但是随着他们的成长和不断走向社会，他们愈来愈多地参加社会活动，才和社会各阶级、集团发生联系，并直接加入到某个社会利益集团中去。青年的这一社会地位特点意味着青年是一支潜在的社会力量，因此，各阶级势力、各社会势力都在争夺青年，竭力要把青年培养成为本阶级的力量。在特殊的社会历史条件下，各种社会势力为了其自身的政治和社会目标，都在争取青年的支持，甚至不惜牺牲青年的利益来实现自身的利益，把青年的支持作为实现自身目标的一个工具。各种社会势力更多地通过一些虚假的宣传和口号来骗取青年的支持，而没有把服务青年作为获得青年支持的手段。因此，这一阶段的中国青年工作更多的是把青年作为手段，而没有以青年为中国青年工作的服务对象。这种青年工作的工具取向直至中国共产党的成立才发生逆转，把青年人的整体利益和他们自身的特殊利益有机地结合起来，中国青年工作才进入一个新的历史阶段。

第三，社会发展和慈善力量开始成长，但青年工作的服务对象和服务内容比较狭窄。青年主体意识的觉醒为青年工作的兴起提供了思想和理论基础，经济社会的发展尤其慈善事业的增长为青年工作的兴起提供了现实的土壤，但这种发展只是建立在生产力发展水平极低的基础之上，开展的青年工作也主要是低层次服务。近代工业化生产对每个社会成员的生产和生活能力都提出了更高的要求。青年作为新兴生产力的代表，需要社会为他们提供培养和受教育的机会来适应工业化生产，新式学堂应运而生。各种社会力量兴办的学校，围绕自身的政治和社会目标，通过教育对青年的价值观养成、素质提升或技能培养方面施加影响。新式学校从社会空间、社会需求、社会组织等方面为青年集中提供了基本条件，为青年工作的开展提供了组织基础，一定程度上出现了具有现代意义上青年工作的因子和要素。但是，这些青年工作是低水平的，工作内容和对象非常狭窄。从工作对象上看，只是针对广大青年群体中的一小部分开展工作；从工作内容上看，主要只是局限于部分青少年的教育问题，未能有效覆盖青少年多方面的发展问题，也没有认识到社会利益格局下的青年群体的特殊利益。

三、中国共产党95年奋斗历程与青年工作的五个发展阶段

“中国产生了共产党，这是开天辟地的大事变。这一开天辟地的大事变，深刻改变了近代以后中华民族发展的方向和进程，深刻改变了中国人民和中华民族的前途和命运，深刻改变了世界发展的趋势和格局。”[12]中国共产党深刻改变了中国青年。

工作发展的方向和进程，其中，最关键、最基础的是对青年本质、青年价值、青年地位、青年主要特征等方面进行了全新的科学阐述，开辟了青年发展与社会发展的结合，开辟了坚持中国特色社会主义青年运动方向的政党青年工作、政府青年工作和社会青年工作紧密结合的中国青年工作的新体系、新道路。中国共产党95年的奋斗发展史，必然蕴含着中国青年工作的发展史。中国共产党领导中国青年工作的发展嬗变历程可以划分为两个时期五个阶段。两个时

期的划分是“领导人民为夺取全国政权而奋斗的党领导中国青年工作时期”和“领导人民掌握全国政权并长期执政的党领导中国青年工作时期”。第一个时期分为“局部发展阶段”和“全国发展阶段”两个阶段，第二个时期分为“领导党政青年工作阶段”“领导社会青年工作的本土化阶段”“领导中国特色青年工作阶段”三个阶段。

（一）领导人民为夺取全国政权而奋斗的党历史方位下领导青年工作的局部发展阶段（1921—1935年）

1921年，中国共产党一成立，马上着手研究在各地建立和发展社会主义青年团事宜。1921年11月，中国共产党中央局下发《关于建立和发展党团工会组织及宣传工作的决议》。该决议是我国最早的一部青年工作政策性文献，标志着我国政党青年工作的正式形成。1922年5月，中国社会主义青年团第一次全国代表大会在广州举行，标志着一个名副其实的、信仰马克思主义的无产阶级青年团组织从此在中国大地诞生。中国社会主义青年团的成立标志着中国青年工作初步确立，为中国青年工作和中国青年运动的健康成长和发展提供了组织保障。1922年7月，中共中央出台《关于少年运动问题的决议案》。第一次国内革命战争时期，中共中央先后下发《关于党团关系的决议案》《共产主义青年团工作的决议案》。第二次国内革命战争时期，中共中央先后下发《关于青年团工作的决议》《关于加强青年工作的决定》。

在此阶段，中国青年工作确立了以马克思主义作为指导思想，确立了以中国共青团为核心开展组织青年的工作；理顺了党团关系，确立了中国共产党对中国共青团的领导，并把青年工作重点由学生界向农工青年界转移，加快了共青团与工农相结合的步伐，把马克思列宁主义传播到广大工农群众之中，引导中国青年运动汇入轰轰烈烈的国民大革命之中。由于中国共产党只是在局部地区开展活动，青年团组织也只是在局部地方建立。从整体上来看，比较有组织、有体系的青年运动仍是在以城市为中心的局部地区开展。从青年工作成效看，这一阶段的青年工作主要表现为青年运动由青年自发到青年自觉，由青年的原子化状态到有组织的形态，青年群体正在由无组织的社会力量发展为有组织的社会力量，并且正在由一种力量分散、正负能量互现的政治力量发展为一种正能量明显且方向趋于一致的政治力量。

（二）领导人民为夺取全国政权而奋斗的党历史方位下领导青年工作的全国发展阶段（1935—1949年）

1935年，国际国内形势出现了剧烈变化。国际上，法西斯势力迅速兴起。

在国内，抗日救亡的形势和任务，要求中国青年运动担负起团结千百万愿意抗日的青年，参加到抗日民族统一战线中来，实现从无产阶级青年运动到民族解放青年运动的伟大转变。1936 年 11 月，中共中央《关于青年工作的决定》，提出了“根本改造青年团及其组织形式，使团变为广大群众的非党的青年组织形式，去吸收广大青年参加抗日救国的民族统一战线中来”的中心任务，吸收大批共青团员入党并加强入党积极分子的培养。到 1937 年年底，顺利地完成了共青团的改造，取而代之的是各种抗日救国青年团体。在国统区，共青团与国民党的“三青团”形成青年抗日民族统一战线，开展抗日救亡运动。在根据地，中国共产党通过少年先锋队、西北青年救国联合会等青年组织开展青年工作。抗日根据地的青年工作一方面为抗战的胜利和根据地建设做出了巨大的贡献，另一方面教育和改造了广大青年。

共青团改造后，中共中央根据形势的变化和革命任务的需要，设立中共中央青年工作部。1938 年 4 月，中共中央在延安召开会议，讨论了青年工作问题，通过《中央关于组织青年工作委员会的决定》，要求中共的“县委以上地方党部直至中央，成立青年工作委员会”，要求“各地党部应该把青年工作当作自己主要工作之一，实行经常的检查和推动”。[13]这一阶段，由于抗日救亡成为当时党的工作中心，青年工作的重点也转向团结和组织广大青年参加抗日民族统一战线。虽然青年工作的发展由于实际困难而处于缓慢发展阶段，但是中国共产党运用统一战线，调动和组织方方面面的广大青年群众，为实现党的总路线和总任务而奋斗，青年工作机构和制度初步确立，为党的青年工作奠定了基础。中国共产党适应社会环境的变化和中华民族任务的变化，与国民党及其青年组织积极合作，领导青年工作进入全国性工作框架。主要变化表现为两个方面：一是由政党青年工作为主向以政府青年工作，尤其是民族解放为主要任务青年工作的转变；二是中国共产党领导的青年工作由局部到全国的转变。在一定程度上，中国共产党通过对青年工作的领导，宣传共产党的主张，促进了青年在获得民族独立的过程中获得自身的群体地位和社会独立。

（三）领导人民掌握全国政权并长期执政的党历史方位下领导党政青年工作阶段（1949 年至“文化大革命”结束）

抗战胜利后，中国进入新的历史时期，中断了 10 年之久的青年团组织是否再建立的问题提上了议事日程。1941 年，中共中央政治局讨论青年工作，通过了《关于青年工作的决议》，围绕是否建团等问题进行了讨论。由于国民党反动派挑起内战，中共中央的工作十分紧张和繁忙，但依然对建团工作给予了极大的关怀和支持。直至 1949 年元旦，中共中央正式发出了《关于建立中国新民主主义青年团的决议》，吹响了全国普遍正式建团的号角，全面总结了中国青年运动的历史经验和教训，科学地阐述了党团组织的正确关系，开创了中国共产党在领导人民掌握全国政权并长期执政的党历史方位下领导党政青年工作新阶段。1953 年，毛泽东在《青年团的工作要照顾青年的特点》的讲话中，对团的工作方向、活动方式和党对团的领导方法作了精辟的论述，从理论上全面阐述了党团关系的基本问题，为新中国青年工作体系指明了方向。此后，党中央发出《关于加强党对青年团的领导给各级党委的指示》，阐明了加强党对团的领导的重要意义和基本原则。

从战争年代到和平建设年代，从新民主主义革命到社会主义革命，从半封建半殖民地社会到人民当家做主的社会，是一个巨大的历史跨越。这种跨越不仅包括社会政治、经济、文化等制度层面上的变化，也包括思想、观念、心理等层面上的变化。在大规模的社会主义建设高潮到来后，在青年团的组织和带领下，青年扫盲队、青年科技攻关小组、青年生产突击队、青年志愿垦荒队等成为当时青年中最普遍、最活跃的群体社会活动形式；同时，青年在社会政治生活领域仍保持着战争年代的那种高度敏感和亢奋热情，为捍卫新生的共和国和人民政权，在土地改革、剿匪反霸、抗美援朝、镇反运动等急风暴雨式的严酷斗争中，涌现出一大批丁佑君、黄继光、“南京路上好八连”式的青年英雄人物和先进青年集体。在中国共产党成为执政党领导青年工作后，青年运动和青年工作在一定程度和范围上，突破了近代以来形成的以社会政治运动为核心内容和基本形式的传统模式，走向了更广阔的生活领域，从而使青年及青年工作的社会价值和作用，在较大程度上得到全面实现和发挥。青年工作的主题也由革命运动为中心到以社会主义建设运动为中心，青年工作的任务也由青年解放社会发展为社会发展青年。同时，尽管我们党已经成为执政党，但仍以革命党的思维和方式从事社会主义建设，青年工作在很大程度上沿袭了革命党时期的既定路线。

（四）领导人民掌握全国政权并长期执政的党历史方位下领导社会青年工作的本土化阶段（党的十一届三中全会至中央群团文件出台和中央群团工作会议召开）

改革开放是中国共产党在新的时代条件下带领人民进行的一场新的伟大革命。全党和全社会的工作重心转移到以经济建设为中心的轨道上来，中国的现代化建设以前所未有的迅猛势头迅速推进，综合国力快速增强，社会政治、经济、文化全面进步。中国青年工作也处于从传统的旧模式向更广阔的社会生活领域延伸的转型过程。1980 年 9 月，《中共中央关于控制我国人口增长问题致全体共产党员共青团员的公开信》，预示着中国青年工作的新任务。1985 年 10 月，《中共中央关于进一步加强青少年教育预防青少年违法犯罪的通知》，使青年工作的工作领域、工作内涵得到不断拓展。1989 年 12 月，《中共中央关于加强和改善党对工会、共青团、妇联工作领导的通知》，为新时期青年工作的地位和框架奠定了政策基础。1991 年，丁关根代表党中央《在中央工青妇工作座谈会上的讲话》中指出，社会主义时期青年工作的总目标，就是努力培养有理想、有道德、有文化、有纪律的社会主义新人。这是青年工作的根本出发点和落脚点。

在新的历史阶段，中国青年工作的体制机制探索不断深化，开启了领导人民掌握全国政权并长期执政的党历史方位下领导社会青年工作的本土化阶段。1984 年在河南安阳出现了“关心下一代协会”，1995 年成立了“中国关心下一代工作委员会”，进一步深化和创新了青年工作的工作格局，强化了青年工作的工作力量。1987 年 10 月，《上海市青少年保护条例》实行；1991 年 9 月，第七届全国人大通过《中华人民共和国未成年人保护法》，使青年工作逐步走上法制化轨道。“希望工程”“中国青年志愿者行动”等青年工作品牌，增强了青年工作的内生活力，巩固了青年工作在社会结构中的重要地位。从邓小平同志提出的“做有理想、有道德、有文化、守纪律的共产主义新人”，到江泽民同志提出的“青年兴则国家兴，青年强则国家强”，再到胡锦涛同志提出的“组织青年、引导青年、服务青年和维护青年合法权益”以及“两个全体青年”的指示要求，中国青年工作的发展方向和发展路径更加明晰。中国青年工作经过多年的快速发展，把竭诚服务青年作为全部工作的出发点和落脚点，以共青团为核心的青年工作体系开始建立，青年工作逐步走上制度化、法制化、专业化建设的轨道，并在此基础上形成了自己一套独特的工作原则、目标和方法及组织系统。

（五）领导人民掌握全国政权并长期执政的党历史方位下领导中国特色青年工作阶段（2015 年 7 月至今）

2015 年 7 月，中共中央召开党的群团工作会议，这在党的历史上是第一次。同时，《中共中央关于加强和改进党的群团工作的意见》向社会正式全文公布。中央文件和习近平讲话均强调走中国特色社会主义群团发展道路，强调中国青年工作必须坚持和完善中国特色社会主义青年运动方向，开启了领导人民掌握全国政权并长期执政的党历史方位下领导中国特色青年工作新阶段。中国特色社会主义青年运动方向是科学社会主义青年运动理论逻辑和中国青年运动发展历史逻辑的辩证统一，是符合社会主义本质的适应社会主义初级阶段的青年个体、青年群体的发展方向，是以中国共青团为核心的党的青年组织、青年社会组织和青年自组织的发展方向，也是共青团工作、青年工作的发展方向。中国青年工作坚持中国特色社会主义青年运动方向，就是要坚持政党青年工作、政府青年工作和社会青年工作的三位一体，就是要进一步完善以共青团为核心和枢纽的政党青年组织在青年工作中发挥更大作用，就是要形成中国特色、中国风格、中国气派的青年工作理论体系和工作体系。共青团改革是形成中国特色青年工作的必然要求和重要内容，必须凸显政治性、先进性、群众性，要在政党青年工作中更好地发挥巩固和扩大党执政的青年群众基础的作用，要在政府青年工作中积极承担政府青年事务，要在社会青年工作中动员整合社会力量和社会资源来推动青年发展。

四、中国共产党对青年工作的历史贡献与历史昭示

中国共产党的成立及其对中国青年工作的主导发展，使中国青年工作进入到新的历史阶段，提升到新的发展高度。中国青年工作的发展史，同时也是一部鲜明体现中国共产党不断发展壮大的发展史。

（一）中国共产党开辟了中国特色、中国风格、中国气派的青年工作体系

青年工作充满历史变数，需要有科学的指导思想和坚强的政治力量的领导才能取得历史进步。在吸收各种力量摸索中国青年工作建设的经验教训以及借鉴国外青年工作的基础上，中国共产党开创了一条不同于西方的青年工作建设路径。从一般意义上看，西方青年工作的发展路径基本遵循由社会青年工作到政党青年工作和政府青年工作、由弱势青年群体工作到全体青年工作的发展路径。中国青年工作是以中国共产党领导创立政党青年组织为标志，通过政党青年组织为核心的青年组织体系来从事青年工作，以全体青年的解放和发展为对象的独具中国特色的青年工作发展路径，实现了从自发到自觉、由无序到有序、由偏误到正确、由工具到目的、由外部到内部的正确发展历程，找到了一条真正适合中国国情的、实现青年解放社会与社会解放青年相结合的、适应时代任务不断创新体制机制的正确道路。中国青年工作的特色主要有两个方面：一是以政党青年组织为核心；二是青年运动和社会发展的有机结合。中国共产党以无产阶级政党的远见卓识，把青年与无产阶级政党所肩负的崇高使命紧密联系起来，把青年运动和社会发展紧密结合起来，把青年发展、青年工作与建设有中国特色社会主义事业的兴衰成败紧密联系起来，从把青年看作是祖国的未来和民族的希望，看作是党的事业的建设者和接班人的战略高度，团结青年、组织青年、服务青年，形成了内容丰富、体系完整、体现时代特征的青年工作

体系。

（二）中国共产党作为关键领导力量促使中国青年工作实现巨大历史飞跃

马克思主义青年观确证青年群体的新地位和开辟青年群体发展新道路，指引和领导青年工作沿着正确的方向和道路实现巨大历史跳跃。在中国共产党成立之前，任何一种政治力量或社会力量从来都没有形成科学的青年观，从来都没有认清青年群体的社会本质与群体价值，从来都没有实现青年客体性和主体性的有机结合，从来都没有通过青年组织来有效地组织青年和服务青年。只有马克思主义青年观及其发展着的中国特色社会主义青年运动理论体系，科学揭示了青年群体的本质属性、社会地位、成长主题、根本任务、主要特征、发展路径和未来趋势等重要方面，只有中国共产党才能推动青年群体和青年工作发展呈现全新的发展方向、发展道路、发展空间和发展路径。创新、协调、绿色、开放、共享五大发展理念，必将为新形势下青年发展和青年工作拓展新空间和开辟新道路。其中，创新发展是青年发展的本质和第一要务，协调发展是青年发展的基础和基本原则，绿色发展是青年发展的要求和规律体现，开放发展是青年发展的前提与实现路径，共享发展是青年发展的必然和社会支持。

（三）中国青年工作的成长史鲜明体现出中国共产党的辉煌历史

青年运动是中国共产党从带领人民闹革命、打天下到带领人民搞改革、求发展全过程可依赖的忠实力量和重要支持。“95 年来，我们党取得的所有成就都凝聚着青年的热情和奉献。”[14]青年运动走过了一段不平凡的道路，成为中国社会发展一支不可或缺的前行力量。从一定程度上说，青年从个体形成有着一致属性的社会群体及其社会行动，青年运动为中国共产党的诞生进行了思想动员和人员储备，为中国共产党的各个历史阶段提供了源源不断的组织资源、人力资源和社会资源。青年运动的发展方向和作用发挥，必须与党的指引方向和党的需求相一致。自党成立之日起，就高度重视团结青年，并且通过建立中国共青团，团结和带领全国各族、各社会阶层的青年，为争取民族解放和国家富强，为实现共产主义的理想而努力奋斗。作为党的群众工作的青年工作是党的优良传统，它伴随着党团事业的发展而发展。重视青年和青年工作，是中国共产党重要的方针政策，是中国共产党优良的工作传统，更是中国共产党领导的伟大的共产主义事业不断取得胜利的重要力量源泉。中国青年工作的出现、发展以及取得的成绩，都是以中国共产党的青年政策和青年工作为标志的，都是依靠中国共产党 95 年奋斗历程中坚持对青年工作的正确领导和不断完善的政策措施取得的。当前，习近平总书记在中央党的群团工作会议上首次提出中国特色社会主义青年运动方向，更加强调要把青年自发的行为变成自觉的行动，要把青年碎片化的能量凝聚成有机统一的正能量，要把杂乱无章的青年发展方向引导到历史合力的正确发展方向。中国共产党必须牢牢把握青年运动的方向和青年工作的主导权，围绕更加有效地组织青年、解放青年、服务青年和促进青年发展来开展工作，将青年运动和青年工作与党的中心工作有机结合、与党的自身建设紧密结合。

参考文献：

［1］（美）戴维 E 阿普特. 现代化的政治［M］. 陈尧，译. 上海：上海人民出版社，2011：55.

［2］联合国秘书长. 2005 年世界青年报告［R］. A/60/61–E/2005/7），2004-12-6，联合国官网，http://daccess-dds-ny.un.org/doc/UNDOC/GEN/N04/635/82/PDF/N0463582.pdf?OpenElement.

［3］曹卫东. 德国青年运动［M］. 上海：上海人民出版社，2013：29.

［4］联合国大会第 50 届大会. 到 2000 年及其后世界青年行动纲领［S］.（A/RES/50/81），1995-12-14，联合国官网，http://www.un.org/chinese/aboutun/prinorgs/ga/50/a50r81. html.

［5］威廉 D 安吉尔. 联合国青年股主任威廉 D 安吉尔在中国联合国青年主题会议上的讲话［J］. 一兵，译. 青年研究，2000（2）：3.

［6］中共中央马克思恩格斯列宁斯大林著作编译局. 马克思恩格斯全集［M］. 16. 北京：人民出版社，1994：217.

［7］中共中央马克思恩格斯列宁斯大林著作编译局. 列宁全集［M］. 14. 北京：人民出版社，1988：161.

［8］毛泽东. 毛泽东选集［M］. 2. 北京：人民出版社，2007：559.

［9］中共中央马克思恩格斯列宁斯大林著作编译局. 斯大林选集［M］. 北京：人民出版社，1979：494.

［10］孙长来. 近代教会在华创办的慈幼事业［J］. 广西社会科学，2009（1）.

［11］陈旭麓，郝盛潮. 孙中山集外集［M］. 上海：上海人民出版社，1990：238-239.

［12］［14］习近平. 在庆祝中国共产党成立 95 周年大会上的讲话［R］. 2016-07-01，新华网官网，http://news.xinhuanet.com/politics/2016-07/01/c_1119150660.htm.

［13］中央档案馆. 中共中央文件选集［M］. 11（1936—1938）. 北京：中共中央党校出版社，1991：513.

《北京青年研究》2016 年第 3 期 《青少年导刊》2016 年第 11 期全文转载

青年研究学科建设的进程与展望

黄志坚

（中国青少年研究中心）

2013 年 12 月北京青少年研究所举办了“社会科学与青年研究创新”研讨会。我参与该届研讨会的第一反应是，研讨会的这个主题学术含量高，是关系我国青年研究质量提升和学科地位的重大课题。

社会科学与青年研究的关系，我认为有两大层面：一是运用社会科学诸多相关学科理论，强化青年工作的理论思维，提高青年工作运行的规律性认识，从而为青年组织和党政有关部门制定有关青年和青年工作的政策、决策与对策提供理论依据。此一层面，亦可称为应用研究。二是将青年研究引入社会科学发展轨道，植入社会科学学科之林，提高青年研究的学理水平，推进青年研究学科——青年学的创立和发展。此一层面，亦可称为学理研究和学科建设。什么是青年研究？青年研究的内涵就包含上述两大层面。青年发展研究和青年工作研究，当属应用研究范畴。青年基础理论研究和青年理论体系构建，当属学理研究和学科建设范畴。这两大层面的研究，也就是 20 世纪 80 年代以来我们所致力的“青年工作科学化和青年研究学科化”。

本文拟围绕植根社会科学之林的青年学学科建设及其未来发展，将近年来萦绕于心的一些思考归纳为三个问题，同学界同人交流切磋。

一、青年研究学科化的学术结晶——青年学的诞生和发展

运用社会科学理论研究青年的青年研究，虽然可以追溯到 20 世纪初的新文化运动时期，而青年研究进入社会科学领域形成学科的进程，即始于 20 世纪 80 年代。最早对青年研究学科化做出努力的，是探索以青年为对象的共青团运行规律的共青团工作理论研究。为了适应团校教育正规化的需求，中央团校于 1984 年举办的全国首届共青团工作理论研讨会，举起了向学科化进军的旗帜。中央团校青年工作教研室联合上海、四川、湖北、河南、黑龙江等省、

市团校学者编著的第一部《共青团工作理论》教材，于 1985 年 1 月出版。这部教材，运用马克思主义以及心理学、政治学、社会学、教育学、伦理学、美学的理论知识，对青年概念、青年转点、青年观、青年需求以及青年运动和共青团运行规律所作的理论探索，以及具有团、青特色的理论体系的构建，也可以称为学科建设的一次尝试。

如果说《共青团工作理论》的出版尚属青年研究学科化的最初探索，那么创建一门以青年为主体、揭示青年的本质及其发生发展规律的独立学科——青年学，即是青年研究学科化的必然走向。创建青年学，虽然 20 世纪 80 年代初就有多位学者发出倡议，但对这门学问的深入探究和形成学科始于 80 年代中期。

科学发展史告诉我们，任何一门科学的产生都有其客观需要。80 年代中期所出现的青年研究向青年学发展的热潮，正是基于当时的两大社会需要："一是随着改革开放的深化，我国同国外的学术交流日趋活跃，国外社会科学的理论和新的研究成果不断传来，尤其是 1984 年前后来自国外青年问题研究的信息和 1986 年罗马尼亚青年研究所高级研究员 F・马赫列尔著《青年问题与青年学》中译本的出版，激发了更多学者在我国开拓青年学研究的兴趣和勇气。二是国家教委自 1984 年开始在高等院校开设思想政治教育专业，需要有一门研究青年的专业课。1985 年在中央团校基础上建立的中国青年政治学院首开的就是思想政治教育专业，并且要在青年思想政治教育上显示本院的特色，从而对创建青年学编写青年学教材有着更为迫切的需求。"[1]为此，中国青年政治学院责无旁贷地加大了从青年研究到青年学的研究力度，并在我和青年工作系樊新民、戴裕民、吴鲁平、姜丽萍等同事合作写出《青年学编写大纲》的 1986 年 11 月，在杭州举办首次全国青年学研讨会。参加该次研讨会的有来自中国社会科学院社会学研究所青少年研究室和外国社会学研究室、上海市社会科学院青少年研究所、四川省社会科学院社会学研究所、浙江省社会科学院社会学研究所、华东师范大学、上海交通大学、浙江大学以及中国青年政治学院、上海青年管理干部学院、辽宁青年干部学院、吉林省团校和浙江省团校等教学科研单位的 35 位学者。与会学者围绕我们提出的《青年学编写大纲》，在相互切磋与激烈碰撞中，对青年学的创建与发展，提出许多学科建设的真知灼见。这在青年学诞生史上是一次高质量的学术交流，标志着青年研究在我国已从单学科迈向多学科和跨学科，其意义堪称我国青年研究学科化进程中的一个里程碑。

会后，我们在《青年学编写大纲》的基础上，加邀社会科学界和教育界的文献良、金国华、陈志夫合作撰写。又经过一年多的反复推敲修订，由我主编的《青年学》教材于 1988 年 1 月出版发行。这部《青年学》刚一问世，很快得到社会各界的广泛赞誉和热情支持。团中央书记处第一书记兼中国青年政治学院院长宋德福于 1987 年 7 月执笔作序，盛赞"这部理论专著的出版，标志着青年研究向学科化迈出了可喜的一步”。[2]国家教委思想政治教育司将《青年学》列为高等教育思想政治教育专业的一门必修课，并采用这部《青年学》为教材。国家新闻出版署 1988 年第二届优秀政治理论读物评选，这部《青年学》荣获二等奖。

青年研究向青年学发展，在 20 世纪 80 年代中后期和 90 年代可谓高潮迭起，相继出版的著述有谷迎春、杨张乔的《青年学导论》，王培夫、戎国栋主编的《青年学教程》，黄振平的《青年研究学》，邱伟光主编、罗洪铁副主编的《青年学》，吴广川、姜键、周殿富、谭学峰主编的《青年学辞典》，金国华的《现代青年学》和《简明青年学》，陆建华主编、方明副主编的《青年学辞典》，刘春波、江洪的《应用青年学》，黄志坚的《青年概论》和《世纪之交论青年》，邹学荣主编、龚海泉等副主编的《青年学概论》，吴焕荣、高向英编著的《青年学与青年工作》，熊建生的《青年学通论》，安继民、刘国建的《绿色世界的构思——青年学描述》等，达十余部。青年学研究的全国性学术活动，也是连绵不断。继 1986 年首次全国青年学研讨会之后，中国青年政治学院于 1988 年举办了全国青年学研修班，国家教委于 1993 年举办了全国高校青年学师资培训研讨会，国家教委同中国青少年研究中心、中国青年政治学院于 1994 年联合举办了全国青年学研讨会。

进入 21 世纪以后，青年学的研究虽然仍在继续，2004 年 10 月还出版了我的新著《青年学新论》。但从全国审视，青年研究学科建设似乎趋于沉寂。其主要表现是青年学著述出版的数量明显下降，《青年研究》学术期刊上有关青年学科建设的论文日渐稀少，全国性青年学研讨学术活动几近中断，青年学的丰富与完善未能有较大的发展和创新。为什么进入新世纪以后的十多年，青年学科建设的发展趋于沉寂与滞缓？学界同人多有评析，归结起来主要有下列一些原因：

一是社会的原因。进入新世纪以后，随着社会转型的加快，青年发展中的升学、就业、成才、婚姻、消费、社交等问题日益复杂和突出，党团组织和政府相关部门制定有关青年的对策和政策需要相关的调查和研究作依据，因此关于青年发展的应用性研究受到更多的关注与支持，成为青年研究的热点，而关于青年的学理研究和学科建设则由此相对趋冷。

二是认识的原因。有人认为青年研究只是一项研究，并不具备形成学科的条件，因而只满足于对现实问题的调查研究，对学科建设缺乏热情，不思进取，没有创新的意识和勇气。

三是学术的原因。有些学者对青年学缺乏学术的自信，因而每当听到对青年学学科建设的一些批评和非议，容易受不同声音的左右，对青年学科建设产生动摇、自馁，甚至自我矮化，因而放松深化的努力。

四是学风的原因。浮躁、急于求成、急功近利的学风在青年研究队伍中的蔓延，导致一些研究者热衷做出成果快、功利性高的研究，而对需要慢工深做、耐得住寂寞的学理研究和学科建设兴趣不浓，缺乏动力。

鉴于上述影响青年研究向青年学深化的一些障碍因素，当今推进学科建设持续发展，丰富和完善青年学的学理内容和理论体系，就有必要从认识上、行动上解决好下列几个问题。

（一）提高学科建设必然性的认识

青年研究进入社会科学领域，植入社会科学学科之林，必须走学科化之路，构筑有独立体系的青年学科，这是青年研究学术深化、逻辑发展的必然趋势。青年研究向青年学发展主要有以下几点好处：一是有利于促进青年研究的理论升华，规律探索，学理深化和理论体系构建；二是有利于提高青年研究的学术地位，便于录入《社会科学学科名录》和《社会科学学科辞典》，在社会科学领域占有一席之地；三是有利于进入高等教育殿堂，便于在高等院校开设青年学课程，进而建立青年学研究生培养点。青年研究与青年学如此严密的内在联系，决然不能割裂。将青年研究同青年学割裂开来，止步于青年研究而讳言学科，其结果只能是置青年研究于边缘化地位，自立于社会科学之林。

（二）妥善处理应用研究与学科建设的关系

应用研究和学科建设同属青年研究的两大层面，其辩证的关系是：应用研究有紧密为现实服务之功，又是学科建设赖以升华的宽厚根基，无大量应用研究为基的学科研究，青年学势必陷于无源之水的枯竭；而学科建设有提高青年研究学术地位之功，反过来又可以为应用研究提供学理支持，提高应用研究的质量，避免无学理支持的平庸浅薄和低水平重复。故而二者是相互贯通、互依互赖、协调共进，不宜有孰轻孰重之分。在认识上，任何时候我们都不应有重此轻彼或重彼轻此的倾向。当然，在实践中二者又是可以有分工的，例如有人偏重于应用研究，有人偏重于学理与学科研究，或者有人此一时段致力于应用研究，另一时段又致力于学理与学科研究，这都是正常的。

（三）正确对待指向学科建设的批评和非议

在我国青年研究向青年学发展的进程中有颇多赞誉与支持，但也有不少批评与非议。面对各种各样的批评和非议，可能有两种态度；一种是反感、厌恶，不屑一顾，充耳不闻；另一种是受其左右，犹疑、动摇、止步不前，甚至自贬自弃。这两种态度皆不可取，因为前者表现为学术的自满，容易导向故步自封，难于发展；后者表现为学术的自卑，容易导向自我矮化，扼制发展。

正确的态度应该是，坚定自信，虚心倾听。坚定自信，即有志于青年学的创建者，对这门新学科的诞生和发展，有“咬定青山不放松”的学术自信，不会因听到一些不同声音而犹疑动摇。科学发展史上，一门学说、一门学科的确立，几乎都会受到一些批判或非议。哥白尼的日心说，达尔文的进化论，马寅初的新人口论，无不如此。甚至像哲学、经济学等一些相当悠久成熟的学科，也难幸免。更何况是青年学这样一门诞生至今尚未达“而立之年”的新兴学科。所以，有一些批评和非议，乃属学术界之常志，实在不必由此而惶恐不安，偃旗息鼓。郑板桥诗《竹石》云：“咬定青山不放松，立根原在破岩中。千磨万击还坚劲，任尔东西南北风。”以此为勉，我们当矢志不移，坚毅前行。虚心倾听，就是对不同的声音包括否定的声音，都要认真听取，视其为推进发展的一种动力。学术批判与争鸣，不同学术观点之间的自由讨论和争辩，恰可促使青年学这门新兴学科了解自己的稚嫩和偏颇，不断地自我完善，从而走向成熟。

二、青年学学科建设如何攻坚出新茁壮屹立于社会科学之林

深察世间事物的发展轨迹，多为有起有伏的波浪式前进，青年学的学科建设亦如此。20 世纪 80 年代中后期至 90 年代的十多年间，可谓学科建设的勃起期，青年学在社会科学学科之林破土而出，长成林中之木。21 世纪至今的十多年的青年学研究，进入深一层的沉思和再积累，生长滞缓，表现一时的沉寂。现在，又到了再次勃起的时机。已有学者撰文呼吁，青年学学科建设再次发力加速，促其枝叶繁茂地立于社会科学学科之林。更有学者罗列当今已具有丰富与完善青年学的坚实基础。[3]

何为促青年学枝叶繁茂，茁壮成长之道？根据我与学界同人的多次探讨，认为亟须在“博”与“融”上下功夫，在“出新”上发力。

青年学学科构建，我历来主张取十六字方针，即“以我为主，博采众长，融为一体，自成一家”。我，即青年学学科建设；博，即广泛吸收综合运用多学科理论知识；融，即融会贯通地形成有内在联系的学术体系；家，即成为社会科学学科中具独立体系的一家。现在，青年学要有新发展，再上新台阶，最需要的是在“博”和“融”上深化。

青年学的学科性质，属多学科的综合研究，是一门运用多学科理论对青年作整体研究的科学，故宜宽不宜窄。研究青年的“博”，在 20 世纪 50 年代和 60 年代，已开始在马克思主义理论指导下，吸纳心理学、社会学、教育学、伦理学的理论。到 70 年代和 80 年代，“博”进而扩展到人类学、生理学、组织学、管理学。到 90 年代，“博”又扩展到政治学、文化学、经济学。进入 21 世纪，随着科学的迅猛发展和青年群体的分层变化，时代对“博”提出了

更高的要求，如人学、生命科学、人才学、传播学、互联网技术、统计学等许多新学科，需要更广泛地去学习、吸纳和运用，以丰富青年学的学理内容，凸显青年学的时代特色。

青年学的发展有了“博”还要善于“融”。运用多学科理论，要在“以我为主”中汲取对“我”有益之精华，提升规律性的认识，构建具有内在联系的理论体系。有人把青年学的这种综合，批评为没有自己的独立理论，只是一个各学科理论相加的“拼盘”。对此“拼盘”说，我持“两点论”的观点：第一，各学科理论相加的“拼盘”，不应成为贬词，恰是现代科学技术从以往的高度分化走向高度综合的发展趋势，是科学技术从单学科向跨学科再向多学科研究的必然。目前，众多新兴学科正在多学科的综合中应势而生。美国阿波罗登月计划总指挥韦伯说：“阿波罗计划中没有一项新发明的技术，都是现成的技术，关键在于综合。”我国 2013 年 12 月登月成功的“嫦娥三号”何尝不是如此。从 2014 年 1 月 3 日《中国青年报》刊出郑宇钧、邱晨辉《嫦娥玉兔探月：不走寻常路》一文中可以得知，此项航天技术的发展，正是得益于“大量新技术的采用”，是“集成了代表当今世界科技水平的新技术”。[4]一个“采用”，一个“集成”，看似没有自己新发明的技术，但却在综合中做出了巨大创新。获诺贝尔奖的管理科学创始人西蒙，之所以能在管理科学方面做出巨大贡献，是因为他在行政学、政治学、企业管理学、组织理论、社会学、心理学和经济学等方面，有一定的造诣，并善于综合。所以，对于青年学的学科建设，我们并不忌讳做此类“拼盘”；相反，正是要在广泛“采用”、潜心“集成”中，提高对多学科的综合能力，做出有自己特色的“拼盘”。第二，既要重视青年学对多学科的“采用”与“集成”，又要努力在融为一体上下功夫，在综合中探索规律、升华学理、构建理论体系，形成有青年学特色的独立学科，尽力避免多学科理论无内在联系的简单相加。

青年学学科茁壮成长之道，就是要在“博”和“融”的努力中，学习成熟学科的经验，找准自己的稚嫩处，攻坚出新。根据目前学科的发展状况，攻坚出新的方向和着力点有必要集中于以下三个方面。

（一）学理和学说要有新发展

一门学科的生长，需要有本学科赖以滋养的学理根基。根基深厚方能枝繁叶茂，根基浅薄即难以生长，即使长了也难于繁茂。有人说，青年学就是没有自己独立的学理根基。其实，只要读过已有的青年学的诸多版本，包括我著的《青年学》和《青年学新论》，应该不难发现，并非没有自己的学理根基，如青年概念、青年发生、青年本质、青年特点、青年观、青年需求、青年社会地位与作用、青年社会化与社会青年化、代际冲突与协调、青年生活方式等。正是这些学理和学说，支托着青年学学科建设，助青年学学科长于社会科学学科之林。当然我们也深知，青年学学理的广度与深度还有不小的发展空间，已有的学理也不是没有欠成熟的浅薄。因而，我们对基础理论研究绝不应有丝毫的放松。有志于助青年学茁壮成长者，亟须进一步拓展理论视野，吸纳理论新知，再进一步探究新学说，推出新学理，为青年学的学科建设固本强基。

（二）探求规律要有新发现

世间万事万物的发生、发展，都有其理，皆有其规，青年的发生、发展亦有规律可循。“规律是现象中持久的东西。”事物的发展，既有偶然的转瞬即逝的现象，也有内在固有的、本质的、必然的联系，即其发展的客观规律性。以青年发生、发展为研究对象的青年学，其价值即在探求和揭示其规律。在我1988 年出版的《青年学》中，首提青年学是“以青年的本质，以及青年的发生发展过程为研究对象。它的任务是，揭示青年身心发展的规律；青年与社会相互作用的规律；青年的特殊需求发生与引导的规律”。[5]如今看来，这样的认识只能说是一个初探。规律是深藏于现象背后巩固的东西、稳定的东西，因而探究、揭示客观规律并非易事，人们的认识必有由浅入深的过程，极难一举而穷尽，故而非常需要继续作深入的探究，检验已揭示规律的准确性与客观性，尤其要在潜心揭示目前尚知不深或未为人知的规律上有新的发现。

（三）体系构建要有新突破

一门学科的理论体系，反映的是学科的学理、学说与揭示的规律的内在逻辑联系。青年学的理论体系，在我 1988 年出版的《青年学》中，作如图 1 所示的构建。

- 青年学
  - 青年及青年的本质
  - 青年的身心发展
    - 青年的生理发展
    - 青年的心理发展
  - 青年与社会的相互关系
    - 青年的社会地位和作用
    - 青年的社会化
    - 青年的价值观
    - 青年的社会群体
  - 青年特殊需求的发生及引导
    - 青年的智力发展与成才
    - 青年的劳动就业
    - 青年的生活方式
    - 青年的恋爱婚姻
    - 青年的异常行为

图 1　青年学的理论体系

这样的构建，只能说是一个初探，其科学性和准确性仍有待检验。有人说，现在《青年学》的版本为数不算少，但在体系结构上多为章节的不同组合，尚缺实质性的体系突破。此说也许有苛求之偏，但为求青年学茁壮成长，我们确实不应拘泥于已有的认识，理应在体系结构上求新的进展、新的突破。

青年学学科建设，在“博”与“融”的努力中，学理和学说再有新发展，规律探索再有新发现，体系构建再有新突破，必将登上新的高度，在社会科学之林长得更加繁茂。如此持续攀登，可以预见再历若干年月，到青年学诞生五十年甚或一百年之时，一定能够同其他成熟学科一样坚实茁壮。

三、谁来担当青年学在社会科学学科之林长成参天大树的重任

唐代诗人李商隐《韩冬郎即席为诗相送因成二绝》中云：“桐花万里丹山路，雏凤清于老凤声。”套用此诗我模拟两句来表达期望：“青年学科发展路，雏凤清于老凤声。”我们这些开始于 20 世纪 80 年代的攀登者，虽然至今研究未止、笔耕未辍，终究岁月不饶人，已经是余勇无几。在我 2004 年出版的《青年学新论》中，曾以“殷殷寄情后来者”为题书写前言，表达寄希望于后来者。

令我们十分欣慰的是，如今发展青年学的道路上，后来者源源不断，正在接力前行。在全国高等院校和社会科学界，众多新起之秀知识视野开阔，接受运用新知快，熟练网络新手段，同国外交流的外语能力强，拥有高于我们这一代人的许多优势，具有很强的创新意识和创新能力。例如，中国青年政治学院青少年工作系吴鲁平教授正带领一批年轻教师研究、撰写新的《青年学》。此著至少已历经三年的反复研讨、修订，可见他们做学问的潜心和严谨，期望不久将出版问世。最近上海又传来令人鼓舞的信息，上海青年管理干部学院 2013 年举办的“青年学学科建设全国研讨班”，以及该院的科研成果，在“积极建设青少年思想政治教育、青少年心理与文化、青少年政策与事务和青年运动与青少年组织四个研究方向支撑的青年科学，推动专业内涵发展，促进人才梯队形成，加强科研平台建设，提升科研项目层次等方面，都取得了较大进展和突破”。[6]

我深信，青年学建设事业，必定是一代超过一代，必将在一代又一代的接力奋斗中，茁壮成长为社会科学学科之林的一棵新生的参天大树。

参考文献：

［1］黄志坚. 青年学新论［M］. 北京：中国青年出版社，2004：8-9.
［2］［5］黄志坚. 青年学［M］. 北京：中国青年出版社，1988：1，31.
［3］谢伟光. “马克思主义青年学”学科建设构想［J］. 上海青年干部学院学

报，2013（3）.
［4］郑宇钧，邱晨辉．嫦娥玉兔探月：不走寻常路［J］．中国青年报，2014-01-04.
［6］上海青年管理干部学院．我院青年学学科建设取得新突破［J］．上海青年管理干部学院学报，2013（4）.

《北京青年研究》2014年第1期

青年发展应对的四种关系

谢昌逵

（中国社会科学院社会学所）

青年发展关系到青年的成长与人类的未来，是人的发展在青年阶段的特殊性，应从人的全面发展的目标对青年发展的主体做出分析。

吴端最近给我发来一篇题为“青年评价与突现进化理论——以学习与创新为基础的世代更新”的文章，其中写道：“青年的概念，青年的本质最主要的不是年龄的差异，甚至不是青春期，而是其没有被社会化、没有被角色化、没有被职业化，是社会分工前的‘人’，是可以自由支配时间的人。”吴端因此提出了一系列问题：“21 世纪的青年研究是否应该从人的全面发展与青年的关系入手，或者以人的全面发展作为青年评价的主要依据？人的全面发展是一种幻想、一种神话，或是一种可能？人的全面发展与青年是否有必然的联系？是否应该通过青年来达到这个目的？”他又认为，“青年研究的核心是青年不仅是一种社会现象，还是一种社会理想和社会理念，是对人的全面发展的可能的一种社会实践”。

关于人的全面发展，是马克思的一个重要理论，《共产党宣言》的名言“在那里，每个人的自由发展是一切人的自由发展的条件”。马克思又将共产主义社会称作“自由人的联合体”。人的自由而全面的发展可能就是已经没有异化、没有分工、有自由支配时间的人。马克思认为这是一个历史发展的过程。由黄楠森教授主编的《人学原理》一书，根据马克思《政治经济学批判（1857—1858年草稿）》中的“三形态论”，对人的发展的历史过程及表现形式作了介绍。一是前资本主义社会：原始的丰富・人的依赖关系・自我牺牲；二是资本主义社会：畸形发展・个人独立・利己主义；三是共产主义社会：全面发展・自由个性・个人和社会的一致。[1]对人的自由而全面的发展，这里不能也没有必要作过多的论述。不仅如此，就是对吴端因此提出的问题，要做出回答也很不容易。根据吴端说的青年发展是对人的全面发展的一种社会实践，试探着提出青年发展在目前的历史阶段所应有的内涵，它包括要处理好以下四个方面的关系。

一、处理好物质与精神的关系

恩格斯曾经指出，要承认“生存斗争”这个公式。动物最多只能做到搜集，而人则从事生产，制造出离开了人便不能生产出来的最广义的生活资料。“一有了生产，所谓生存斗争便不再围绕着单纯的生存资料进行，而要围绕着享受资料和发展资料进行。”[2]哲学家周国平在引用了恩格斯上述言论后写道：“在马克思看来，人的超出生存需要之上的需要可以分为两类，一类是物质享受，另一类是自由的活动，而后者是人的更本质的需要。劳动也包含两个方面，一方面是物质生活的生产，另一方面是人的肉体和精神的创造力量的实现。”人类早期的劳动几乎完全服务于生存的目的。“后来，在劳动实行社会分工和私有制存在的条件下，劳动的两个方面发生分离，物质生活的生产成了唯一的目的，而人的创造力量的实现则成了单纯的手段，这就是青年马克思所说的‘异化劳动’的主要含义之一。”[3]

超出生存需要之上的物质需要表现为人对财富的贪婪。自从有了分工和私有制，国王、贵族、资本家使自己的人的潜能发挥出来，创造了种种新文化，为社会的发展做出了贡献。但是这同时也带来了异化，他们对物质享受的贪婪也永无止境。中国帝王、贵族的贪婪应排在世界的前列。秦始皇为自己建陵墓历时 39 年，用工 70 多万人，占当时人口的 1/3。兵马俑是世界上规模最大、结构最奇特、内涵最丰富的帝王陵墓。中国的故宫也是世界上最大的皇宫。到现在一些地方的办公大楼、一些私人的别墅，其规模也堪称世界之最。总之，全世界各地有权有钱的人物所消耗的物质已超出了地球可供资源的底线。科学家一再呼吁，我们不是生活在一个资源取之不尽、用之不竭的自然世界中，自然世界正在走向终结。德国《世界报》网站 2013 年 8 月 20 日以“人类寅吃卯粮”为题报道：“世界自然基金会称，2013 年地球可产出的全部自然资源现在已消耗殆尽。”《参考消息》网 8 月 22 日以“人类透支地球资源 30 年”为题转载此文。

青年走在了克服异化的前列。20 世纪 60 年代学生运动对资本主义社会批判的主题之一就是对人与自然关系的认识以及对环境保护的关心，许多嬉皮士到乡间农庄和山林湖边安营扎寨以亲近自然。与此同时，1968 年罗马俱乐部成立，来自 7 个国家 17 位平均年龄不到 30 岁的青年科学家在 1972 年完成罗马俱乐部第一个文献《增长的极限》，它被称为“70 年代爆炸性杰作”。欧美各国在 80 年代发生了一场“静悄悄的革命”，价值观念开始从热衷于经济增长和财富占有向关注生态环境、生活质量等方面转变。1981 年和 1990 年法国进行了两次世界范围的价值观调查，殷格哈特博士领导一个组负责欧洲部分，他的结论是一个新的时代正在到来，青年人是这一进程的推动者。由于他们受过良好教育，生存有保障，生活有很大提高，可以充分追寻自己的价值取向和生活态度，与老一代为生活所困追求物质不同，形成了“后物质主义”的价值观。[4]青年不仅是这一进程的推动者，有的甚至身体力行。2007 年 3 月 15 日《上海青年报》刊载俞天白的《邂逅德国后物质主义者》一文，他会见了儿子的朋友克劳蒂娅小姐，她对已经优美的德国生态环境仍然十分不满。她收入不菲，却骑自行车往返 30 公里上下班，而不论天气如何。为了减少开车者，她义务替人修自行车。她住一室一厅，十分简朴，衣服都是棉纺的……她监督政府的浪费，而且有人呼应，高举“可持续发展”旗帜统一行动。作者感叹自己面对的“是一位既感性又被理念驱动着的勇敢、自信、独立的女性，一位在当代物欲横流下奋力维护人类生存环境的社会群体之代表”。这样的事例还有很多，中国也有，就不一一列举了。

在青年中兴起的后物质主义价值观以及为此采取的行动，应该给予高度的评价，甚至可以说这是人类历史以超出生存的物质享受为唯一目的向思想与精神享受为主的转变的开端。经济学家阿玛蒂亚·森为阐明他的发展观著书《以自由看待发展》，他认为“对发展观的恰当定义，必须远远超越财富的积累和国民生产总值以及其他与收入有关的变量的增长。这并非忽视经济增长的重要性，而是我们必须超越它”。“发展必须更加关注使我们生活得更充实和拥有更多的自由。”[5]对青年的发展来说，也并非忽视物质生活的改善，而是必须超越它；不将物质享受作为唯一目的，而是要使生活更加充实，拥有更多的自由。而要超越就要有思想。“思想形成人的伟大，人的全部的尊严就在于思想。”这是哲学家帕斯卡尔的名言。思想是指一种精神能力，这种精神能力的结晶或由它产生的效应。思想不同于一般的思维活动与能力，不同的思维能力造就不同的人，其中的高明者甚至可以成为企业家、政治家。这种力量更多的是体现为计谋、意志、欲望等。如果没有思想，就可能超出合理的需求产生没有尽头的奢侈欲望，甚至走向极端引发暴力与战争。思想则不是工具性的，它来源于人性的深处，即人是自觉地意识到自己是脱离了自然状态的存在。这种人生的觉悟一旦受到人文精神的启迪将通过独立思考产生难得的内心生活，对生命意义有独特的沉思和领悟，对人的生存意义和人类发展前景有深刻的思考与探索，就会超越功利的束缚，宁可过简朴的生活。正是这种超越性才有了创造性。而这种超越性的核心就是自由。青年保留着童年的纯真，尚未涉足成年社会的争夺与贪婪，正是接受人文精神、形成思想的宝贵时期。

有了思想，有了人的尊严，有了生活的意义，有了对人类未来的终极关怀，才可能有理想和能力从事创造性的活动。创造正是人的最本质的特征，但是人必须从争权夺利的烦恼和奢侈浪费的庸俗中解放出来，才能获得进行创造的自由。“久在樊笼里，复得返自然”的陶渊明创造了《归去来兮》《桃花源记》等文学名作。即使生活简单，青年们同样可以创造出文学艺术作品，也可以参与科学研究为生态文明做出贡献，就是当村主任为农民做了好事，也能享受到自我实现的高峰体验。青年们大大小小的创造一代又一代地聚集起来，就能改变马克思所指出的人的创造力量成了单纯的手段，物质生活的生产成了唯一目的的劳动的异化，使创造成为目的。后物质主义价值观要成为社会的主流，也许还要有漫长的岁月，甚至几个世纪，但这已经是历史的方向，青年的这种努力，为青年发展和人的全面发展奠定了基础。

二、处理好个人与社会的关系

马克思对理想社会虽有描写，但是更具体的还是孔子关于“大同”的描述：“大道之行也，天下为公，选贤与能，讲信修睦。故人不独亲其亲，不独子其子，使老有所终，壮有所用，幼有所长，矜、寡、孤、独、废疾者皆有所养，男有分，女有归。货恶其弃于地也，不必藏于己；力恶其不出于身也，不必为己。是故谋闭而不兴，盗窃乱贼而不作，故外户而不闭，是谓大同。”这是和谐、博爱又平等的人际关系。但是，到夏禹以后“今大道既隐，天下为家。各亲其亲，各子其子，货力为己”，“而兵由此起”。杨适教授认为：“从西周到清末中国历史上实际存在的人伦，乃是一种特定的人伦形态，把它称作‘宗法人伦’或‘宗法等级人伦’，要更恰当些。”[6]这就是马克思说的前资本主义社会中人的依赖关系。历史的发展使西方比中国提前进入资本主义社会的个人有了独立，中国在实行市场经济后个人同样有了独立。个性自由是一个人成为自己命运创造者的自由，但是个人的活动，不论自己是否意识到，它都是社会性的。人的社会性不仅包括了与合作伙伴和家庭的关系，还有与社会、民族、国家的关系，在全球化的今天，还有国际的关系。既然有了不同层次的关系，就应与大同世界那样万事有序、人伦有序，对他者有博爱情怀，能为公共事业竭尽全力。除了独立，人还必须要有规矩，个人既有权利也有义务，成为爱国守法的公民，甚至成为全球化中的世界公民。

青年最接近的是同伴关系。“由于网络社会的出现，我们是否进入一种新型的社会化模式之中。在那里，首要角色将转移到同辈之间和互相联系的个体之间？”[7]在历史上，青年对社会的贡献都是由青年群体做出的。文艺复兴、启蒙运动的思想家都是在年轻时候就相互往来成为伙伴，在相互研讨中发展了学术思想，他们周围还有一大批青年崇拜者。中国的五四运动、西方 60 年代的学生运动就更不必说了，他们组成公社，探索比现存社会完美的新生活。青年们聚集在一起讨论探索，是他们思想成熟做出贡献的必由之路，为了青年发展，应提倡青年人建立和谐、活跃且具有创造性的伙伴关系。

在几千年的中国皇权统治下，只有君臣父子忠孝仁义的、人人独善其身的私德。梁启超写的《论公德》中指出："我国民所最缺者，公德其一端也。"鲁迅也正是因此而发出改造国民性的感叹。一百多年过去了，今天的中国青年表现了他们的公德。2008 年奥运火炬在海外传递时的风波中，中国留学生为维护国家主权与民族尊严所做出的反应受到国际的好评。至于汶川大地震和奥运会中成千上万的志愿者，被海外媒体称为"鸟巢的一代"。但是远没有达到完善的境界。由于钱权交易导致道德败坏，遇到危难事件袖手旁观，在海外旅行大吵大闹，甚至伤害生命的事件时有发生，提高公民素质仍然任重而道远。"公民素质，指公民在社会生活中认真地行使权利，相互尊重，通晓并履行作为具体的地域社会或国家一员所应尽的义务和责任；在理解自身权利和义务的基础上做出正确判断并付诸行动的能力。""如果公民在青少年阶段，就被委以某种领导角色，他就能够锻炼出相应的能力并增强信心去接受未知问题的挑战。"[8]青年发展与社会发展有密切的关系，社会发展为青年发展提供了条件，而青年的创造又推动了社会的发展。在这个相互发展的过程中，一个重要的问题是青年要成为理解自己的权利和义务的公民。青少年阶段是提高公民素质最好的不能错过的时机，使青年在过渡期就能具有良好的公民素质，是青年发展的重要内涵。

谈到公民社会，一方面要有爱国主义的精神，同时又着重于政治参与和对权力的监督。现在正是信息时代，青年能及时获得全球的信息，同时也有了表达自我的工具，出现了一种社会与政治参与的新形式，青年通过网络的政治参与成为中国目前政治生活的一大亮点，已经受到了广泛的关注。而青年的全面社会参与现在已成为世界性的潮流。这使我们想到人类学家米德在研究 60 年代学生运动、提出前象征文化理论的《代沟》一书中最后的一个希望："它进一步意味着只献身于自己国家的深刻的爱国主义的献身精神有希望转化为对整个星球的保护，这对其他国家人民的生存是必要的。"[9]米德的希望并非没有可能，早在第二次世界大战以后的西欧各国实现了一体化，战争中的敌国战后变成了盟国，仇人变成了朋友。其思想渊源可以追溯到欧洲早就存在的一种不自觉的"自我认同"的古老观念。"关于美利坚联邦制欧洲的梦想自 17 世纪起，像神圣显灵似的出现在威廉·彭和圣皮埃尔教士的乌托邦思想里以及康德关于《欧洲永久和平计划》的著作中。……维克多·雨果以卓绝的风格预言美国式欧洲的来临，而欧洲联邦又将是全人类和解的先驱。"[10]它确是和解的先驱，亚洲的东盟现在也和解了。中国的利益和触角现在已遍布全球，青年们在与全球各国朋友的交流中应该成为宣传全人类和解的先遣队，为迎接人类的和谐共处、人的全面发展做出坚韧的努力。

三、处理好主客体的关系

思想不同于思维能力，但是，思维作为一种能力，对青年发展有同样的重要性。而思维的产生和发展又是一种主客体的关系。

北京大学张世英教授提到了主客体关系：人生在世，无论就个人或民族或人类思想发展的阶段而言，初始的第一阶段，从个人来说还不能区分“我”与外物，婴儿就处于不分主体与客体的人与世界浑然一体的关系里；第二阶段是“主体—客体”关系的阶段，从个人来说，有了自我意识的人一生大多处于该阶段；第三阶段是包括“主体—客体”关系在内而又超越“主体—客体”关系的阶段，少数人，如真正的诗人，能达到此阶段，也就是审美意识的天人合一的境界，是诗意的境界，崇高的人生境界。[11]这种境界类似上面提到的思想、精神。我们只从青年发展的角度，就主客体关系产生自我意识、提高思维能力作简单的解释。

动物与外界根本不发生关系，它吃食物的时候不会想到食物是在它之外，形成不了意识的自我。宇宙的伟大就在于用纯粹的物质创造了一个能够理解它的智慧生命，一个能够思维的人的大脑。在激烈的生存斗争中寻求发展的人类，最初的认识只涉及客观世界。随着文化的发展，一种对生活的内向观察伴随并补充那种外向观察。人的意识开始既意识到个人与环境的关系，又意识到自身的个人。前者是对象意识，后者是自我意识，二者互为前提。没有自我意识，对象意识是不存在的，对象意识总是在自我意识中产生的。而自我意识又总是对对象意识反思的产物。“由于自我意识能够对主体本身进行认识，能够对自我的利益、目的、能力进行认识，因而它又构成了实践推动认识发展的一个特殊的中介环节，即实践对认识的决定作用必须自我意识到才能真正发挥作用。换言之，实践中的问题、矛盾、规律必须被自我意识到，才有其自觉的促进作用。否则，就是盲目的、不自觉的认识。”[12]

是做一个自觉的人还是一个盲目的人，说明主体在反映主客体中的自我意识的重要性。心理学又将自我意识称为元认知，即对已有认知的认知，是批判性的思维品质，对自己每次实践中的认知状况进行分析与批判，为进一步的实践提供新的认识。一旦元认知停顿了，主体的认知结构只能维持原状，称为思维定式。当客体信息与主体现有认知结构差距过大的时候，按照认知发展机制的理论，主体就不可能对此做出任何反应，而是通过忽略客体刺激的方式保持原有认知结构不变。这几乎是不能区分“我”与外物的前主客体阶段的无知状态，成为一个盲目的糊涂人，一个不能自主的自我缺席的人，错误不断，遗憾终生。因此必须发挥主体的能动性、创造性，发展思维而不能使之僵化。思维的发展意味着内部认知结构要在更高层次上得到重构，这种重构不是简单的相加，要像生物体基因型的改变那样进行根本的重构，即主体作为同化工具的认知结构，必须经历平衡化机制支配下的重建和重构，通过记忆和分析形成新的概念。[13]认知结构像生物体基因型的改变，是元认知的批判性思维品质，是将思维本身作为思维对象的反思，是思维的自我认识、自我批判和自我更新。自我意识是主体的我不断对客体的我进行审视、剖析而形成的。

所以自我意识的建构不是轻而易举的。儿童甚至少年都还没有自我意识，只是到了青春期才开始注意内部的自我，成为人走向成熟的标志，心理学家称之为人的第二次诞生。科恩甚至说："青年初期最有价值的心理成果就是发现了自己的内部世界，对于青年来说，这种发现与哥白尼当时的革命同样重要。"[14]其重要性在于自我意识不仅反映世界，而且反映自我，进而反映自我与世界的关系，并且将这种关系也作为认识的对象，因此认识才能超越自身，自觉地、创造性地向新的领域跨进。马克思也说过："他自己的生活对他是对象。仅仅由于这一点，他的活动才是自由的活动。"[15]人的最本质的特征正是自由的创造，最本质的能力也就是从事创造活动的能力，人以此创造了一个人的世界。培根说知识就是力量，但是只有书本知识不能形成力量，必须有运用知识的思维才能形成力量。思维是智力与能力的核心。教育学家认为培养思维品质是发展智能的突破口，并且要从婴幼儿开始，根据生理发展的规律为培养思维进行早期教育，因为婴幼儿时期形成的认知结构有很大的稳定性，对人的一生都有影响。中国就有谚语"三岁看大，七岁看老"。从婴儿、儿童、少年到青年的成长中，如何按照生理的发展机制顺利地形成自我意识？既要有家庭、学校和社会的教育，青年自身更要领悟到自我意识的重要性，在自我意识成熟的阶段不失时机地锻炼自己具备这种元认知的能力、批判的能力、创新的能力，使有限的生命焕发出无限的光彩，以人类的智慧善待人类的生命。

四、处理好心理与生理的关系

人作为自然的人所具有的身体，是从事生产活动的客观物质力量。

人类祖先的劳动之所以可能和必要，就是由于在进化过程中所获得的区别于其他动物的体质形态与机能的积极特征为前提的。人通过劳动活动使自然界越来越人性化，同时也使自己的自然本性越来越人性化，越来越适合社会生活的要求。按照马克思的理论，体力和智力的协调发展是人的全面发展的基本特征。身体是人的一切活动的物质基础。人的心理的发展也不可能凭空进行，必须要有一定的载体，人的身体便是心理的载体，心理的发展不能脱离人的生物性方面的发展。心理学家就提出生理自我、社会自我、心理自我的理论。总之，讨论青年发展的时候，不能忽视青年的身体。青年正是长身体的时候。现在中小学评三好学生，身体好就放在第一位。青年必须同时注意体育锻炼，有一个健康的身体，承担起未来的种种挑战，并带来长寿，而健康的长寿，又是人的最大的幸福！

以上就是对青年发展的认识。青年可以独自成熟、自学成才，做出贡献，但这是少数，更多的是处理好同伴的关系，在米德所说的互象征文化中形成前，象征文化走在历史的前列。在物质的生产成为唯一目标对人产生异化的时候，青年不应将追求和享受财富作为唯一的目的，而是要更加注重精神生活的充实，关怀人类的未来，成为有思想、有尊严的人，成为地球的保护者。具有这种超物质的天人合一的精神境界的青年，可能是接受充分文化资源孕育的少数精英。在社会中，青年必须既懂权利又懂义务，遵纪守法。在全球化时代成为爱国守法的世界公民，为全人类的和谐共处做出努力。这将涉及更多的全地球村的青年。面对日益复杂的社会环境和社会风险，青年如何在社会实践中自主自觉地正确处理问题，为青年的自身发展和社会发展做出贡献，必须要有足够的自我意识，对自我与客观世界都能取得正确的认识，用来指导行动。思维是智力与能力的核心。青年们应该具有面对未来、战胜任何挑战的能力。这种关系必定会涉及所有的青年。最后，祝每个青年身体健康！

参考文献：

［1］黄楠森. 人学原理［M］. 桂林：广西人民出版社，2000：410-417.
［2］马克思，恩格斯. 马克思恩格斯选集［M］. 第3卷，北京：人民出版社，1972：572.
［3］周国平. 人的活动和完整的人性［M］//关于人的学说的哲学探讨. 北京：人民出版社，1982：114.
［4］［7］（法）让-查尔斯·拉葛雷. 青年与全球化［M］. 北京：社会科学文献出版社，2007：330，324.
［5］（印度）阿玛蒂亚·森. 论发展［M］//张汝伦. 大学思想读本. 桂林：广西师范大学出版社，2004：217.
［6］杨适. 中西人论的冲突［M］. 北京：中国人民大学出版社，1997：19.
［8］焦国成. 公民道德论［M］. 北京：人民出版社，2004：25-26.
［9］（美）玛格丽特·米德. 代沟［M］. 曾胡，译. 北京：光明日报出版社，1988：142.
［10］（法）埃德加·莫兰. 反思欧洲［M］. 康征，齐小曼，译. 北京：三联书店，2005：25.
［11］张世英. 新哲学讲演录［M］. 桂林：广西师范大学出版社，2004：参阅

第一篇.
［12］杨耕，陈志良. 关于思维的内在矛盾的再思考［J］. 天津社会科学，2001（4）.
［13］李其维. 译者序［M］//英海尔德，等. 学习与认知发展. 上海：华东师范大学出版社，2001.
［14］（俄）N C 科恩. 青年心理学［M］. 史民德，何得霖，方琬，译. 桂林：广西人民出版社，1983：77.
［15］马克思，恩格斯. 马克思恩格斯全集［M］. 北京：人民出版社，1972：42，96.

《北京青年研究》2014 年第 1 期

青年社会学的基本理论视角

沈　杰

（中国青年政治学院）

一

青年社会学是在社会学母体中孕育产生的一门分支学科。它的学科使命是要探讨青年本体的本质规定性及其外显的特征、青年与社会的互动及其关系、青年在历史进程中的地位及其作用等。

青年社会学在研究青年本体的特质、青年与社会的关系、青年与历史的关系时，基于不同的理论资源和自身的价值选择，形成了一些十分独特的理论视角。这些视角不仅具有理论价值，而且具有研究方法的功能，提供了研究和分析的工具。对于理解和掌握青年社会学的实质和特征来说，是一种重要的纲要。这几个视角既涉及观念层面，又涉及现实层面，构成了青年社会学的基本范畴，并且可以分别派生出一系列次属范畴。这些基本范畴和次属范畴之间按照一定的逻辑关系产生联系，便构成青年社会学的一些基本命题。而这些基本命题之间按照一定的逻辑关系发生联系，便构成青年社会学的一些基本原理。青年社会学的理论体系就是由一系列基本范畴、次属范畴和基本命题、基本原理所共同构成的逻辑体系。青年社会学理论的内涵和外延就是这个逻辑体系具体化或操作化之后所表现出来的一系列在不同程度上可以进行观察或检验的变量和事实。

二

青年社会学在自身的学科发展进程中所形成的十分独特的理论视角同时也是这一学科最基本的理论视角。其主要包括以下一些内容。

（一）“个体—社会”视角

社会学的研究从逻辑起点上必然要面对个体及其对面（社会）以及社会及

其对面（个体）。换言之，解决社会的本质或一般问题以及解决个体的本质或一般问题，都难免要对个体与社会的关系或社会与个体的关系进行探讨。

个体与社会的关系可以说是社会科学所有学科都要探讨的最基本主题，青年社会学也不例外，这一主题在青年社会学中首先表现为青年个体与社会整体之间的关系问题。

个人与社会之间以什么方式进行互动？两者之间的关系呈现什么特征和性质？个人如何成为社会的元素并进一步维系社会的存在和运行？而社会怎样将个人塑造成为合格成员并进一步将其整合进社会之中？对于这一类问题，自社会学诞生以来便一直存在着两种不同且相互对立的观点。

一种观点强调，社会高于个体，社会结构的性质和特征决定了个体行动的方式和特征。其主要代表人物有迪尔凯姆。在他看来，社会学的研究对象是社会事实，这一点是社会学独立于哲学并区别于其他学科从而成为社会科学一门独立学科的标志。作为社会学最基本范畴的社会事实的特征是其客观的外在性，对个人会有普遍的强制作用。可以说，在处理个体与社会的关系上，这是一种社会本位的立场。从哲学上看，体现了一种社会唯实论。社会唯实论在本体论上认为社会本身具有其独特的实在性，不能还原到个体层面，而在方法论上则必然导致社会整体论。社会唯实论与社会整体论在思想上与方法上是一致的。社会整体高于个体的思想也决定了在方法论上不能将社会事实还原为个体层面的心理或生物因素。换言之，要探讨和了解作为社会层面上的人的意识，就不能用个体心理学或生理学的方法，只能用社会学的方法。社会高于个体的思想在具体研究过程中的方法程序是，只能用宏观社会结构解释微观社会结构，只能用社会结构解释个体行动，而不是反过来的做法。

与社会唯实论相对的社会唯名论在本体论上认为社会是由各个具有独立意义的个体所组成的，"社会"只不过是人造的一个词，对社会的理解应该还原于个体层面。这一思想的主要代表人物是韦伯。他主张，社会学所要关注的是理解社会行动的意义并做出阐释。而社会行动的真正主体是个人，只有了解个人行动的动机才能理解社会生活的意义。因此，个体的社会行动是社会学研究的逻辑起点。那种以凌驾于个体之上的社会事实作为起点来研究社会的倾向，则是韦伯所加以拒绝的。社会唯名论与社会个体论在思想上与方法上也是一致的。社会唯名论在方法论上必然相应地导致个体主义。可以说，在处理个体与社会的关系上，这是一种个体本位的立场。社会唯名论在方法论上所表现出的个体主义，在具体的研究过程中将导致把研究重点放在对于微观社会层面的关注上面。

社会唯实论和社会唯名论及其方法论上相对应的是，在社会价值观上必然表现为集体主义取向和个人主义取向的对立。集体主义取向的价值观认为，集体利益高于一切，个人利益应该服从集体利益；而个人主义取向的价值观认为，个人的自由才具有绝对的价值，应该受到最充分的尊重。

个人与社会的关系之所以是一个具有重要理论价值的议题，原因在于，个人在现实的社会行动过程中总不可避免地会对这一关系所涉及的实际利益做出某种选择。

基于个体与社会关系的一般社会学问题意识来进一步考察青年个体与社会整体的关系并做出阐述，成为青年社会学一个基本理论视角。它的影响力可以表现在不同的研究领域和研究层面上，最具典型性的是，从社会本位的角度来看待青年问题与从青年本位的角度来看待青年问题，这两种倾向对于青年问题的形成原因和衡量标准所得出的结论在很大程度上是不尽相同的；又如，在分析青年价值观及其取向的变迁上，对于青年价值观所呈现出的个体取向，基于社会本位的研究者与基于青年本位的研究者之间所得出的判断在很大程度上是不尽相同的。

尽管不同的青年社会学家在对待青年个体与社会整体的关系上有不同的侧重点，但是，在实际研究过程中，往往难以在这两者之间做出完全非此即彼的判断，或者说，切实不可能只注重一个方面而完全忽视另一个方面。从方法论上看，当代青年社会学的发展趋势表现为，研究的重点从早先更多地关注宏观的社会结构层面逐渐向着更多地关注微观的小群体、人际互动和个人层面转移；在价值取向上，呈现出从社会本位向个体本位的偏移。换言之，具体表现为以个体行动者及其与他人的互动作为起点来研究社会结构和社会过程，从研究青年个体的状态来透视青年群体的状态，从研究青年群体的发展特征来透视整个社会的发展特征。但是，这一切丝毫没有减弱青年个体与社会整体关系的理论价值。

（二）“世代—世代”视角

青年与社会的关系是青年社会学必须面对的一个基本理论问题。这个问题有两个层面的含义：一是一般的表现形式，即青年个体与社会整体的关系；二是独特的表现形式，即青年群体与成人社会的关系，或者说，更具体地表现为青年世代与其他世代尤其成年世代的关系。

从一个独特视角来看，人类社会的演进乃是通过世代与世代之间的更替来实现的。因此，代际更替不仅成为社会传承的一种重要机制，同时也成为社会更新的一种重要机制。对于认识和理解这种社会传承机制和社会更新机制而言，有必要探讨人类社会存在哪些类型的世代，世代与世代之间存在哪些类型的关系，世代与世代之间存在哪些类型的互动模式等问题。对于这些问题，世代理论做出了自己的回答。

世代理论既是一个十分重要的学术研究领域，又是一种十分重要的理论取向和方法视野。它致力于研究世代的形成原因、发展规律以及代际关系性质、代际互动模式、世代在社会变迁中的作用等问题。在这种理论视野中，青年世代在社会结构及其变迁中的角色和地位受到特别关注。

第一，世代的类型。世代理论在探讨世代尤其青年世代的过程中，对于世代做出了具有独特学术价值和实践意义的分类，主要分为心理世代、社会世代、政治世代和文化世代这样几种类型。

在心理世代的重要研究者 J·W·歌德看来，每一个体的根本性的世界观是由其青年时代性格形成期的经验所决定的。于是，在生活过程中，同一世代成员间的相互理解便成为将他们联系起来的纽带，同时也会具有一种功能，即把这一世代成员与其他世代成员区别开来。

社会世代研究的代表性人物 W·狄尔泰把世代界定为一种从质上理解的，同时经历了某些重要历史事件及其影响的人群范畴。换言之，某一批人所共享的重要经验构成了世代的纽带。狄尔泰对于世代的重视之点，不在于源自纯年代学论据的同时期概念，而在于来自主体共享的主观历史经验的质的重要性。

政治世代的研究者 M·里泰拉认为，历史事件的独特性程度使处于性格形成期的个体经历了同一种基本历史经验，这种个体在成年期生活过程中政治态度不会发生重大变化。因此，性格形成期的经验存在根本性差异的人们就可能成为不同政治世代的成员。

文化世代的著名研究者 M·米德基于社会急剧变迁进程中文化传递的差异性，把人类世代的划分与文化类型的划分结合起来，提出了三种基本的楷模文化类型及其代表者的世代，即前喻文化和作为文化楷模的老年世代、互喻文化和作为文化楷模的同龄世代，以及后喻文化和作为文化楷模的青年世代。

第二，代际间的互动。对于不同世代之间的互动模式，有关学者提出了一些有所差异的观点。但是，代际互动模式基本上可以归纳为两大类型：一类是代际合作或促进；另一类是代际冲突或阻挠。对此，J·奥尔特加·Y·加西特做出了比较全面而深刻的分析。他认为，每一个世代的生活都以前一个世代所留下的文化遗产（价值观、信念等）为依据，同时又将会努力发挥自身的创造性天赋。青年人与成年人之间在一些基本准则上达成一致性意见时，就会相互支持，提供一种和谐感与目的感，从而产生一种积累性后果；而当两代人之间意见不一致时，便会出现一种争论时期和青年的反叛性后果，这就意味着会产生一种消解性后果。

第三，青年世代的作用。尽管柏拉图、亚里士多德都曾把代际冲突看作政治变迁的重要动因，然而，他们仍是带着父权主义的眼光。只有到了工业革命开始之后，由于作为一种新型社会群体的青年登上新的历史舞台，并扮演新的社会角色，一些学者才开始明确地承认并强调青年世代在社会变迁中的积极作用。例如，在曼海姆看来，当社会变迁加剧、传统模式变得陈旧的时候，青年将会在重新接触传统的价值观和准则之后进行反思，这种反思对于社会而言将会产生一种更新作用。而M·米德则将青年世代的这种作用揭示得更加鲜明。在她看来，第二次世界大战之后科技的迅速发展使整个世界处于急剧深刻的变迁之中，年青一代由于自身具有的适应、接受和创新的能力，使得其更善于扮演引导社会前进的角色，因此，年长一代向年青一代学习便具有了解决代际矛盾和冲突并且促进自身发展进步的重要功能。

可以说，“世代—世代”视角在一定意义上最能够体现出青年社会学的学科特色及其所蕴含的社会功能。

（三）“结构—行动”视角

自社会学诞生以来便一直面对着主体与结构（行动与结构，或能动与结构）的关系这一基本理论问题，在一定意义上也是难题。长期以来形成了两大明显对立的思想阵营：一个阵营强调结构的重要性，它包括结构主义和功能主义的各种派别；另一个阵营强调主体的重要性，它包括解释学的各种理论流派。对于这两种长期存在的对立倾向，A·吉登斯做出了深刻的分析，并将它们表述为，从结构出发看待社会的客体主义，从行动出发看待社会的主体主义。无论哪一个都存在根本性缺陷：在客体主义者这里所忽略的人类行动者的能动性，在主体主义者那里则被夸大了，因此，两者都难以正确地说明行动者的特质；客体主义者认为结构是某种类似自然物的实体性存在，而主体主义者则认为结构并不存在，两者均未正确解释结构的特质；在主体主义和客体主义看来，行动与结构之间是截然分离的，表现为根深蒂固的二元对立性质，因此，两者皆未能正确分析行动与结构之间的关系。

因此，吉登斯认为，客体主义和主体主义的对立不仅是认识论上的问题，而且也是本体论上的问题。在他看来，能动与结构、个人与社会、宏观与微观这双方面之间并非一种各自分立的关系，而是一种相互依存、相互包含的关系。[1]在他的理论视野中，结构被定义为不断卷入社会系统再生产过程之中的规则和资源。其特征是二重性：既能够制约人的行动，又能够作为行动得以开展的前提与中介。行动既维持着结构，又改变着结构。行动与结构之间的辩证关系具体反映在特定时空坐标中的社会实践上面。行动者的创造和再创造使得社会实践呈现出特定规律：行动者掌握了一定的具有反思性和实践性的知识，便能对自己的行动及所处情境进行反思性监控；然而，行动者的知识又并非是全面的，在行动中总难免遇到一些“未被认知的行动条件”，由此会引发一些“非预期的行动后果”，而这两者之间又会互为因果。

按照吉登斯的理论，作为结构的要素之一，规则是对人的行动的一种概括性结果，将对人的行动产生引导作用。行动者根据已有知识展开适当的行动，并能够检验和确证有关规则。于是，行动者在达成自己目标时，也就再生产出结构。作为结构的另一要素，资源表现为两大类型，即分配性资源和权威性资源，这是在行动者互动过程中不断再生产出来的产物。行动者改变其周围既成事实的能力就表现为权力，权力以资源作为其基础，但在一定程度上又表现为支配资源的能力。规则和资源之间的相互影响表现为：行动者的资源影响着其对规则的检验与确证，而为资源赋予的意义也影响着规则的构成。

据此，吉登斯认为，结构化理论的核心思想在于强调，社会结构的关键性特征就表现在，它既是人不断开展实践的条件，又是这些实践的结果。结构并非外在于行动者，而是在制约行动者的同时又赋予行动者以能动性。因此，结构化理论抛弃了仅从主体出发或仅从客体出发去研究社会的单一视角，确立了实践活动在社会理论中的首要地位和基础作用。行动与结构是实践活动的两翼，并在实践活动中达成了动态统一。

结构与行动之间辩证关系的原理，在现实中具体表现在青年与社会的关系上面，如果更进一步考察的话，在社会发展与青年发展的关系上尤其深刻地反映出来。人类历史进程表明，青年发展与社会发展之间从来都呈现一种双向性的相互制约、相互促进的辩证关系。这种关系鲜明地表现为两个方面：一方面，社会发展的已有状况或态势为置身其中的青年发展提供了基本的前提性条件。作为社会的新生代，青年的生存与发展首先取决于社会为他们所可能或愿意提供的满足物质和文化需要的资源、实现个人潜能与价值的条件，这一切最重要地体现为进入社会结构的途径以及参与社会事务的机会等。另一方面，青年发展的状况或态势又能够对社会发展产生能动的反作用。作为最富有创新性的社会群体，青年在自身的发展过程中总是会不断地产生新的愿望和要求，并在将这些主体需要和期待转变成为现实而付出各种努力的过程中，从不同的维度和层面推动着社会的发展。

（四）“传承—更新”视角

从主体的角度来看，一切社会的存在与延续都是通过世代与世代之间的传承与更替而达成的。在社会学视野中，把新出生的人塑造成为合格社会成员的过程称为人的社会化。

以最简化的形式加以表述，人的社会化是使一个“自然人”（即刚刚出生的生命机体，或生物学意义上的人）转变成为一个社会人（即合格社会成员，或社会学意义上的人）的过程。而所谓的青年社会化，主要是指这样一个过程：在童年期社会化的基础上，个体通过更高级、更复杂的教化与内化机制，学习成人生活的基本经验，接受社会倡导的价值观念，形成适应社会的积极人格，掌握服务社会的知识技能，从而最终成为一个合格的社会角色。

从狭义上说，人的社会化包括以下两个方面的内容：一是培养个体适应社会的主体素质；二是塑造社会所期待的合格角色。社会化的运行机制主要体现为：一方面是社会的教化，另一方面是个体的内化，尤其是这两个方面的有机结合。社会化的常规执行者包括家庭、学校、就业机构和社区；社会化的特殊执行者包括同辈群体、大众传媒。人的社会化的层面包括思想观念层面的社会化、行为规范层面的社会化、活动技能层面的社会化。人的社会化，不论形式还是内容，在进入现代时期以来都已经变得更加复杂化，其中活动技能尤其是劳动技能的社会化，已经变成了各种高度专业化的领域。

尽管人的社会化形式在不同的社会以及在同一社会的不同时期都会表现出一些独有的特征，但是，社会化的基本功能在任何社会以及在同一社会的不同时期都是相同的：社会化在社会主体培养这一最基本层面上履行着对社会的传承与更新的功能。具体而言，成功的或有效的人的社会化不仅保证了一个社会的存在与延续，而且还保证着社会在发展阶梯上向更高一层迈进。

自从人类步入现代时期，现代意义上的青年诞生并且作为一种独特的社会群体登上历史舞台以来，他们就一直扮演着重要而独特的社会角色。尤其是在科学技术对社会发展的作用日益突出、社会变迁的速度不断加快的当今，青年世代在社会发展中能够发挥的作用将会倍加引人注目。正因如此，青年世代是否能够成为社会发展所需要的合格成员，就必然影响到社会发展的速度与质量；同时，青年是否能够在社会化过程中形成健康的价值观和人格，也必然影响自身发展的目标和方向。这一切无疑使青年社会化已成为事关社会发展，同时也事关青年发展的一个具有基础性和关键性的问题。因此，青年社会化的诸多理论问题中蕴含着青年社会学的丰富内容。

关于青年与社会的辩证关系的原理，再具体化的是，关于青年发展与社会发展辩证关系的原理，在社会学视野里可以操作化为一些具体的命题：

一是在以社会为本位的视角下，青年发展与社会发展的辩证关系所强调的是，把青年培养成为促进社会发展所需要的合格社会成员；二是在以青年为本位的视角下，青年发展与社会发展的辩证关系所强调的是，把青年培养成为具有创新精神和独立人格的社会角色。

上述两个命题在更高一个层面上又可以归结为下面两个命题：一是在以社会为本位的视角下，青年与社会的辩证关系所强调的是，青年的社会化；二是在以青年为本位的视角下，青年与社会的辩证关系所强调的是，社会的青年化。

青年社会化的最基本意涵是指，青年人需要接受成人世界所传递的社会文化，包括学习、接受并内化为成人世界的价值观、行为规范和生活方式等。

如果说青年社会化与人的生命周期其他阶段上的社会化一样，都将表现为社会教化与个体内化、环境影响与主体选择、吸收文化与发展个性等双向作用过程的话，那么，可以认为，这并不是青年社会学所要力图申明的观点。

青年社会学在充分肯定青年社会化的重要意义和基础作用的同时，需要特别强调的是，青年人也会把自身创造出的崭新文化传递给成年人。社会学家用“反向社会化”这一概念来表述这一情形，它是针对传统的社会化理论仅只强调青年人向成年人学习这样一种单向度过程而提出的，所要说明的是一种在文化传递向度上与以往相反的社会化过程。

在等级森严、结构刚性、变迁较慢的传统社会，不可能出现反向社会化的情形，青年人向成年人学习或者说成年人向青年人传递社会文化，成为人的社会化的主导模式甚至是唯一模式。然而，在结构弹性、趋向平等、充满变化的现代社会，反向社会化现象已经变得相当普遍。

在两种情形下，反向社会化将会表现得尤其明显：第一，人们在地域上迁徙而面对新旧文化环境交替的时候，一个典型的例证是移民家庭。由于青年人能够较快地掌握当地的语言，所以，他们往往能够向父母提供适应新生活环境的知识和方法。第二，由于社会急剧变迁而引起传统文化向现代文化转型的时候。急剧的社会变迁可能使年长一代原有的知识过于陈旧，年青一代则可能由于擅长于探索新问题和敏于接受新信息，从而为其长辈提供新的思想观念和生活方式。

反向社会化出现且逐渐地普遍化，这种情况并没有否定青年社会化的基本意义，即青年人向成年人学习。在一定意义上，反向社会化具有促进代际融合和消除“代沟”的重要功能。可以说，反向社会化的出现，充分反映了现代社会赋予青年在文化上的角色和地位特征。

传统社会中人的社会化，从实质上说，仅指青年社会化。因为传统社会只存在或者说只强调青年人向成年人学习，因此，在传统社会中，所谓的社会化，只存在一个向度。换言之，社会化是单一向度的：从成年人向青年人传递社会文化，或者说，青年人向成年人学习社会文化。而在现代社会尤其是当代社会，人的社会化则出现了多重向度，即不仅存在青年人向成年人学习社会文化的现象，还存在成年人向青年人学习社会文化的现象。换言之，不仅存在成年人向青年人传递社会文化的情形，还存在青年人向成年人传递社会文化的情形。当然，除此之外，还存在同龄人之间相互学习或传递社会文化的情形。

具体而言，早先时代人的社会化是单一向度的，当今时代由于出现了反向社会化，则使人的社会化呈现出多重向度。也就是说，在一些领域进行的是常规社会化，更加重要的是，在另一些领域进行的是反向社会化。

对于一个社会的存在与发展而言，如果说青年社会化更多地体现出社会继承作用的话，那么，反向社会化则更多地体现出社会更新作用。

社会的不断延续表现为新老世代之间的不断更替。人的社会化的第一要义即指上一代人把前人创造和积累的文化成果传递给下一代人。唯有如此，社会生活才能够延续下去，新一代人的生存和发展才有其基础。因此，青年社会化的最基本含义也不外乎是指青年在人类社会发展链条上所发挥的继承作用。

然而，社会并非循环往复地运行，而是呈现新陈代谢的演进趋势。换言之，社会除了有需要加以继承的方面之外，还有需要加以创新的方面。而青年的一种天赋角色就表现为他们总是站在社会变迁的前沿，不断地进行改革与创新。

尽管反向社会化、后喻文化等概念中已隐含着青年是促进社会更新的一种重要力量的意涵，但是，从青年与社会的辩证关系角度对青年在社会发展过程中所具有的社会继承作用和社会更新作用做出系统理论阐述的人，是保加利亚的 P·米泰夫。他提出必须把青年与社会的关系理解为两个变量之间的相互依存关系，而不仅只是青年适应社会的要求这种单一向度。米泰夫认为，青年一代进入自立的社会生活过程，实际上包括了两个侧面：青年的社会化和社会的青年化。所谓青年的社会化，可以理解为青年进入既存的社会关系体系的社会行动；而社会的青年化，则是一个描述青年在社会关系中引起变革的概念。米泰夫从这种复合过程中区分出“社会化”范围内的“青年化”的特殊环节，以及“青年化”范围内的“社会化”的特殊环节，最终得出这样的结论：青年是一个年龄群体，它处在社会化转为社会化的青年化，而青年化转化为青年化的社会化时期，直至社会化和青年化不再成为两个相对独立过程之时，这个阶段包括青年一代完成准备和进入自立的社会生活所需的社会必要时间。[2]

罗马尼亚学者 F·马赫列尔也提出了近似的观点，他认为，社会化是青年适应社会的过程。通过社会化，青年形成了自己的人格，并开始自立于社会。马赫列尔把预期社会化视为促进青年在社会中发挥创造性潜能和对社会生活积极变革作用的基本途径。在他看来，预期社会化尤其解放性质的预期社会化，可以通过提倡培养未来社会发展所要求的知识、才能、价值观、理想和计划等，使青年避免形成消极适应陈旧社会结构的价值取向和行为方式，最终成为具有解放性质的社会变革的积极力量。[3]总之，把青年适应社会和青年更新社会，视为青年与社会关系中存在的两个辩证方面，已经成为许多青年社会学家的基本共识。

社会青年化这一课题之所以重要，正如青年社会化这一课题之所以重要一样，其根本原因在于，它们包含着青年与社会的关系这一个青年社会学所不能回避的前提性问题。而对于这一问题的解答，无疑将充分地体现出青年社会学家的学术立场和价值取向。

三

上述几种基本理论视角，代表了青年社会学的基本特征、核心内涵和分析角度。

从这几种基本理论视角，人们可以初步了解青年社会学理论的核心要旨。它所要表明的是，不仅要研究社会如何将青年塑造为合格的社会成员，而且还要研究青年如何促进社会的创新与发展。

这几种基本理论视角提供了关于青年社会学的一种纲要，青年与社会的关系可以更具特色地再分为青年个体与社会整体的关系、青年世代与成人世代的关系；而理解青年与社会关系的关键性钥匙在于，如何理解结构与行动或者吉登斯视野中的结构与能动的关系，这种基本关系的最终归属是社会的传承与更新。

这几种基本理论视角实际上也成为青年社会学学科的一些分析角度，从它们所可能推演出的一些理论假设甚至命题，无疑将会有助于在不同层面的理论尤其是宏观理论、中程理论与具体社会现象、青年现象的结合过程中搭建桥梁。换言之，这种在抽象理论与经验现象之间建立起来的具体的有机联系，便可能成为促进新的研究发现或理论观点产生的契机。

参考文献：

[1]（英）吉登斯. 社会的构成：结构化理论大纲［M］. 李康，李猛，译. 北京：三联书店，1998. 吉登斯力图超越传统社会学理论在这一问题上的二元分裂立场，并将他所提出的关于行动与结构的二重性原理称为结构化理论.

[2]［3］马赫列尔. 青年问题和青年学［M］. 陆象淦，译. 北京：社会科学文献出版社，1986：92-93，171-179.

[4]（美）米德. 代沟［M］. 曾胡，译. 北京：光明日报出版社，1988.

[5] 沈杰. 青年对社会变迁的反应：现代化进程中青年社会心理的变迁［M］. 天津：天津社会科学院出版社，2012.

《北京青年研究》2014 年第 3 期 《青少年导刊》2014 年第 10 期全文转载

论青年社会学的发展进程

沈　杰

（中国青年政治学院）

青年社会学在青年研究[①]这一个专业知识领域中承担着一种独特而重要的角色，一定意义上说，发挥着一种主导性学科的作用。它与青年心理学和青年文化学一起，构成了青年研究的三个支柱学科。

就青年社会学作为一个学科的形成来说，其最基本的动因有以下几个方面：一是学术智识资源的长期积累孕育了新的知识萌芽；二是现实生活提出了认识青年在社会中的角色、地位的客观要求；三是相关的青年学科发展提供了基础的知识和方法的养分。

具体而论，对于青年社会学的产生和发展，自古代到近代的哲学、社会思想中有关青年的观点成了学术思想渊源或智识动因；作为现代性产物的青年成了研究对象。在学科成长过程中吸收了人文学科和社会科学，甚至自然科学的诸多学科（主要包括生理学、心理学、社会学、社会心理学、文化人类学、政治学和历史学等），对于青年的研究成果有着积极推动作用，由此使得青年社会学成为一门综合性特征很强的学科。但是，从学科归属上说，它是社会学的一个分支学科。如果更加深入地说，青年社会学是在社会学这一母体学科中孕育而生的。然而，也应该强调，人文社会科学的其他一些学科对青年社会学的形成与发展进程发挥了不可或缺的促进作用。

一、青年社会学的前学科孕育：复合性的发生机制

（一）学术思想渊源与智识储蓄

从古希腊罗马时代到 18 世纪中叶这一漫长的历史进程中，许多哲学家、社会思想家曾从各自的价值取向、学术立场、理论视角出发，不同范围、不同层面、不同程度地探讨一定的青年现象、青年问题。[②]可以说，这些哲学

家、社会思想家的有关思想观点，成了青年社会学最早的学术思想渊源和智识储蓄。

由于这一时期社会结构的封闭、僵化、单一性质，社会变迁速度极其缓慢，因此，在这一时期的哲学家、社会思想家的思想观点中具有的共同特征是，认为老年人或成年人的年龄和经验因素决定了对生活智慧的拥有，因而理所应当地被看作是比青年人更加优越的人，青年人则被视为社会未充分承认的、不完善的人。社会对于青年的培养或合格成员的塑造的核心内容表现为：青年人接受年长者或成年人的智慧及其行为楷模。由此可以看到，这种思想中带有浓厚的成人优越论或长者统治论的色彩。

可以说，青年现象、青年问题自古以来就一直受到经久不衰的关注，许多思想家都对此做出过分析。然而，在工业革命之前，作为一个特定社会范畴的现代意义上的青年还没有诞生，此外，由于生产力发展水平低下所决定的传统社会结构的高度同质状态，使得社会中世代之间还没有呈现出明显的分化，所以，在那样的时代里，形成比较系统的关于青年的理论尤其是学科知识的历史条件和社会基础都不具备。

（二）认识青年的需求与动力

作为一个社会群体尤其是一种特定社会范畴的现代意义上的青年，是工业革命的产物，是现代性的产物。此前人类社会虽有成年期之前的人口群体存在，但常常是儿童或少年，即便是被称为青年人，也只是具有一种年龄意义，或者说，纯粹是一种从年龄角度指称的对象。只是到了工业革命开始以后，由于现代化进程不断深入所导致的社会对于其成员的素质要求越来越高，使得从事各种职业都需要接受一定专门化的知识和技能的学习与训练才能获得基本资格。于是，随着各级各类教育体系和机构的产生和扩展，尤其是高等教育体系和机构的普及和发展，使得具有相同年龄、生理、心理等特征的青年人聚集在一起。这种群体致力于从事共同的社会活动——个人系统化地接受未来进入社会生活所必需的知识和技能的学习和训练，并在共同的生活中形成表达自身需要、思想、意愿的活动和风尚。于是，现代意义上的青年便产生了。换言之，作为一种社会范畴意义上而非只是年龄群体意义上的青年，是在现代社会的发展进程中产生的，尤其与工业化、城市化、专业化进程紧密关联。

在现代化进程中，由于生产工艺与劳动技能变得日趋专业化或复杂化，对于劳动者的知识和技能的要求也不断提高，每一个体必须接受一定程度的正规教育，而且是越来越高等的正规教育之后，才能获得基本的就业资格。这一情形已经成为世界范围内一种普遍化的趋势。这一趋势必然首先是社会对青年提出的一种基本要求。然而，在工业革命之初，青年期常常被看作是个体为其将来全面进入社会生活做准备的一个时期。除了社会的原因甚至经济的原因（例如，有人认为，大量青年人在数年时间内停留于学校中，有助于减少就业市场的压力）之外，当时的一些学科如发展心理学等也提出相关依据认为，青年虽然已不再是儿童，但仍还不是成人，青年期是处于儿童期与成年期之间的一个特殊的过渡阶段。处于生命历程这一阶段上的人们，就其社会性发展而言，首要任务就是进行学习和接受训练。社会的这种观念③持续了很长时间，至少在20世纪60年代前依然是许多发达社会中的一种正统性共识。其所造成的后果是，青年在社会结构中被隔离起来或被单独地分类，在社会生活中处于边缘地位，他们与成年人之间不仅不能共享同等的权利，而且也不能承担同等的义务。

然而，青年天生就潜藏着巨大的能动性。他们对于自己在现实社会生活中的角色特征和地位状态所做出的反应，以及他们的主体意愿和自我期望的表达方式，主要是通过青年文化和青年运动这些独特形式加以呈现的。不论是更多具有消遣娱乐性质的亚文化，或是带有偏离社会主流文化性质的反文化，还是表现了青年对社会发展进程中出现的问题最先具有的敏感性和问题意识而发动的青年运动，都从某种角度向成人社会表达了青年对于自己边缘地位状况的不满，以及他们要求积极投身社会实践和关心社会事务的强烈愿望。这一情况在20世纪60年代后引起学界和有关政府方面的高度关注，如何在思想观念上承认青年的应有权利，以及如何在制度安排上扩大青年的社会参与机会，成为青年社会学得以产生和发展的重要社会动因，同时也表明了时代和社会向学术研究提出的一个迫切课题。可以说，时代呼唤一种崭新的青年观的产生。

（三）相关学科的知识和方法

18世纪下半叶至20世纪20年代，是青年社会学的学科孕育阶段，其特征表现为，对于青年的研究是从社会理论或社会科学的综合角度进行的。

18世纪下半叶开始的工业革命，不仅为作为一种社会范畴的现代意义上的青年的诞生提供了直接的社会动力，而且为青年一代在人类历史进程中扮演前所未有的重要角色创造了前提条件。

正是在工业革命所引发的经济、政治、社会、文化等领域变迁的促进下，基于不同学科视野的一些社会科学家或社会理论家对青年现象和青年问题的探讨和研究开始逐渐地得以深入化、细致化。

特别值得提及的是，社会学创始人孔德在《实证哲学教程》④中提出的青年是社会变迁的一种基因的理论假设，成了社会学关于青年的理论或者说对于青年社会学的一项最早贡献。他高度评价青年具有“变革的天性”，并且在这种特质与社会进步之间建立起关联。

迪尔凯姆对于青年社会化给予特别的关注和极富贡献的探讨。斯宾塞、凡勃伦等也对青年问题进行了各自的探讨。他们都倾向于把青年看作是与其他社会群体、与整个社会结构有着特殊关联的一种社会范畴。

尽管作为现代意义上的青年自工业革命以来便已经诞生，但由于在此后一定历史时期中，青年在社会结构中的角色、地位和作用等一定程度上还处于一种潜在状态。换言之，青年的本质规定性的丰富层面尚未在历史进程中充分展现出来。此外，社会学初创时期的社会学家对于青年的考察更主要的是从社会发展取向（而不是基于青年发展取向，更进一步地说，是从社会本位角度，而不是青年本位角度）来进行的。因此，对于青年的有关认识还未达成清晰、完整的程度。然而，他们从社会学视野对青年所做出的种种开拓性探索，却播下了青年社会学的“种子”，并为其在以后进一步发芽成长开垦了“沃土”。

这里需要提到的是，在促进青年社会学形成的过程中，有两位重要的心理学家表现了特殊的作用。一位是青年心理学的奠基者 G・S・霍尔。他在 1904 年出版的《青年期：它的心理学及其与生理学、人类学、社会学、性、犯罪、宗教和教育的关系》这部具有划时代意义的著作中，提出了青年期心理危机学说。意味深长的是，这一著作既是青年心理学诞生的标志，也是青年研究学科化开始的标志。另一位重要的人物是精神分析学说创始人 S・弗洛伊德，他对于个体在青春期所易呈现的代际关系状况及其问题给予了特别的关注。他关于青春期的理论观点深刻地影响了后来 E・埃里克森、L・福伊尔和 K・凯尼斯顿等关于青年期和代际关系的理论。

对于青年期本质的认识，文化人类学家做出了独特的重要贡献。1928 年 M・米德出版的《萨摩亚人的成年》一文，强调了社会文化条件对人的发育和成熟具有决定性作用。所谓青春期心理的“危机与突变”，实际上只是特定社会文化条件导致的产物，并非人类普遍的生物遗传因素所引起的共同状态。

社会心理学家也提供了丰富的智识成果。相比于社会学家注重探讨宏观社会结构对青年期心理的作用，社会心理学家则偏重于考察微观社会结构对青年期心理的影响，所发展出来的理论较为精细，尤其是那些根据精致的研究设计逐步发展起来的理论。

勒温从他创立的场论出发考察青年期的心理特征。他认为个体的行为是其人格与特定环境相互作用的产物。由于青年期的个体正处在从儿童过渡到成人这样一种角色和地位转变的过程当中，因此，青年人的生活空间和行为也会随之发生相应的变化。社会学习理论的集大成者班杜拉不同意霍尔和弗洛伊德的青年期心理学理论，他认为应该从社会环境施加的影响因素和个体社会学习机制的角度来研究青年期心理。

社会学中的世代理论对青年问题做出了独特的分析。曼海姆对世代的社会学问题进行过专门论述，在 1928 年出版的经典性著作《论世代问题》中，他把世代理论划分为两种不同取向的观点：一种是实证主义的观点，把世代看作是特定的时间段；另一种是历史浪漫主义的观点，认为世代的归属取决于“内化时间”。

总之，从 18 世纪下半叶至 20 世纪 20 年代，社会理论或社会科学对于青年现象、青年问题探讨积累下的智识资源，孕育了青年社会学作为一个学科在后一时期的诞生，从中显现出一种粗略的学科框架。

二、青年社会学的学科确立：现代性与青年的一种知识表征

一方面，就社会方面而论，在现代社会，由于劳动内容与生产工艺的复杂程度日趋提高及其所要求的知识与技能的不断专门化，使得人们为了取得基本的就业资格必须接受教育的时限逐渐增加，并由此导致了青年期的延长。另一方面，就青年方面而论，当代青年在生理、心理的成熟时间上，呈现出日益提前的趋势。青年生理属性成熟时间前倾而社会属性成熟时间后延的矛盾态势，在很大程度上成为导致青年问题凸显的一个最基本原因。正是在这种背景下，社会学家对青年这一社会范畴所表现出的各种特征的关注程度也在不断地提高。

进入 20 世纪 30 年代，社会学关于青年的研究出现了新的特征，即不再像早期主要是思辨式的探讨，而是呈现出实证式的经验层面上的研究与思辨式的理论层面上的探讨并行甚至相互结合的局面，研究视角不再仅限于社会发展的一般层面，更重要的是，涉及青年发展的特殊层面。

首先，一些最基本的学科研究领域逐渐形成。在这一时期，青年的社会化、社会角色、社会地位等方面受到较多关注，对这些问题的研究逐渐构成了青年社会学最基本的学科领域。社会学家一般把青年期视为个体进行社会化、学习扮演社会角色并实际承担社会责任的重要时期。一方面，青年期的到来使个体的社会性呈现出一些独特变化和特征：一是青少年开始逐渐摆脱传统权威人物的影响而趋向于接近同辈群体，加之受到当代社会和文化迅速变迁的影响，这一切都强烈地促使青年发生角色转换和呈现角色中断；二是青年内心的急剧变化和动荡既增加了对他人的依赖感，又增强了自我意识和对社会角色的判断与选择能力；三是随着个体所接触社会环境的扩大，不断建立的人际关系对青年产生了更复杂的角色期待。青年期个体呈现的上述变化与特征，使青年对于社会角色的学习、社会规范的接受和社会责任的承担变得比在生命历程的其他阶段显得更加复杂和更加困难。另一方面，当代社会的迅速变迁使青年的社会化过程充满了矛盾因素：一是工业社会中受教育时限的延长，使青年人与父母相处的时间相对缩短，接触成年人角色模式的机会随之减少。而在家庭对青年社

会化的功能减弱的同时，同辈群体的作用却在不断增大。二是由于青少年的社会化因素不断增多，如教育机构、同辈群体、大众传媒和政治组织等，这些因素原先给予指导的清晰性、确定性在逐渐减少。与此同时，相互之间的模糊性、不一致性却日益增多，这一情形使青年人在价值观和理想方面埋下了矛盾的种子并面临潜在的冲突。三是青年人在社会地位方面的特征是边缘性，因此，他们总是处在社会保守势力与激进力量的争夺和影响之中。这些潜在的或外显的矛盾因素使当代青年的社会化进程比以往任何时代都显得障碍重重。

其次，一批具有经典意义的经验研究陆续出现。20 世纪 30 年代大萧条时期，美国的拉扎斯菲尔德在大量社会调查的基础上，研究了该时期奥地利青年工人的基本状况。波兰的 J·查拉辛斯基对农村青年进行了阶级地位取向的世代研究，出版了四卷本著作《年轻一代农民》。美国的 G·H·埃尔德出版了《大萧条时期的孩子们》一书，他基于生命历程的理论视野，对大萧条岁月在当时出生孩子们成长过程中所留下的影响进行了探讨。

20 世纪 40 年代，美国的霍林斯黑德通过实地调查写出了《埃尔姆镇青年》一书，分析了美国社会的阶级结构对于青年个人生活所造成的影响，较早提出了青年期是一种过渡状态的观点。美国的帕森斯基于实地调查的结果，提出了“青年文化”这一对青年社会学以及整个青年研究都产生了巨大影响的概念。他指出，处于青年期这一特定阶段的人们创造出了一种特有的价值取向和行为样式，即“青年文化”。在帕森斯看来，青年文化最突出的特征是呈现无责任感以及注重对娱乐、消遣活动的追求。在以后的青年研究进程中，青年文化成为一个非常重要的研究领域，甚至出现了青年文化研究的一些学派。尽管不同学者对青年文化的解释与帕森斯最初赋予青年文化的含义之间出现了诸多的差异，然而，一定意义上说，这一切探索都丰富了青年文化的内涵和外延。

在 20 世纪 50 年代，美国的科尔曼对芝加哥地区一些中学进行了实地调查。在《青少年社会》一书中，科尔曼认为，处在教育机构中的青年人，由于形成了自身特殊的价值观、行为规范和生活习俗，从而形成了青年亚文化，因此便建构起了一种小社会，即青少年社会。

最后，一些较有影响的理论模式相继产生或不断发展。这些理论大多数都是以青年在当代社会结构中所处的状态作为关注重点，尽管在分析视角上各有所不同。比较成型的理论有：一是“过渡时期”理论。霍林斯黑德等认为，青年期是人的生命历程中一个过渡时期，处于此时期中的人们已不再是儿童，但尚未取得成人资格，因而其主要任务是为了适应未来社会生活而进行充分的准备。二是“角色冲突”理论。在该理论看来，青年在社会中获得自立并拥有社会行动的权利是一个复杂过程。在这一过程中，青年不可避免地会表现出从儿童状态向成人状态转变时期所特有的角色冲突。默顿将这一情形表述为青年的

“两重性”，而帕森斯则把其归因于青年实际存在的依附性与要求尽早承担责任的期望之间相互矛盾。三是“边缘人”理论。勒温较早提出了这一思想。他把青年所面临压力的大部分视为源自在社会结构中处于边缘地位。这一观点后来被一些社会学家加以进一步发展。四是世代理论的更加丰富。一些社会学家在将青年与其他年龄群体进行比较研究的过程中都采用了世代分析视角，最有代表性的是以色列的艾森斯塔特、德国的谢尔斯基等。

可以看到，在青年社会学发展进程这一阶段，随着社会学家在研究青年现象、青年问题的过程中逐渐形成一些独特的基本概念、重要范畴、理论类型和研究方法等，从而使青年社会学作为一个可以独自成立的学科逐渐“显形”，呈现出一个学科的基本面貌。

如果说在此前时期，青年现象、青年问题已经占据社会学家很大一部分兴趣的话，那么，进入20世纪60年代晚期，许多西方国家首先出现的声势浩大的学生运动则吸引了社会学家对这些领域最普遍、最强烈的关注。于是，青年运动与社会变迁的关系、青年世代与成人社会的关系、青年问题与社会整合的关系、青年发展与社会发展的关系等一时成为社会学研究的热门课题。

德国的谢尔斯基于1957年出版的著作《怀疑的一代》，通过对第二次世界大战之后德国青年各种心态的考察，指出青年已经成为具有怀疑态度、不接近任何意识形态和社会政治的善于思考的人——怀疑的一代。E·埃里克森在20世纪60年代晚期基于以人格发展为主线的自我心理学来探析青年期心理，提出了青年期的心理社会任务是建立自我同一性和防止同一性混乱这一著名学说。法国的布尔迪厄在20世纪60年代则做出了阶级取向世代研究的范例。M·米德于1970年出版的《文化与承诺：一项关于代沟问题的研究》一书，对于战后处于社会急剧变迁中的代际关系尤其是代沟问题做出了具有影响力的分析。

此外，一批著名社会学家如马尔库塞、福伊尔、凯尼斯顿、赖希、罗斯扎克、弗拉克斯、艾森斯塔德等从各自的角度出发，投入了对青年现象、青年问题的研究，他们出版的许多重要著作把青年社会学的学科发展推进到了一个理论纷呈的多样化阶段。

正是鉴于青年现象、青年问题引发社会的高度关注，尤其是对于青年在当代社会中的角色、地位和作用进行重新认识与定位的重要性和迫切性的日益凸显，一些倡导正式确立青年社会学学科地位的专论、专著开始问世，如罗森马耶尔的《青年社会学的主要领域》（1969）、《导论：青年社会学的新理论思潮》（1972），阿达姆斯基的《青年社会学问题》（1971），克罗伊茨的《青年社会学》（1974），阿列尔贝克和罗森马耶尔的《青年社会学导论》（1976），等等。这些著述对于青年社会学的学科性质、研究对象和学科体系等基本问题进行了探讨，对于青年社会学的理论流派、研究方法做出了梳理，对于青年社会学的学术价值和社会功能赋予了期望。

这一切均表明，20 世纪 60 年代末和 70 年代初，青年社会学已经作为一门学科正式诞生。1975 年 5 月国际社会学协会（International Sociological Association）执行委员会正式批准在该协会内成立青年社会学研究委员会（Research Committee on Sociology of Youth，RC34）。这一具有重大历史意义的事件标志着青年社会学学科的合法性得到国际社会学界的承认。自此之后，青年社会学在世界范围内得到了更加有效和广泛的发展。

三、青年社会学的困境及其超越：基于反思性的重建取向

（一）青年社会学的反思性

反思性是人的本质属性之一，现代性则使反思性成了一种文化价值和制度特质。作为社会学思想根基的理性使社会学一经诞生便具有反思性。社会学从其问世之日起就是在反思性地参与社会现代性的建构过程中构筑起整个学科大厦的。作为一种智识资源形态与潜在社会力量，社会学通过自身所具有的建构功能把从社会行动中产生的关于这种行动的崭新知识不断地运用于进一步受这种智识影响而形成的行动之中，从而在运行机制或制度安排层面上不断地改变着社会行动的特征，并由此使智识资源尤其是专家系统演化成了制度要素，最终塑造了促进社会现代性发展的制度反身性机制。然而，这仅只是或者说仅应是社会学反思性机制的一个维度，即它的工具理性维度。此前常被忽视的社会学反思性机制的另一个维度值得重视，它表现为问题意识以及基于这种意识所形成的社会良性发展的导向机制，其重要功能之一就是保持对社会现代化进程中可能出现的各种病态现象的敏锐批判，这种价值反省性机制就是社会学反思性机制的价值理性维度。换言之，价值反省性与制度反身性是保证社会现代化进程达成目标实现的社会学反思性机制所不可或缺的两翼。

青年社会学的发展进程表明，这一学科的问世体现了一种历史的与逻辑的高度一致性。作为工业革命或现代性产物的青年，在现代社会的发展进程中逐渐显现自身的本质规定性及其作为主体对现代化的反应，则是导致青年社会学产生的现实基础。而促进青年社会学最终诞生的直接动力是，由现实生活提出的如何认识并改善青年在社会结构中的地位与作用的问题。另一方面，青年社会学的诞生也是青年研究各个学科发展的合乎规律的结果。正是随着青年心理学、发展心理学、社会心理学、文化人类学、社会学和政治学等人文社会科学学科对于青年本质的生理、心理、文化和社会规定性由浅入深地逐层揭示，才

使青年社会学形成了知识积累和认识阶梯，从一种更高级的层面、更广阔的视界和更具抽象力的起点上对青年做出科学阐释。如果说从哲学对青年的思辨式、整体式的探讨进入到各个现代学科对青年的经验性、实证性的研究，标志着青年研究发展进程中的一次重大转折的话，那么，青年社会学所完成的对以往研究成果的新的综合，则可以看作标志着青年研究发展进程中的另一次重大转折。

青年社会学在当今青年研究领域中日益显示出它的独特贡献和不可替代的地位。但仍必须正视的事实是，由于青年社会学诞生以来历经的发展时间还不长，它至今还是一个不成熟的学科。青年社会学的不成熟性首先表现为，在青年社会学的基本学科问题方面还存在许多争论。换言之，一种比较具有普适性[⑤]特征的学科架构尚未形成。由于各种研究者的知识背景尤其是方法论思想的不同，导致在建构这一学科的角度、努力及其结果上表现出种种差异。青年社会学的不成熟性还表现于，在社会学对于青年的研究与青年社会学的研究这两者之间有时还很难做出明确的区分。尽管青年社会学的形成的确是与将社会学已有的一些比较成熟的概念、理论和方法等运用于青年研究当中分不开的，但是，青年社会学在自身的发展过程中也形成了一定的独特内容，而且这些独特内容不但不应该减少，反而应该强化，否则，一旦可以被社会学取代的话，它势必就成为多余的。就此而言，可以把两者的根本区别作如下看待：社会学主要把青年问题作为它的一个应用研究的领域，更倾向于把青年作为社会群体的一种类型来加以理解，并从社会整体运行机制的角度来提出解决青年问题的方案。青年社会学则把青年作为自身的主要研究对象，不仅注重从社会结构对青年角色、地位和作用的制约性来看待青年问题，而且还力求从青年自身的特性、需要和能动来理解青年的社会性和主体性。尽管这两种研究对于全面地认识青年、有效地解决青年问题都是不可缺少的，但就更准确、更有前瞻性地把握青年而言，青年社会学无疑更为优越。

（二）后现代所带来的挑战

青年是现代性的产物，现代社会科学都是与现代性同时代生长起来的。一方面，现代性是社会科学的社会形态；另一方面，社会科学是现代性的知识表征。青年社会学则是现代性充分展开之后作为其知识表征的社会科学的一种具体形式。因此，现代性是青年及其概念、理论和学科的根基。

然而，进入 20 世纪下半叶，西方发达国家的发展进程使社会科学受到了重大冲击，出现了对社会学包括青年社会学知识形态的挑战。具体而言，这一挑战的出现，有多重的背景因素：第一，在社会基础层面上，后工业社会已经来临。第二，在文化背景层面上，后现代主义产生并风靡。第三，在知识动力层面上，社会理论中出现了关于后现代问题的论争。

后现代的挑战对社会理论的影响正在或早或迟、或隐或显地呈现出来，主要表现在以下两个方面：一是后现代理论对现代性的批判，引起了社会理论家对于人类社会未来发展进程的一些维度进行重新思考和定向；二是后现代理论对社会理论传统的批判，引起了社会理论家重新审视和构建一些最基本的理论预设。这一切都可能使得后现代理论的一些概念和范畴被吸收到社会理论主流体系当中。值得注意的是，后现代问题的争论似乎促使社会理论的思考重返社会哲学层面。

这一切都对青年社会学的发展进程带来不可规避的影响。在 20 世纪下半叶，社会科学中关于青年、青年社会学乃至整个青年研究的主要概念、范畴和理论，仍然是深深地根植于民族—国家层面上，或者说，仍然是以现代性为根基的。在西方，现代性的生长过程中，社会的概念就是指民族—国家，青年是社会的构成元素。然而，在后现代语境中，情况已发生了重大变化。全球化潮流席卷世界每个角落，跨国流动在国际范围内普遍存在，互联网迅速发展与广泛普及正在深刻地改变人们的工作方式和生活状态，人们社会认同、民族认同和国家认同的价值依据和达成方式正在发生深刻的变化。在这样一个时代，民族—国家是否仍可作为社会学的基本分析单位？社会学理论最关键的概念即社会系统对于理解当今社会尤其是后现代社会是否仍然适用和有效？这些问题有待进一步分析。

经典的青年概念是工业革命或现代性的产物，在后现代社会，这一概念正在变得越来越不适用。然而，即便在现代社会中，也可能存在后现代社会的某些成分，在迈向现代的社会中也可能存在传统成分、现代成分与后现代成分之间的相互交织。因此，在今天，经典的青年概念已经不同程度地不适用于处在复合时空社会中的青年。总的看来，青年概念的重构成了一种不可规避的历史命运。

如果没有建构出符合时代特征和社会特征的青年概念，换言之，如果不对新的时空状况下的青年本质规定性进行重新审视和崭新定位，青年社会学便无法对青年及其状况与问题提供基本的说明与解析。因此，越来越多的来自欧洲、美洲和亚洲或是其他大洲的青年社会学家逐渐达成的一个基本共识是，后现代的挑战成了重新建构和确定青年概念以及青年社会学的基本概念、范畴和理论的一个具有特殊意义的背景动因和参照体系。

注释：

① “青年研究”这一称谓实际上是人文学科和社会科学对于青年的研究这一学术领域的总称。

② 其中包括一个十分重要的方面，即青年一代与年长一代之间的关系或称代际关系。
③ 实际上，可以称之为传统的青年观。
④ 法国哲学家、社会学家奥古斯特·孔德 1838 年在其《实证哲学教程》第 4 卷中首次提出“社会学”一词。一般以此作为社会学诞生的标志。
⑤ 这里所谓的普适性，并非指这一学科架构必须具有纯粹的超文化、超社会、超历史的特征，而是指应该最大限度地在各种文化、社会、地域背景下的一定时间范围内具有通用性。而在这种基础上，处于特定的文化、社会和时代坐标中的研究者可以根据自己的本土特点去发展出相适应的青年社会学学科体系。原因正如知识社会学的研究结果业已表明的，任何一种学科尤其是社会科学学科的发展，必然受到其所处文化传统、社会结构和时代背景的塑造。

参考文献：

[1]（英）安东尼·吉登斯. 社会理论与现代社会学［M］. 文军，赵勇，译. 北京：社会科学文献出版社，2003.
[2]（美）丹尼尔·贝尔. 后工业社会的来临：对社会预测的一项探索［M］. 高铦，等，译. 北京：新华出版社，1998.
[3]（美）多萝西·罗吉斯. 当代青年心理学［M］. 张进辅，等，译. 长沙：湖南人民出版社，1988.
[4]（美）D P 约翰逊. 社会学理论［M］. 南开大学社会学系，译. 北京：国际文化出版公司，1988.
[5]（美）埃里克 H 埃里克森. 同一性：青少年与危机［M］. 孙名之，译. 杭州：浙江教育出版社，1998.
[6]（罗）F 马赫列尔. 青年问题和青年学［M］. 陆象淦，译. 北京：社会科学文献出版社，1986.
[7] 何塞·马乔多·佩斯. 过渡与青年文化：形式与表演［J］. 黄觉，译. 国际社会科学杂志，2001（2）.
[8]（加）J 米切尔. 青春论：青年期的特性［M］. 张进辅，译. 桂林：广西人民出版社，1990.
[9]（美）乔纳森·特纳. 社会学理论的结构［M］. 吴曲辉，译. 杭州：浙江人民出版社，1987.
[10]（英）J C 考尔曼. 青春的本性［M］. 杨高潮，杨新潮，译. 杭州：浙江人民出版社，1987.
[11] 卡米洛·苏亚雷斯. 青年、过渡以及确定性的丧失［J］. 黄觉，译. 国际

社会科学杂志，2001（2）.
［12］联合国教科文组织出版办公室. 八十年代世界青年问题［M］. 刘朴，等，译. 北京：中国对外翻译出版公司，1985.
［13］（美）M 米德. 代沟［M］. 曾胡，译. 北京：光明日报出版社，1988.
［14］（美）M 米德. 文化与承诺：一项关于代沟问题的研究［M］. 周晓虹，周怡，译. 石家庄：河北人民出版社，1987.
［15］（加）迈克尔・布雷克. 越轨青年文化比较［M］. 岳西宽，等，译. 北京：北京理工大学出版社，1989.
［16］（英）尼格尔・多德. 社会理论与现代性［M］. 陶传进，译. 北京：社会科学文献出版社，2002.
［17］（美）理查德・弗拉克斯. 青年与社会变迁［M］. 李青，何非鲁，译. 北京：北京日报出版社，1989.
［18］（法）涂尔干. 道德教育［M］. 陈光金，沈杰，朱谐汉，译. 上海：上海人民出版社，2001.
［19］（英）乌尔里希・贝克、安东尼・吉登斯和斯科特・拉什. 自反性现代化［M］. 赵文书，译. 北京：商务印书馆，2001.
［20］（德）W 舒里安. 青少年心理学［M］. 罗悌伦，译. 成都：四川人民出版社，1997.
［21］A. Esler， The Truest Community： Social Generation as Collective Mentalities［J］. Journal of Political and Military Sociology，12：99-112，1984.
［22］B. R. Wilson. The Youth Culture and the Universities［M］. London：Faber，1970.
［23］C. Wallace and M. Cross（eds）. Youth in Transition：The Sociology of Youth and Youth Policy［M］. Basingstoke：Falmer，1990.
［24］D. I. Kertzer. Generation as a Sociological Problem［J］. Annual Review of Sociology，9：125-149，1983.
［25］G. Jones. Integrating Process and Structure in the Concept of Youth［J］. Sociological Review，36：706-731，1988.
［26］G. Jones and C. Wallace. Youth，Family and Citizenship［M］. Buckingham Philadelphia：Open University Press，1992.
［27］J. S. Coleman. The Adolescent Society［M］. New York：Free Press，1961.
［28］Jr. G. H. Elder. Children of the Great Depression［M］. Chicago：University of Chicago Press，1974.
［29］K. Mannheim. The Problem of Generation（1927）［J］. in P. Kecskemeti

（ed. /trans.）Essays on the Sociology of Knowledge［M］. London：Routledge and Kegan Paul，1952.
［30］M. Brake. The Sociology of Youth Culture and Youth Subculture ［M］. London，Routledge and Kegan：Paul，1980.
［31］L. Chisholm et al（eds），Childhood，Youth and Social Change：A Comparative Perspective［M］. London：Falmer，1990.
［32］R. G. Braungart. Historical and Generational Patterns of Youth Movements：A Global Perspective［J］. in R. F. Tomasson（ed.），Comparative Social Research 7：3-62，1984，Greenwich，CT：JAI Press.
［33］R. G. Braungart. Historical Generation and Generation Units：A Global Perspective［J］. Journal of Political and Military Sociology，12：113-135，1984.
［34］R. G. Braungart. Historical Generation and Youth Movements：A Theoretical Perspective［J］. in R. E. Ratcliff（ed.），Research in Social Movement，Conflict and Change（6），1984，Greenwich，CT：JAI Press.
［35］R. Flacks. The Liberated Generation：An Exploration of the Roots of Student Protest［J］. Journal of Social Issues，23：52-75，1967.
［36］S. Frith. The Sociology of Youth［M］. Ormskirk：Causeway Press，1984.
［37］S. M. Lipset and Jr. E. C. Ladd，College Generation：From the 1930s to the 1960s［J］. Public Interest，25：99-113，1971.
［38］S. N. Eisenstadt. From Generation to Generation（1956）［J］//Reprinted in H. Silverstein（ed.），The Sociology of Youth：Evolution and Revolution. New York：Macmillan，1973.

《北京青年研究》2015 年第 3 期 《青少年导刊》2015 年第 10 期全文转载

从失衡走向均衡

——关于青年研究学理建设几个基本问题的思考

孙抱弘

（上海社会科学院）

随着中国现代化进程的展开，全社会对于青少年的成长发展更加关注，青少年研究者对于重启“青年学”建设的企盼与信心亦正日趋增强。笔者以为，在重启建设的热潮中，重视对一些基本问题的科学反思总结，以求正确把握与把持，有益于建设的健康发展。

一、本文所涉及的基本问题与问题分析的立场

（一）要讨论的基本问题

这里所说的“基本问题”是指涉及“青年学”建设的前提性、基础性的问题，是涉及建设的目标、路径、方法的深层次的背景、理念问题，是我们对这些问题的把握和把持、应不应该、可不可能从历史性的失衡走向科学性的均衡的探讨。这些问题大致包括：① 政党命运、民族命运与人类命运的关系；② 政治性、经济性目标的关系；③ 普遍性建设方向与特殊性建设方向的关系；④ 单学科的学科建设与跨学科的学科建设的关系。

这些问题的把握、把持，实际上是如何认识与解决看似矛盾对立而实质相关相连的两种目标、路径与方法，何以摆脱极端的思维定式，走向均衡的相辅相成的和谐发展之路。

（二）讨论问题的基本立场

对上述问题的反思，其目的就是要使我们对上述问题涉及的诸种关系的把握与把持从失衡走向均衡。以往青年研究中学理建设的历史性挫折，尽管

原因复杂且存在着争议与分歧，但都是一种历史的宿命，一种几乎无可避免的时代性局限。站在今天的历史高度，反思这一历程，我们不应再持愚蠢的“事后诸葛亮”式的态度，而是要科学地总结教训，把握“青年学”建设重启的大好时机，均衡地把握、把持好上述诸多关系，使这一建设不再走歧路、回头路。

二、政治关注：政党命运、民族命运与人类命运

说起青年研究的学理建设我们首先想到的是建设的目标定位，其实建设的目标定位是与特定社会背景中的政治关注紧密联系在一起的。这里的“关注”是指对政党、民族与人类命运的关注。这种关注的重点往往与特定的社会背景相关。从这个意义上说，青年研究学理建设的目标定位也离不开特定的社会背景以及这一背景下人们对于政党、民族与人类命运的关注。各个国家、各个地区社会经济、政治以及科技的发展差异决定了其社会背景的差异；此外，天灾人祸往往制约着社会政治、经济的发展，成为社会背景的重要构成要素。人们对于政党、民族和人类命运关注的差异乃至失衡总是受制于特定的社会背景。也就是说，关注的失衡与均衡在相当程度上是由社会发展的特定历史背景所决定的。对于青年的关注，对于青年研究学理建设目标的定位几乎也无法摆脱这一历史的宿命。

基于这一立场，可能有助于我们较为科学地把握和分析中国青年研究学理建设的曲折进程，进而深入认识当前“青年学”目标定位从对民族、政党和人类命运关注的历史性失衡到科学性均衡发展的必要性与必然性。在这个意义上，我们是否可以说：中国“青年学”的建设是具有世界意义的，并且有可能走在世界的前列。

笔者以为，青年研究的学理建设（包括顶层的青年学建设，下同）从根本上说应置于人类命运关注的背景中来进行，但是在特定的社会背景中，这种关注有时必定向民族乃至政党倾斜，过度的倾斜与极端的手段有可能引发灾难性的后果。[①]纵观20世纪中国青年成长发展以及青年研究的学理建设的轨迹，我们必须承认其都是在民族存亡与政党兴衰的特定社会背景中演进变化的，这就决定了其对民族命运、政党成败的关注，也就决定了其目标定位——无论是上半世纪对民族存亡的深切关注还是下半世纪对“球籍”保存的忧心忡忡。这就使得对青年成长发展与青年研究的学理建设毫无悬念地“一边倒”，倒向对民族命运的关注，倒向对代表了民族利益的政党命运的关注。在这样的背景中，那些立足于人类命运关注的青年成长发展的理论以及食洋不化的“青年研究”的学理、学科，因其“不合时宜”或“水土不服”而受到冷遇，更难以持

续发展。

今天，世界已经进入了高科技网络时代。在全球化的背景中，中国的政治、经济、科技突飞猛进，民族命运、政党命运、人类命运已经紧紧联系在一起。“人类命运共同体”已经为新一代的中国领导层所密切关注，青年研究的本土化与国际化建设（自然包括具有整合性特质的“青年学”建设）已经迎来了一个真正的大发展的春天。

三、目标取向：功利性与人文性

青年研究学理建设的功利化取向，是以特定社会背景下的社会需求为主要取向的青年成长发展理论的构建依据；青年研究学理建设的人文化取向，是以青年本身需求为主要取向的成长发展理论的建构依据。从根本上说，这两者并不矛盾，而且相辅相成，但是在极端思维猖獗的 20 世纪，这两种取向被人为割裂、片面发展，以至将青年研究与青年的成长发展引入歧路，甚至对青年和社会的健康发展都造成了不良后果。这种情况至今依然存在，只是表现的形式有了变化，限于篇幅本文不多展开。

如前所述，以推动青年成长发展为宗旨的青年研究的学理建设，其目标取向总是与特定的社会背景下对民族、政党与人类命运的关注息息相关。各个社会共同体在关注民族、政党命运之时，其对青年研究的目标取向，必定以功利化为主，也就是关注青年一代政治觉悟、民族认同与经济技术能力的灌输与提升，这在丛林化的无序发展的社会阶段与极端思维高扬的时代（如 20 世纪上半叶），几乎是无可选择的选择。

两次世界大战以后，人类痛定思痛，联合国的建立反映了人类建立有序世界的希冀，随着热核与网络时代的到来，人类社会进入了地球村时代，“人类命运共同体”的共建成为世界的共识。新一代青年的成长发展，青年研究学理建设的人文化目标取向，成为可能与必然，社会与人类共同体意识、伦理合作精神与人文价值追求都是人文化目标追求的题中之义。

笔者以为，今天要使青年成长发展与青年研究学理建设从历史性失衡到科学性的平衡，主要体现在人文性与功利性的均衡上。这就是在人文性取向的引领下，或者说在强调人文性取向的同时，也不忽视功利性的取向。这是因为当今世界极端民族主义、霸权主义、原教旨主义等代表某些集团利益的势力并不认同“人类命运共同体”，全球并不太平，局部战争此起彼伏，世界共同体的构建仍需时日，世界的话语权仍然离不开“肌肉秀”，世界性的公共秩序尚需有人文情怀与话语权的领袖们来共同构建。

四、路径选择：普遍性与特殊性

如果承前所述，那么青年研究的学理建设肯定存在着普遍性与特殊性的问题。由于社会历史发展背景的差异、目标取向演进阶段的不同，普遍性与特殊性的问题就更值得关注。当然，随着后工业社会的到来，以及中国改革开放三十余年来的突飞猛进，社会背景与目标取向的差异正在迅速缩小，但是由于更深层次的传统与文化变化的绵延性特质，[②]差异仍然存在。也就是说，青年研究的学理建设，仍然要处理好普遍性与特殊性的关系，避免失衡。

具体说来，应当注意以下几个方面：

（一）世界性与地区性

青年研究实际上是青年现象研究，青年现象是一个世界性的现象，但无疑也有地区性的表现。欧洲青年与非洲青年的所思所虑肯定有着很大的差异，中国青年与印度青年的所思所虑肯定有相同之处，但也有不同之处。所以，青年研究的学理建设既要汲取世界性的研究成果，更要关注地区性的青年现象的把握分析，验证世界性的研究成果，提升地区性的经验研究水平，实现两者的科学对接。

（二）西方化与本土化

必须承认人文社会科学的源头在西方，而且许多成果具有世界性的意义，并已经为人类发展的共同历史所验证。不过，这些成果仍然是在西方的社会经济与文化背景中所孕育产生的，有着其自身的本土气息。从这个意义上说，西方的研究成果与我们的学理建设既具普遍性又有特色性的意义。这就是说，学习借鉴是必需的，但要全盘模仿接受则不甚妥当。“不合时宜”“水土不服”之类问题的出现就是西方化与本土化失衡的体现。20 世纪 90 年代前后，中国青年研究学理建设的夭折，在一定程度上也正是这种严重的失衡所造成的。

（三）人性与国民性

如果从主体性研究的角度来看，青年研究还应把人性与国民性的研究纳入视野，而这也是人类共性（普遍性）与国民特性（特殊性）的关系的体现。青年是人类的一种现象，也是人—国民个体、人生特殊阶段的体现。研究这一现象或这一特殊阶段，从主体性入手，就要处理好共性与个性的研究。也就是说，要研究人类共性—人性，在“青年期”的发展轨迹，也要研究人类不同群体的个性—国民性在青年期的孕育演进特点。弘扬人性中的天使特质，改善与弥补国民性中的种种历史性缺失，都应成为青年研究学理建设的一个组成部分。因为青少年的可塑性使得人性的完善与国民性短板的弥补成为可能，这种可能性的研究至今还是青年研究学理建设中等待深入开发的处女地。然而，由于人性与国民性及其关系研究的跨学科性，至今还未进入一些传统研究者的视界。这种状况如不改变，就可能使青年研究的学理建设失去本源性的问题意识，从根本上失衡。[③]

五、建构愿景：单学科深化与多学科整合

青年的研究是人的研究的组成部分，青年学的建设自然具有人的研究的特质——从单学科走向多学科、跨学科，目前阶段则是应实现单学科深化与多学科整合的均衡发展。这是一个长期的建构过程，把握与把持好两者的均衡发展，是现阶段青年学理建设的关键所在。

（一）单学科的深化

据笔者所知，20 世纪掀起的两次青年研究的学理建设主要是以单个学科或某个学理的构建为主，今天的建设可以以此为出发点或加以发展完善或在批判的基础上创新拓展，特别要在世界性与地区性、西方化与本土化、功利性与人文性、民族性与人类学的均衡中，有所创新与发展。要以问题意识、开拓意识为先导，对青年社会学、青年心理学、青年文化学、青年人类学等学科、学理进行时代性的建构。与此同时，还可以以一些学科已经构建的前沿理论为基础，开创性地建设一些新学科。比如，以“接受理论”“过程理论”“认知理论”以及脑科学为基础创建“青年阅读学”“青年思维学”“青年教育学”等学科。当然，这是一个证实与证伪相交错的长时段的发展过程，需要有足够的耐心，更需要有科学的实验相佐证。

（二）多学科的整合

青年研究学理建设的核心目标是要在单学科深化建设与足够的广度开拓的基础上加以“高大上”的新组合（这或许就是“青年学”的建设），从而在更高层次上揭示青年成长发展的系统性特质，使青年个体与群体都得以健康地融入成人社会并予以现代意义上的反哺。

现代社会是一个不断创新的社会，现代青年是一个最具活力的社会群体，而不同地区、不同民族的青年群体又在呈现出人类共同的青年特质的同时展现自身特有的魅力。所以，青年研究的学理建设有起点却没有终点，永远在路上，永远在不断建构的过程中。这个过程就是：一方面是已有的单学科的完善深化

甚至消失，新的学科、学理的不断出现、发展；另一方面，随着社会与经济的发展，一些新老学科又可能发生新的交叉组合，以适应社会与青年的需要，青年研究的学理建设应将此作为一个重要方面，应面对需求不断设计一些交叉性的研究性课题与课程，比如，“现代社会与青年伦理”“青年运动与公民教育”“社会规范与青年创新”“青年小群体研究”“不同地区青年的比较”等。在当今学界世界性的“知识即实践”“知识即行动”的热潮中，青年研究的学理建设应予青年的实践与行动以切实可行的指导意义，只有以问题意识为先导、以多学科跨学科整合性研究所获得的问题解决路径，才有可能承载起这一重任，才能使青年研究的学理建设永葆活力。

注释：

① 对民族命运、民族利益的极度关注，极可能导致极端民族主义乃至军国主义，这时的“民族关注”就会走向“民族自残”，这已为 20 世纪的历史所反复证明，在 21 世纪仍应引起警觉。坚持这一极端立场者，总是以损人始、以损己终。

② 文化的绵延性问题是文化研究理论的一个重要观点，“绵延性”主要是指文化演进变化的过程，并不与社会经济的演进变化同步，具有明显的滞后性；同样的道理，文化的建设发展也是渐进的、缓慢的，是一个远比社会经济建设更为复杂的过程。更详尽的阐述请参阅笔者的《日常生活重建：从不和谐走向和谐——文化自觉视野中非主流文化的演进与生成》一文，载《中国政法大学学报》2012 年第 5 期。

③ 有关更详尽的论述可参阅笔者的《人性、国民性、日常生活、实现过程与青少年群体》一文，载《青年探索》2015 年第 1 期；《青少年导刊》2015 年第 5 期。

《北京青年研究》2015 年第 4 期，《青少年导刊》2016 年第 1 期全文转载

青年研究近五年的研究回顾与展望

——基于《青少年导刊》2012 年至今的选文分析

张　莉

（中国人民大学书报资料中心）

青年研究作为一个学术研究领域诞生于 20 世纪 80 年代，至今已有 30 多年的历史。毋庸讳言，与社会科学的其他一些成熟学科或研究领域相比，青年研究先天发育不足，尚未完成有关青年的知识积累、知识谱系的建构，总体上依然处于发展“不景气”的境遇中，主要体现在学术场上缺乏竞争力和未能产生足够的社会影响力两个方面。[1]当然，青年研究在学科化、专业化和学术规范上所取得的成绩也是不容置疑的。尤其是近五年来，青年研究呈现出了以关注当前中国青年现实问题为主线的议题多元、方法多样、理论与经验研究并进且日趋繁荣的学术特征。这里以中国人民大学复印报刊资料《青少年导刊》① 为例，对从 2012 年第 1 期到 2016 年第 8 期转载的文章进行梳理和分析（共 54 期，523 篇文章，涉及原发刊数量 50 余种），力求通过对青年研究已有的理论探索和知识实践的通观整理，找到青年研究已有的高度，寻究其深度和宽度，以期推动其未来的进一步提升。

一、青年研究基础理论

青年研究中的基础理论，是指元研究。青年研究作为一个学科具有什么样的特殊地位与价值，很大程度上取决于青年研究者做出的关于这一学科地位与价值认定的元研究。[2]《青少年导刊》辟出专门的固定栏目“理论研究”，以呈现青年研究基础理论方面的优秀成果。从近五年的转载文章看，在青年研究的旨归、学理建构与范式转型、理论视角与场域维度、话语建构等方面，均有较高水平的学术成果呈现。此外，一些学者聚焦于如哲学、社会学、教育学这样的特定学科，对相关学科的青年研究的发展进程、研究路径、研究内容与方法论进行较深层次的、脉络明晰的梳理和评议，亦有较高的学术价值。

（一）青年研究的旨归

在青年研究的基础理论方面，有“青年研究”和“青年学”两种提法。两者看似相近，但在欲达成的目标上却有差异。前者是一种对青年的各个方面和角度的研究，带有明显的对象化与问题化研究思路；后者则是将其上升到一门学科的高度，带有明显的学科化和结构化企图。[3]中国的青年研究自诞生之日起就带着学术合法性的焦虑，[4]20 世纪 80 年代初就有学者提出应建立青年学，而后 30 多年里，有关青年研究学科规范建设的争论从未停止，青年学的学科化进程也没有取得预想的成功。近五年来，学者的观点依旧可以分为两种不同的立场，但他们对“青年研究何为”的思考已不同于以往。一些学者继续致力于让青年研究跻身社会科学之林，成为一门学界所认可的规范学科。但他们不再将揭示青年的本质及其发生发展规律作为青年学的终极追求。如田杰指出，青年学作为一门学科，不同于一般意义上的青年研究，是对青年存在的终极追问和探寻，可能与某些所谓的“本质”或“规律”有关，但更重要的是对青年的人性、天性或人类性问题的深刻洞察与理解。[5]另有一些学者认为青年研究的发展方向是非学科化。如陆玉林认为，如果说青年研究的理论建构，构成的是怎样使青年研究能够与其他学科区别开来，使青年研究成为专门化的领域，却无法清晰地描述和解释青年的现实境遇，无助于认识和解决青年现实问题的宏大理论，那么就走入了误区之中。青年研究的目标不是单一的，而是多重的。[6]吴小英也指出，可以将非学科化理解为青年研究的跨学科性加上自由松散的共同体，它让青年研究从既有的传统束缚和狭窄的研究取向中解放出来，非学科化通过淡化青年研究的学科性，把它消融在社会结构和文化变迁的跨学科动态研究之中。[7]

（二）青年研究的学理建设与范式转型

青年研究的学理建设，是关系到青年研究学术性和规范性的基本问题，包含概念范畴、理论逻辑、研究方法、措辞方式、共同规范诸多方面。陆玉林将青年研究的学理问题置于现代性的境遇中，从分析青年研究的框架和理论整合入手，并探讨了现实性的青年研究理论如何建构等问题。[8]他指出，青年研究的综合性框架可以基于某种哲学观点或经典理论，也可以基于某个学科的理论模型；理论整合可以是基于对青年特性的理解，也可以是基于特定的研究主题。而孙抱弘则从对以往青年研究中学理建设的历史性挫折进行反思入手，从政治关注、目标取向、路径选择、建构愿景等多个视角探讨了青年研究的学理建设何以从以往的失衡性挫折中走向未来的均衡性发展的可能性问题。[9]

在现代性追求成为全球化趋势的情况下，由社会变动引起的青年问题的变化也促使一些学者思考青年研究的范式转型问题。王彬在横向比较了国内外青年研究范式危机的特点异同之后指出，现代性和全球化应该成为阐释、观照和研究青年问题的基本理论方法和阐释模型，在现代性和全球化的基本理论框架中，厘清全球化的青年倾向和地方性的中国青年问题是我们观照、阐释甚至解决青年问题的基本前提。[10]吴鲁平则纵向梳理了中国青年研究范式的历史变迁及各阶段特征。他认为，青年研究经历了从现代化理论范式到后现代化理论范式的转变，目前正在经历向新型现代性或互构论范式的转变。青年研究中的现代化理论范式的特征是：强调青年的本质、青年发展的过渡性和确定性及青年的社会化等。青年研究中的后现代化理论范式的特征是：强调青年的建构、青年发展的不确定性和非线性及青年的选择性等。青年研究中的新型现代化或互构论范式的特征是：强调青年与社会多元主体间的相互建构与型塑、青年发展过程中青年与社会的“互构共变”或“互构谐变”等。[11]

（三）青年研究的理论视角与场域维度

青年研究已经提出了各种各样的理论。陆玉林将这些理论，从总体上划分为“未来”和“问题”两种不同的导向。未来导向侧重青年的未来性，即成长性和发展性，可以分解为成长性、社会化、社会发展和变革、人力资源等多种不同的认识维度。问题导向把青年视为政治、文化和社会的问题与麻烦的制造者，可以析解出侧重青年和侧重社会两种维度。[12]沈杰关注从社会学出发的青年研究，认为有以下几种最基本的理论视角，主要包括：“个体—社会”视角、“世代—世代”视角、“结构—行动”视角、“传承—更新”视角。青年与社会的关系可以更具特色地细分为青年个体与社会整体的关系、青年世代与成人世代的关系；而理解青年与社会关系的关键性钥匙在于，如何理解结构与行动的关系。这种基本关系的最终归属点是社会的传承与更新。[13]

另有学者指出，青年研究的场域问题也应引起关注，即青年在何种特殊场域内行动或者说从属于哪个特殊场域？研究者如何选择最为精准的场域？如李洁认为青年研究“场域”的选择维度主要有精神世界、非正式领地和虚拟社会。其中，精神世界是核心维度，非正式领地与虚拟社会是其延伸维度；选择非正式领地和虚拟社会为研究场域，其终极目标是更好地观照青年的精神世界。[14]

（四）青年研究的话语建构

基于青年问题的建构性特征，“青年呈现为多种意向的统一体”，各种话语对青年不断进行着解构和建构。肖峰、方俊认为青年研究形成了两种不同的方式，一种是坚守传统的话语灌输方式，另一种则把青年群体日常生活世界当作青年研究的“真问题”。如何在青年研究的政治话语和学术观点之间、在关于青年问题的经济维度和政治维度之间保持联系，是现代化过程中对青年的现代性启蒙所要注意的问题。[15]吴小英也将青年研究的话语体系分为两类：主流话语对青年的建构和定位，以及青年自身的话语表达。前者把青年问题作为麻烦的社会问题来解决；而后者则站在青年的主体立场上，让青年人发出自己的声音。话语模式转换路径是将青年从被动的、主流话语规定的青年客体，转换成作为主体的青年自身的自主表达。[16]

（五）其他学科视野中的青年研究

作为一个多面体的青年，早已被众多的学科所研究，如青年社会学、青年人类学、青年文化学、青年心理学等。近五年来一些学者聚焦于如社会学、哲学、教育学、伦理学这样的特定学科，对这些学科的有关青年的研究进程、研究路径、研究内容与方法论进行较深层次的、脉络明晰的梳理和评议。沈杰除上文提到的有关青年社会学理论视角的分析外，还专门撰文评析青年社会学的发展进程，他指出经典的青年概念是现代性的产物，在后现代社会中，或者即便在现代社会中，由于存在后现代社会的成分，所以，青年概念的重构成为不可规避的历史命运，这种问题意识是青年社会学内含反思性的一种体现。[17]肖峰则从应扩展对青年的哲学研究入手，指出其主要路径是揭示青年研究中更多的哲学问题，如青年本体论、认识论、价值论和人本社会论中先前未曾提出过的问题，并扩展认识和研究青年的哲学方法，使“青年哲学”得以问世。[18]李洁从教育学视角提出“以青年为本：聚焦青年群体——回归青年生活；绽现其生存境遇——给予青年关怀；挖掘其学习诉求——满足青年诉求；提供学习支持——促进青年发展；以青年为本的教育研究”的青年研究路径，以期弥补传统青年研究中教育学力量不足的缺憾。[19]这些研究为青年学学科、方法和理论的建构提供了适切的借鉴范式，为认识青年现象和解决青年问题提供了更为丰厚的思想资源，也有助于青年研究学术水平的提升和自身独立性的形成，可以说具有较高的学术价值。

（六）对青年研究基础理论研究现状的评议

前文阐述了近五年来学者对于青年研究基础理论的研究现状，从中既可看到相关学术领域在知识积累和学术规范建设上取得的进步及对以往研究的反思，也可看到存在的不足。笔者认为不足方面主要有以下两点。

第一，现有研究的理论体系、分析框架多援引自西方主流社会科学。对中国而言，在追寻现代性的过程中遭遇全球化，这是当代中国的基本历史境遇。

在全球化的理论框架中，世界各国青年研究的经验和理论方法可能成为我们的参照，为中国青年问题提供合理的观照和有效的阐释；但也可能成为我们的桎梏，因为不论是中国的现代性追寻还是全球化的融入，都是与自身的历史传统、价值信仰和社会制度相连的。全球化与本土化的失衡可能造成“不合时宜”“水土不服”之类的问题。西方青年研究理论是否适用、如何应用于中国当前实践，需要进一步分析和验证。中国青年研究的基础理论，必然要求具有本土化特性，包括本土性的概念范畴、理论逻辑、知识系统等，从而能够有效描述、说明和解释当代中国青年的思想观念、生活方式、发展情况和社会行为等各个方面的问题。

第二，由于青年研究是一个相对年轻的学科领域，还没有形成深厚的理论积淀，并且很多研究者是从各个学科聚集到一起的，缺少共同的学术话语，因而我们可以看到很多学者是“自说自话”，最多是进行基本情况层面的相互了解，缺少思想深入的学术对话和交锋，学术批评也常常处于低语甚至失语状态，他们的知识生产是缺乏积累性的，难以相互交融形成知识库存。青年研究界必须大力鼓励和推进学术对话和批评，辨析良莠，梳理问题，深挖原因，促进青年研究剪除横逸斜出的杂枝乱条，使青年研究更加健康地发展、成长。[20]

二、研究方法

方法是研究的基础，是方法论、研究方式、具体方法与技术的总称。对研究方法的重视是促进青年研究取得进展的另一个重要领域。这里的研究方法是指具体研究方法及过程的呈现、讨论与分析，它介于研究的具体技巧介绍与抽象的方法论讨论之间。[21]近五年来，涌现出一些对青年研究具体研究方式进行专门论述及反思的学术成果，大体可分为三类论述。一是对中国青年研究方法总体状况的描述。如佘双好等对《青年研究》1983—2002 年发表的论文使用的研究方法进行文献计量分析，结果表明，传统研究方法虽逐年下降，但依然在青年研究中占据重要地位；量化研究上升明显，但具体方法运用存在着单一性的局限；质性研究方法发展不够，但在青年研究中的作用日益凸显；多元混合研究方法依然少见，值得大力倡导。[22]二是将几种研究方法进行比较分析。如权福军将青少年研究中两类典型的研究方法——定量研究和定性研究进行了比较，认为定量研究建立在实证主义理论基础之上，具有严密、客观和可控的特点。质性研究重视社会历史发展的主体选择性及其背后所体现的主体价值倾向性。相比之下，质性研究方法使研究带有了“温度”，使学术具备了“热情”，也超越了宏大叙事“有限表达”的局限性，增强了普通读者的参与性，但需要研究者谨慎使用研究的“权力”，真正把发声的权力交给青少年。[23]三是有针对性地分析、评议某种研究方式。如马纯红认为以解释性为主的叙事研究，与传统的对策研究或者理论模型创设有明显不同，它并不只是进行苏格拉底式的“自知自己无知”的自我解嘲，其真实目的在于发掘真问题，进行真正的理解，寻求问题背后的自在逻辑。这为青年研究如何摆脱以对策性为主的学理困境开拓出了一条解释性的建构道路。[24]

近五年来，学者对青少年研究方法的专门论述在成果数量上并不是很多，但可以看到青年研究者的方法论意识在不断提升，他们尊重研究方法的多样性与各自的合理性，并力图促进各类研究方法的多元整合。但在这些有关青年研究方法的成果中，定量调查大多停留于有关具体统计技术的介绍和使用情况的概述，定性调查大多偏重于方法论层次的讨论，而较少在亲身应用研究方法之后，以以往的经验教训为鉴，对于调查研究过程进行具体展现和反思。学者对青年研究方法的研究可以借鉴人类学对于田野调查的反身性思考，建设性地发展资料收集的具体方法，提高研究数据与材料，乃至整个研究的质量。

三、近五年青年经验性研究的热点议题及研究进展

在梳理了青年研究的基础理论和研究方法之后，再来看近五年青年经验性研究的研究进展。我们可以人为地将青年经验性研究的选题划分为常规性论题和热点论题。热点论题主要指近年来相对比较集中探讨的，有一定导向性和前瞻性的，具有一定公众关注度的学术问题。事实上，基于学科背景、社会经济地位、个人兴趣和认知等方面的差异，对热点议题的选择本来就是见仁见智的。笔者认为，2012 年以来在青年研究的热点论题中，有以下几个方面值得关注：一是青年时尚的文化解读；二是网络时代青年的政治参与和集体行动；三是新青年族群的生活世界呈现，如闲散青年、县域青年、“隐蔽青年”症候群、青年宅族等；四是众创时代下的青年社会组织研究。

（一）青年时尚的文化解读

作为现代化进程的产物，大众文化、流行文化、感性文化在今天呈现出强劲的发展势头。在商业动机和媒体效应合作而推出的一些大众文化的新样式中，青年常常成为主要的参与者、承担者。[25]青年时尚是一种独特的青年文化现象，是一定时期内在青年群体中流行的非常规行为模式和社会心理现象。其内容纷繁多样，在社会思潮、生活方式、物品及行为模式等各种载体中得以不断呈现，并迅速扩散、广泛流传。[26]近五年来，涌现出越来越多直接对青少年时尚进行文化理解的研究成果。以不同载体为例，在社会思潮方面，林品提出随着全球化与数码转型的推进，民族主义正在新的时代语境下演变出新的形

态，在中国的动漫游戏爱好者社群中形成的、通过动漫游戏的媒介形式表达的“二次元民族主义”就是其中之一。[27]在生活方式方面，黄佩、王梦瑶指出对于追求时尚，将技术看成一种生活方式的青年人来说，可穿戴设备构筑了一种新型的交往方式，可穿戴设备会引发未来青年交往中身体可视化、自我监控与他人监控并存、隐私泄露的可能性。[28]在物品方面，李春丽等在以广州为例的实证调查中发现，“汉服文化”爱好者中“80 后”“90 后”已经构成了绝对的主体，且以女性、汉族青年为主，文化层次较高。其主要目的是：汉服文化的传承、传播与普及；汉服文化的发展与创新；与汉服相关联的汉民族传统文化的传承与深化。[29]在行为模式方面，姜兰花指出青年“穷游”现象兴起于青年对都市喧嚣文化的抵抗、对精神家园崩溃的抵抗以及对慢生活的追求。通过“从旅行直播到生命故事”和“从穷游圈子到旅行文学”两种方式来完成青年穷游自我形象的构建及身份认同的展示。[30]

有学者指出，“中国青年”存在形态正发生着重要转变，“政治的青年”式微，“文化的青年”登场。[31]“文化的青年”越来越注重文化的符号价值，通过特定品位的建构形成与其他群体的差异，以达到自我认同与社会群体认同。[32]在青年文化的研究中，学者们大多能看到青年的抵抗品格，或者他们的妥协与依附，但一些研究却止步于对现象表面的描述，对产生背景和意义的简单归纳，难以继续深入，令人遗憾。一些学者或为该领域的继续深入指明了方向，发掘由文化再现的权利关系，或理解文化对权利的维护、制约、破坏，是青少年文化研究根本的问题意识。[33]

（二）网络时代青年的政治参与和集体行动

随着网络信息技术的发展及其向政治生活领域的渗透，网络政治参与和集体行动逐渐兴起，并在我国民主政治发展进程中发挥着重要作用，青年作为互联网用户的主力军构成了我国网络政治参与的主体。这一议题并非近五年才提出，而是持续保持着热度，且是一个常议常新的问题。一方面是由于其重要的现实意义，青年有序的网络政治参与是社会与青年共赢的积极社会现象；[34]另一方面因为政治参与和集体行动的新形态、新问题、新机制不断涌现，如以“人肉搜索”为表现形式之一的网络民粹主义行为。[35][36]2012 年以来，学者分别对青年网络政治参与的背景理论、参与内容和特征、参与过程与机制、局限与误区，主客观影响因素、发展趋势，社会资本与网络政治参与的关系，政治参与伦理失范及其矫治，网络政治参与中正向偶像传播参与研究，网络政治参与的中外比较，青年集体行动中的议题、身份与动员等问题，进行了理论分析及实证研究。如高中建认为，青年网络政治参与可以分为共意性参与和冲突性参与两种形式，它们分别是政治表征和政治认同作用的两个过程。[37]戴锐等认为，青年网络政治参与尚存在群际隔离与互动失序、政治冷漠与政治热情相交织、政治态度倾向上的不满意度及从众性偏激增加以及网络行为的娱乐化、看客心理与“政不关己”的集体无意识等局限与误区。[38]邓希泉认为，青年政治参与伦理失范是当前青年政治参与中的根源性和根本性问题，主要表现为程序非正义对目的正义的背离，私利凸显和公利淡漠并存，及参与过程中的暴力和非法行为对社会整体秩序的破坏。[39]苏萍指出，可以从两个维度来研究中国青年集体行动：一是青年集体行动的议题，即青年集体行动围绕什么问题发生；二是通过议题诉求观测青年集体行动的动员机制以及议题的论述框架所凸显的策略模式。[40]

近五年来学者围绕网络时代青年政治参与和集体行动这一主题所进行的研究大多是将青年作为一个整体来看待，一些实证研究对不同青年间政治参与的差异进行了比较，但对青年的划分主要依据人口及社会特征方面的客观标准，如性别、年龄、单位性质等。他们以之进行比较的是青年作为个体的参与行为。事实上，青年群体内部有较大的异质性，他们基于某些共同的利益和相似的文化基础，容易形成不同的网络亚文化群体和利益群体，他们越来越多地以网络共同体的形式参与到各种政治事务之中，并且受主客观因素的影响，处于不断变化之中。这些多元化的网络亚文化群体和利益群体的政治参与过程值得进一步关注。

（三）新青年族群的生活世界

“族”现象是真实反映中国青年生活状况和内心世界的一个新的社会现象。其形成和发展既与青年个体社会化的内在冲突有关，也与社会的不断转型和变革以及由此引起的代际关系、家庭结构变化有关，还与媒体的话语催生不无关系。[41]近五年来学者所关注的新青年族群，有相当一部分的称谓是舶来品，即该类族群先在其他国家出现并引起学界关注，而后在中国也有类似特征的群体出现，因而借用国外的称谓（或将原称谓稍加改动），探究该族群在中国得以形成的历史背景、群体特征、他们的生活世界及意义。如黄聚云、魏媛媛指出日本御宅族是多元化的日本青少年亚群体中的特殊类别，而中国的宅族是与众多青少年亚群体交叉重叠的弥散族系。“宅”代表了一种在网络化时代利用现代信息技术的便利而本能性地退守到个体“舒适地带”的“幼稚化”的集体无意识的生活状态和主张，从更深刻、更宏观的背景来看，则与当前中国社会转型导致的外在世界本体性安全空间的失落有关。[42]李春玲等关注全球性的尼特族现象，认为全球性的青年失业问题是其根源，他们对中国的尼特族进行了分析，针对尼特族中的三个主要群体——低文化水平的已婚育龄女性、县域社会青年和大学生啃老族，指出政府和社会应该采取不同的政策措施促进其就业。[43]还有一部分学者对某新青年族群的分析是开创性的、探索性的，如单光鼐在学界最早提出了“县域青年”这一族群，他们主要是在乡镇或县城上中学的学生、外出务工的打工族、有打工经历的返乡者以及大学毕业后蜗居在大城市的“蚁族”。他们的社会化起始于县域的传统环境，被染上独特而厚重的地域特色；共同的生命历程使其具有相同的地域认同感，而且近乎偏执。[44]

有关新青年族群的研究往往不可避免地带有某种程度的问题导向，把青年问题作为麻烦的社会问题来解决，将其标签化和边缘化。尽管不可否认某些青年“族”现象本身确实蕴含着不可化约的社会性风险，长期存在会使青年的个体社会化受阻，也会增加社会整合的难度，但还是应该去除偏见，以反身性的方法论立场来认识和看待这些新青年族群，通过颠覆“权力”关系，聆听主流话语之外的声音，了解这些青年的真实需求。[45]

（四）众创时代下青年社会组织研究

自党的十八大提出“加快形成政社分开、权责明确、依法自治的现代社会组织体制”、十八届三中全会提出“创新社会治理体制，激发社会组织活力”以来，社会组织迎来新的发展机遇，进入增速发展阶段，并成为社会治理中不可或缺的主体力量。在这一背景下，青年社会组织也逐渐从社会结构的边缘位置走向中心，成为共青团主导的青年工作格局中的重要一员。2012 年以来有关青年社会组织的研究，学者主要集中于三个方面进行讨论：其一，对青年社会组织、青年自组织、青年志愿组织等运行机制、意识与行动能力、发展趋势预判、文化认同及生成路径等问题进行宏观的理论性阐释。其二，以实地调研收集到的一手资料为基础，对青年社会组织在微观领域的行动策略、工作模式、绩效评价、与政府及共青团的关系等问题进行经验性研究。例如童潇以上海城市自生性青年民间组织为个案，认为青年自组织参与社会建设是以其主动性、选择性、联合性和部分竞争性等行为特征彰显出基于“趣缘”和“事业”双重追求的群体性聚集方式变化。当前，国家的政策倡导，企业和有产者社会责任增长以及公共社会的逐步形成是青年自组织参与社会建设的三轮驱动因素。[46]其三，近年来，中国政府大力推动“大众创业、万众创新”，并且大力支持建设“众创空间”，加之《中华人民共和国慈善法》的酝酿、讨论及最终出台，为青年公益组织的创新创业提供了良好的机遇。一些学者对中国青年公益组织的发展趋势及公益创新创业的总体特征进行了探索性研究。如谭建光指出，改革开放以来，青年公益事业发展经历了公益服务、公益文化、公益创业三个阶段。当前的公益创新创业，呈现出年轻化、项目化、差异化、联盟化、网络化等特点。[47]汪彩霞在分析了青年公益组织联盟的背景、基础、机制、支持、价值等之后，指出青年公益组织的裂变与联盟，有利于倡导公平正义、促进健康生活、帮助困难群体、重建社会结构。[48]有关青年公益组织的创新、创业问题目前尚处于探索初期，其行动逻辑、工作模式、能力建设、文化认同等方面的问题，有待学者的进一步研究。

四、结语

本文以2012年以来《青少年导刊》转载的500多篇文章为基础，在青年研究的基础理论、研究方法、经验研究的热点议题等几个方面进行了梳理和评析。尽管近五年来青年研究在上述诸多方面取得了一定的进展，但要成为一门成熟的学科或研究领域，仍有很长一段路要走。在未来一个时期中，中国青年研究取得进一步发展的关键点仍然是在遵循科学发展规律的前提下形成自己独立的结构要素和鲜明的问题意识。[49]青年研究的真正问题，既不是学科也不是路径，而是在研究中如何再现青年现实。找到青年研究已有的高度，在不断的重构与反思中寻究其深度和宽度，以期进一步提升，这是目前应该做的工作。

注释：

①《青少年导刊》是由中国人民大学书报资料中心出版发行的月刊，是二次文献。刊物主旨是立足青少年研究前沿，荟萃青少年研究领域的学术成果，关注青少年成长的热点问题，探讨青少年成长规律，反映共青团工作最新进展，为青少年研究者提供一个丰富、精彩的交流平台。

参考文献：

[1][7][16] 吴小英. 青年研究的代际更替及现状解析［J］.（下），青年研究，2012（5）. 转载于青少年导刊，2013（1）.

[2][49] 沈杰. “青年研究”何去何从［J］. 中国青年研究，2012（1）.

[3] 黄海. 从青年研究到青年学——一种真问题与真学问相结合的文化人类学反思［J］. 湘潭大学学报：哲学社会科学版，2005（6）.

[4] 陈亮. 青年研究发展中的几个解释性概念［J］. 中国青年政治学院学报，2012（4）.

[5] 田杰. 青年学的想象力——读C·赖特·米尔斯的《社会学的想象力》［J］. 青年探索，2016（2）. 转载于青少年导刊，2016（7）.

[6][8][12] 陆玉林. 现代性境遇中青年研究的学理建构［J］. 青年探索，2016（2），转载于青少年导刊，2016（6）.

[9] 孙抱弘. 从失衡走向均衡——关于青年研究学理建设几个基本问题的思考［J］. 北京青年研究，2015（4），转载于青少年导刊，2016（1）.
[10] 王彬. 全球化语境下青年研究的范式转换［J］. 中国青年政治学院学报，2011（6），转载于青少年导刊，2012（1）.
[11] 吴鲁平. 青年研究的理论范式转型及其学科意义［J］. 中国青年政治学院学报，2014（1），转载于青少年导刊，2014（5）.
[13] 沈杰. 青年社会学的基本理论视角［J］. 北京青年研究，2014（3），转载于青少年导刊，2014（10）.
[14] 李洁. 青年研究“场域”的选择维度［J］. 中国青年政治学院学报，2013（3），转载于青少年导刊，2013（7）.
[15] 肖峰，方俊. 现代性与中国青年和青年研究［J］. 中国青年政治学院学报，2014（5），转载于青少年导刊，2014（11）.
[17] 沈杰. 论青年社会学的发展进程［J］. 北京青年研究，2015（3），转载于青少年导刊，2015（10）.
[18] 肖峰. 拓展青年研究的哲学向度［J］. 中国青年政治学院学报，2012（6），转载于青少年导刊，2013（2）.
[19] 李洁. 青年研究路径的教育学探寻［J］. 学术探索，2012（6），转载于青少年导刊，2012（9）.
[20] 刘宏森. 学术批评：青年研究亟待填补的洼地［J］. 当代青年研究，2014（5），转载于青少年导刊，2014（12）.
[21] 黄盈盈. 大时代与小田野——社会变迁背景下红灯区研究进入方式的“变”与“不变”（1999—2015）［J］. 开放时代，2016（3）.
[22] 佘双好，冯茜. 改革开放以来青年研究方法的发展——基于对3290篇文献的计量分析［J］. 青年研究，2014（4），转载于青少年导刊，2014（12）.
[23] 权福军. 从宏大叙事到倾听个人发声——青少年研究方法的比较分析［J］. 中国青年社会科学，2015（4），转载于青少年导刊，2016（1）.
[24] 马纯红. 叙事：青年研究从对策性到解释性转型的建构进路［J］. 青年学报，2014（1），转载于青少年导刊，2014（8）.
[25] 沈杰. 中国青年研究的发展走向［J］. 当代青年研究，2007（3）.
[26]［32］ 徐连明. 品味的时尚：我国青年时尚文化分析［J］. 中州学刊，2013（1），转载于青少年导刊，2013（5）.
[27] 林品. 青年亚文化与官方意识形态的“双向破壁”——“二次元民族主义”的兴起［J］. 探索与争鸣，2016（2），转载于青少年导刊，2016（6）.
[28] 黄佩，王梦瑶. 人与时空的融合：可穿戴设备时代的青年交往［J］. 中国青年研究，2015（7），转载于青少年导刊，2015（12）.

[29] 李春丽等. 基于亚文化视角的青年“汉服文化”透视［J］. 当年青年研究，2015（1），转载于青少年导刊，2015（5）.
[30] 姜兰花. 抵抗、亚文化、表演：青年“穷游”现象的文化解读［J］. 北京青年研究，2015（3），转载于青少年导刊，2015（11）.
[31]［33］邓蕾. “重返”文化：青年研究未来发展的进路探寻——国内青少年文化研究前沿报告［J］. 中国青年研究，2016（1），转载于青少年导刊，2016（4）.
[34] 陆士桢，等. 青年网络政治参与：一个社会与青年共赢的重要话题[J]. 青年探索，2014（6），转载于青少年导刊，2015（2）.
[35] 谭毅. 青年网民的网络民粹主义行为：原因、表现及管控［J］. 青年探索，2014（6），转载于青少年导刊，2015（4）.
[36] 安宁，赵梦昊. 青年网络政治参与中“人肉搜索”研究［J］. 山东青年政治学院学报，2014（6），转载于青少年导刊，2015（4）.
[37] 高中建，等. 青年网络政治参与过程与参与机制研究［J］. 南京政治学院学报，2014（3），转载于青少年导刊，2014（10）.
[38] 戴锐，马文静. 网络政治参与与青年政治意识的发展［J］. 学术交流，2013（2），转载于青少年导刊，2013（5）.
[39] 邓希泉. 青年政治参与伦理失范及其矫治［J］. 中国青年社会科学，2015（4），转载于青少年导刊，2016（1）.
[40] 苏萍. 青年集体行动中的议题、身份与动员［J］. 青年研究，2014（4），转载于青少年导刊，2014（11）.
[41] 姚刚，刘建华. 中国青年“族”现象的社会学解读［J］. 中国青年社会科学，2015（6），转载于青少年导刊，2016（2）。
[42] 黄聚云，魏媛媛. 大学生宅族的行为特征及社会心态［J］. 当代青年研究，2015（5），转载于青少年导刊，2016（2）.
[43] 李春玲. “80 后”和“90 后”的尼特与啃老现象［J］. 黑龙江社会科学，2015（1），转载于青少年导刊，2015（5）.
[44] 单光鼐. “县域青年”认同困惑与整合不良［J］. 中国青年政治学院学报，2012（1），转载于青少年导刊，2012（4）.
[45] 权福军. 闲散青少年权利保护的反身性研究［J］. 中国青年研究，2013（4），转载于青少年导刊，2013（7）.
[46] 童潇. 青年自组织参与社会建设：行动特征、驱动因素及社会后果——以上海城市自生性青年民间组织为例［J］. 中国青年研究，2012（5），转载于青少年导刊，2013（6）.
[47] 谭建光. 中国青年公益组织“众创时代”的发展分析［J］. 中国青年研

究，2015（6），转载于青少年导刊，2015（11）.
［48］汪彩霞，等. 中国青年公益社会组织：裂变与联盟［J］. 中国青年研究，2015（1），转载于青少年导刊，2015（4）.

《北京青年研究》2016 年第 4 期，《青少年导刊》2017 年第 2 期全文转载

农村大学生流失与社会秩序危机

——潘光旦关于乡治问题的教育社会学分析

卢立昕　刘易平

（中国社会科学院研究生院　四川省社会科学院社会学研究所）

一、一个悖论：为什么越救济，乡村却越衰退？

总体来看，中国社会长期以农为本，其治理一贯以乡治为主。柳诒徵曾指出："吾国自邃古迄元明，虽为君主政体，然以幅员之广，人口之众，立国之本仍在各地方之自跻于善。"[1]地方社会基本是家族及家族扩张而成的村。费孝通说："在稳定的社会中，地缘不过是血缘的投影。"[2]土地具有血缘化、人格化特质，承载着农民深重的情感："起源于亲属关系，又在对祖先的祭祀中加强那种感情，也表现在对某块土地的个人依恋上。"[3]故而，地缘与血缘具有极强重合性。例如，"张村"便是地缘与血缘的二合一："张"是姓氏或血缘；"村"是地域关系。故乡村治理几乎可视为家族治理及其外推。

近代以降，中国乡村被纳入世界不平等交换体系之最末端，人才与资源日益外流，村落日益显现晏阳初说的"愚、穷、弱、私"等病。潘光旦多次指出中国人身上"无组织、自私、缺乏科学头脑及体弱"等毛病，这正是民国初年救济农村的背景。梁漱溟发起乡村建设运动、晏阳初提倡平民教育、费孝通提出发展乡村工业、蔡元培提倡美育等举措，无不以化解乡村危机所致的社会失范为宗旨。然而，尽管救济不断，乡村却显出越是救济越无序、越落后的症候。对此，梁漱溟说："号称乡村运动，而乡村不动。"[4]

孟子认为：徒善不足以为政，徒法不能以自行，而治人的作用甚于治法。乡村之所以越来越无序，①可归结为城市与乡村的制度以及资源等的不平等。但最根本的问题还在于人才外流所致的治人匮乏。潘光旦指出，较之于其他原因，农村人才流失是最大问题。而人才流失的原因与现代教育紧密相关。潘光旦说，"新教育只能叫农工子弟走出乡村，无力叫他们回到乡村服务"，所以现代教育对于乡村人才流失负有不可推卸之责。

下面，我们首先追溯传统儒家教育何以利于乡土治理；再看现代教育何以造成人才流失，进而造成乡村治理危机及其一再被城市化了的知识分子所殖民的他者化困境；最后从教育角度提出，教育本土化是化解乡村治理危机不可或缺的举措。

二、“齐家”教育——传统知识与乡村治理互为支撑

（一）从学做“家的人”开始——家庭化的人伦知识为中心的教育

教育旨在促成人与环境的“相互感应”[5]的积极适应能力。潘光旦在《位育》中将教育的适应功能定义为“位育”，且引《中庸》中“安所遂生”阐释位育：“致中和，天地位焉，万物育焉。”“位者，安其所也，育者，遂其生也。”[6]从社会学角度看，位育对社会所产生的效果和功能是孔德所说的秩序与进步。

潘光旦进而提出，中国传统社会有两大支柱，它们便是家族与以科举为代表的教育：“最重要的是儒家早就成立孟子自己再三申说之亲亲主义与尊贤主义。亲亲主义之实施为家族制度，尊贤主义之实施为选举制度。二者流弊虽多，要皆关乎两千年来中国民族的命脉，有不能不详细讨论者。”[7]对于潘光旦这种说法，我们可以进而说，对于“家天下”世界想象的中国人而言，科举制度选拔人才之目的，基本旨在维护“家天下”秩序。

儒家的德、学及行三位一体。理论地看，选举或科举人才的根据重在“德业”，而“举业”是德业的副产品。遗憾的是，近代以来许多人过于从科举末流来理解旧教育，这就像是从宋明以来片面化了的礼教来理解孔子一样。譬如，蔡元培这位受教于旧教育的人便未能公允理解旧教育：“吾国的旧教育以养成科名仕宦之才为目的。”[8]无论如何，科举一定程度上陷于功名，并不排除科举教育应有的重视德行的育人与选才之功。

《说文》训曰：“德者，得也。”德包含“自得”与“得人”的一体两面。一方面，自得者在于自觉且践行自性中善的潜质，借此认识以及处理好人与自我的关系；另一方面，自得而得人，这是德之用于人际的社会秩序效应。百善孝为先。“孝”几乎可以说是规范家庭社会的最主要的价值观念。孝可以“父慈子孝”为核心，在此基础上推演出其他关系，而这些关系便是传统社会的“父子、夫妻、兄弟、朋友以及君臣”的互为伦理的五伦。五伦中前三者直接是家庭关系，而后二者可比拟地视为兄弟与父子关系。总之，五伦以家庭关系为原型及其外推，由此而处理梁漱溟所谓的中国之“家庭的海洋”社会关系。

以上所说为“学的对象”，外在地看就是学习处理以家庭为中心的人伦关系，这是中国人伦化知识的特征。梁漱溟对比中国与近代西方的核心不同在于：西方人重视“物理”，而中国人注重“情理”。他进而阐释所谓“情理”，即家庭为原型的差序化了的人伦之情。

总之，传统中国人是“家”的人，而传统儒家教育，无论家庭教育，抑或学校教育，皆主客观合一地体悟人情，即反身性以“情理”为对象。从功能上看，儒家教育宗旨可概括为以造就具有分寸的情感能力的合乎过家庭生活的人为职责。潘光旦一直指出，与一般的知识型教育不同，儒家重“情意”与躬行，尤其重视人格感召的楷模性的教育作用。而人格楷模又是基层治理的核心所在。若换“德治”言之，便是“自得”之人通过人格感召而“得人”的社会秩序效应。

（二）“父责制”——道德感召为根据的家族式乡治

中国社会以家为原型，乡村治理以治家为基础。例如，钱穆重视修身齐家之道义基础，进而说：“中国人由于此番道义而由家成族。再下去有乡党邻里，这里也要道义，要孝、友、睦、姻、任、恤，有危险要相扶持，和气致祥，乖气致戾。要使每个乡党都一团和气。”[9]

中国式治理实乃“父责制”，它是以家长为代表的家族责任制。无论对于家庭秩序，还是家庭外的族、乡以及天下，许多学人惯以“父权制”概述中国式治理的特征，且往往又从“专制”“任意”等消极的角度理解它。这种理解对于宋明至于清末的秩序，有一定的道理。宋以后——尤其是明清——中国的人际关系越来越片面化、绝对化，但这种理解更多是西风东渐以来少数文化意识淡漠的学人主动殖民的结果。然而，即便回顾一贯为人所诟病的罗马父权，亦非与后世所想象的那么专断，因为父不过是家族的代表，而非家族的独断的所有者。正由于他是家族的代表，他须面向祖先而维系家族“祖业”及其秩序，竭力使家族旺盛。起码他不敢也不愿轻易打死儿子而无后，于是乎听任祖先无“血食”。恰恰相反，罗马人也曾十分重视子孙后代之于家族的至上利益。诚如雅典一位演说家所说：“没有一个人，在他临危的时候，不顾自己而使其家无后人，因如是则无人祭享他。”[10]总之，家长更多的是家族代表，务必以德服人；与其说他占有独断权力，倒不如说他须尽心尽责地承担家族维系的义务。

家是中国乡村的实质所在。中国治理讲究八目，也即“格、致、正、诚、修、齐、治、平”，其理想是“内圣外王”。至于内圣，“格”到“修”是对内；通俗言之，实乃人对于自我的关系，是自己认知与控制自己，可以视为以自性的仁德主宰欲望。至于外王，即齐、治与平，皆是内在具有修身之德行的人，在齐家的前提下治国，进而平天下。

从人际的社会学意义上看，以齐家为枢纽，而齐家则以“父慈子孝”为核心：“父母把子女当作自己看，这是慈。子女也把父母生命当作自己生命看，这是孝。”[11]其他关系莫不以此为原型或外推。父亲之慈，内在地看，缘于人性中的善或责任感、义务感；而外在地看，则表现为慈爱地为子女尽义务的行为表现。与此同时，子的孝，内在地看，基于人性；外在地看，则是对父亲的义务。缘于父与子的互为伦理，将促进人际之“合”。此与近代以来西方抽象的权力个人主义的关系的“分”的趋势迥异。梁漱溟认为，中国式互为伦理的人际关系具有如下一些特质：第一，具体的，而非抽象的角色。第二，人性为根据，而非外铄或决定于外。做孝子、忠臣是人性使然，而非外力压迫。第三，相对性的互为义务指向，促进人际之合。每个人完成缘诸自性的义务，客观上促成对方的权利，从而利于人际和谐。宋以后才有片面化、绝对化的所谓“世上没有错的父母”或“君叫臣死，臣不得不死；父叫子亡，子不得不亡”之说。第四，自内而外地推己及人，使得社会关系家庭化，即其他社会关系皆依家庭关系原则而外推。

治家与乡治具有极强的同构性。家族式治理的乡治具有如下特点。第一，“乡举里选”色彩。家长大多天然而然，而乡约之约正大多是推选而出的。第二，父责制的根据在于慈之德（慈并不排除威），而不单纯在于齿。齿，在古代实际上意味着智慧与德行。缘于是，齿者，实际上是族人所心悦诚服地服从的年长且有公心的人。譬如，汉“九老”之于乡里秩序的作用，在于就像九位老父身载的知识与德行。再如，《吕氏乡约》的四个方面之“德业相劝，过失相规，礼俗相交，患难相恤”[12]莫不与德的教化有关。且以宋代累世义居的三陆家族治理为例说明这种重视“德治”为特征的以家长为主导的集体责任制。“和朱熹闽学同时……是江西陆九渊。他和其兄九韶、九龄合称三陆，他们是兄弟六人中的三个。家金溪，累世义居，推一人最长者为家长，子弟分任家事，凡田畴租税出纳，庖爨宾客之事，各有主者。”[13]第三，家长治理带有总体性色彩，内部权威极大，范围甚广。家规、家法约束范围与力量，往往甚至超过国家法。第四，具有等级性。例如，长辈侵犯晚辈，处理较轻；反之，若晚辈侵犯长辈则面临重罚。第五，家长为首的基层议事组织。基于德才而分工，进而合作，共治家务。与此有关，遇有重大事务举行祠堂里家族会议乃至村民会等。基于是，与其名之为父权制，不如称之为“父责制”。并且，如柳诒徵所言，与西方“争民权”的地方自治不同，中国的乡治重在“淑民德”。[14]

在中国天下的“天—天子—官—民”之秩序构想中，有一系列的“父亲”来承担治理的义务。最高者莫过于作为天子的皇帝。他必须“以德配天”。其次是对天子负责的士人大们。究其实，他们并不是为作为孤家的皇帝而负责，而是对天子代表的天下之黎民百姓负责。基于此，有德的官员以自当“爱民如子”。实际上，缘于古代权力配置上的“皇权不下郡县”之故，政府更多与乡绅打交道，乡绅再直接面对民众。故而老百姓绝大多数时间生活在“帝力与我何干”的乡治环境下。

一方面，潘光旦重视伦理化的基层人际关系及治理秩序。他对比传统父亲化的权威与现代公仆治理后认为，爸爸式的情理关系基础上的治理权威优越于民国以来所谓的“公仆”。潘光旦进而指出：谁见过父亲害儿子，而公仆们“反仆为主”倒司空见惯！另一方面，在近代以来社会巨变以至个人、家庭及国家关系亟待重构的情况下，他也指出，传统乡治也难免缘诸家族问题的内在缺陷：第一，不重个人。过分强大的家族主义所致的“个人埋汰”。第二，狭隘的我族意识。唯知乡土，而大范围“社会意识”匮乏，对“外人”冷漠甚至仇视。“对于家长或主人的服从而外，不识服从为何物；家长式主人式的命令与指挥他人之外，不知领袖为何物。”[15]第三，“一盘散沙”，国族意识淡漠。历史上族内团结有余，社会则较为松散。尤其是近代民族危机之际，国家层面的团结一直难于形成，这攸关家国前途。“乡土精神虽有它的价值，但是中国民族开拓的迟缓、向外发展与冒险精神的薄弱、国家意识迟至今日才逐渐成为事实，乡土观念不能不与家族观念共负起责任。”[16]第四，保守倾向。家乡情结的过分浓烈造成国人开拓精神的匮乏，倾于感伤的家乡主义。

三、釜底抽薪——现代教育所致的乡村大学生流失使社会解组

（一）工商主义——现代教育的“城市中心论”倾向

1. 人伦到“富强民主”——西方冲击与儒家教育的衰退

西方冲击之刺激，造成中国教育之反应。重人伦的人文色彩强的传统教育之退却与重视实利的城市或工商主义的现代新式教育的兴起，乃现代教育的一体两面。

历史地看，儒家一贯重人文教育。如韦伯所言，儒家教育旨在培养“文士”。与一般宗教世界观之外在的超越不同，儒家重视有内在超越的人间价值。潘光旦指出，它这种人文旨趣使之异于现代教育的“物本主义”，也不同于其他宗教教育的“神本主义”。他也指出，儒家过于以人的眼光处置“天、地、人”之间的关系。若假设“天”代表形上价值或不可知的神灵，而地指自然的地，从本欲贯通天、地、人三者的教育宗旨来看，儒家过于重人伦，而忽视了天，也缺乏自然研究的热情。这可能造成儒家趋于忽视天、地，或将天、地人伦化，从而无视天与地应有的客观地位。例如，潘光旦在《工与中国文化》中指出，中国文化尤其是儒家思想对于“地”的兴趣缺乏，使工业人才在诗化国度遭反

淘汰："以往的中国文化，就其大体说，是极不利于工的发展的，儒家思想重视人，不注重物；道家思想注重自然，反对一切自作聪明的活动，都是和工发展正面冲突的。"[17]

清末以降，国人对西方冲击的最初认识是单纯的"技"或"船坚炮利"。这是自消极御敌意义上看待技，技有促进"国强民富"的功能。而这又一贯为中国文化所不重视，因为技一贯抵不上德或道，甚至以为技招致"机心"。与此有关，儒家治理重视风化，此乃秩序，何须富强？然而，西方冲击势必逼迫士大夫阶层在"师夷长技以制夷"指导下，于19世纪60年代启动洋务运动，试图技术革新以应付西夷的船坚炮利。

以上是从科学角度看待儒家教育的现代应对问题。与此相关的是如何解决民主问题。胡适等新式学人以为重视祖先的儒家思想，使人做祖先的奴隶，而围绕祖先崇拜造成了"君权、神权、族权及父权"等绳索。一些人又将奴役归咎为孔子的作孽。吴虞要"只手打倒孔家店"，鲁迅则大呼"礼教吃人"。

洋务时期士大夫尚有一份中体西用的我族文化自主的立场，新文化运动以后，以陈独秀的"无人觉悟之最后觉悟"之际，我族文化被"革命"，于是传统教育坚守的儒家文化立场成为明日黄花。总之，儒家教育日益后退，而科学与民主几乎占据了教育的全部领地。

2."家人"到个人——权利个人主义的兴起

潘光旦一贯主张个人、家庭及社会或国家的均衡，在这种意义上，他重视个人价值，但反对个人无视家庭或社会的唯吾独尊的个人主义："个人主义是建筑在权利和义务的基础上的，这还是理论。若论事实，则不妨说它全部建立在权利观念上。从权利观念的人我关系出发，……实在是一种很不健全的关系，这种关系，其所凭借的是分子之间的彼此牵制，相互克制，而不是每个人的自我克制，故其结果最多不过是群体生活的暂且相安，而非持久的协调。"[18]在梁漱溟看来，权利个人主义势必引发个人"向外"争，结果是人际的分与争，而非合与让。

至于具体教育内容，近代以来的教育大体上偏向人的某一方面或物或制度，而忽视整体人格。例如，1948年潘光旦如此概述现代教育的偏："近代以来的教育没能跳出三个范围：一是公民、平民或义务教育；二是职业或技术教育；三是专家或人才教育。"[19]他进而分析以上三类教育：公民重"社会化"而忽视内在人格修养；而技能教育或专家教育，也不过是个人之"吃饭本领"的教育，而未能涉及人格的"荣辱"层次。或换言之，与理想人格的"做人做事"全不相干。

传统的士的教育面向乡土社会，而现代教育却因其所致的人才流失而步步瓦解乡土秩序。1939年，潘光旦指出中国教育所致的农村人才外溢的后果："二三十年来的中国教育，有能力把农工子弟从乡村吸引出来，却无法把他们送回乡村去，从而改造农村，奠定国家的经济与社会基础。”[20]农村子弟流向城市，与传统时代读书人归属意识不同，因后者始终以为，在外游学或做官，根系于家或故土，且终究落叶归根。而现代乡村读书人则带有独自救赎的新教色彩。他们接受了嵌入现代教育中的个人主义，结果是抛弃家族，甚至反对作为所谓的“绳索”之一的族权，而独自投身城市的怀抱。历史地看，20 世纪初到 20 年代是权利个人主义之高潮期；20 年代后民族主义或国家主义取代个人主义。直到改革开放以来，国家主义在许多方面退场后，家族或儒家伦理早已沦为历史陈迹，而中国亦无限制个人消极面的宗教，于是市场化的个人主义呈现泛滥。然而，即便在国家主义时期，集体主义大潮下依旧含有许多个人主义潜流。如现代婚姻制度，一直强调的“恋爱自由、结婚自由以及离婚自由”等理念，便带有极强的个人主义色彩。

3. 民族代家族——国家主义的登台

孙中山曾愤而指出中国社会“一盘散沙”的不团结，还进而指出，全社会角度的不团结与地方近乎封闭的自治共存。而地方自治之机构主要是家族。蒋梦麟与孙中山持相似看法：“一般人都说中国的四万万人像一盘散沙，如果说中国的人口是由许多自治的小单位构成，倒更切近事实。”[21]这里的小单位是家族或家族化的乡村，这是“天高皇帝远”或秦汉到清末“弱皇权强社会”格局下中国人所跻身所在。

然而，近代以来，民族危机带来的结果是，传统中国的“天下”视野必须面对近代民族国家的新兴力量。国族意识逐渐凸显，结果国族取代 20 世纪初到新文化运动期间一度被启蒙的个人。这在钱穆看来便是个人与社会逐渐取代家庭：“今天我们只讲个人主义，否则社会主义，但中国古人却讲‘家庭主义’。扩大则为‘家族主义’。”[22]潘光旦认为，在中国 20 世纪上半叶，个人主义与重视群体价值的社会主义或国家主义是最主要的思潮，三者此消彼长。具体言之，他认为，20 世纪初的前十余年是个人主义的年代，这可以胡适为代表；20 年代后，苏俄革命后，共产主义进入中国。而到了三四十年代，极端重视国家或民族的纳粹主义在中国也有市场。他进而指出，无论集体主义，还是个人主义，都是削弱家族的力量。此外，他还揭示出集体主义削弱个人自觉意识的后果。潘光旦说，“社会”主义，重视人与人之间的“通性”，这是恕。但是，过分恕势必强调“一致通过”而招致忽视“差异”。缘于是，潘光旦认为，“社会”主义必将不“明”，由此影响本该“多形”或不同流品的人才的实现。最后，人的情感根本上滋生于初级群体，国家如过分排斥家族，则将造成人的情感淡漠，从而招致国家高高在上却缺乏基层根系。对于中国人而言，初级群体主要是家或邻里。若家、邻里过于弱化，势必造成无根的国家主义。

4. 去城市学堂念书——教育过程的离乡化

人格教育是传统教育的核心。而人格的实现，除了伦理化的教育内容外，还得自亲子教育、社区教育以及教师的感化等方面。现代教育过程表现出向城市的集中趋势，造成近代以来的读书人故土感弱化，甚至面对故乡时“儿童相见不相识，笑问客从何处来”的陌生化效应。传统教育则无这类问题，理由如下：首先，传统教育重家庭教育，尤其是“女主内”利于“母教”。家庭的温情滋养，是人所以爱人、爱家庭，进而爱故土的基础。近代以来，妇女日益外出进入社会，家庭教育逐渐社会化，这势必影响现代人的情感归属。其次，传统教育大多在社区进行而具有本土性的特点。儿童在成年前大多在所属社区接受教育，这利于其社区情感的培育。而现代教育日益集中于城市，造成读书人与故乡疏远。再次，古代重身教，教师的人格感召甚于知识传授。师如父，学生待师如父，而师亦当作学生之楷模。最后，传统教育在社区进行，利于学生们熟悉家乡的人事与自然等方面，从而利于认知与热爱家乡。

（二）“一盘散沙”——乡村大学生流失的社会解组后果

1. 乡绅退场——重机械平等的新教育的社会瓦解效应

潘光旦认为，社会精英的人格感召是治理的最重要因素。“大凡上级的人品善领袖，下级的人品善服从；中级的人品则依违两可。”[23]张之洞指出，较之于经济、政治这类表面原因，社会无序主要缘于人才匮乏，人才匮乏缘于学问衰败。现代中国的人品分布呈现出庸人多而精英少的结构缺陷：“中国今日所缺的缺失第一级，而第二级，所谓中等阶级的，却独多。”[24]在潘光旦看来，庸人“既不能令，又不受命”而影响秩序。潘光旦不仅注意到领袖感召的秩序效应，还兼顾大众的服从意愿对于秩序的作用：“好比分析历年的政治组织的腐败，普遍总说是因为没有良好的领袖；但明眼人看来，这也不过是说的一半，其他一半是大众中间服从性的缺乏。”[25]

清末以来新式教育本身缺乏文化自主意识的内在缺陷，故而不足以培养具有社会感召力的读书人。至于近代中国农村的衰败及其秩序的匮乏，一方面是由于现代科学主义的教育势必招致的士大夫的退场；另一方面是新教育所致的农村大学生逐渐外流。新式知识分子即便回乡村，他们又存在“无根”的毛病，因此无法取代传统绅士对于乡村治理的作用。潘光旦于 1932 年在《教育与位育》中通过罗格（Harold Rugg）教授的评判，揭示中国教育的偏重狭义实用的理化教育及其疏离本土的缺陷。罗格教授说：“中国学校的教育与社会的需要不相适合。中国学校偏重学理化，与欧美如出一辙，且不能迎合当地文化的需要。”[26]

2. 渐行渐远——日益扩大的城乡差距

传统中国可以概述为农本社会。潘光旦认为，近代以来的发展路径基本上舍本逐末，可以概述为工业为本、城市为本。问题还在于，农村还一直作为发展城市的牺牲，人力资源、物质资源等源源不断单向度地向城市聚集，造成乡村的一再衰败。“农业人口的减少与农村的衰败、工商业的勃兴、都市化的突飞猛进，是工业革命后三种拆不开的现象。”[27]在资源、制度乃至价值评判上的城市中心主义的背景下，近代以来的救赎乡村之举也便一再表现为梁漱溟所说的“我们在动，而乡村不动”的怪现象。究其原因，较之于城市，乡村不仅不动，实际上还在一步步向后退！

3.“无根乡愁”——现代农村大学生的精神彷徨

乡愁是本土文化松懈甚至解体后个体寻求心灵归属感的情绪反应。近代以来的新式知识分子缘诸家国危机之故，因此是第一代亲历乡愁的人。乡愁有数种情况：其一，“直把杭州作汴州”。人的心理归属渴求推动人总需在某种文化中栖身，以求安身立命。心灵归属追求是“一”，而可资皈依的文化资源则是“多”。近代以来，一些新式文化人试图在传统儒家之外的精神资源找寻心灵皈依，如蛰于基督教。潘光旦先生于人生困顿之际也曾一度跻身于基督教。其二，投身于形形色色的现代的“主义”。这也是至今依旧广泛存在的一种。自意识形态变迁角度看，传统宗教在精神领域的一家独大变作各种主义的兴起（包含遗存的宗教在内），可视为近代社会观念分化的最主要方面。其三，情绪的感伤而几乎无行动能力的人。许多人在旧观念退场后，无新观念可以栖身，而又无法回归旧观念。于是情绪上念旧，行动上则趋于“无为”或往往被动地跟进新社会。王国维是这类感伤形式的代表。其四，文化保守主义。文化保守主义的出现本身恰是在文化危机之后，一些人不仅情感上归属于旧文化，还在知识上试图在新环境下不失文化自主地修正、改造旧文化，以使之积极适应新社会。以上诸种，皆不过是离乡或失去家园后的心灵之归属寻求之反应而已。

然而传统的乡愁还有故乡可以回归，现代社会的剧烈变迁则造成乡土瓦解，从而导致许多人陷入无根的乡愁。一方面，在观念上，在儒学一再被曲解为专制或封建的意识形态而削弱；另一方面，实际生活中以家族为中心的初级群体一再衰落的情况下，中国人大多陷入无根状态。其他作为精神替代品的观念往往缺乏历史连续性，或较大范围的精神共识的匮乏之故。故而，总体地看，人心显现出失坠的趋势。例如，新儒家代表的牟宗三曾经叹惜现代人的“人人都拔了根，挂了空”的无根之苦。

4.“恶人治村”——乡村治理真空的必然结果

传统乡治基于有德乡绅的感召或其教化。清末新教育施行以来，初期尚带有一丝个人启蒙色彩。然而，20 世纪 20 年代后，如李泽厚所言，缘于“救亡压倒启蒙”之故，国家最终压倒个人。对于乡村而言，国家权威虽高高在上，却日益自上而下延伸至农村每个角落。基于村落精英身上遗存的德治情怀及其现代背景下所肩负的国家责任感，于是乡村得以保有一份自上而下的“他治”秩序。

对于乡村大学生而言，新教育培养不出旧式士大夫情怀，但国家主义的新教育将他们培育成为“螺丝钉”。至于归属感言之，他们是“吃皇粮”的脱离乡村的无根的“国家的人”，这是当初教育“跳农门”使命的必然产物，毕竟，现代教育不是为农村造才，而是为城市输送人才。一方面，村落里老村长、老书记还带有一份缘诸旧道德记忆，于是村庄依旧有治人，依旧有个较强的外加的秩序。另一方面，“跳农门”了的现代大学生再也不是乡村人。想当年，去外国接受教育的人不适合中国，而去城市接受教育的人不适合乡村。于是，在“到乡村去”的呼声下，再度返回农村的现代新人，已成为面目全非的农村陌生人了！

秩序一方面需要具有公心的精英人才，另一方面需要服从精英的乡民。然而，治人与健全的服从心的双重缺乏导致乡土秩序危机。一方面，治人在消退。最近几年来，缘于高等教育普及化，越来越多的农村大学生溢出农村，而未能成为像旧社会的乡绅那样皈依农村的精英人士，老一代的具有感召力的人逐渐退出乡村舞台，而国家权力自改革初期便渐行渐远退出乡村，无论自治，还是他治，乡村皆无“治人”。另一方面，合理服从的村民匮乏。最近几年，外在强制基础上的秩序消退了，自由个人却并不具有健全的自我之人格，责任意识与义务意识缺乏，不服从任何权威，哪怕合理权威也不例外。

四、现代教育在地化——建构现代条件下乡治的教育使命

（一）人格实现——重估儒家知识

潘光旦认为，儒家基于人性潜在“恕”与“明”，以建构“和而不同”的秩序。一方面，恕是“将心比心”之“人心之同然”。另一方面，明是宽容进而尊重、欣赏他人的不同。通俗言之，儒家理想秩序很大程度上基于共有的价值规范前提下各人社会功能的差异而互补。

一方面，已性潜在的良知是社会的共有价值的前提。论语云：“古之学者为己，今之学者为人。”内在地看，人格是内在人性的实现。严格意义上的儒学首先是“为己”之学，而其“为人”方面是己之用。

另一方面，重估儒学还须重新认识人性差异，差异而合作，以维系秩序。传统儒家认为，人性决定教育，教育培育的士大夫领导社会。《中庸》开篇讲：

“天命之谓性，率性之谓道，修道之谓教。”性乃固有天资，以道率人性，照道而修养，便是教。综上，性乃教之始发点，而实现性也是教之宗旨。从社会秩序看，从性的差分出发的教与社会的“亲亲与尊贤”秩序有关。因为人性有差异，正是基于此而一方面使人各尽其能、各得其所，进而各安其分；另一方面基于人性差分而形成合作秩序。例如，“男主外，女主内”便是基于两性差别的合作而共同维系家庭秩序。反之，忽视人性差异势必招致人际紊乱。

（二）重建家庭教育——通过家庭以培育同情心与责任感

人需要一片安宁的精神滋养之麦地。“人们必须尊重一片麦地，不是为了它自己，乃因为这是人类的营养。与此类似，人必须尊重一个集体，不管它是祖国、家庭，还是别的，不是为了集体本身，而是作为一些人灵魂之营养。”[28]家是中国人情感成长的最初麦地，借以培养人的基于伦理的义务感，也即“以对方为主”的“相互间的一种义务关系”。[29]家庭情感是其他一切情感的基础或前提，若无此，则其他情感便是无源之水。另一方面，家中心的情感格局转化或推演出包含个人对于国家民族的新式人伦化的关系，潘光旦曾经作文《论“对民族尽其大孝”》指出个人对于国族宜乎带有情感，而非纯粹而抽象的政治公民，且统治宜乎基于合作的愿力，而非基于蛮横的暴力。

近代以来，尤其在新思潮视野下，中国的大家庭制度流弊积重难返。例如，大家族人口过多所致的人际淡漠甚至纷争：“数代同居未必快乐，传代既久，血统关系已经淡漠，而人口众多，难免发生摩擦，而引起勃溪之事。”[30]此外，大家庭还难免压抑、贪污、暧昧等弊端，因此亟待改良。但是，取代大家庭的现代核心家庭制承载的实质价值是个人主义。换言之，核心家庭几近是随时可能解体的“个人”的短暂结合。如婚姻是“个人之结合”的典型。这种个人组合的家庭，便顾不上祖先，也不管后代，也似乎与周边社会绝缘，还不管当前尚未死去的老人！它最根本的缺陷是自由有余而团结不足，其中的个人时时刻刻在讲自我权利。

而今重建家庭宜乎超越大家庭与核心家庭之二分法；此外，家庭也不太可能几乎是唯一的社会组织，因此需中庸对待个人、家庭以及包含国家在内的社会组织的关系。故而，在家庭之外的其他组织纷呈的现代社会，再完全持守“家国同构论”或完全以家庭关系外推社会关系的做法已有所不妥。

家庭关系的健全实乃其他关系的至关重要的必要前提之一。基于此，就一般家庭及家庭化的关系与社会或国家的公民关系而言，起码不再坚持二分的做法，也绝不会再做抽空家庭而凌空建设公民社会的空中楼阁之举了。相反，以家庭关系为核心的人际关系是公民关系的建构前提。若无“私民关系”为前提，各种公民关系必是沙上楼阁。根本地看，人际结合最重要的因素乃是情感，家庭还是一个人最初成全情感之所在。

古人云，行有余而为学。与这句话对应的是，齐家有余再治村。除了家庭自身的意义而言，“齐家”也应该是乡治人物的必要能力培育与训练所在。反之，如今一些社会组织的人中，往往畅言公民；而对于家庭则不够重视，甚至还如百年前的一些人一样以为家庭阻碍公民情感。无私民情感能力的基础，公民社会的兴建，不过是空穴来风而已。

（三）道器不二——建构“新的士的教育”

健全的教育应该是道器不二。然而，现代教育的最大问题是学术沦为器，因此难再有弘道之士。盖因现代教育过于科学理性或干脆就是实用主义，而在人格教育方面有所缺失。胡适在《学术救国》中鼓吹科学，他列举法国人孟勒尔（Moner）将被杀之日之所说以证明科学的价值。孟氏说：“我的职务是在管理造枪，我只管枪之好坏，其他一概不问。”[31]科学的实用价值自不待言。然而，即便对一贯科学落后的中国而言，它也只是器或工具，并且是充满风险的力量。

然而，五四以后的中国人不仅把科学拟人化（“赛先生”），进而偶像化了：“上有好，可以把科学人格化，下必有甚，就不免把它偶像化。”[32]对于科学发展较领先的国度而言，科学所致的风险恰是亟待控制之所在。胡适引述的孟氏所言足以证明现代教育不问价值、不问实践的缺陷。然而，须知，并无纯粹中性的学术，而科学也可为魔鬼运用。鉴于此，在重视专业的现代教育中重新纳入传统士大夫教育，促成通识与专家知识的合一，是新型士的教育的方向：培育有价值关怀的专家。

士的教育不是、不必，也不该成为某些人所鼓吹的“普及高等教育”。②士的教育只针对作为少数人的精英，这与现代机械民主化的教育观迥异其趣。从治理角度而言，传统地方性的道德学问的代表者——乡绅——承担地方治理职能。且以胡适少时回忆文字以说明之：“我的四叔……是个绅董，常被本族或外村请出去议事或和案子。”[33]当然，在实用技术无以回避的现代社会里，士人们再也不能缺乏形而下之谓之器的方面。故而，新的士的教育可以简单视作通识教育为前提下的兼顾专科教育。在此意义上，新的士的教育才可以与古代过于偏重人伦通识的士大夫教育有所区分，也唯其如此，才可以使新士大夫能应付现代社会的专业化之需。

（四）乡土教育不囿于土——加强乡村地方性知识

潘光旦曾指出近代教育舍本逐末之病，这表现于现代知识分子身上的抽象主义。鉴于此，他提出“由本及末”的知识构架。这包含人与环境的由近及远，而近处便依次是地理上的知识，此乃本土意识或家乡情怀。至于时间上的近，便是本地的精英人物以及地方性的知识。具体地说，潘光旦梳理出“由近及远”且包含乡土教育的位育的教育。“第一步是关于人的，……第二步就是……乡土教育，其间必然包含乡土的历史与地理，第三步才是一般的史地教育。”[34]潘光旦进而指出，此处所说的本土教育之史地依次为人文学科与自然学科。总之，一个人若不先认知且爱恋家乡一切人文与自然事物，遑论爱国或天下？爱家乡才可能较好地实现民本的治理秩序。“民主政治的基本看法之一是，民为本，政府为末，地方是本，中央为末，而就中国特殊国情而言，我还不妨添上，乡村是本，市是末，农是本，工商是末。”[35]

遗憾的是，民国期间许多乡村教育实质上不过是在乡村的城市中心的教育。这种乡村教育之客观后果之一恰是内部削弱乡村。我们以 1936 年童润之调查的 61 所中等学校之教育内容的五大类型来证明教育中缺乏乡土知识。“民众文字教育，……民众生计教育，……民众健康教育及休闲教育，……民众自卫与团结，……其他推广事业。”[36]潘光旦数次将当时方兴未艾且为许多人歌以咏之的民众文字教育名之为“识字运动”，甚至认为文字教育不是教育，因为其过于技术性，而忽视价值教育，尤其缺乏本土知识。忽视价值教育的识字运动在客观上很可能不过是为黄色书籍制造看客而已，遑论提高民众素质？识字运动有此内在缺陷，其他几类更是技术性培训，就愈加谈不上中国一贯的乡村为中心的民本价值观了！

（五）教育过程在地化——适度限制教育过程的过分离乡化趋势

在传统“家、国、天下”视野下，家优先于国与天下。对于士大夫而言，第一，离家读书大多是成人后的事情；第二，他固然“匹夫有责”而为天下兴亡尽责，但不因此免于对列祖列宗与家族的责任，他还需心系家园；第三，在外做官者迟早告老还乡成为地方绅士。即便不幸死于他乡，还得落叶归根而让尸骨还乡，葬在祖坟。缘于此，传统读书人有着极强的家族或地方归属。

然而，现代教育兴起以来，除知识上的离土外，缘于家族性的私塾为超社区性的学堂所代替，越来越多的读书人自幼入学堂：“小家庭的组织势不能用旧日家塾法，各延师课其子弟，于是采取西方学制；自幼而幼儿园而小学，而中学，而大学。”受教育者也往往年少负笈离家，而在异乡接受的恰是旨在打破家庭权威的注重个人或国家价值的现代教育。于是，中国第一代知识分子就已经显出“少小离家老大回，乡音无改鬓毛衰”的问题。如费孝通曾自诉在家乡感受的疏离感，而认为自己不再是村民。实际来看，即便是一再强调注重乡土知识的儒家情怀的知识分子，也逐渐离乡而远去，如费孝通、牟宗三以及潘光旦自己。当然，他们也正因此而提出化解乡村失序的思路。例如，牟宗三曾鉴于失根之苦：“我是这个时代大家都拔根之中的拔根，都挂空之中的挂空。”[37]提出以应对现代危机的疏导出“民主政治”“科学的基本精神”以及“疏导出道德宗教之转为文制的基本精神”的现代儒学转化使命。再如，罗格隔岸观火地说，一方面，中国教育宜具有文化自主意识，“盼中国之教育与欧美教育宣告独立”；另一方面则是本土化，“新教育当因地制宜，学校应注意农村生活、人口问题、交通事业、卫生设施，与一般民众智识的提高等五大端。”[38]

（六）超越城市化——均衡对待城乡发展的社会政策

传统中国社会以农为本。近代以来，缘于西方冲击所致的现代化应对之使命，造成国家民族意识的觉醒，以及在国家民族力量下进行民族独立以及现代化建设之任务。然而，近代以来的现代化过于偏重城市工商主义。这种路径虽集中力量，在相对短暂的时间内，缩短中国与发达国家的差距，但也有如下负效应：第一，过于工商化，相对忽视农业；第二，偏重城市，忽视农村发展，甚至牺牲农村来发展城市；第三，造成农村人才外流，以至农村空心化。现代化不是消弭农村、农民与农业。潘光旦揭示农村衰败与现代工业化的关联，尤其是都市化的消极一面，进而提出适度控制工业化的城乡发展思路。“都市化的控制问题，与前面谈到的农本经济与适度的工业化有密切的关系。农业人口的减少与农村的衰败、工商业的勃兴、都市化的突飞猛进，是工业革命后三种拆不开的现象。”“所以都市化要有所限制，不能任其自然。”[39]在工业化无以回避的情况下，适度工业化以及不牺牲农村的具有历史“绵续”的发展，也与潘光旦一贯主张的“执两用中”思路有关。综上所述，在社会政策上，今后宜乎均衡对待城乡，使无论城市还是乡村都变作宜于人居之所在。

注释：

① 本文认为，在古代“皇权不下郡县”格局下，传统中国乡村具有的是以乡治为基础的自发秩序；近代以来，国家权力触角日益伸向乡村，其结果是基层的国家化。这势必造成儒家教育与家族的式微，以至于乡治人才与社会基础的双重匮乏。国家权力过于集中，固然也可外铄地维系乡村秩序，但是，这种秩序是自上而下的强加的外生的秩序，并且，一旦国家权力退场，而乡村固有治理结构已被消解，乡村立即便陷入失范之无序境地。改革开放以来的中国农村便是如此。“前三十年”农村的以国家化的行政力量为基础而维系的他治的秩序，在最近的“后三十年”则处于“自治秩序”一直无从建立的境地，于是乎农村在他治、自治缺位的情况下，可能会陷入近年来日益为人诟病的“恶人治村”的结果。

② 高等教育只针对既有学术潜质的少数人进行，此乃人性差异所决定的，社会制度尤其是教育机会之配置，决定于人性之差异，而不可肆意人为，哪

怕出于一片善心。然而，平等思潮以来，只知道抽象的人，而不知道具体的人及其自然之差异，因此个人对于自己的限度皆有所不知，行为上也便缺乏边界，机械化了的平等也便成为社会无序之推手。近年来，四川省有干部一再发出“普及高等教育”之呼声，似乎真的人人皆有佛性而平等，而佛性又全部实现，于是乎涅槃立即肉身化、社会化。笔者则以为，普及与高级不两立，因此，高等教育不必也不该普及。一旦普及，必不高级。

参考文献：

[1][14] 柳诒徵. 柳诒徵自述［M］. 合肥：安徽文艺出版社，2014：139.
[2] 费孝通. 乡土中国［M］. 北京：北京大学出版社，1998：12.
[3] 费孝通. 江村经济［M］. 北京：商务印书馆，2004：160.
[4][29] 梁漱溟. 乡村建设运动［M］. 上海：上海世纪出版集团，2006：368，25.
[5][6][15] 潘光旦. 潘光旦文选［M］. 上海：国际文化出版公司，1997：4，1，14.
[7] 潘乃谷，等. 潘光旦选集［M］.（二）. 北京：光明日报出版社，1999：2.
[8] 高平叔. 蔡元培教育文选［M］. 北京：人民教育出版社，1980：48.
[9][11][22] 钱穆. 中国文化精神［M］. 北京：九州出版社，2012：191，192，190.
[10]（法）古朗士. 希腊罗马古代社会研究［M］. 李玄伯，译. 北京：中国政法大学出版社，2005：34.
[12] 牛铭实. 中国历代乡约［M］. 北京：中国社会出版社，2005：131.
[13] 钱穆. 宋明理学概述［M］. 北京：九州出版社，2010：129.
[16][18][20] 潘光旦. 潘光旦文选［M］. 北京：国际文化出版公司，1997：497，513，499.
[17][19][38] 潘乃谷，等. 潘光旦选集［M］.（三）. 北京：光明日报出版社，1999：448，358，426.
[21] 蒋梦麟. 西潮［M］. 天津：天津教育出版社，2008：160.
[23][24][25] 潘光旦. 潘光旦文选——寻求中国人的位育之道［M］. 北京：国际文化出版公司，1997：14，13，294.
[26] 潘乃谷，等. 潘光旦选集（四）［M］. 北京：光明日报出版社，1999：426.
[27][34][35][39] 潘光旦. 潘光旦文选——寻求中国人的位育之道（下）［M］. 北京：国际文化出版公司，1997：409，410，411，625，627.
[28]（法）西蒙娜. 薇依•扎根——人类责任宣言绪论［M］. 徐卫翔，译. 北

京：三联书店，2003：5.
［30］萨孟武. 红楼梦与中国旧家庭［M］. 长沙：岳麓书社，1988：14.
［31］［33］白吉庵，等. 胡适教育论著选［M］. 北京：人民教育出版社，1994：243，272.
［32］潘光旦. 直道待人：潘光旦随笔［M］. 北京：北京大学出版社，2011：153.
［36］李文海. 民国时期社会调查丛编：文教事业卷［M］. 福州：福建教育出版社，2004：93-94.
［37］牟宗三. 生命的学问［M］. 桂林：广西师范大学出版社，2005：2-4.

《北京青年研究》2016 年第 3 期，《青少年导刊》2016 年第 10 期全文转载

青年本质研究综述

黄冬霞

（电子科技大学）

青年的本质问题，不仅决定着青年学研究的内涵、范畴、内容、任务、目标、价值和功能，还规约着青年工作的实效。随着青年学研究的深入，这一问题的研究取得了诸多理论成果。据不完全统计，截至 2014 年 12 月，国内已出版相关著作近二十本。在 CNKI 数字资源平台进行检索，以“青年本质”为主题，搜索到期刊论文 89 篇，博硕士毕业论文 7 篇；以“青年”“本质”为双重关键词进行精确检索，搜索到期刊论文 24 篇。这些成果分别从不同角度对青年的本质问题进行了深入探讨，促进了青年学基础理论研究的深化，推进了青年学的学科化发展，为提高青年工作的实效性提供了有益启示。

一、问题的提出

（一）在理论层面上，研究青年的本质是深化青年学基础理论的需要

“青年学研究的基础理论主要围绕‘青年是什么’这一逻辑起点展开，对概念、范畴、规律及理论体系架构等基本问题进行探索。”[1]由此可见，青年本质理论是青年学基础理论的元理论。沿着这条思路出发，青年本质研究的理论意义表现在两个方面：一方面，对“什么是青年”这一问题的答案，决定着青年学的内涵、范畴、目标、任务、内容、价值、规律，反映着青年学的特殊性，是青年学之所以是自身并区别于其他学科的最终解答。作为青年发生发展的元理论，青年本质的研究，是丰富青年学基础理论、完善青年学科体系的前提，为正确地把握青年概念的内涵与外延奠定基础，是青年学学科化发展的必然要求。另一方面，青年本质研究虽如此重要，但它却一直是理论界的研究难点，至今理论界对青年本质的认识仍众说纷纭，莫衷一是。要化解争论、凝聚共识，就有必要抓住青年学研究的“元问题”，正本清源，从根源上厘清青年

是什么，从而推进青年学研究的纵深化发展。[2]鉴于此，青年本质的研究也是青年学科学化发展的应然选择。

（二）在实践层面上，研究青年的本质是解决青年实际问题的要求

青年本质，关系到对“青年学科何以存在”“青年学科何以可能”等问题的认识。青年学是一门新兴的学科，不少人对青年学存在的必要性、可能性产生了质疑，需要科学的理论体系去明晰。同时，如何认识青年的本质，也决定着青年工作者对于青年工作目标、任务、内容、途径、规律等的把握，影响着青年对于自我发展、社会要求的认知与感受，直接制约着青年工作的成败和效果。一方面，就青年个体而言，青年需要一种理论来认识自己、发展自己。因为青年只有充分地了解自己的生理特点、心理特点和社会属性的关系，了解现实存在与未来前景的关系，才能准确地把握自己、把握未来。另一方面，就青年工作而言，它需要有专业的理论指导。现实社会中的许多问题首先表现为青年问题，有针对性地解决这些问题，需要系统的科学理论指导。可见，认识青年本质，了解青年发生发展规律，是解决青年实际问题的需要。

二、学界对青年本质研究的主要观点

“青年本质实际上就是要研究青年之所以叫青年的规定性，研究青年这一事物和其他事物，特别是和少年、中年、老年的区别性，以及青年这一事物本身内部的独特的规定性。”[3]关于青年本质研究的旨归，理论界是可以达成共识的。但是就青年的本质是什么而言，理论界尚无定论，主要有以下几种代表性观点。

（一）一元论

持一元论的学者们认为，青年的基本属性有很多个，但它的本质只有一个。其代表性的观点有以下几种：

第一种观点是年龄体像说，即从年龄、生理特征来认识青年的本质。持这一观点的学者侧重于从生理学上探讨青年的本质，他们把青年界定为十五六岁到二十五六岁的那部分人，认为生理特征，特别是其中的性特征，是青年最本质的特征。如有学者就指出“青年的最大特征是性成熟”。[4]

第二种观点是文化主体说，即从文化创造、传播、选择的过程来看青年的本质指向。对此，有学者指出：“青年本质在于青年的文化选择。”[5]也有学者以更为具体的考察方式，着眼于特定社会文化的创造、传播、改造、演进，关照人的文化属性，指出“青年本质在整体上也只可能存在一种总体解释，这种

对青年本质唯一真正合理的总体解释只有从社会文化体系的角度才能得到理解”，[6]为此，把“特定社会文化的创造主体”“既定社会文化的必然接受者和传播者”“特定的亚文化主体群”“社会文化特定过渡阶段的负荷者”视为青年本质的具体规定性。[7]

第三种观点是发展阶段说，即认为青年是由青春期向成熟期转变的时期。持这一观点的代表性学者有吴鲁平、谷迎春等。吴鲁平立足于马克思关于人的本质理论，通过对青年的本质和人的本质的关系解读，得出“青年本质为青年是身心逐渐成熟，开始能动地建立和完善自我独立的各种社会关系的个体以及由这些个体所组成的群体”的结论。[8]谷迎春则从青年在青春期的特殊需求的角度出发，指出“以性成熟平均年龄为起点的一个人类生命阶段，它是以其特殊的需求和作用而表现为最具能动性的社会群体，它以自我意识与社会期望相平衡为中止点”。[9]张进辅认为，青年的本质是同青年的心理发展联系在一起的，是“完成生理、心理和社会性成熟的阶段”。[10]

第四种观点是功能说，即认为青年是促进社会进步的一支重要力量，与其他力量不同之处就在于其最少保守思想。持这一观点的学者从青年与社会的关系角度出发，立足青年的社会作用，指出“青年是社会生活中最积极、最有生机、最少保守思想的一支社会力量”。[11]

第五种观点是生活操劳说，即认为青年在生活世界的操劳活动中实现自我认知。持这一观点的代表性学者有方俊、肖峰。他们认为青年本质的探究最终要回溯到青年期的生活之上，而现象学对方法上“明见性”的追求和对生活世界的关注，正好满足了回溯青年期生活的要求。为此，他们从现象学研究方法的角度出发，遵循“从显现的东西那里如它自己本身所是的那样去观察事物”的研究思路，关照青年的主观能动性，把青年看成是自行实践、表达自我的能动性存在，在操劳的居住在世界之中不断地与周围世界打交道，实现自我认知，从而得出“青年的本质规定性是在生活中寻视地操劳”的结论。[12]

第六种观点是特点说，即认为青年的某一显著特点是青年的本质。对此，有学者指出“创造本质是青年质的规定性，也是区别于少年和成人的根本标志”。[13]他认为，从社会关系的角度出发，青年的本质特征表现为目的性、主体性和创造性，其中创造性是最根本的特性，构成了青年的本质。

（二）二元论

持二元论的学者们认为，青年的本质不是唯一的，而是具有“二重性”。其代表性的观点主要有以下几种：

第一种观点认为青年本质是精神发展与身体发展的有机结合。对此，有学者进一步指出，“青年本质，实际上是青年人的灵与肉的有机结合”。[14]这里的灵，其实质是指精神的发展，肉指身体机能的成熟。

第二种观点认为青年本质是“目的取向性”和“社会—时间的两重性”的辩证统一。罗马尼亚学者 F•马赫列尔在《青年问题和青年学》中指出：“青年是在把过去—现在—未来联结起来的连续轨道上产生、存在和发展的。”[15]在此基础上阐释了青年的本质规定性包括两个方面：一是“目的性取向”；二是“社会—时间”的二重性。

第三种观点认为青年的本质是自然属性和社会属性的辩证统一。作为社会中的一员，青年既有自然属性又有社会属性，是自然属性与社会属性的结合体。陆象淦认为，所谓“青年本质”可以理解为青年的自然属性与社会本质的辩证统一，是人作为自然和社会的产物以及客观世界的改造者和历史创造者的存在和意识诸因素的总和。[16]

第四种观点认为青年本质是不平衡性与开放性的统一。张荆从“青年本质是指由青年内部矛盾构成”这一逻辑基点出发，立足于青年学的一系列范畴，得出了青年的两大本质特征：“青年在生理、心理和社会关系发展中的不平衡性是青年的本质特征之一”，“最大限度地向未来开放是青年的本质特征之二”。[17]

第五种观点认为青年本质是个体发展与社会发展的协调统一。有学者从思想政治教育学的视角出发，立足于思想政治教育学视域中的青年的外在特征，得出青年本质是“指青年在接受思想政治教育过程中，不断完善自我，不断向社会发展要求靠近，以实现个人发展与社会发展协调统一，并逐步成为社会主体”的结论。[18]

第六种观点认为青年的本质是社会教化青年与青年反作用社会相统一。有学者认为探讨青年的本质应该从青年的社会属性入手，关照人的生存与发展，并强调不仅要看到社会对青年的规定性，也要看到青年在社会化过程中的能动作用。例如，陆建华认为“青年，作为一个超级社会的群体，它的本质首先和最终都是它的社会本质，而不是社会心理本质或生理本质。从青年与社会的关系的角度出发，去寻找并确定青年的本质，是我们的基本方法”。[19]对此，刘维群从“人的主体性结构”和“与处于相邻阶段的人的比较”两个方面对青年本质进行了更为具体的考察，得出了“只有其社会性方面的特征才能成为青年的本质的特有属性”的结论，并进一步指出“青年的本质表现为社会教化青年和青年反作用于社会这两种因素相对均等的特点”。[20]

第七种观点认为青年的本质是认识世界和改造世界的统一。文献良着眼于青年所处的发展阶段，对青年的本质进行了考察，认为“‘青年’是处在一定社会形态中从儿童向成年过渡的社会群体和热情奔放、探索着认识和改造世界的先锋”，进一步指出“热情奔放、探索着认识世界和改造世界是青年的本质特征”。[21]夏林在《青年学》一书中也持同样的观点，认为青年的本质是“热情奔放、探索着认识和改造社会的先锋”。[22]对此，有学者认为，青年的本质应该从社会实践——认识世界和改造世界中去揭示，但是探索认识世界和改造世界成年人和老年人同样具备，不是青年的本质。在此基础上，提出了青年的本质是“有选择地接受传统社会规范，并对现实世界进行改造的一支最有生气的社会群体”的观点。[23]

（三）多元论

多元论认为青年的本质不是单一的、平面的，而是多维的、立体的。认识青年的本质问题应该运用系统的、综合的方法进行多角度阐释。其代表性的观点有以下几种：

第一种观点，从自然—社会—实践三个维度进行共建，认为“急剧变化的自然属性，日趋成熟的社会属性，逐步完善的实践属性”三个方面的属性总和构成青年的本质。[24]持这一观点的还有邹学荣、涂娅琴、黄蓉生等。邹学荣认为青年的本质就是“‘急剧变化’的自然性，‘日益拓展’的实践性，‘日趋成熟’的社会性的统一”。[25]涂娅琴认为“身心急剧变化而使其自然属性发生变化”“日趋成熟的社会性”“逐步延展的实践性”共同构成青年的本质。[26]黄蓉生在《青年学研究》中也从自然属性、实践活动、社会属性三维关系解读了青年本质，即“青年的自然属性与社会属性在开始介入实践活动中的辩证统一，是青年自我与社会逐步协调统一并成为社会主体过程的诸因素的总和”，[27]并进一步指出青年本质属性主要表现在“急剧变化的自然性”“日趋成熟的社会性”“逐步完善的实践性”三个方面，对三个方面的本质属性进行了解读。其中，“急剧变化的自然性”是反映青年整体存在的固有特性；“日趋成熟的社会性”是青年本质最根本的特性；而“逐步完善的实践性”则是青年由自然人向社会人转变过程中的能动性，三者是统一而不可分割的整体，有机结合、浑然一体，在动态发展中从不平衡达到平衡，构成了青年特殊本质的规定性。[28]

第二种观点，认为对青年本质的解读既要回到青年的生命缘起与成长过程，又要考虑到青年的未来发展走向。为此，应从青年的生命缘起、成长特点、未来发展三个层面考察青年本质，重点考察青年生物成熟与社会成熟、自我与社会、现实存在与未来情景之间的关系，并指出：“青年的生物成熟与社会成熟，青年的自我与社会，青年的现实存在与未来前景这三个方面的统一过程展现了青年生命本质的全部内容，也是青年存在与发展的根本目的和方向。”[29]

第三种观点，认为个体维度、政治维度和社会维度是解读青年本质的三个维度，指出“青年是智力机能高度发展，参与意向强烈而社会化正趋于完成的具有统计意义的群体”。[30]从个体维度来讲，青年正处于智力技能高度发展的阶段，是其他年龄阶段所没有的；从政治维度来讲，青年的政治参与热情越来越高；从社会维度来讲，青年的社会化过程正趋于完成。

第四种观点，认为青年的本质应该从青年社会化过程的不同阶段来解读，重点探讨了步入社会、适应社会、改造社会三个阶段的属性，并指出“步入社会的过渡性、适应社会的继承性、改造社会的开拓性，即为青年的本质特征”。[31]

第五种观点，从青年与儿童、少年、老年的关系，青年与社会的关系，青年与人类发展的关系来看青年的本质，青年作为人生的一个特殊阶段，既具有全人类共有的本质根源，又由于年龄和社会地位的特殊性而表现出某种独特的本质特征，具体表现为矛盾性、突变性、边缘性、可塑性。[32]

第六种观点，从自然、社会、实践、文化的角度来看青年本质的构造，认为“青年是以实践为基础的自然性与社会性的内在有机结合，通过社会实践活动，青年与社会发生各种关系，通过社会关系，青年获得文化，形成青年本质。青年通过实践活动，在与社会的文化关系中进行本质构造”。[33]从青年与文化关系中探寻青年本质的构造，无疑为我们全面理解和把握青年本质提供了一个新视角。

三、简要评述

理论界对青年本质问题的研究已经取得了很多具有代表性的成果，其研究的视域不断扩展，研究的方法也日益科学化。但是，仍然存在一些有待进一步提升的地方，具体表现在以下几个方面。

第一，本质与属性相互混淆。在大多数的研究成果中，都缺少对“青年的本质”这一基本概念的界定，对本质和属性并没有严格区分，致使出现了用青年的属性、特性来代替青年本质的现象，造成了“一元论”“二元论”“多元论”之间的争端。例如，把青年的本质归结为矛盾性、突变性、边缘性、可塑性、创造性等，原因就在于把青年的属性或特性与青年的本质等同起来，没有弄清楚本质和属性是两个不同的概念。本质是使一事物成为该事物并与其他事物相区别的决定性因素，它由事物内部的特殊矛盾所决定，是相对稳定的；而属性是事物的性质与事物之间的关系的统称，它由事物内部一般矛盾决定，是不稳定的，随着实践的发展而不断发展。前者决定后者，后者是前者的表现形式，根本的属性才是本质。青年的本质，则是青年成为青年，而与儿童、少年、老年相区别的最根本的属性。因此，笔者认为，青年的属性有多个，但其本质却只有一个，它是“一元”的。

第二，青年的本质和人的本质相互混淆。青年本质研究的是青年成为青年而与儿童、少年、老年相区别的特殊性，这种特殊性应该来自于比较。纵观理论界对青年本质的研究，不难发现，多数学者强调从马克思主义人的本质理论出发，从青年与社会关系的角度来探讨其本质。这看到了青年的本质与人的本质的相通性，但是容易忽略青年的本质与人的本质的不同之处：人的本质强调的是与动物的区别，青年的本质强调的是与其他年龄群体的区别，由此造成青年本质的不完整。

第三，研究视野片面化。青年本质研究的是青年成为青年而与儿童、少年、老年相区别的特殊性，这种特殊性应该来自于比较。纵观理论界对青年本质的研究，不难发现，多数学者都是从单角度研究青年本质的，缺乏跨学科视野、跨国际视野的比较分析，致使最后得出的结论难以让人信服。例如，有的从生理学角度、有的从社会学角度、有的从心理学角度、有的从教育学角度，等等，如此得出的观点不可避免地具有片面性，无法揭示青年内在的、稳定的、必然的联系。只有从整体上来研究青年的本质，多维共建，才能把握青年本质的全部内涵，但是采用什么方法来整合，从哪些维度来共建，还需要学者们进一步深入研究。

综上所述，对于青年本质的研究应该遵循历史与逻辑相统一的方法，打破单角度研究的局限，采用系统研究的方法，从准确定位“本质”和“属性”的概念入手，多维度审视青年的本质，推进青年本质研究的纵深化发展。

参考文献：

[1] 谢伟光. “马克思主义青年学”学科建设构想［J］. 上海青年管理干部学院学报，2013（3）.
[2] 洪守义. 青年学：走向自我完善的新兴学科［J］. 当代青年研究，2007（10）.
[3]［25］ 邹学荣. 青年学专题研究［M］. 重庆：西南师范大学出版社，1994：38，55.
[4]（日）大乔正夫. 教育心理学［M］. 钟启泉，译. 上海：上海教育出版社，1980：28.
[5] 吴端，陆小亚. 青年观的发展与青年研究［J］. 青年研究，1987（4）.
[6]［7］ 张志祥. 青年本质的文化阐释［J］. 陕西青年管理干部学院学报，2001（3）.
[8] 吴鲁平. 试析青年本质的规定性［J］. 中国青年政治学院学报，1988（3）.
[9] 谷迎春，等. 青年学导论［M］. 哈尔滨：黑龙江人民出版社，1987：87-88.
[10] 张进辅. 现代青年心理学［M］. 重庆：重庆出版社，2002：11.
[11] 郑欣. 流行语：双重视野下的语言现象研究［J］. 青年研究，1999（10）.
[12] 方俊，肖峰. 现象学与青年研究［J］. 中国青年研究，2013（2）.

［13］邱伟光. 青年学［M］. 重庆：西南师范大学出版社，1988：74-84.
［14］樊新民. 青年本质探讨［J］. 青年研究，1988（12）.
［15］（罗）F 马赫列尔. 青年问题和青年学［M］. 陆象淦，译. 北京：社会科学文献出版社，1986：132.
［16］陆象淦. 青年学——一门正在形成的交叉学科［J］. 青年研究，1986（1）.
［17］张荆. 青年学的构架与范畴［J］. 青年研究，1987（4）.
［18］范春婷. 思想政治教育学视域下的青年本质解析［J］. 中学政治教学参考，2014（10）.
［19］陆建华. 论青年的本质［J］. 当代青年研究，1987（4）.
［20］刘维群. 青年概念与青年本质之研究［J］. 青年研究，1988（12）.
［21］文献良. 青年概念试析［J］. 社会科学研究，1984（5）.
［22］夏林. 青年学［M］. 郑州：河南人民出版社，1987：12.
［23］青年学研讨会发言摘要［J］. 中国青年政治学院学报，1987（1）.
［24］国家教委思想政治工作司组. 青年学概论［M］. 北京：高等教育出版社，1992：59-60.
［26］涂娅琴. 关于青年本质与青年文化的哲学思考［J］. 青年探索，1997（1）.
［27］［28］黄蓉生. 青年学研究［M］. 成都：四川人民出版社，2001：76.
［29］金国华. 现代青年学［M］. 中国青年出版社，1989：86.
［30］崔建中. 论青年的本质特征［J］. 青年研究，1987（5）.
［31］黄志坚. 青年学［M］. 北京：中国青年出版社，1988：66.
［32］熊建生. 青年学通论［M］. 武汉大学出版社，1995：63-76.
［33］魏则胜. 当代青年本质的文化构造［J］. 青年研究，2002（4）.

《北京青年研究》2015 年第 2 期，《青少年导刊》2015 年第 9 期全文转载

当代中国青年恋爱婚姻家庭发展百年回眸

张　华

（山东省青少年研究所）

自由恋爱、自主婚姻作为个人权利被提出，在中国不过区区百年。青年作为当代中国婚姻革命的亲历者和弄潮儿，用 100 年的时间冲破了先辈们几千年不曾跨越的藩篱，在形式与观念层面实现了与现代世界的全面接轨。在享受前所未有的自由和权利的同时，也注定要承担这种急剧变革带来的阵痛和困惑。

一、导论：当代中国的婚姻革命与青年

在漫长的封建社会，中国青年不知恋爱自由、婚姻自主为何物。父母之命、媒妁之言、家族利益的考量，甚至算命先生"合八字"的结果，都是比青年个人意愿更重要的缔结婚约的依据。从皇亲贵胄到草民百姓，几乎没有人真正可以"我的婚姻我做主"。虽然古代中国的婚礼纷繁程度堪称世界之最，但拜堂成亲之前新郎、新娘互不相知，甚至互不相识是再平常不过的事情。以汉民族为例，在经过"六礼"，即纳彩、问名、纳吉、纳征、请期、亲迎等必备程序，拜堂成亲送入洞房之后，才见到对方的"庐山真面目"几乎是整个民族的集体记忆。为了捍卫"包办婚姻"的稳定性，早在西周时期，就有被后人归纳为"七出三不去"的解除婚姻约章。妻子犯了"不顺父母、无子、淫、妒、有恶疾、口多言、盗窃"的七出之条，丈夫或其家族有权抛弃女方。除非有所娶无所归、与更三年丧、前贫贱后富贵三种例外。[1]作为父权制封建社会典型的婚姻习俗，包办婚姻以超稳定状态存续了数千年，直到西风东渐的清末民初，才终于有人发出了振聋发聩的呐喊：从来如此，便对吗？

（一）老大帝国的没落与青年对封建婚姻习俗的反叛

1840 年的鸦片战争，帝国主义用坚船利炮轰开了古老中华帝国的大门，曾经八方来供、万国来朝的“老大帝国”，沦落到任人宰割的屈辱境地。变法图强、师夷长技以制夷的呼声日渐高涨，对落后的经济、科技，腐朽没落的封建制度、思想、文化的反思全面展开。风云激荡的清末民初，以激进的知识分子为前导，一场反对封建婚姻习俗的观念革命席卷中华大地。

戊戌变法的主帅康有为，不仅在新婚之夜不惜得罪亲友、挺身制止乡人戏弄新妇的恶习，坚持不给自己的女儿裹足，而且与区谔良一起创办了中国近代第一个倡导妇女解放的民间组织“不裹足会”。[2]1902 年，康有为作《大同书》，以犀利的文字，鞭笞了封建婚姻习俗残害妇女的累累罪行。基于对“抑女有害于立国传种，宜解禁变法，升同男子，乃合公理而益人种”的全新认知，康有为主张实行一切领域的男女平等，甚至主张“去家界为天民”，把家庭繁衍后代的功能社会化，用人本院、育婴院、小学院、中学院、大学院取代家庭养育功能，并将此作为去“有家之私、有产之义”实现均贫富，求大同的“第一大论题”。[3]

1904 年，激进的民主主义者陈独秀以笔名三爱在《安徽俗话报》以“恶俗篇”为题，发表系列文章，猛烈抨击封建婚姻习俗“由旁人做主，强迫成婚”的规矩不合乎情理，“索聘礼、哭嫁、闹洞房”等成婚的规矩不合乎情理，不能退婚的规矩不合乎情理。他认为退婚有两个方面的好处：一是增进人类的幸福；二是保全国家的安宁。若是夫妇不睦，都可以退婚，另择合适的嫁娶，那全国的才子佳人都各得其所，家家没有了怨气，便于国家也自然要添一段太平景象了。[4]

《清末民初婚姻家庭变革运动趋向》一文列举了婚姻家庭革命思潮中最具代表性的几篇文章，颇有“革命”的味道。1904 年 1 月《江苏》杂志第 7 期发表的署名“家庭立宪者”的《家庭革命说》，明确提出：“政治之革命，由国民之不自由而起；家庭之革命，由个人之不自由而发；其事同，其目的同。”“欲革政治之命者，必先革家庭之命。”同年 4 月《女子世界》杂志第 4 期发表丁出我的《女子家庭革命说》，则痛快淋漓地论证了家庭革命的本质是争女权、争自由、反专制、反夫权：“政治之革命由君主法律直接之压制而起，女子家庭之革命由君主法律间接压制而起，其原因同。”“诸姐妹勿以革命为斩情之利剑，吾且欲扬家庭独立之旗，击鼓进行于女权世界，不忍使二万万个人天赋之权利，牺牲于独夫之手也。”“欲革国命，先革家命；欲革家命，还请先革一身之命。”[5]

这些义正词严的呐喊，对于荡涤旧礼教，倡导新的婚姻家庭观无疑起到了振聋发聩的作用。而曾任翰林院编修的蔡元培，则在原配夫人去世后，公开了自己的征婚条件："1. 不缠足，2. 识字，3. 男不娶妾，4. 男死后可再嫁，5. 夫妇不合适可以离婚。"[6]他用自己惊世骇俗的征婚宣言，勇敢地反抗了封建的婚姻观念，也成就了自己一段美好姻缘。

（二）狂飙突起的新文化运动与青年对婚姻自由的追求

辛亥革命胜利后，孙中山担任临时大总统的南京临时政府努力除旧布新，短短 3 个月先后颁布了 30 多个法令规章，试图为新生的中华民国奠定法理基础。青年人则满腔热情地拥抱新生活。女人开始在社会活动中出头露面，男女交往不再被禁止，西洋礼节在城市青年中开始流行，生活面貌大有"焕然一新"的趋势。然而，孙中山离任后，袁世凯窃取了革命果实，猖狂进行帝制复辟活动。北洋军阀轮番登场，原本基础薄弱的民主启蒙在旧势力的疯狂反扑面前无力抵挡，复古倒退的逆流来势汹汹。许多先进的中国人在苦闷之际终于认识到"仅仅靠西方政治制度的移植难以救中国。要从根本上改造中国，还要有文化的觉醒和思想的启蒙"。[7]

1915 年开始，以《新青年》为标志，一场高扬民主与科学旗帜，向封建思想、道德、文化宣战的新文化运动全面展开。陈独秀、李大钊、鲁迅、胡适、钱玄同、刘半农等形成了《新青年》重量级的作者队伍。陈独秀批判了封建社会制度和伦理思想，认为要实现民主制度，必须消灭封建宗法制度和道德规范。李大钊反对复古尊孔，要求思想自由，号召青年不要留恋将死的社会，要努力创造青春的中国。鲁迅则对"吃人的礼教"进行了毫不留情的批判。他们还主张男女平等、个性解放。

新文化运动的弄潮儿、洋博士胡适，在亲身经历了由于封建礼教而带来的爱情不幸和心灵的创伤，耳闻目睹大量严酷现实后，终于完成了由开明包办婚姻支持者到坚决的婚姻自主论者的转变。在婚姻家庭问题上，胡适的斗争锋芒重点指向封建的"节烈观"。针对 20 世纪初叶的民国，仍然发生节妇、烈女的怪事和北洋政府颁布《褒扬条例》中关于"节妇守贞年限"的荒谬标准，胡适进行了猛烈的抨击。他明确表示，"我绝对地反对褒扬贞操的法律"，因为法律这样规定，"实际上就是鼓励妇女和未嫁女子自杀殉夫"。这种"野蛮残忍的法律，在今日没有存在的地位"。他主张"贞操乃是夫妇相待的一种态度"，是"双方交互的道德"；主张打破"处女迷信"，同情和理解被强暴而失贞的女子；支持与喜新厌旧的男子离婚，理解感情破裂的离婚，主张一夫一妻的婚姻制度等。[8]

民国初年成立的"中华民国家庭改良会"及其颁布的《中华民国家庭改良会暂行草章》，得到了孙中山等资产阶级革命家的支持。该草章"本人道主义，改良家庭，实行男女平等，以图谋社会之发达为宗旨”。关于实行改革之条件所列 9 项具体内容，有 7 条关系男女平等、革除婚姻陋习：“以亲爱融洽家庭感情”，“主张男女同有继承权，成年者有财产独立权”，“实施男女平等的教育”，“婚姻自由，但非达法定年龄不得结婚”，“厉行一夫一妻制”，“守义、守节、守贞听其自由，父母翁姑等不得强迫行之”，“衣食住及其他需要者，若婚丧宴会，崇尚节俭”。[9]

此间，许多革命党人、进步知识分子还以自己的实际行动破旧立新，引领了婚姻革命的潮流。1915 年 10 月 25 日，孙中山和宋庆龄在东京市政厅办理婚姻登记，并由律师主持签署了婚姻誓约书。誓约书的内容为：“此次孙文与宋庆龄之缔结婚姻，并订立以下诸誓约。一、尽速办理符合中国法律的正式婚姻手续。二、将永远保持夫妇关系，共同努力增进相互间之幸福。三、万一发生违反本誓约之行动，即使受到法律上社会上的任何制裁，亦不得有任何异议，而且为了保持各自之名声，即使任何一方之亲属采取何等措施，亦不得任何怨言。”[10]在中国婚姻史上，孙中山与宋庆龄的誓约书成为婚姻缔结方式走向文明的标志性事件。

在婚姻家庭革命的强大舆论影响下，得风气之先的大都市率先流行“文明结婚”。弃长袍马褂凤冠霞帔，改西服婚纱；改花轿迎亲为西式马车或汽车；改跪拜为鞠躬；改闹房为致辞等，教堂婚礼也受到青睐。婚前相识，经自由恋爱结婚，举行文明婚礼，成为许多青年的向往。

（三）现代婚姻制度草创与中国历史上第一次离婚潮

由于封建社会缺少法制传统，中华文明古国没有一部成文的婚姻法。目前保存下来的最早的婚姻法是黑龙江省档案馆珍藏的、形成于清光绪三十三年（1907）的清代呼兰府《婚姻办法》，这部呼兰府针对当时封建婚姻引起的讼案颇多等一些社会问题而制定的公文原件，以墨笔正楷体在手工制造宣纸上书写而成。对婚姻礼俗中涉及的婚书钤印、结婚年龄、彩礼收受款目、严禁额外索财等一系列问题作了明确的规定。

1911 年颁布的《大清民律草案》，为了尊重宗法权威和兼顾社会潮流，在婚姻家庭领域制定了许多自相矛盾的条款。比如：既规定“有配偶者，不得重婚”，又规定“妻所生之子，为嫡子”，“非妻所生之子，为庶子”；既规定“结婚须由父母允许”，又规定“当事人无结婚之意思者，婚姻无效”；既规定“夫妻不相和谐而两愿离婚者，得行离婚”，又规定“前条之离婚，如男未及三十岁，或女未及二十五岁，须经父母允许”。[11]这些都清晰地表达了社会变迁过程中新旧势力之间的矛盾。由于还未及执行清王朝就已经垮台，这部法律对于普通民众和青年生活没有产生直接影响。

1928 年，南京国民政府礼制服章审订委员会及大学院院长蔡元培、内政部部长薛笃弼主持制定了《婚礼草案》呈国民政府，请核定颁布。该《婚礼草案》旨在矫正奢侈，消弭诈伪，破除迷信，提倡质朴，并酌情采纳旧的礼仪制度中的可用部分。其主要内容包括订婚、通告、结婚的一系列程序要求，是当时新旧婚俗调和的产物。

1929—1949 年，中国事实上有两种婚姻法规同时发挥作用，其间亦有借鉴和交叉。在国民党统治区，《中华民国民法》第四编“亲属编”包括通则、婚姻、父母子女、监护、抚养、家、亲属会议共七章 471 条，对婚姻家庭的法定权利和义务进行了详细界定。从法规形式、立法技术上看，现代婚姻法的框架已经基本形成。但是，对“未成年人订定婚约或结婚应得到法定代理人同意”“妻以本姓冠以夫姓，赘夫以本姓冠以妻姓”等妥协性条款的保留，以及对纳妾行为的包容，使其革故鼎新的作用大打折扣。在共产党领导的革命根据地，从 1931 年公布的《中华苏维埃共和国婚姻条例》，1934 年公布的《中华苏维埃共和国婚姻法》，1939 年制定、1946 年修订的《陕甘宁边区婚姻条例》，1942 年公布的《陕甘宁边区抗属离婚处理办法》和《晋冀鲁豫边区婚姻暂行条例》，1943 年公布的《晋察冀边区婚姻条例》，到 1945 年山东根据地出台的《山东省婚姻暂行条例》，各个不同时期具有革命根据地特色的婚姻法规，对调节根据地内部婚姻家庭关系产生了重大影响。相比较而言，革命根据地婚姻家庭立法在形式上比较简陋，内容不够完备，文字比较粗糙，个别规定也不尽合理，但由于彻底遵循了婚姻自由、一夫一妻等进步的婚姻家庭立法原则，毫不妥协地废除了买卖、包办、重婚、纳妾、童养媳等封建婚姻家庭制度，根据地的人民群众和青年在不完备的法律体制下却享有更多的恋爱婚姻自由。与国民党统治区在强大的传统势力和习俗面前常常法不责众的现实相比，红色根据地管辖范围内婚姻法的宣传和执行力度更胜一筹。

20 世纪 20—30 年代，随着现代婚姻制度的草创和新思潮的冲击，中国出现了有史以来第一次离婚潮。1921 年，中原腹地的山西省发生了 2 127 件离婚案；1929 年 10 月—1930 年 9 月，北平受理离婚案 974 件，判离 611 件，占同期结婚对数的 11%；上海 1928 年 8—12 月离婚案 370 件，1929 年 645 件，1930 年 853 件；1931 年 10 月末代皇帝溥仪与淑妃文绣的协议离婚，则成为举国关注的婚姻家庭领域“巅峰”事件。[12]在共产党领导的根据地，解放童养媳、退掉包办婚约、受虐待的妻子与丈夫离婚，则成为妇女解放的重要标志。

二、1949—1978：羞涩的自由恋爱、稳固的婚姻关系、多子女的家庭

家庭自诞生之日起便是社会能动的细胞。中国人自古以来就相信“家和万

事兴”。面对遍地焦土、百废待兴的国家，1949 年 10 月 1 日诞生的中华人民共和国颁布的第一部法律正是《婚姻法》。虽然作为法律文本，1950 年 4 月中央人民政府颁布的新中国第一部《婚姻法》只有 8 章 27 条，但是作为第一部在中国大陆全境生效的婚姻家庭法规，它彻底废除了包办强迫、男尊女卑、漠视子女利益的封建主义婚姻制度。实行男女婚姻自由、一夫一妻、男女权利平等、保护妇女和子女合法利益的新民主主义婚姻制度。正是这部《婚姻法》的颁布，让普通百姓和广大青年在第一时间切身感受到新中国给自身生活带来的“新变化”，“人民当家做主”的社会从“我的婚姻我做主”开始，绝不是一个历史的巧合。60 多年过去了，用历史的眼光看这部《婚姻法》，可以得出一个被实践证明了的正确的结论：《婚姻法》开启了中国婚姻家庭关系的崭新时代。

（一）冲破旧观念的束缚，羞答答的自由恋爱成为时尚

第一部《婚姻法》颁布之初，最先获得解放的是包办买卖婚姻的受害者。已有的研究表明，新中国第一次大规模的离婚潮发生在 1950—1953 年。

大规模宣传贯彻《婚姻法》，使婚姻自由的观念深入人心，历来逆来顺受、忍气吞声、被夫权压迫的女性终于可以重新选择自己的生活了。1950—1953 年离婚率直线上升，据全国法院统计数字，1953 年全国离婚案高达 117 万件。以陕西为例，1953 年的离婚率比 1950 年的增长了 28 倍。当时全国妇联副主席邓颖超在关于《婚姻法》的报告中说明：婚姻案件中离婚与解除婚约的，在农村占 54%，城市占 51%～84%，离婚的原因主要是包办强迫、买卖婚姻、虐待妇女、早婚、重婚、通奸以及遗弃等，共占 78%～82%，提出离婚的主要是女方，占 58%～92%。[13]当然，此间离婚者中也包括一批战争造成长期分居的革命军人与家乡原配偶离婚事件。1953 年以后，随着旧时代遗留的婚姻家庭问题逐步解决，以及城市工业化和农业合作化给男女青年创造了普遍就业的机会，青年男女直接交往机会大大增加。除了偏僻地区的农村青年外，冲破旧观念的束缚，羞答答的自由恋爱开始成为青年寻找生活伴侣的主要形式。

（二）择偶关注政治标准，青年乐于接受“组织介绍”

当代中国青年择偶标准的政治化倾向始于 50 年代，“文化大革命”期间达到顶峰。1949 年后，青年积极要求进步，革命建设热情空前高涨。经过一系列政治和社会运动，青年大都具备了一定的政治意识。选择恋爱对象时，对是否党团员、国家干部、革命军人，是否出身劳动人民家庭等非常看重。虽然政策规定“有成分论，但不唯成分论，重在政治表现”，但不可更改的家庭出身随着“阶级斗争”的不断升级，对个人和子女的影响越来越大，从而导致了整整一代青年择偶不得不把家庭出身、个人政治面貌作为优先考虑的因素。由于

个人没有查人三代档案的权利，党团员身份作为接受过组织审查的证明，自然成为“可以放心的恋爱对象”。而许多国家干部、现役军人、青年积极分子则乐于接受“组织介绍”，既不需要向对方“刨根问底”，又能做到“一目了然”。经亲友、同事、朋友介绍认识，介绍者通常也会首先通报对方的家庭出身、政治面貌、工作情况。收入水平高低、家庭负担大小则不是关注的重点。虽然迄今为止没有自由恋爱结婚在不同年代比重的权威统计数据，但日常观察结果显示，1950—1978 年，青年自由恋爱、自主结婚的比例是稳步提高的。

（三）早婚现象逐步减少，初婚年龄稳步提高

由于新《婚姻法》的宣传普及和青年就业率的不断提高，1950 年以后，早婚现象大大减少。除少数农村地区外，全国城乡初婚年龄普遍达到并超过《婚姻法》规定的结婚年龄，并出现稳定提高的趋势。李路路、边燕杰主持的国家社会科学基金项目“2005 年度中国综合社会调查”数据显示，1950—1954 年，城市男女初婚年龄分别达到 21.4 岁和 19.5 岁后，一直保持着继续提高的势头。1955—1959 年分别达到 23.4 岁和 20.1 岁，1960—1964 年分别为 24.8 岁和 21.4 岁，1965—1969 年分别为 25.6 岁和 22.1 岁，1970—1974 年年分别为 25.6 岁和 22.4 岁，1975—1979 年分别为 26.1 岁和 24.5 岁。[14]虽然农村青年初婚年龄整体略低于城市青年，但同一项研究的数据显示，20 世纪 50 年代选择 20 岁以下结婚的农村女青年也降为 15%左右，其中低于法定结婚年龄的比例更小。造成这种进步的主要原因首先应当归功于妇女解放运动带来的男女平等，使女性开始取得和男子同等的就业权利，具备了经济独立的能力，不再需要通过早早嫁人减轻家庭负担；其次是新“婚姻法”保障了青年婚姻自主的权利，使包办、买卖婚姻失去了往昔的市场；最后是参与集体劳动、社会工作激发了男女青年的上进心，不甘落后的社会文化氛围为青年推迟结婚创造了良好的外部环境。

（四）婚姻关系相对稳固，家庭生育率持续走高

在经历了新《婚姻法》颁布后的第一个离婚潮之后到改革开放以前，中国的婚姻关系、家庭结构可以用“超稳定”来描述。相对封闭、缺乏流动的社会环境，相对平均而且整体偏低的家庭收入水平，“单位人”的身份，“熟人社会”的生活空间，无处不在的“政治评价”，根深蒂固的家族荣誉感，在 20 多年的岁月里共同保证了中国人婚姻关系的相对稳定性。青年结婚绝大多数直接奔向“白头偕老”的目标。政治运动和个别人“道德败坏”导致的婚姻解体属于例外。虽然没有人准确地统计过“激情燃烧的岁月”和“山楂树”时代的婚姻“幸福指数”的高低，但婚姻的稳定性却是有目共睹的。有关统计数据显示，

1953—1979 年，各级人民法院年平均受理离婚案件 40 万件，1979 年仅有 31.9 万件，离婚率为 0.66‰，属于相当低的水平。[15]

由于对人口可能发生的爆炸式增长缺少清醒的估计，在错误地批判了马寅初先生的“人口论”之后，本来就相信“多子多福”的中国人进入了前所未有的高生育时代。20 世纪 50—60 年代的中国夫妻，有 3～5 个，甚至更多的子女是很平常的事情，只有 1 个孩子的家庭会因为“人丁稀少”被同情，不能生育是“巨大的痛苦”，在落后的农村地区，甚至会因为“绝户”而受到歧视。在经历了 20 世纪 50 年代社会安定、生活改善带来的第一个生育高峰和三年自然灾害造成的生育率短暂下降后，从 1962 年至 1972 年，新中国迎来了第二次人口出生高峰，年均出生人口 2 669 万人，11 年出生了近 3 亿人。从中华人民共和国成立到 1964 年的 15 年间，中国人口从 5 亿人增加到 7 亿人，每增加 1 亿人口平均需要 7.5 年的时间。而 1964 年到 1974 年，人口由 7 亿人增加到 9 亿人，每增加 1 亿人口的时间缩短为 5 年。1973 年，中国开始在全国范围内实行计划生育，人口出生率很快由 1970 年的 33.43‰下降到 1978 年的 18.25‰，妇女总和生育率从 5.8 左右下降到 2 左右。[16]但庞大的人口基数，仍然使中国人口在 1981 年突破了 10 亿大关，成为世界上人口最多的国家。其中 50—60 年代结婚并做父母的人，是中国历史上生养孩子最多的一代。

三、1978—2014：张扬的自由恋爱、开放的性观念、附加条件不断增加的婚姻、不再稳固的家庭、由强制走向自觉的低生育率

改革开放以来，中国社会进入东西方文化交流碰撞、各种社会思潮激荡、人口大规模流动、社会经济成分、就业方式、价值观念多元化发展的阶段。追逐着文明富裕的梦想、大胆闯世界的青年，自我意识、主体意识全面觉醒。表现在恋爱、婚姻、家庭领域，“我的感情、我的婚姻、我的生活我做主”已成不可阻挡之势。青年恋爱婚姻自主权得到了空前充分的保障，也面临着许多新的问题与尴尬。

（一）恋爱中个性更加张扬，晚婚成为普遍选择

中国古代思想家孔子认为“饮食男女”属于“人之大欲”（《礼记》）。与孟子辩论的告子则认为：“食色性也”（《孟子·告子上》），把对食物和性的需求上升到“人性”层面。但是，在崇尚“内敛”的中国传统文化中，“食不厌精、脍不厌细”可以上得“台面”，对“色”的喜好却属于“做得说不得”的事情。改革开放以前，对异性相貌评头论足或者表达对配偶以外异性的喜好，会被认

为“不正经”。恋爱中的青年“压马路”甚至不好意思手拉手，生怕被认为“不庄重”。改革开放以来，情况发生了根本性的变化。原来不被允许谈恋爱的大学生率先挑战校规校纪，开始公开谈恋爱，并很快造成了“纪不责众”的局面，迫使高校管理者的态度转变为“不提倡、不反对、要引导”。中学生早恋现象开始引发家长和教师的群体焦虑。外出打工青年的恋爱自由度则远远超过了他们的父辈。

在恋爱过程中，青年的行为更加开放大胆，无论是追求自己所爱的表达方式，还是公开场合的亲密行为，私密场合的早尝禁果，都开始被青年视为“情不自禁”和“理所当然”。而且越来越多的青年把婚前的恋情作为一种人生体验。从相亲交友节目的男女嘉宾大大方方地历数“我曾经有过几段感情、程度如何”的坦然述说中，从他们对从来没有谈过恋爱的嘉宾并不欣赏的“灭灯”中，可以清楚地看到，青年对自己的和选择对象的恋爱经历具有了更大的包容度。“你的过去与我无关，我们要活在当下”的思想大行其道。

就恋爱方式而言，自己结识、朋友同事介绍、婚介机构介绍、网络聊天结识、去相亲会，甚至偶遇搭讪都成为青年乐于接受的方式，而父母、媒人的作用越来越退居次要地位。1999 年中国青少年研究中心主持的涉及 20 省市的 4 000 名农村青年调查显示，现在的结婚或恋爱对象中，“自己认识”的比例为 39.3%，“介绍认识”的为 54.7%，“父母做主”的只有 6.1%。城市青年恋爱方式中，父母和媒人的作用更是微乎其微。

就择偶标准而言，“政治标准第一”在 20 世纪 80 年代已经成为“过去时”。无论城乡青年，找对象最看重的因素都发生了明显的变化。1986 年，在一项对 18 个大中城市青年的调查中，男女青年对 21 个选项中最看重的前四位因素和最不在乎的后三位因素选择高度一致。前者为品质、性格、健康、兴趣一致；后者为职务、家庭财产、兄弟姐妹人数。[17]1999 年，中国青少年研究中心组织的农村青年的调查中，农村青年择偶排在前四位的因素依次为：性格脾气投合 49.8%，聪明能干 49.2%，文化程度 37.9%，温柔体贴 32.9%；后三位依次为：出身成分 1.2%，住房 4.7%，生活习惯 6.4%。[18]显然，激烈的社会竞争环境，使个人素质和自我发展越来越受到青年的关注。

与以往时代相比，当代青年选择晚婚的比例也在稳步提高。20 世纪 70 年代政府大力提倡晚婚晚育，男 25 岁、女 23 岁作为城市晚婚的要求被提出，可能对五六十年代出生的城市青年产生了一定影响，但 1980 年《婚姻法》修订后，男不得早于 22 周岁、女不得早于 20 周岁的法定结婚年龄亦没有引发持续的提前结婚潮。第六次人口普查资料数据显示，1980—2010 年的 31 年间，只有 1984—1991 年全国平均初婚年龄以微小幅度跌破了 23 周岁，1997 年之后，则始终保持在 24 周岁以上并稳步上升。2010 年全国城市初婚年龄平均达到 26

周岁（男 29.92 岁，女 25.07 岁），农村初婚平均年龄达到 23.73 周岁（男 24.79 岁，女 22.77 岁），均创历史新高。

普遍晚婚的趋势与当代青年教育年限提高密切相关。第六次全国人口普查数据显示，在 15—29 岁人口中，文化程度为初中的，结婚比例为 39.85%，高中比例为 16.01%，大专比例为 15.99%，本科比例为 10.68%。①文化程度越高，结婚越晚。城市青年中，30 岁上下尚未结婚的青年已经不再是个别现象。大龄未婚青年已经成为一个引人注目的群体。在 2000 年第五次人口普查中，30 岁以上人口中有 7.87%处于未婚状态；2010 年的人口普查显示，该比例上升为 9.39%。

（二）性观念逐步开放，对婚前、婚外性行为更加宽容

从“谈性色变”到性观念的逐步开放，当代青年走得似乎比中国历史上任何一代人都更远。虽然封建社会皇帝可以三宫六院、妃嫔如云，达官贵人可以妻妾成群，但普通百姓“饱暖”已经不易，“淫欲”自然无从附着。而封建礼教“非礼勿听，非礼勿视”的教诲，又培养了根深蒂固的“贞操”观念。当国门永远对世界敞开之后，和西方文化一起汹涌而来的西方“性解放”“性自由”观念对中国青年的震撼是颠覆性的。从对“伤风败俗”的激烈批评，看到电影中的激情戏害羞地捂上眼睛，到顺其自然地欣赏不同的爱情表达方式，进而听从自身荷尔蒙的召唤早尝禁果，当代青年性观念逐步开放。

1990 年，中国社会科学院社会学研究所青年研究室对全国 9 个省区 586 名城乡青年进行的问卷调查中，只有 7%的调查对象认为婚前性行为“是正常行为无可指责”，38.6%的人表示“可以理解”。[19]1996 年，中国青少年研究中心联合全国 20 个省区进行的 27 900 名青年的问卷调查中，明确赞同婚前性行为的比例达 35.99%。1999 年进行的 4 000 名农村青年调查中，16%的调查对象承认自己在热恋中曾经发生过性行为，67.2%的调查对象认为只要双方愿意或者相爱就可以发生性行为。[20]2000 年，中国青少年研究中心会同国内 13 省区青少年研究机构进行的 3 000 名青年的问卷调查中，赞成婚前性行为的比例上升到 53.6%。[21]这说明青年对婚前性行为的宽容度不断上升。

（三）结婚费用不断上涨，“啃老”成为“正常”现象

与择偶更加看重个人素质同时并存的，是结婚成本不断提高。青年结婚最希望拥有的“高档”消费品，几乎每 10 年就会有一个巨大变化。20 世纪 70 年代的“三转一提”（自行车、缝纫机、手表，手提录音机），到 20 世纪 80 年代换成了“三大件”（电视、冰箱、洗衣机），20 世纪 90 年代出现了“新三大件”（彩电、双门冰箱、摩托车）。2000 年以后，世纪之交的中国城市青年，“有

房”“有车”“有婚礼”（自购住房，家用轿车，饭店婚礼）几乎成了结婚的必要条件。由此助推了火爆的房地产市场、家装市场、婚庆市场，也给“80后”、“90后”青年及其家庭带来了沉重的经济负担。一线城市动辄几百万元的购房款，只有极少数高收入家长可以“赠予”，绝大多数工薪阶层的父母倾其毕生积蓄大概只能赞助首付，20年的“房奴”将成为选择一线城市生活的青年必然面对的经济压力；中国流动打工人口已经接近3亿人。在城镇化和城乡一体化建设的过程中，其中绝大多数第二代农民工有机会融入城市，成为新市民。许多不打算返乡的打工青年，结婚时都会面临家乡的房子没人住，城里的房子买不起的尴尬；而婚礼的大操大办，则从另一个侧面加重了城乡青年结婚的经济压力。虽然大摆宴席可以收回不菲的礼金，甚至可以收支平衡略有节余，但是接下来的“人情债”却需要“超值返还”。因此，几乎所有大宴宾客的青年，都有一个精心保存的“账本”，需要通盘考虑物价上涨因素后按期偿还。租房和“裸婚”虽然可以缓解结婚的压力，但普遍的攀比心态，使之成为“不得不”的被动选择，尚未形成风气。

相比较而言，生活在二、三线城市和富裕起来的农村地区的青年，结婚则不需要承担太大的经济压力。双方父母通常会给孩子预先准备好设施齐全的婚房，包括家用轿车，甚至孩子的养育费用老人也甘愿分担。独生子女结婚后继续“啃老”，也已经成为生活中的正常现象。

（四）婚姻关系稳定性下降，离婚率持续上升

“离婚”在中国曾经是家庭生活中“天大的事儿”，常常和某些“不幸”和“丑闻”相伴随。为了孩子维系已经死亡的婚姻，在20世纪80年代以前，绝对是“高尚的选择”，但1980之后青年的离婚观发生了深刻变化。伴随普遍就业和青年经济地位、人格越来越独立，个性越来越张扬，婚姻关系的稳定性明显下降。越来越多的青年赞成“合择聚、不合则散”，在感情上“不委屈自己”成为许多青年在婚姻关系遇到困扰时首先考虑的因素。国家民政局历年统计年报提供的数据显示，1986年以来，年度离婚对数由21.4万对一路攀升到2012年的310.4万对，上升了13.5倍。27年累计登记结婚25 946万对，离婚3 817.2万对，离婚人数占结婚人数的14.71%。进入新千年以来，分年龄组的离婚数据显示，离婚率从25～29岁年龄组开始明显上升，离婚的峰值年份则由30～44岁向30～54岁不断延伸（见表1）。其中结婚1～5年的短期婚姻破裂率10年上升了1.72‰。结婚六七年之后，30～34岁青年离婚率上升了6.35‰，分别高于该年份平均离婚率3.41‰和4.99‰。虽然不是所有年龄组中最高的，但上升幅度格外引人注目。

与不断上升的离婚率相对应，当代青年对离婚的态度也越来越“不在乎”。

1996 年，对于身边的朋友离婚，68.52%的青年赞同“现代社会离婚是很平常的事儿”“合则聚不合则散”。2000 年，该比例上升为 71.6%。[22]事实上，当代青年对离婚现象已经司空见惯。

表 1　2000 年、2010 年分年龄组离婚率比较　　单位：人，‰

2000 年第五次人口普查长表汇总数据				2010 年第六次人口普查长表汇总数据			
年龄组	抽样人口	离婚人数	离婚率	年龄组	抽样人口	离婚人数	离婚率
15～19	9 386 103	1 255	0.13	15～19	9 190 962	937	0.10
20～24	8 273 394	17 661	2.13	20～24	11 604 416	23 543	2.03
25～29	10 591 466	81 633	7.71	25～29	9 278 248	87 451	9.43
30～34	11 826 354	147 167	12.44	30～34	8 999 299	169 137	18.79
35～39	10 387 211	160 240	15.43	35～39	11 099 483	254 458	22.92
40～44	7 869 404	120 551	15.32	40～44	11 881 111	266 787	22.45
45～49	8 378 990	99 854	11.92	45～49	10 159 832	237 772	23.40
50～54	6 207 936	62 784	10.11	50～54	7 658 776	155 215	20.27
55～59	4 559 484	39 888	8.75	55～59	8 011 414	112 906	14.09
60～64	4 094 725	31 505	7.69	60～64	5 832 034	59 274	10.16
65+	8 703 485	52 659	6.05	65+	11 826 668	78 803	6.66
合计	90 278 552	815 199	9.03	合计	105 542 243	1 456 283	13.80

数据来源：全国第五次、第六次人口普查长表数据（分别为 9.5‰、10‰汇总数据）。

（五）计划生育由强制走向自觉，格外重视优生优育

与 20 世纪五六十年代的青年相信“多子多福”、能生几个生几个，70 年代的青年希望“利用政策缝隙尽可能多生一胎”的态度相比，进入 80 年代，计划生育开始成为越来越多青年的自觉选择。比较 1978 年以来历年人口出生率数据，可以清楚地看到，除了 1981—1990 年间由于婚龄人口进入高峰使人口出生率持续保持在 20‰上下之外，从 1991 年的 19.68‰开始，出生率持续下降，1996 年降为 16.98‰，2001 年降为 13.38‰，2006 年降为 12.09‰，2011 年降为 11.93‰，[23]创历史新低。虽然计划生育作为基本国策对青年的生育行为产生的刚性制约作用不可否认，但同样不能否认的是，许多青年不愿意为了多生孩子而放弃自己的发展机会，或降低自己的生活质量。少数选择不育、尽情享受二人世界的青年也得到了社会的理解，可以坦然面对亲友和家长。

出于优生优育的考虑，准备做父母的青年中，2000 年 95.94%的女性选择了在 20—34 周岁之前生育第一胎，2010 年有 89.85%的女性做了同样的选择。19 周岁以下的少女妈妈分别为 3.1%和 3.54%。[②]对于孩子的抚养，当代青年父母格外用心。吃的讲营养，穿的要漂亮，玩的要高档，用的要排场，攀比消费不仅造就了火爆的婴幼儿乳制品市场，儿童食品、玩具、服装市场也导致了对优质教育资源越来越激烈的竞争。学区房价格不断攀升，第二课堂人满为患，外出打工优先选择教育条件更好并包容外来务工子弟的城市，自费留学已经波及越来越多的工薪家庭。20 世纪 80 年代以后出生的青年，育儿理念和方法与他们的父母辈已经完全不同。早期胎教课程、"星级月嫂"、进口奶粉、婴幼儿保健馆受到了越来越多年轻父母的青睐，对子女教育，他们不仅倾注了比任何一代家长更大的热情，也寄予了更高的期待（见表 2）。

表 2　当代青年对子女未来学历的期待　　单位：%

<table>
<tr><th>选项</th><th>1998 年城市青年</th><th>1999 年农村青年</th><th>2006 年打工青年</th></tr>
<tr><td>初中及以下</td><td>1.5</td><td>5.4</td><td rowspan="2">4.1</td></tr>
<tr><td>高中（中技）</td><td>6.3</td><td>18.9</td></tr>
<tr><td>大专</td><td>22.1</td><td>13.5</td><td>7.8</td></tr>
<tr><td>本科</td><td>32.8</td><td>19.2</td><td>34.6</td></tr>
<tr><td>硕士</td><td>20.9</td><td>12.4</td><td>14.8</td></tr>
<tr><td>博士</td><td>16.7</td><td>30.7</td><td>38.8</td></tr>
<tr><td>有效样本数量</td><td>N=4 000</td><td>N=3 979</td><td>N=4 470</td></tr>
</table>

数据来源：中国青少年研究中心. 中国青少年研究报告：调查数据卷［R］。

世纪百年中国青年恋爱婚姻家庭已经发生的深刻变革表明，在可以预见的未来，会有更多的青年选择早恋爱，晚结婚，尽情享受爱情，延迟承担责任；青年对婚姻质量要求会胜过对白首偕老的期待；多数已婚青年虽然不会拒绝做父母，但更期待他人分担抚养责任。因此，在包容青年多元的婚姻家庭观念的同时，应通过青春期教育，法制教育，恋爱婚姻与家庭道德教育等，培养追求个人幸福与社会和谐相一致的、保障个人权利与尊重他人权利相一致的、以"己所不欲、勿施于人"为底线的、可持续发展的恋爱婚姻家庭价值观；努力构建能够覆盖婚姻介绍、婴幼儿保育、学龄儿童全天候安全防护，以及丧失生活自理能力的老人社会化养老等完备的社会保障系统，在鼓励青年担当家庭责任的同时，解除他们的后顾之忧；通过完善法律和社会服务，有效预防对青年恋爱婚姻家庭权利的不法侵害，为青年恋爱婚姻家庭发展保驾护航。

注释：

① 根据国务院人口普查办公室《中国 2010 年人口普查资料（下册）》（中国统计出版社，2011）第 1916—1922 页的数据计算。

② 根据《中国 2000 年人口普查资料》（中国统计出版社，2002）第 1700 页的数据和《中国 2010 年人口普查资料》（中国统计出版社，2011）第 2036 页的数据计算。

参考文献：

［1］刘典. 旧时法律中的婚姻规则［J］. 中外书摘，2013（2），转引自非常法史：历史上的法律趣事.

［2］马庚存. 中国近代青年史［M］. 北京：红旗出版社，2004：173.

［3］康有为. 大同书［M］. 长春：吉林出版集团有限责任公司，2012：163，175，213-214.

［4］陈独秀.《恶俗篇》之《婚姻上》《婚姻中》《婚姻下》［N］. 安徽俗话报，1904-05-15、5-29、9-24.

［5］陈振江. 清末民初婚姻家庭变革运动的趋向［J］. 南开学报，1997（4）.

［6］陈仿. 蔡元培的征婚条件［J］. 视野，2007（2）.

［7］中共中央党史研究室. 中国共产党历史［M］. 第 1 卷. 北京：中共党史出版社，2011（2）：28.

［8］胡适. 论贞操［J］. 新青年，1918-07，5（1）.

［9］市档案馆历史档案管理处. 中华民国家庭改良会暂行草章［G］. 北京档案，1986（2）.

［10］刘东华. 孙中山与宋庆龄的结婚誓约书［J］. 档案与建设，2006（8）.

［11］陈宁英. 从《大清民律草案》“亲属”“继承”两编的界定看我国法律文化的近代转型［J］. 中南民族大学学报：人文社会科学版，2005（6）.

［12］刘典. 溥仪离婚案：民国初年离婚潮的巅峰［N］. 转引自四月网，登录自 http://history. m4. cn/2013-03/1203280. shtml.

［13］衣仁翠. 新中国第一次离婚潮的法社会学分析［J］. 桂林师范高等专科学校学报，2011（2）.

［14］刘娟，赵国昌. 城市两性初婚年龄模式分析——基于中国综合社会调查 2005 年度数据［J］. 人口与发展，2009（4）.

［15］［17］［19］单光鼐，等. 中国青年发展报告［R］. 沈阳：辽宁人民出版社，1994：226，233，231.

［16］国务院新闻办公室. 中国政府白皮书：中国的计划生育［R］. 北京：外文出版社，1995.

[18][20][21][22] 中国青少年研究中心. 中国青少年研究报告：调查数据卷［R］. 北京：中国青年出版社，2001：1000，874，1001-1003，1108.

[23] 中华人民共和国国家统计局. 中国统计年鉴［M］. 北京：中国统计出版社，2012：102.

《北京青年研究》2015 年第 4 期

行囊人生：社会分工颠仆与中国青年走四方形象

舒建军

（中国社会科学院《中国社会科学》杂志社）

青少年外出求学与寻找工作，[①]充满了对故土亲人的离别，面对前路的忐忑，或许还有打拼的斗志，但是他们普遍不知道自己面对的社会是否提供了足够的职业空间，这将塑造青少年走四方的代际形象。因此，我们要讨论的主题是，只有在劳动分工发展起来的社会里，青少年走四方才能在农业—土地社区之外寻找到现代工商业提供的就业机会，在专业分工领域不断积累才能完成职业规划，实现人生价值。纵使青少年有对未来的无限憧憬，中国历史上他们走四方的形象乏善可陈，除了小的跑堂、贩夫苦力、游侠兵弁，正经营生殆无沾惹。只有在近代工商业社会崛起之际，青少年才能在离开乡村社区进入逐渐专门起来的劳动分工体系并推动现代社会形成。[②]随着近代上海、天津、青岛、广州、武汉等工商市镇的兴起，机器工业扩展，农业之外的分工才发展起来。中国青年参与社会分工之路并不顺畅，有效的社会分工始终没有得到充分发展，一再被 20 世纪的政治革命和战争所打断，百年来青少年走四方只收获了一个背了铺盖卷甚至把锅碗瓢盆都带上的行囊人生形象。这一形象是典型的总是处于初始状态的参与社会分工形象，不仅劳动分工没有得到充分展开，就是与之相匹配的消除分工负面作用、扩大分工的政治法律与社会保障的现代社会也无从建立起来。

中国青少年走四方形象的讨论现在还较为缺乏，这与中国社会分工还不够发达有关，当然也与青年研究没有较多地放到社会研究中有较大关系。无论是从个体主义还是从整体主义的认识论入手，青年对社会的型塑都是有机的，也是有内在联系的，个体的视角在今天对青少年的独立的论述中得以反映，现在有关青少年的主题论述、学科专业化以及专门机构运作都与个体意义上的青年个体群体有关；整体的则与社会结构的变换有关。例如 1968 年全球青年与社会运动的兴起，中国独有的五四青年一代以及绵延下来的整齐且鲜明的青年形象的塑造，都是整体视角的认识对象。但是青年研究却很难反映青年与社会的关联，青年往往是作为特殊的一个对象而存在，而不像其他社会群体的研究，会在特殊性中观照人类社会的一般特性。青年研究与社会研究这种内在有机观照的缺失，除了可以看出在青年研究的认识论上需要加强社会理论探讨外，也可看出中国人文社会科学并未积累足够的专门知识形成有关中国社会的基本共识，尤其是在概念和理论层面。社会研究需要整合社会哲学、具体人文社会科学的专门知识，才能形成对于过去以及现在的社会的较系统的一般认识。因此，需要加强青年研究与社会研究之间的联系的探讨，并将青年研究置于社会研究之中，着力讨论青年与社会型塑之间的互动，聚焦那些使青年行为和思想发生变化的某些特殊或者一般性的问题。这些问题的探讨将有助于我们对社会形成更为全面的认识。这将是青年研究对于社会理论形成的贡献所在，也将青年研究带回了人文社会科学研究的主战场，可消解此前其边缘化的角色与地位。

将青年研究带回社会研究，直面社会并将社会结构直接暴露出来的研究对象是青少年与社会分工。求学与接受学校或者社会教育更多的体现了社会对青少年行为与思想的型塑，较少涉及青少年与社会的直接互动，与之展开互动的是家长、学校、接触人群以及教育行政部门或政府，这些尽管是社会的构成部分，但更多的是扮演中介沟通的形式。在学校教育期间的青少年那里，社会还是一个间接的意象。我们说的走入社会，更多的是指参与社会分工。只有在社会分工中，青年与社会的互动才是全方位、大规模发生的社会现象，也是社会研究的重头戏。历史上青年在社会分工中的情况，包括定量的就业、阶层分化以及定性的诉求、情绪与形象的塑造都是变动社会的直观反映，有助于我们从青年这一特定对象进入社会一般的讨论中。

社会分工是现代劳动分工，是亚当·斯密所揭示以及英国工业革命具体展开以来的人类行为。这一点在中国一直被忽视，否则不会有我们要讨论的为何中国青少年从近代以来一直束缚在社会分工不畅的社会结构中从而产生了独特的行囊人生形象。

一、问题的由来

当代有关中国青年人生道路的讨论，如 20 世纪 80 年代潘晓的追问“人生的路呵，怎么越走越窄”，20 世纪至 21 世纪之交为社会阶层固化所困而产生的“富/官二代”“屌丝一族”的分类，一直提醒青年参与社会分工命题的存在。但是人们关注这个问题的视野似乎总是局限在自我与他人以及社会的态度上，甚至归零到主观的阵营划分上。直到今天，人们很难从社会分工这个现代社会的根本问题着手认识自身与中国社会。这说明中国并未超越几千年的束缚认识到社会分工是现代社会的核心内容，而不一定是国家建设。对于这个问题的梳理，笔者将在文末作一提醒。人生的道路，是实实在在的自由劳动与人生价值的统一，而中国这么多年对人生主角与看客态度的拷问、打不开视野的人生观的各种泡沫追问埋葬了学理探讨。20 世纪 80 年代中国的社会分工刚刚起步，城市青年人普遍找不到专门职业，甚至一般的劳动岗位也被落后的意识形态及其制度所控制，更别说更为庞大的只能摁在小块土地上劳作的农村青年了。身份与政治的控制导致分工很难展开。人们对现代劳动分工以来的社会变革的了解基本处于空白状态，而西方发达国家却在完善工业革命以来社会分工的种种“外部性”问题，如阶级脉动、经济和阶层分化等，20 世纪 60 年代西方国家的青年社会运动与这些国家的政治变革叠加在一起，劳动分工所产生的社会问题被逐一解决，国家机器被彻底改造以适应分工扩展的普通自由劳动大众的需要，[1]即使在这样的情况下，20 世纪末以来社会服务与社会保护仍然刷新了劳动分工的社会内涵。与之相比，即使在今天，中国大陆还没有意识到整个国家机器限制了青年人的劳动分工，那个为青年自由参与劳动分工的社会也没有建设起来，涂尔干意义上的早期社会建设所需要的职业法人团体在中国也没有构建出来，那些为青年人可以广泛参与的专门职业领域还没有完全开放，导致整个社会的职业伦理只在竞争激烈的商业和制造业等领域自我发展，青年人仍然没有希望通过个人奋斗实现人生价值——参与广泛的社会分工并回馈社会。因此，本文聚焦于中国青年进入现代劳动分工的形象，从近代以来工商业在中国的兴起开始，那些青年参与社会分工进程受阻的敏锐观察与思考的结晶会帮助我们认识到这个最现实的问题。这个问题在中国社会历史上不仅是坚固冰冷的现实，而且呈现在众多优秀的文学作品中，从而在人们的精神世界留下了刻骨铭心的印迹。比 20 世纪 80 年代潘晓的追问和现在戏谑的青年分类更为一般性的社会问题是青年人生道路的现代性颠仆，即百年来中国青年人生道路朝向现代性的纠结与破解。走四方背负点行囊无可厚非，但长达一个世纪的背负，而且是沉重的行囊就有问题了。农村社区青少年外出做工的世纪形象——行囊人生，背负的不仅是制度与物质的重负，也是精神的重压。近代以来，中国青年人生道路遭遇的问题是一个普遍的世界性问题——劳动分工的社会存在，演变为中国的特殊性问题：一再被隔绝于朝向劳动社会分工的道路，从而产生了独特的行囊人生模式。因此，问题就是：为何中国青年在近代世界劳动分工的大潮中没有一个走四方而创新业的开放形象，而只有被动、艰难的行囊人生形象？

在劳动社会分工面前，行囊人生不是背包客挣脱现实的羁绊浪迹天涯，而是在参与劳动分工的时候，我们已经非常熟悉的形象，甚至我们自己都是这个形象的创造者。20 世纪 80 年代人们到城市打工都是带着铺盖卷，甚至锅碗瓢盆外出务工的，年轻学子到第一次工作的“单位”同样带了铺盖卷和基本生活必需品才能生活。那种在火车站、汽车站所熟悉的包裹堆，肩挑背扛的各种编织袋，现在并没有完全消失，仍然在职业转换、春节返回户籍所在地的路上随处可见。早期那种铺盖卷现在被季节性打工的曾经的青年、现在的农村老年劳动人群所专有。年轻人越来越充分必要地在都市或者产业扩张的地方扩充自己的职业分工，不管成效如何，他们所发出的声音只要认真倾听，就能看清当代中国劳动分工的程度与问题。这是中国最大的现实问题，只有把这个问题解决了，才有最稳定的发展和相对和谐的社会。近代以来，尤其是 20 世纪 80 年代以来，随着当代中国对于劳动社会分工的限制的不断突破，铺盖卷小了，也少了，青年人工作的盲目性减少了，相应地，社会分工也不可逆转地在扩展。但如今的各种关注并没有从中挖掘出这一核心内容，反而特别强调地域歧视、阶层差异以及各类青年的人生比照，再次落入我们自身设下的陷阱。

从近代以来，中国青年走四方的形象就是被分工不畅所束缚的行囊人生。因为近代工商业刚刚在上海等城市发展起来的时候，就发生了抗日战争以及随后的内战，青年在现代工商业社会的职业发展、婚恋家庭生活并未充分展开，分工所产生的社会变革还未深入，他们就在战争与动乱中消耗了青春。农村青少年走出家门参与社会分工的进程只有很微弱的一脉，大部分还是被 20 世纪的革命与战争所裹挟。中华人民共和国成立后，自发的社会分工一度被关闭了，户口、政治身份限制了青年，尤其是亟须通过解放土地而摆脱人地关系束缚的农村青年进入现代工商业的可能性被无情地扼杀了。直到 1978 年改革开放政策实施后，青年才有机会重新与现代工商业社会接上头。但是这一过程并非一帆风顺，而是经过了不少反复。直到如今，一些刚性的制度约束仍然存在，在制度壁垒面前，是青年们奋勇突破户籍、各种管制以及国有企事业单位的垄断而不断求得职业发展的努力与哀歌，青年的人生就是在这样的历史中创造的。

中国青年百年颠仆的行囊人生形象在社会分工的视野中得以展开，经历了近代以来人们从农业转入工商业社会的不同阶段，但每一次几乎都是从离开土地开始的。这显示了中国青年人生形象塑造与社会分工的深层次结构性关联。

二、唐德刚笔下的张叔伦：一个革命者的近代群像

中国传统社会晚期并无对农业—土地社区人口实施的人身与土地分配相结合的强制控制措施，但赋税与保甲制度限制了人口的广泛流动。故而清末民国时来华的外籍人士认为中国农业和乡村社区是四千年未变之场景，这并非完

全的贬义，而是说保持了相对的均衡与稳定，小农经济达到了登峰造极的地步，以有限的土地养活了不成比例的过量人口。这只是西方人士观察的结果，可能代表了个人的看法。较为理性的分析则形成对于中国小农经济的发展、“内卷”（不断投入劳动量但劳动报酬边际递减或每日劳动报酬下降）与停滞的争议。[2]这些关于近代中国农业经济的看法局限于农业，假定农业积累增多后资本转入工商业自发促进分工。这些“重农”的分析模式没有考虑到人们的主观选择，或曰人们的农业生产意愿，或曰自由雇佣劳动的存在等，在这些因素作用下的人都不会等到理论上的农业积累有余后才采取行动自动地发展工商业。

民国时期对于青年外出务工、求学以及寻求其他职业发展的限制较为宽松。在这一时期，家族或者家庭对青年外出有一定的影响，但这一因素在不同地方是非均衡分布的，所谓东边不亮西边亮，再加上有些青年“出走”意愿强烈，逐渐开放的沿海口岸城市以及传统市镇汇集了这些从乡村社区主动与被动流出来的青年人。这些青年走四方的形象相比于后来者，更为开放，以至于可以从一个小村庄、市镇、省城，到武汉、天津、北京、上海等中心城市，甚至最后到欧美日等，参与社会分工的门槛比今天还要低。乡村社区—都市—海外的社会分工链堪称近代以来最为广谱的时期。因系初生，所以大多数青年还是在刚刚兴起的民族工商企业中开始职业生涯。从民国到五四，中国民间资本企业集团崛起较快。它们从单一行业起步，最后形成横跨纺织、燃料、建材、采矿、火柴、运输、金融等多种行业的大型企业集团。这些企业集团起步于19世纪末，发展于第一次世界大战期间，成型于20世纪30年代。[3]同时，在劳动分工刚刚发展之际，流落在外的文人也在从事新兴的近代教育、出版、传媒等方面的工作，他们对工商业社会的发展保持了高度的关注，根据个人的经历和习得的知识对身边的社会进行了分析和批评，产生了一些文艺作品，这些都反映在五四后民国学术与文艺界的兴衰更替上。当时关于社会性质的论战以及关于中国农村经济发展阶段的争论，甚至文学艺术创作（如《多收了三五斗》《雷雨》）等都较少意识到近代分工不振的客观现状。因此，我们只能从后来者的创作中寻找恰当的艺术形象。唐德刚是民国时期接受过高等教育的大学生，处于行囊人生的阵列当中，又经过了海外的磨炼成为近代历史研究专家，他对近代分工世界中的青年人生做了一个形象的分析。这些分析建立在他作为亲历者的观察与研究的基础之上。

唐德刚在《战争与爱情》上册“为中国农村耙耙底”以及“革命者的学术副业”中讲述了革命青年张叔伦偶然接触了一户地主家庭的各种账簿后幡然醒悟自己和那个时代青年的命运不在革命而在命悬一线的现代分工上。③张叔伦抗战前在南京上大学，在全国最好的农业经济系学习。他是系中的高才生，曾追随中外专家在长江流域和若干华北农村做过农村调查并写成学术报告。他在学术上崭露头角，已经获得到美国康奈尔大学深造的奖学金和入学许可证。由于在爱情婚姻方面遭遇困境以及个人思想上对政治革命的追求，他最后放弃赴美转而领导乡村革命。在一次行动中，他们意外在地主林放鹤家账房中发现账簿数百本，还有族谱、支谱、阴阳谱、鸳鸯谱等文档数十种。由于自己有农村调查方面的学术底子以及农业经济方面的专门训练，他意识到这些一手材料将有助于彻底认识传统中国农村尤其是近现代转变期中国农村的底子。

这些材料揭示了林家的发家和衰落史。林家原是客户，外省人，于明末逃避张献宗造反，才举族迁来。本是一些贫民、流民，占据荒弃的土地和房屋。康熙初年，原庄主未回，他们正式向官府备案领契将老屋和标田正式归其名下。另据林氏支谱所载，此地后由林族中一支独占，人丁兴旺，聚族而居，习于械斗。当时长江流域以及两广的贫下中农中了汉族儒生的诡计而互相残杀。天下大乱，官员逃走，四方无主遍地黄花开之时，那些儒生就称王称霸。[4]咸丰年间，林家停械斗，因打长毛有功，被朝廷封官，同时从太平军那里获取了不少战利品。张叔伦翻阅资料看到一则“林放鹤堂阴阳地理图解”。“坤造曰，浪急滩高，猢猴缘木，既不能守，守之何益？铁喙批：平平，雪里红梅，孤芳寒艳。乾造曰：水火相冲，难测福祸，泽蛇山虎，羊无皮骨！铁喙批：下下，难测难测，大凶，宜远避。”这似乎是林家后面命运直转的写照。唐德刚联想到《红楼梦》中那一窠可怜的女人，最后难逃凋零星散宿命。林家这个超级大地主，完全是个空架子，按照经济成长规律的发展，它最后也会解体。

张叔伦是美国专家训练出来的中国农业经济调查员，可以认识到自己收集数据的威力。[5]实际上，林家家当抵不上抗战前一个中学教员的薪金收入。号称拥有良田 800 担，每担四市亩，耕地 3 200 亩，六华亩折合一英亩，总共大约 530 英亩的稻作农场。唐德刚刻意夸大了林家的土地面积，其意在于：一则可与欧美发达国家比较；二则可以表明其家道中落，也点到了近代中国农业经济研究的痛处，超级大地主如此，遑论贫下中农经营薄田？从农业经济发展的一般规律和战后西方发达国家具体农业经营情况来看，唯一值得商榷的是，稻作农场不同于旱地，三千多亩水田，如果精耕细作比旱地出产要多，可以硬扛较长时间。就像我们开篇提及的，那些“重农”分析没有考虑到脚长在人家身上，不说青少年有走四方的意愿和行动，就是一般农业劳动者，看到劳动所得不能糊口，还指望他们不采取自救行动。这一场景活生生在 20 世纪 80 年代后发生了，后文将会述及。

林家全是自耕农和雇农，大致不会超过十几个成年农民。农忙时雇的是临时工。与欧美相比，中国同等面积的稻作农庄，养活了太多的人：林家四个已婚的兄弟和一个未婚妹妹。据林家堂规，未嫁或残废女得一半财产。男子，四兄弟子女十多口人。20 世纪 30 年代中期析产而不分家，分了五份，四兄弟各一份。每家仅有水旱田 640 亩，或 160 担，约 106 英亩。这样下来只相当于欧美中农或小农的地产规模了。到了林家下一代文字辈，按照欧美标准，直降清寒线以下。即使按照中国标准，当时长江流域中学教员薪金，平均每月有 100 块银圆，年薪 1 200 圆。林家地主到了 20 世纪 30 年代各家如农作还不如中学教员一年所得。如坐吃山空，靠地租过日子，每年所得不可能超过一个普通的中学教员。再往下，明字辈，如靠祖业吃饭，那就是无产者了。中国的大地主几乎都是官僚地主，做官的人将贪赃枉法所得投资农村土地，因无长子继承制度，资本和土地难以集中而转到工商业。俗话说，一代做官，二代打砖，三代以后一窠穷光蛋。唐德刚认为，传统中国维持社会安定的最聪明的发明是“不患寡而患不均”，传统农业经济思想家按这一理念制定经济政策，这一制度不算太坏，还有维护淳朴的农业社会的许多优点，因此西方人对中国的农业制度赞不绝口。但是它妨碍了工商业发展。

好在这一家的年轻子弟在民国期间参与了近代劳动分工，包括他们的佃户也随其转到都市和工商业中。老大在家。老二留学美国，回上海开工厂，职工达千人，然后到南京炒地皮。三叔，同济毕业留学德国，回国后官拜中将。老七，清华毕业留学哈佛后经商，在苏州有别墅和农场。林家根留在农村的土地中，枝丫移植到了都市。根烂了，与农村也就脱离关系了。正合俗谚“离心河水，子孙四溢”。正是由于有了近代工商业的崛起，林家才避免了传统大地主仅凭土地将要倒闭的命运。在现代职业以及工商业利得面前，地租都不在其计算之列。林家佃户就说“那几筐稻，还不够七爷别克一年的汽油钱”。

但地租所产生的社会问题也是存在的。在佃户所得减少的情况下，地租的压力是显而易见的。国民党政府想推行减少地租政策。张叔伦在南京大学与洋人搞农村调查时，就涉及二五减租。看完林家账房资料，他的看法改变了。国民党搞三七五减租，其理论依据是一个在美国南部和欧洲农村通行的假设。地主和佃农对出租土地上农作物的收获物各分一半。把地主出租的土地上农作物的总收获量提出 25%给佃农，剩下的 75%再由东佃双方平分，农民可得 62.5%，地主可得 37.5%。这一方案只适合于小地主，林家没有一庄田的租额高到 37.5%，普通田庄租额远低于此数。丰收之年，一等佃田每担田收 20 担谷，东佃双方讨价还价，租收 7 担。国民党的这种做法，对传统大地主产生不了任何作用；财产有限的小地主则拒不执行，小地主是国民党乡镇干部出身，执法者抗法。传统租佃关系，“东顶东，客顶客”是传统帝王时代的习惯法。地主只享有土地所有权。所有权可以易于，佃户使用权易于，东佃双方各行其是。林家照顾佃户，被推为“恩东”。佃户人丁兴旺，耕地依旧而食用浩繁，洋布入侵，民不聊生，只好舍农从工。林家第三代佃户赵全财一家人口多，是贫雇农，两个小子“跟二爷到上海厂里当工人”，被招为学徒，按月寄钱回来养家。二人每月所寄的数目，竟超过三个不识字的哥哥全年劳动所得的总和而有余。两人成为家里的摇钱树。彼时衣锦还乡，全乡轰动。二人皆西装革履，呢帽、呢大衣，戴金丝眼镜，手拎皮箱，步履端庄，微笑点头。这里虽然有唐德刚的调侃，但联想到今日打工一族回家行头，以及那些发点小财或者做点小官甚至就是为了一形象的青年朋友们，这些并非过分。二爷厂里闹工运工潮，厂长被揍，赵家老太太知道后说，如果这两个小子也跟人胡闹，恩将仇报和二爷为难，她要开赵家祠堂把他二人活埋。被林家剥削了五代之久，她还对林家忠心耿耿。传统大地主生存了两千年，有生存之道。但最根本的在于，无论是大地主还是贫雇农，发展到近代，农业耕作的那点底子全露出来了。传统农业，在人力畜力耕作的技术条件下，一家人胼手胝足劳动，其所得仅够糊口。说林家二爷是大资本家剥削工人，实际上是国民党开倒车，干训团训练出来一窠小混蛋，他们成了地方上的小皇帝、小地主，挤垮了传统大地主，他们买田买地、逃捐逃税、重利盘剥，把捐税军粮套到了大地主头上。他们之中出不了一个超越土地还能无地的农民林二爷。佃户对林家恶感不大，对小地主和乡镇干部却深恶痛绝。最怕林家把田地卖给小地主和乡镇干部或暴发户小地主。“不怕水旱荒年，只怕林家卖田。”

这个根据调查资料所得出的叙事框架，讲述了近代革命者眼中的青年理想不在于地政改革，也不在于土地革命，而是林家几个弟兄及其佃户在工商业领域的开拓，赋予了近代青年的全新形象。张叔伦并非完全杜撰，当年南京大学毕业的农业经济专家，如乔启明、应廉耕等人，都到康奈尔大学深造过，没有去但跟随美国专家学者做过调查的更不在少数了。这个美国专家代表之一是卜凯。就卜凯而言，土地革命并不能改变中国农业经济的基本不利格局，中国人多地少，农业生产的条件不够好，还需要现代生产要素化肥和现代种子技术的推广，过小的农场规模在人口压力面前即使有土地革命的影响也不能有根本改观。近代中国人与土地的关系的压力，根本在于社会分工问题。如果分工发达，促使社会自我调节，国家机器与分工所需要的社会支持能够得到面对面的决策，自由劳动所产生的专业、职业将会不断发展。中国 20 世纪中期回到农业—土地社区的政治安排，表明制约分工的结构性问题没有得到解决。

三、路遥笔下的高加林、孙少平：从《人生》到《平凡的世界》

民国时期的社会分工多少是开放型的。青少年从乡村社区自发流动到近代工商业领域，分工深入的社会关系也初步构建出来，阻碍分工的社会支持系统的缺失所产生的社会问题也得以显现。在随后的抗战和内战面前，分工所产生的社会关系和社会问题都相形见绌。中华人民共和国成立后，民间实业快速消失，国家推行工农、城乡分离的制度。人口土地身份合一的农村公社制度建立起来。青少年自发参与分工的通道堵塞，农村青少年只有通过参军入伍、读书分配（有中断，到1977年、1978年才恢复）、工厂招工（后停滞），才能维系与现代工业的一点微弱联系。从我们所讨论的自发的社会分工的角度来说，农村青年基本徘徊在工商业社会之外。城镇青年也无从根据自己的情况自发参与分工。自由劳动及其社会服务机制是一点点从土地与身份控制相结合的制度的破除中发展起来的。在这一过程中，农村青年走四方比民国时期还要艰难。在这一形象的塑造上，没有谁比路遥创作的高加林及后续的孙少安、孙少平兄弟的命运更能引起同时代青年的共鸣了。

《人生》中的高加林看似挣扎在农村往城市的身份跳转悲剧中，导致他的走四方只能憋屈在那一亩三分地的世界里。包括功名与爱情在内的笼统的青年人生观说不透高加林的悲剧性。如果在一个自由劳动分工的社会里，高加林无须背负什么道德重压，社会秩序也不值得挑战，所有的职业领域都是向他开放的，只要他的能力达到了。但恰恰他自身自由劳动权利不在他的考虑范围之内，因此他的能力和品德毫无用处，导致他无法真正走出来。如果考察当时的分工情况，则他被土地、户口、身份相结合的制度所制约，即使转到城镇，也无法实现自己的人生价值，当时城镇职业分工有限而且也是身份控制型。高加林的悲剧在于他用青春、热血、奋斗浇铸的梦想仅仅是端上一个所谓的“铁饭碗”，一个身份控制体系之中的职位，而不是可以发挥聪明才智和磨砺性情的现代专门职业。《人生》的写作背景在中国的改革开放政策实行之前，它埋葬了整整一代农村青年走四方的青春。只有到了《平凡的世界》中，路遥才给我们展现了20世纪70年代中期到20世纪80年代中期社会分工启动过程中的青年形象。

孙少安因为年长，所以仍然带有高加林人生的影子，也许路遥知道高加林的人生已经定型了，所以给了少安一个比高更现实的人生。他没有发展那样的悲剧人生，而是选择在农村尝试各种扭转父辈命运的机遇，最终定格在开办烧砖窑上。这是20世纪80年代中期“乡镇企业”最初的样态，不能与后期真正的乡镇企业相提并论，但也只能如此了。孙少安从农民、农业、农村的一般性上思考了高加林一心想要跳出的现实世界。首先，少安对劳动控制表示了怀疑，因为公社制度下人们吃不饱饭。孙少平妻子生子后，他的沉重感油然而生。“按说，他年轻力壮，一年四季在山里挣命劳动，从来也没有亏过土地，可到头来却常常是两手空空。他家现在尽管有三个好劳力，但一家人仍然穷得叮当响。当然，村里的其他人家，除过少数几户，大部分也都不比他们的光景强多少。农民的日子，难道就要永远这样穷下去？这世事难道就不能有个改变？”他想的是“单干”而不是分工的世界。[6]这与拥有土地的小农在农业经营之外寻找就业机会与职业发展存在巨大的鸿沟。其次，他对农业收获表示了失望，那种一年四季围着薄田的劳作单干后能吃上饭但没钱花，而且剩余劳动力到处都是，使他对身份控制产生了怀疑。最后，他对人口与土地控制相结合的人生表示怀疑的时候，他已经做到了他能做到的极限：就是不仅壮大了自己的砖窑，同时还承包了附近村庄的砖窑，但是他的子女仍然要从他的人生起步使他产生了更大的困惑，而外面的世界的闯荡则是由他的弟弟孙少平完成的。

严格意义上的走四方形象，是孙少平和他的那些既上不了大学又进不了城的青年书写的。其实他哥哥那些同龄人也算在内，只不过要与弟弟的人生相区分，或者在家庭内部是个自然的分工，大部分青少年都面临农外就业的压力。孙少平走四方走得相当艰难。他先在一个中心城市的散工市场揽活，做小工。这样的生活持续了一段时间。但路遥不认为这是个职业，还是流民的营生，这导致孙少平后来的所谓走四方还是回到了高加林的老路，挣扎一段后通过各种机缘成了一个有非农户口与正式工作的煤矿工人。很难想到日后做小工、包工头以及逐步开展起来的建筑职业细分，以及随后发展起来的劳动力市场，日益高涨的劳动力价格容纳了成千上万的农民工。另外，也很难预料日后国有煤矿工人下岗的命运。身份控制的庇护毕竟抵挡不了自由劳动的大潮。

孙少平参与社会分工的过程倒可以使我们一窥那代青年走四方的具体形象。首先，孙少平读到了高中，算是个知识青年，他在农业和农村教书的经历不被看成有保障体面的现代人生，这一点暗合分工的需要，即确实没有实现农外就业。他的哥哥已经帮他把这条路走到了极致。他本人对农村人的命运也很清楚，何况身份控制不合时宜，农业劳动神话破灭，农村青年俱成了过剩劳动力的真相显露，农村出现了个人无法解决的种种社会问题：医疗、文化与人情等；他的外出走四方出自一个青年再平常不过的考虑，可以说是苦恼，路遥并没有否定当农民的价值，一个从农村走出来的人对劳动有天然的亲近，走四方的愿望和行动并非排斥自己的农民身份和地位，而是超越它们，这是支撑千千万万农村青少年甚至当时找不到工作的城镇青少年走南闯北的内在精神动力。他离开村庄的行囊暗示了白手起家、自我奋斗的决心和动力。这行囊恰是无依无靠的年轻人参与未卜分工的写照：拆洗过的破被褥、开洞的黑羊毛毡以及少量衣物，用麻绳捆扎，再手拎一拉链坏掉的破提包。一个农村家庭能够给外出青年子弟的东西，往往并不太差，有可能是最好的东西，后来孙少平送自己的妹妹读大学，就重新按照时兴标准置办了行头，但孙少平是一个要闯荡外面世界走出父辈憋屈乡民命运的青年，他把标准有意降低了。孙少平对外面的世界并非纯粹充满浪漫情怀，恰恰理性思考过。因此，他的走四方到了迈开了自由劳动的第一步。这一步最为艰难，最能体现一个薄田不能养活自己与家人的青年赤手空拳参与社会分工的本质。一般是有些招工信息，这些青年才会流动；完全自我驱动型，只能流落非正规的劳动力市场，靠出卖力气维持生活。这是最底层和最接近无产阶级化的一步，只有自己的劳动力才是唯一可以出卖的商品。但在这个过程中，路遥处理得很有社会气息，外出的青年总是有个同乡、同学或者宗亲网络，孙少平也不例外，他的初次揽工过程就是借助了这些网络。但这些网络并不可靠，对于分工来说，也难以体现青年个人选择的空间，因此孙少平一再挑战自己体力劳动的极限，尝遍了各种做小工的工种，其中皮开肉绽是常事，而且生存条件很差，以至于其女朋友田晓霞和哥哥在工地找到他时，都觉得他的生活是不可思议的苦难，但当时的工友普遍都是如此，很少有人会在临时流动的工作状态下改善自己的生活。这反映了分工初步过程中劳动者缺乏家庭、社会和政府提供保障的真实状况，这些条件都是到工人阶级形成发展过程中经过劳资双方的斗争才有可能改善的。中国的分工还没有发展到这一步。

只有在分工往前推进的过程中，我们才能发现劳动分工的社会到底应该如何丰富并充实起来。孙少平的经历给我们提供了很好的样本。社会分工过程中走四方的青年形象也有转折。面对只能出卖劳动力、居无定所的揽工生涯，孙少平也认为这种生活就像“无根的蓬丛在人间漂泊”，最关键的是他认为做小工不是从事现代职业，这样的生活是他的煤矿工人生涯给予的。工人，国有企业的工人，给了孙少平所想要的而且是当时唯一的可能性的职业、住所和其他福利。如果做小工也有这些保障，那么成千上万的年轻人从勉强糊口的农业—土地社区出来踏入各种需要劳动力和技能的产业领域的时候，就会获得分工通畅的社会支持。但这个支持一定不是特殊的、独占的，而是普遍的、平等的。实际上，支撑孙少平走出劳动分工第一步并且持续走下去的，恰恰是这些社会保障系统。但是现实社会中没有，因此路遥只能赋予走四方青年必要的精神动力，那种从苦难中升华出来的责任意识和担当精神。多少青年，恰恰是怀着“穷且益坚，不坠青云之志”的坚强，从贫困、重体力劳动、单打独斗、赤手空拳、白手起家、自我奋斗中发现一个独立自强的自己。孙少平的这种自我意识，陪伴着 20 世纪 80 年代以来的无数中国青少年走南闯北并维持向上、向善、追求幸福的青涩人生。

从《人生》分工还未触及的窘迫，到《平凡的世界》分工的艰难起步，当代中国青年的人生还是掀开了新的一页。《平凡的世界》就是分工能够不断开展的世界，同时也是分工过程中不断生长去除分工外部性，不断生长新的社会服务与社会保护共识的世界。这样的世界真的是平凡的，但是年轻人不用背负行囊，能够自由地将创造性浇铸在职业发展中，给世人带来便利、惊喜的同时实现自己的人生价值。人们读《平凡的世界》所得到的力量是因为我们都走过这一阶段。对于孙少平和一代农村青年或者只有靠自身努力、白手起家的青年来说，他的思考，来自爱情、人际关系的积极能量是激励他们的精神力量。从

《人生》到《平凡的世界》反映了20世纪80年代中期，一个健康的走四方青年形象，支撑了中国社会分工不畅的弊端，同时也宽恕了社会保障的不发达。

四、分工的世界，青年的人生

即使《平凡的世界》开始了，但阻碍分工的制度与意识却一点也没有减少，那只能说开了一道缝。孙少平最后只能谋得的合法分工归属是国有煤矿工人。他的人生随着分工的进一步发展，仍然还需要辗转奋斗。但在分工不畅甚至还存在人为制约因素的情况下，无数个孙少平是否还有将困难升华的动力？我们只能在20世纪90年代的青年形象中找寻答案。贾樟柯帮助我们捕捉到了20世纪90年代在暂住证和收容遣送制度下青少年的走四方形象。这一形象因为较少艺术创造，较多具有记录的意味，从而给那个时代那些带着镣铐参与有限分工的底层青年立传的意义。20世纪90年代中期，《小山回家》中一个老乡编织的城市底层职业群体的生活扑面而来，他们中有小饭馆的厨师、服务员、建筑工、票贩子、大学生、妓女，同时荧屏画面中还有当时的小商品市场、车站广场以及其他营业场所劳动的青年人群。孙少安、孙少平所在的黄土高原区域的青年流动还要缓于其他人口稠密农村地区以及其他较少开放职业的城镇。中国的改革开放从沿海逐步往内陆推动，因此，打工所产生的农民工、打工妹形象伴随着大包小包的行囊形成了中国当代最有名的风景线，行囊人生就此成为一个一般的模式。这个一般模式不仅仅是到南方沿海城镇，到珠江三角洲、长江三角洲以及东南沿海承接外来加工产业的城镇的现实展开，而且也是不断在垄断的政治经济领域甚至在身份控制的世界解体和逐渐瓦解的过程中的现实展开，总之，是在物理空间和社会空间不断展开。但是这个展开的具体过程却充满曲折，也给予了青年参与社会分工的深层次的考验，使得行囊人生定型。因为他们无法获得一个具有社会保障和身份地位意识的工人阶级甚至中产阶级的过渡状态的人生，大多数反而是漂泊人生绵延。

行囊人生是中国近代以来农业—土地社区青少年外出参与社会分工的集体形象。这一形象涵括了近代以来不同时期行囊的大同小异，不管人们如何自称或者界定不同时期的青少年外出寻找工作和职业的人生形象。如20世纪初期人们并没有“农民工”这个称谓，因为那个时候没有户口和土地分配所附加的身份限制，只有与世界现代化潮流合拍的农业转工商业的从业身份转换，行囊有铺盖卷，离村到进城的趋势也非常明显，没有20世纪80年代后农民工来回转移铺盖卷的形象。孙少平还是知识青年的代表，也是一代理想青年的代表，大多数人是孙少安那样的青年，他们只能在城乡之间做“无根的蓬丛”，年纪大了，只要身体允许，还在做力气活，或者从事其他力所能及的劳动。从青年到老年，村庄—农业—土地社区与打工地、城乡接合部、地下室、废弃工地等——城市两种居住工作生活空间的存在状态，他们都生活在其中，这代人让我们看到了行囊人生的形成过程和具体内容。行囊人生具体刻画的就是 20 世纪 80 年代以来的青少年走出农业—土地社区带着身份的重负躲闪着制度的侮辱与损伤，分布在从无序到有序过渡的工地、厂矿车间以及众多的务工场所，分工的社会在他们面前扩展，他们在复杂的社会关系的形成过程中完成这一代的人生。期间经历了 80 年代的理想付出，孙少平进入了国有工矿企业，做了个工人，或者其他家庭成员上了个大学，成了大学生。然后就是 90 年代的国有企业转制，大量的乡镇企业也完成了转制，乡村社会在他们来来回回的过程中如城市一样经历着巨变，分工的世界在农业—土地社区和城市国有企业瓦解的过程中消除了一个个独立王国，自由劳动为主体的社会逐渐形成，只剩下最后的堡垒还在与之对抗，并成为分工扩展的制度障碍发源地。社会矛盾就在分工扩展的过程中产生并不断推动完善保障分工的社会支持系统，只有一个完全一体化的自由劳动社会形成，中国才能消除仅仅处于分工开始状态永远在路上的行囊人生。

进入 21 世纪以后，随着后孙少平一代青少年的到来，那些或许较少农业—土地社区生活经验，甚至从小就在父辈打工场所生活的一代农民工（自由劳动者，但他们的户籍还挂在父辈农业—土地社区则也被看成如此身份），以及毕业后不得不忍受户籍、身份和制度都不能与之对接的掣肘、无奈辗转工作场所的新一代自由劳动者（他们的户口或许迁出了但很难自由迁徙，不能在工作所在地或定居地自由落户），对他们形象的刻画大部分仍然集中于经验层面，还达不到一般性的刻画，行囊人生从而在精神层面完成了对新一代青少年走四方形象的塑造。从体验的角度刻画这些青年的有不少打工文学作品。他们中有些人完成了打工者到作家身份的转换，从社会研究角度切入有关农民工群体构成、性别、分布以及其生活状况的分析。最近梁鸿的经验研究细致追踪、见证了这些人的行囊人生，访谈直面他们艰难的谋生之路以及所遭遇的制度障碍或者社会支持系统缺失的困境。新一代青少年在参与社会分工中的问题恰好是当今时代对于百年来分工不畅的忽视，政府没有意识到拆除分工障碍、降低分工社会成本、完善社会服务和保障系统、促进一体化的自由劳动社会形成的重要性。如果任由各种政治、经济和社会差别发展，那么破坏分工的因素就会自动生长。

我们需要正视分工的世界，这不仅仅是中国一百多年的社会历史进程的昭示，也是西方自由劳动社会产生的巨变，期间经历了劳动分工的整体社会转型。对此，笔者首先分析了西方工业革命或者现代社会形成之前的分工未扩展的世界，具体探讨了一个在公田制与公共权利支撑的农业—土地社区如何在公共权利消解的情况下逐步转为一个自由劳动社会，在权利得到清偿的情况下，大量劳动力进入现代工矿业、工厂车间中；这是从自下而上的角度的一个切片观察；然后又适当回到领主所在的封建社会向现代自由劳动社会的整体转换历程中，初步呈现了西方社会向工业化和城市化转化的长时段历程，以此反观中国对劳动分工社会整体转型的简化。在分工扩展的西方，从早期的原始积累到 19 世纪的劳资、阶级冲突，再到 20 世纪中后期的福利国家与社会民主政治改造，自由劳动社会最终形成，[④]这是一个社会转换的综合历程。西方也发生过中断这个历程的种种曲折，甚至发生了与之相关的两次世界大战。中断这个进程的实验我们也经历过，20 世纪的革命与改革面对的是中国劳动分工社会的艰难转型。从革命者孙叔伦、林家兄弟、赵家弟兄，到高加林，到孙少安、孙少平兄弟，再到真实世界中的小山他们，最后汇集成千千万万的打工者，而不是近代的产业工人、专门职业从业者以及中产阶级，百年来的行囊人生模式正逐步走到新的关口。行囊从铺盖卷逐渐转换为行李箱，城乡间的来来回回逐渐转换为定居场所新的人生历程，他们超越了农业—土地社区。我们也要转换视角，面对他们流动的人生和分工上的制度和社会需求，从青年研究看社会分工，透视分工演进的社会横截面。

注释：

① 本文主要讨论社会分工中的青年形象，在分工完善的社会，少年人身权利与接受义务教育权利受到法律保护，他们不会被允许参与劳动分工之中；但在分工不振的社会，少年儿童往往提前进入劳动分工环节。因此，本文在讨论历史时期的社会分工时，为严谨起见，在很多地方使用了较为宽泛的青少年一词。

② 乡村社区与农业—土地社区存在本质差别。乡村社区往往是一般的农村地区统称，较少身份区分，而农业—土地社区则特指人口与土地合一并被强制性赋予农民身份的农村。论述一般情况时，以前者为准。

③ 这是十多年前的一个阅读所记，可惜这次手头没找到该版本图书，未能核实信息，只能抱憾一二。德刚老师一口合肥话，辗转海外乡音不改，十多年前一个台风狂作夜在复旦做过一次讲座，笔者听得云山雾罩，有愧于他的风趣幽默。

④ 这方面的论述详见本人相关的文章：《近代早期的发展模式：英国的公田与公共权利》（载《年度学术/2006》，中国人民大学出版社，2006）、《现代性起源、城市化与西方乡村社区公共性的转化》（载黄平、王晓毅主编《公共性的重建：社区建设的实践与思考》，社会科学文献出版社，2011）和《重新发现社会：现代社会理论的诞生》（载《北京青年政治学院学报》2012 年

第 4 期）。

参考文献：

[1]（德）罗尔夫·魏格豪斯. 法兰克福学派：历史、理论及政治影响［M］. 孟登迎，等，译. 上海：上海人民出版社，2010.
[2] 舒建军. 社会原论：历史与社会研究［M］. 北京：中国社会科学出版社，2011：181.
[3] 朱荫贵. 中国的市场经济始于何时？［M］//经济学家茶座（总第 62 辑）. 济南：山东人民出版社，2013：145-149.
[4][5] 唐德刚. 战争与爱情［M］. 上海：华东师范大学出版社，1995：145，178.
[6] 路遥. 平凡的世界. 第一部，［M］. 北京：中国文联出版公司，1990：459.
[7] 梁鸿. 出梁庄记［M］. 花城出版社，2013.

《北京青年研究》2014 年第 1 期

“封面男星”，媒介消费中的身体实践

王林生

（北京社会科学院文化研究所）

随着消费社会的文化逻辑在一切领域的延伸，以及现代媒介的迅速扩张，“封面男星”作为一种被开掘的文化资源已然被纳入到了消费社会的逻辑体系之中，杂志、海报、广告等媒介中无不有以男性为载体的文化内容。较之于女性在各种媒介中的显露，男性形象作为一种重要的视觉符号可以说丝毫不逊色，关于男性形象的媒介消费已然成为混迹于媒介喧嚣中的一种重要文化现象。围绕男性形象消费而畅销的各种杂志、影视剧等，都彰显着封面或荧屏内外男性形象商品化的特质。

一、“封面男星”在媒介消费中的凸显

何谓“封面男星”？顾名思义，“封面男星”是指在各种出版物中以俊朗的男性为主要文化传播形式的视觉形象。媒体封面中俊朗男性形象的出现，首先适应的是消费社会中大众媒介的需要，尤其在图像社会的文化转向之下，人们对视觉文化形象的追求超过了以往任何一个时代，大众媒介的图像化在消费文化的传播中发挥着至关重要的作用。包含男性形象在内的图像景观不仅引导着时代的消费，而且本身就作为文化消费的一种形式，构织起了消费社会中庞大的符号系统，形成了具有时代文化特色的图像文化。

究其本质而言，“封面男星”已经成为特定语境下的特定称谓，意指在消费时代出现于现代媒体（包括传统纸质媒体、电子媒体等）之中的俊朗男性形象，它注重男性的气质以及由此而引发的以男性消费为最终导向的文化现象，具有强烈的时尚性、消遣性、参与性等特点。之所以将消费作为一种特别的因素在“封面男星”的媒介传播及界定中凸显出来，首要原因在于它是对媒介现实的真实描述，即在现代媒介中充斥着大量的俊朗男性形象，在形象表征层面是对传统男性形象的一种颠覆。他们不仅是“眼球经济”时代杂志、影视作品、

代言商品的“卖点”和炒作的噱头，而且作为被观看和展示的景观，构成了被消费的对象。

作为媒介消费中的文化现象，国内对“封面男星”的认识源于新世纪初F4的走红以及《流星花园》在视觉媒体中的热播，使人们倏然间意识到以“花样美男”为典型的男性形象在不知不觉间成了媒介中被展示、观赏的景观，当然他们更是一种文化消费品。《中国青年报》曾以“男色”为题材刊登了一篇题为《娱乐圈进入男色时代》的文章，第一次在主流公共媒体中正式揭开了男性现代形象展示这一话题的神秘面纱。随即南方网开辟“娱乐圈男色时代”的专题新闻报道、讨论，其涉及内容多以新闻描述的方式描写“娱乐圈”出现的新变化。《深圳商报》在“谈话空间”栏目曾以“‘男色时代’来临了吗？”为题，再次讨论了这一话题。文章的突出之处在于对现代男性形象的特征进行了总结，强调了现代男性形象与经济、消费需求之间的复杂关系，并将其特征大致概括为：① 男性形象俊朗，气质优雅；② 喜欢美色是人的本性；③ 与女性的情感需要有关；④ 体现了女性经济地位的提高；⑤ 是市场经济的特有产物。[1]其外延涉及“封面男星”的文化语境、外形设计、消费的对象及其与产业经济的关系等。但从整体而言，在世纪之初“封面男星”作为一种文化现象并未真正在文化研究领域引起广泛的关注，直至新世纪后，随着都市媒介文化的丰富以及各种文化娱乐节目的流行，一批男性杂志如《男人志》《风度》和选秀节目如《加油，好男儿》《快乐男声》等，使得以“花样美男”为代表的“封面男星”形象最终成了媒介传播中一个值得关注的文化问题。虽然在媒介的讨论中，一些论者对“男色时代”是否已经来临尚持一种保守的态度，但并不否认“封面男性”是一种与经济时代的消费活动存有密切联系的文化现象。

国外对“封面男星”现象的认识稍早于中国，可大致追溯到20世纪80年代中期。当时英美等国针对各种媒体和现实生活中男性气质的变化展开了对“新男性”的讨论，这场讨论涉及的话题颇多，许多话题在不同的领域具体展开，如政治、社会结构、性别歧视等方面，但尤为重视与消费的关系。英国学者莫特在论及那个时候的争论时指出：“其中有一个领域对它关注倍加，这就是消费文化领域。在所有意见交换中，关于青年男性的形象和他们的消费模式所展开的辩论最引人注目。”[2] 2002年英国评论家马克·辛普森在综合相关资源的基础上，将 metropolis（都市）和 sexual（性别）两个词复合在一起，创造了 metrosexual 一词。metrosexual 在中文中一般译为“都市美男”或“都市美型男”。这类群体的特点是生活于都市之中，或作为杂志等媒介的内容出现，他们关心自己的外在形象，讲究生活的品质，会为了自己的形象而选择美容、修饰，且通过媒介的传播引领时尚的发展。“都市美男”的出现与媒介消费文化的兴起紧密相连，辛普森在文章中曾明确指出，在消费社会中，彪悍的男性

（heterosexual men）在媒介的传播中已没有了市场，他们已经为都市美型男所替代。[3]可以说，"封面男星"是伴随着消费社会的悄然降临和媒介在消费社会中的迅速扩张而出现的文化现象，这一现象的出现不仅彰显了男性对躯体时尚美的关注，在某种程度上可视为男性自身的解放，而且在"封面男星"形象流变的过程中，消费社会的文化逻辑逐渐成为一种主导性的因素得以显露。

二、消费在"封面男星"媒介形象流变中的渗透

"封面男星"作为一种文化现象本身就是一个发展变化的概念，随着时代的不同，它所涵盖的内容、指称的对象亦有所变化，而这种变化与消费社会带来的社会结构转型不无关系。如果检视从20世纪80年代到今天公共媒体中男性形象的变化，则不难发现其背后维系的消费性不仅是逐渐增强，而且在社会关系诸要素中逐步凸显，成为显性的文化要素。

根据媒体的调查，从20世纪80年代至今的几十年中，中国的公共媒体占据主导的男性形象大致经历了从"硬汉"到"丑星"再到"花样美男"的历程。[4]20世纪80年代"封面男星"形象以"硬汉"为主，坚强、健壮、睿智、稳重为男性的主要气质，如高仓健、史泰龙等。而到了90年代，"丑星"逐步占领了纸媒和荧屏，他们幽默、诙谐、言谈调侃之间极具讽刺，以葛优、梁天、陈佩斯等为代表。而新世纪以后，以F4、谢霆锋、苏有朋、陆毅、陈坤、周杰伦、李晨等为代表的"花样美男"成为公共媒介中的主角，他们表现出的气质特征是青春、阳光、俊朗、优雅。形象的流变仅仅是一种表层的症候，其实质是社会结构的转型和由此而带来的审美风尚的变化。

形象的变化只是媒介传播中"封面男星"外在的感性形式，社会生产、生活方式的变革则是主导其发生变化的关键性要素。在80年代，"短缺经济"是经济学界使用频率最高的词语之一，工业化的机器大生产在社会生产中的主导地位便决定了男性要承担更大的社会责任，因此坚毅、刚强、健壮便成了对男性气质的可能性要求，男性也多以一种具有强烈支配力的形象存在。而到了90年代，随着市场化、商品化进程的推进，市场经济以大转折的方式强力冲击着固有的社会结构和审美理想，文化表现出世俗化的倾向。崇高与梦想的旁落，文化陷入了一种焦虑，在平庸和没有激情的时代氛围里，嘲弄、"拿别人开玩笑"、"看别人比我们更惨更糟糕"的小市民的审美趣味开始流行。因此，"一直隐身幕侧的滑稽、调侃、谐谑、反讽、戏仿、畸趣成为审美文化的主形态或主范畴。……这是一个没有史诗的世纪末，侃爷、丑角和明星占据着文化大舞台的中央，夸张、做作、神侃、涽聊、故作轻松、充满噱头或浅薄轻佻、卖弄风情的各路'明星'充斥电视、电影、广告等传播媒介"。[5]但对丑星为

代表的男性形象的喜好很快被消费主义席卷而来的浪潮所淹没，生产过剩、过度消费、刺激消费成为当下较为流行的文化主题，社会也由此进入到一个前现代、现代、后现代多元并存的形态之中。

在消费社会中，资本的魔力在向外围空间扩张、渗透的同时，实施着将一切领域资本化和商品化的努力，并试图对一切社会范畴进行重新定义。媒介传播亦无法脱离消费社会的文化逻辑，而这也成为媒介之所以会选择形象俊朗、气质优雅的“封面男星”作为传播内容的主要原因。也就是说，在男性可塑的形象中选择俊朗的“花样美男”形象，是为了将男性纳入媒介消费的系统中，进而完成对男性商品化的重构。

对这一问题的解答，则必须审视谁是媒介消费的消费主体，即在消费社会中媒介内容的生产与传播均是以特定的消费市场为最终导向。随着工业化的基本结束以及信息时代的来临，智能化的生产、脑力劳动者创造经济产值能力的明显增强，都无形中对孔武有力的男性空间形成了挤压，男性所肩负的一些工作或社会责任也为女性所取代。女性不再依附于男性，且女性作为消费诉求的主体而存在于消费社会中。在消费的文化逻辑统构一切领域的趋势中，对男性形象的挖掘与开发自然成为迎合女性消费的选择之一。在消费社会中女性独立意识的崛起，女性不但直接影响着消费的生产与选择，且消费作为社会生产、生活的主要驱动力已初露端倪并展现出其强大的威力。

女性的喜好在很大程度上决定了媒介传播中“封面男星”向“花样美男”的转型，对“封面男星”形象转型的解释，可以借用女性主义的路径，即女性意识的崛起，代表了女性在对抗或颠覆男权主义宰制的胜利，是女性潜意识将自身特征在男性形象选择上的个性化表达。麦克因斯曾宣称：“在电影院、电视和广告创意中，‘男性视线’的霸权被推翻了，我们不仅看到了‘女性视线’的崛起，而且还有对男人另类反应的不断出现，其中许多都明确表现为对男性气质陈旧形象的颠覆。”[6]“封面男星”的形象从“硬汉”到“花样美男”的转变，是女性在消费社会地位提升之后，抵抗男性目光的“规训”，寻找女性自我意识，进而在观看中获取主动的尝试。“花样美男”的出现无疑是迎合了女性主义所追求的这一夙愿。

但如果将这一问题置入消费社会的语境中，单纯从以文化消费需求为导向的问题域进行审视时，则不难发现消费“花样美男”的主要群体是女性，即对“封面男星”的塑造以及针对“封面男星”而进行的市场开发，主要是以满足女性的媒介消费需求为最终诉求，实现市场利益的最大化。斯诺•帕杰罗指出：“这些美男不但对那些正处于青春期迷恋偶像的小女生有一击即中的作用，调查显示，对于结婚5～10年乃至更久的家庭主妇们具有更大的吸引力。对于这些每天被枯燥的生活、琐碎的家务耗尽青春的师奶们，美男们带给她们的是一种需要更强烈的梦幻，唤起了她们容易激发的母性以及对逝去青春的缅怀。"[7]可以说，从实践调查所得的结论显示，现代消费社会中的"花样美男"在某种程度上迎合和满足了女性观众在视觉和心理上对男性形象消费的需求，在这个层面上，可以认为"花样美男"主要是媒介为了女性的消费而进行的形象生产。

当媒介传播中的"封面男星"告别过去那种彪悍或"丑陋"的形象，以俊朗、青春、阳光、气质柔和的"花样美男"大行其道时，"封面男星"便与消费紧密结合在一起了。媒介传播中的"封面男星"不仅是一种美丽的消费品，而且还代表着前沿、时尚与潮流。因此，"封面男星"的形象属性彰显消费文化逻辑的同时，男性形象本身便具备了商品化的特质。

三、身体实践作为"封面男星"商品化的具体展现

媒介传播中"封面男星"现象的本质在于消费文化的崛起，因此当消费的理念与"封面男星"紧密结合在一起时，"封面男星"就已经不再仅仅指男性俊朗的形象或外表，或者一种审美的理念、风尚，更是与市场商业运营有关的产业经济部类，具有了明显的商品化特征。在鲍德里亚看来，在消费社会中身体是最美丽的消费品，是具有生产和流通价值的商品符号。在媒介生产/消费的结构中，"封面男星"形象的商品化特质具体体现在作为资本的身体实践和作为偶像的身体实践两个层面中。

作为资本的身体实践，是指在消费社会中身体成了资本时刻所窥觑的领地，资本对身体进行着不遗余力的改造，使身体在呈现出美学化的态势中获取收益。尤其是随着"日常生活的审美化"和"审美的日常生活化"的进一步扩张，人们对身体审美价值的追求以及由此而带来的投资超过以往任何一个时代，而男性的身体也不例外。在这种趋势下，身体所具有的生理功能或肩负的责任已经弱化，而身体所承载的快感、欲望、差异与游戏等消费主义导向格外凸显出来。

也就是说，在消费主义的宰制之下，媒介传播中的身体具有了作为商品的符号意义，男性身体美以及为了身体美的改造或装饰，已被纳入资本运行的范畴之中，它服从于时尚消费的文化逻辑。鲍德里亚指出："身体，变成了最美的关切之物，独自垄断了一切所谓正常的（对其他真实的人的）情感性，但并不因而就获得了自身的价值，因为，在这一情感转向的程序中，无论其他何种物品都能依据同样的拜物崇拜逻辑来扮演这一角色。身体只是心理所拥有的、操纵的、消费的那些物品中最美丽的一个。"[8]身体成了消费的逻辑所掌控的对象之一，其所依据的是消费崇尚的娱乐、享乐主义准则，而非拥有身体的自我的主体意识。在消费社会中，身体已为媒介传播中与生产和指导性消费有关

的社会编码及标准所约束。正是在对身体的编码中，媒介引起了人们对身体美丽的关注，因而使得与男性形象塑造相关的“男色经济”作为产业经济的重要部类浮出了水面。

时下，与“男色经济”相关的产业门类十分广泛，它涉及影视、出版、广告、演艺、服装、装饰、健身、美容、模特、医疗等众多领域，已成为国民经济不可忽视的组成部分。如果稍微留意一下，则不难发现俊朗的男性形象频繁出现在公共媒介引导下的实际生活中。如英国杂志《男人帮》不仅是全球发行量最大的男性杂志之一，而且在通过杂志发行实现时尚消费理念传播方面也体现出较高的效率。以电视、网络为媒介的都市青春剧《小爸爸》《北京青年》《男人帮》《奋斗》《一起又看流星雨》，以电影为媒介的作品《致我们终将逝去的青春》《小时代》《失恋 33 天》《全城热恋》《与时尚同居》，还有在各种洗发水、香水、服装推介广告中以及商场专柜设置的男导购等，无不体现着“男色经济”的渗透和延伸。概而言之，“封面男星”在产业资本的实践中，作为媒介传播的视觉修辞用来增强图像本身的视觉吸引力，以最终实现附加或隐藏在媒介中男性形象的经济效益。从这个意义上可以认为，“封面男星”在消费社会中，媒介对男性形象或身体的应用是产业资本实现其经济效益的手段而非目的。

同时，产业运营中“封面男星”作为一种时尚还带来了男性对自我身体的关注，如整容、化妆、健身等。“人们管理自己的身体，把它当作一种遗产来照料、当作社会地位能指之一来操纵。”[9]媒介传播中完美的形体、青春的面容代表着时尚的风向，是身份、品位的象征。当然，在风向和品位之下，其实质是男性对这些领域的关注在很大程度上是基于资本所掌控的时尚观念的引领，时尚作为一种意识形态规定了人们可以遵守的标准和规范。公共媒介以直观的方式为这种标准展示出了典范，而公众亦可以依据公共媒介中形象所展示的标准来要求自身，典范形象即成为公众推崇的“偶像”，由此而引发的“偶像消费”便成了作为资本的身体实践的必然结果。

在媒介制造的“偶像消费”中，偶像的身体成了一种可以生产产值的符号，公众对偶像的消费其实质是对偶像所代表的风尚和潮流的趋从，它源于以生产为中心的社会文化形态，最终为以消费为中心的社会形态所代替，且紧紧围绕消费的文化逻辑，媒介中的“封面男星”聚合着象征性的符号、传播介质、公共领域、眼球经济等多方面的因素。莫特曾发出过这样的感慨：“这个商品化的男性偶像是多方面知识共同创造的，是产业纵横交错的联合产物。”[10]在消费社会中，偶像在时尚消费中发挥的引领作用日益突出，而“封面男星”形象则是频繁出现于公共媒体中的偶像之一。他们作为媒体人物不仅是吸引人们注意力的最佳手段和最有力的品牌，还是产生了“明星效应”或“粉丝效应”的直接参与者。此外，还可以说明的是对偶像形象的传播得益于现代媒介传播技术，先进传媒技术的发展为偶像的成功打造及其形象的展示提供了不可多得的条件和便利。正是凭靠媒介的强力轰炸，“封面男星”的形象成了各类媒介争相刊载的内容之一。因此，在娱乐产业迅速膨胀的今天，媒介中充斥的“封面男星”形象不仅是资本对身体实践的表现之一，而且进一步带动了粉丝对偶像消费的发展。

“封面男星”形象作为一种“偶像”离不开媒体的商业包装，如新款的服饰、个性的发型、精美的装饰、使用的物品等都属于媒体商业包装的范畴。商业包装的目的在于媒体要创造时尚，以通过时尚的创造来引领消费的导向。时尚为粉丝提供了既定的模式或内容来模仿，甚至是一种崇拜。在粉丝对偶像的消费中，它不仅满足了作为消费者的粉丝对个性的追求，而且有因差异性而带来的心理快慰。粉丝对偶像的消费能力也是毋庸置疑的，它基于一种内心无法抑制的激情与情感上的强烈认同，从而使得粉丝成为商品开发和市场推广中不可或缺的考虑因素。也恰如菲斯克指出的：“粉丝文化还与文化工业的商业利益密切相关。对于文化工业来说，粉丝成为一个额外的市场，他们不仅经常大量购买‘衍生’产品，而且提供了许多宝贵而又免费的有关市场趋势和偏好的反馈。”[11]因此，在市场的反馈中，当时尚成为一种普遍的规范或形象变得日益刻板不再具有先锋性作用的时候，新的时尚就会被再次商业化的媒体创造出来，从而进入另一个新的“偶像消费”循环中，以在公众的消费中实现资本利益的最大化。

最终，在资本的运行下，媒介传播中“封面男星”的商品化特质得以充分展现，而大众文化的商业化和偶像化的特质也在这一过程中彰显。媒介传播中男性的身体成了人们“购买”和“使用”的消费品，也日益成了媒介消费中被观看和展示的景观。

参考文献：

[1]“男色”时代来临了吗？［N］. 深圳商报，2003-04-07（C03）.

[2][10]（英）弗兰克·莫特. 消费文化——20世纪后期英国男性气质和社会空间［M］. 余宁平，译. 南京：南京大学出版社，2001.

[3] Mark Simpson. Here Come The Mirror Men［OL］. 文化研究网.

[4] 陈晓明，余姝. 男性之美20年变迁：硬汉、丑星到花样美男［OL］. 文化研究网.

[5] 金元浦，陶东风. 阐释中国的焦虑［M］. 北京：中国国际广播出版社，1999：17.

[6]（英）约翰·麦克因斯. 男性的终结［M］. 黄菡，周丽华，译. 南京：江

苏人民出版社，2002：68.
[7] 斯诺·帕杰罗. 谁是消费者［J］. 甲壳虫，2007（5）.
[8][9]（法）让·鲍德里亚. 消费社会［M］. 刘成富，全志刚，译. 南京：南京大学出版社，2001：142-143.
[11]（美）约翰·菲斯克. 粉都的文化经济［M］. 陆道夫，译//陶东风. 粉丝文化读本. 北京：北京大学出版社，2009：17.

《北京青年研究》2015 年第 2 期，《美学》2015 年第 6 期全文转载

抵抗、亚文化、表演：青年“穷游”现象的文化解读

姜兰花

（福建漳州职业技术学院）

近年来，一股“穷游”之风在年轻人中盛行开来，用最低的成本来完成“一场说走就走的旅行”，依靠网络这个强大的资讯分享沟通平台，把很多看起来不可能的事情变成可能，如“80 后小夫妻抱娃穷游　3 岁宝宝足迹遍 10 国”“无锡小伙穷游全国：途经 26 省行 4 万公里”“女子穷游 37 国专拍正妹　组成世界美女地图”“重庆大三男生穷游全国 只花 600 元”……2012 年一本旅行随笔《我就是想停下来，看看这个世界》的畅销，更是助推了年轻人对于“穷游”的追求与实践，使得“穷游”成为一种新兴的自助旅游方式。同时，它体现出来的生活理念对当今主流生活方式的冲击，更使“穷游”演变成一种新兴的亚文化，并借由互联网新媒介营造的传播生态圈，打上了新时尚的标签。那么，“穷游”作为一种新媒介时代的亚文化，为何会日渐流行？它呈现出怎样的特征？又具有怎样的社会影响和现实意义？这正是本文要探讨的问题所在。

一、兴起：抵抗与诱惑并存

依据美国学者科恩对旅游者的划分，一类是制度化旅行，以团队大众旅游者、个体大众旅游者为主，另一类是非制度化旅行，包括探索者和漂泊者。[1]毫无疑问，穷游者属于科恩笔下的非制度化旅行，与大众旅游比较起来，“穷游”这一小众行为，其特点集中体现为低预算的旅行成本，行程完全自助且极富弹性。不同于团体旅行的牵绊，“穷游”更为关注旅行过程中的自我认知与生命体验。

考究“穷游”的起源，20 世纪五六十年代，那些四处游荡、四海为家的嬉皮士一族虽只是一群边缘性的旅游者，但可看作是“穷游”的先锋者。从“垮

掉的一代”中演化而来的嬉皮士一族，以出走社会的方式，追寻心灵的归属，成为对抗、反叛社会既成价值观的一代。最能体现嬉皮士这种风格的，莫过于1957年美国作家杰克・凯鲁亚克的小说《在路上》，小说为年青一代勾勒了一种新的生活方式：流浪远方。《在路上》被视为探索个人自由的主题和拷问“美国梦”承诺的小说。这位影响深远的作家通过写作，为读者刻画了“西部原型的力量和流传至今的拓荒精神”，描绘了一幅开阔的原生态自然人文画面，也找到了他自己的声音和真正的主题——他自己作为局外人要在美国寻找一个位置。如此来看，旅游的目的真正是“寻找”，其寻求的特定目标无疑是精神领域的。换而言之，“穷游”的兴起，一方面正是年青一代对所在社会现状的一种“仪式性”的抵抗，另一方面又是源自“生活在别处”的远方诱惑。

（一）对都市喧嚣文化的抵抗

当下的都市生活，写满了金钱至上、冷漠无情、环境恶化、喧嚣浮华。作为当下“穷游”的两大年轻主体群，一个是工薪层，一个是在校大学生，基本上涵盖了现今的“80后”和“90后”年轻人。“80后”的工薪层在经历了“知识改变命运”的大洪流洗礼后，本以为通过知识这一渠道找到了社会阶层向上流动的可能性，可是来自社会现实的极大压力，“一毕业就失业”的魔咒，为成家、立业传统主流使命所驱使，“80后”过早地成了房奴、车奴、孩奴的代言人，这一切都使得“80后”一代年纪轻轻，就似乎在一夜之间，集体变老了。《人民日报》曾评论称，“本该朝气蓬勃的年青一代变得暮气沉沉”。“80后”为此也被打上了“暮气沉沉的一代”的新标签。当社会进步的齿轮是以物质作为杠杆作用时，曾经推崇的精神至上也拜倒在物质极奢的石榴裙之下，类似于“宁可坐在宝马车上哭，不愿坐在自行车上笑”的价值观取向，使得拜物主义和金钱主义大行其道，知识分子的社会地位并未随着“知识改变命运”的口号而提升，反而陷入了知识贬值带来的地位沦丧，以各种物质的极大丰富性来定义的成功，冲击了“80后”一代所受的人生观、价值观教育。因此，逃离现实环境的残酷与无情就成为工薪层的不二选择。在此过程中，一句“生活不只有苟且，还有诗与远方”，让年轻人生出了更多的关于“年轻人，怎么应该只在格子间里消耗自己的人生”的质疑，从而在自由与别处找寻生命的意义，体验生命的乐趣，通过这种“苦旅”的形式逃离“纸醉金迷”的都市喧嚣文化与生活。

而对于“90后”大学生来说，他们的成长环境较之于“80后”，更为独特与复杂，各种输在起跑线上的“二代”式的现状，各种创业致富、“屌丝逆袭”式的典型展示，使得“知识”成为最无资本的炫耀和最尴尬的华丽。他们是严格的计划生育时代的生命体，独生的家庭环境使他们对于自我的重视达到了极高的程度，他们对于偶像的追求，也是具有特立独行个性的个体。在他们的成长过程中，大众传播媒介构建的社会“拟态环境”，使得这一代对于社会与世界的认识更为多样化，而一贯以“别人家的×××”来表达的批判，更激起了“90后”对远方的向往与渴望。另一方面，被贴上“孤傲、叛逆、个性、不随大流的特质”标签的“90后”，由媒体自动充当着他们的代言人，处于“失语”状态的“90后”群体，“总是被一些媒体在道德和商业的混乱驱动中随意制造和粗暴定义”，[2]因此，其表达自我的方式也就变得更为另类。作为一种另类的旅游方式，穷游便也成了他们表达自我的方式之一。

（二）对精神家园崩溃的抵抗

曾有学者指出“自20世纪70年代以来，中国人的精神陷入了巨大的危机中，80年代初所说的信仰危机、文化危机，90年代所说的人文精神危机、诚信危机，人们通常所说的家庭危机、道德危机，正是这一现象的写照”。[3]传统文化的缺失，全能权力的入侵，商业化的逐利，知识分子“愈堕落愈快乐”的追求，使得我们的精神家园一击即溃。

20世纪80年代，一封署名为“潘晓”的信件公开发表后，引起了一场关于“人生观”的全国大讨论，自此，“潘晓”成为那一代中国青年的思想初恋。而在今天，以快为特征的消费式文化生活成为主流，“人生的路已经越走越窄”，根本来不及停下来思考“人为什么活着”，而作为培育思辨精神与传承优秀文化的地方——大学校园，“只见大楼不见大师”，被行政化与社会化绑架的大学，受急功近利思想的侵蚀，不再是“思想自由　兼容并包”的学术之地，而成了所谓的人才“商品”的输出地。大学生活的单调，学习的无趣，与“外面的世界”的精彩对比，使得大学生产生了一种“补偿性的选择”，[4]期望通过另一种方式来弥补精神世界的缺失。

此外，“青春”与“梦想”的迷惘，也促成了穷游的实现。如穷游网一帖子写道：“旅行最根本的动机是逃离。逃离一座城市，逃离一场过往的青春。面对青春，我们选择逃离。因为旅行，我们一次次做出为执着和坚定的任性。”[5]

（三）慢生活的诱惑

快餐文化，在很大程度上定义了现今的文化现状，一个“快”字，毫不留情地渗入到人们的吃穿住行等方方面面。不为最快，只为更快的高速路、高铁，推陈出新的各式快餐，以光纤来计算的网络速度，一不小心就会被差评的快递速度，等等，我们就生活在这样一个充斥着快节奏的时空里。

快餐文化，带来的是大众的共同式消费，同质化的生活方式，以他人的生活模式作为自己的生活模式，以他人的成功模式来定义自己的成功，以他人的生活轨迹来复制自己的生活轨迹，像一只停不下来的陀螺日日夜夜不停地转着。然而在另一方面，快文化却掩盖不了现代人生活在其中的焦虑与不安。高速发展的时代，“生命中不能承受之快”的生活方式，渐渐地使人们的生活天平出现了倾斜，各种过劳死、忧郁症、躁狂症等笼罩职场、学校，于是，以“慢生活”为代表的“休闲革命”席卷而来，成为一种新的诱惑与追求。对于穷游一族来说，住几十元一晚的家庭旅馆，以公交车代步，甚至是骑自行车上路，不强调赶场式的大众旅游，而是随心所欲地享受慢行走的休闲，与自然、自由来一场慢慢的悠游。

二、青年亚文化书写穷游

青年亚文化代表的是处于边缘地位群体的利益，作为一种对抗主流文化的形式，“它对于社会秩序往往采取一种批判甚至是颠覆的态度”，通过“表演、消遣和亚文化仪式”来表达对政治与社会的关注，通过“通行的、具有团体模式的形体符号形式”来进行身份展示，通过“或隐或显的消费主义和市场操作”来彰显商业主义色彩。[6]在穷游这一社会现象中，青年正是通过亚文化的方式书写着自己“诗与远方”的故事。

（一）自我形象的构建：从旅行直播到生命故事

作为青年亚文化中最为重要的一个特征，通过对自我形象的重新建构来抵抗主流文化对自身原有形象（刻板成见）的构建，“如何构建自我形象”往往是伴随着特定的时空语境而产生的。“80后”、“90后”两大穷游群体，正是在大众传播媒介极速变革的环境中成长起来的一代，因此，有效利用大众传播媒介，尤其是互联网络来进行自我形象构建，成为他们的利器之一。各种旅游博客、社区网站、微博微信公众号等，迅速成长起来。

旅行，是从一地到另一地的过程，又是从家到异地的过程，包含着时空的转换。穷游的兴起，源于对当下社会现状的逃离抵抗与对慢生活的追求，其目的在于通过旅行这一时空移动性的过程来建构自我主体性，同时通过在路上的“与他者相遇”的方式，透过“我”与“他者”的比较而成就自我。然而这一过程要如何呈现出来？该以怎样的方式书写下来？在影像视觉方式尚未流行的年代，“到此一游”刻字、文人侠士的游记，如陶渊明、徐霞客等，这些是最为普遍的方式。然而当下的社会现实，就像是鲍德里亚笔下的“拟像”世界，通过图像和符号就能描绘出“真实”。因此，凡旅行必要拍照片，凡拍照必要网络分享，凡分享必要书写，就构成了现今青年展示穷游的三部曲。

以目前中国最大的出境游社区网站“穷游网”为例，其游记攻略无一例外地采用文字+图片的形式，详细记录了旅行全过程。考究其图片在游记中的运用，也具有了一种“拟像”功能。一是“仪式化”功能的呈现，即通过在具有地标性的建筑前留念的方式，以示到此一游。二是“神圣化”功能的呈现，即通过完美图片的展示，使得其他的旅行者能够怀着一种朝圣的心情按图索骥前往。而文字的记录，更像是场旅行直播，从出发前的准备到行程中的点滴再到回家后的整理，事无巨细，娓娓道来。

然而，在书写旅行故事的过程中，“我”的形象自始至终都隐藏在故事述说之内，通过“当地人视野”与“旅行者视野”、“出门”与“回家”、“想象”与“现实”三组关系之间的二元对立的方式，如“如果说旅程开始前蓝天、雪山、湖泊、庙宇和孩童们还仅仅停留在想象中，则这一路走来的风土人情则不断丰富着彼此心中的影像，重塑再造彼此对尼泊尔的观感。这是一个真实存在而充满人情味的国度”，[7]将其在旅行过程中观察到的日常生活写进故事中，重点突出“我”如何将自身的生活经验、生命经验与旅行情境产生互动，如何与路上的“他者”建立暂时性的联系互动，并建构起“自我主体性”，在与他者的比较互动中，内省成就自我，从而实现旅行的目的与意义。

“太深的道理我不懂，只晓得当我站在巴德岗尼亚塔波拉神庙顶上，沐浴在金色的晨光里，有那么一刻，佛性和人性是一体的。望着陶马迪广场熙熙攘攘清晨拜神的人们，听着人声鼎沸中铃铛清脆的拨动声，时间在那一刻凝固，佛即是人，人即成了佛。”[8]

“当我递给一个老者一根棒棒糖时，他颤巍巍地连着包装放在口中美滋滋地咀嚼。虽然不会尼语，他也听不懂英语，两个人用手势和眼神完成了交流。临走时老人眼眶瞬间湿润了，以一种慈爱的目光注视着我的离开。我很难用言语去形容这种情绪，只是觉得很熟悉、很走心。”[9]

“喜欢这次旅途中所有陌生而纯真的面庞，喜欢那些在路上的人们，那些上学或嬉戏的孩子们，那些劳作或拜神的人们，毫无做作的笑容直抵内心的柔软。让我明白幸福不仅仅是一个人的浮世清欢和细水流长，幸福意味着得到和拥有。”[10]

（二）身份认同的展示：从穷游圈子到旅行文学

“步入现代社会以来，亚文化表现出了比以往更加强烈的文化身份认同，这一身份认同的过程是经由风格的建构达成的。”[11]对于穷游一族来说，其文化身份的认同表现为一个双重的过程。第一重是通过偏好并实践契合自身价值观的亚文化符号表征来建构起一种无形的身份，即在对待旅游这个活动上，穷游者不同于制度化的大众旅行，要的不是走马观花式的观赏、赶场子式的游玩，或通过购物来终结旅行，也不是星级酒店的舒适享受、美食珍馐的味蕾体验，而是在旅行中通过低成本“寻求生活/生命本真”这一哲学命题，找到对“自我”的正确定义。在旅行故事的书写中，穷游者更加注重对生命体验的诠释，“我们无法去评判孰优孰劣，只想明白为什么当我们中的大部分事业有成、家庭富足后人生的满足感却渐行渐远，只有不断向前、再向前才能维持一段时间新鲜的满足感。而这满足感对于尼泊尔人们来说，只是一顿丰盛的晚餐，一个纯净的微笑。这也是我们行走在尼泊尔这个众神国度里最后的思考”。[12]第二重是建立自己的穷游圈子，尤其是社会化媒介的使用，与其他旅行类型进行区隔，并与自己的圈中好友一起形成认同。例如 2011 年环球情侣“谢谢和菜菜”、知名摄影师夫妻“千里和左手”，还有陈嘉和婷婷、“猫力和瘦肉”等等，这些“穷游 er”在穷游圈内已经集聚了众多的人气，称得上穷游圈的明星人物。在这个专属于穷游者的圈子中，通过将个人经验转化为故事的方式，充分展示了他们的价值追求。他们有属于自己的圈内用词，针对某些共同的爱好、共同的话题进行互动交流，同时，通过跟帖、转发、评论等方式“观看”他人的生命故事，因此，这个圈子共同体成了穷游者强化价值认同、建构身份认同的重要场域。从这个双重的过程可以看出，以其行为动机及行为方式来衡量的话，青年穷游者们正是扮演了“拍摄者”“叙述者”“表演者”等多重角色，并最终通过“观看/表演”的方式获得身份认同。

如果说穷游圈子是处在边缘地位的穷游者们进行“自我表露”与“自我身份认同”，以对抗主流文化的方式之一，在一定程度上还属于私人化的珍藏，那么旅行文学的畅销与繁盛则使得穷游这一另类的旅行方式逐渐成为一种新时尚，在大众化层面向主流文化发起反抗。

梳理近几年逐渐畅销起来的书籍，除了青春文学外，一个比较突出的现象就是旅行文学的繁盛。从《背包十年：我的职业是旅行》《独立，从一个人旅行开始》到《我就是想停下来，看看这个世界》《再不远行，就老了》《要么读书，要么旅行，身体和灵魂总有一个在路上》，再到《人生终有一场触及灵魂的旅行》《遇见时光的慢旅行》等，这些旅行游记或散文随笔，大都以个人经历为素材，不仅有对异地风情人文全景式的描述，也有对旅行者自己内心风景的解读，融合写景、抒情、叙事、议论等写作方法，为读者呈现了旅行者在时空转换中的心境变化，甚至论及两地之间的社会文化因素及意识形态差异，兼具感性与知性。有的作品甚至站在一个“朝圣者”的角度来描述旅行的过程，抽离自身的文化脉络进入到异地的文化脉络，“觉得自身可以转换原有的身份、阶级，脱胎换骨”。同时，在这些旅行文学中，必不可少的高清精美图片，注意力经济时代的视觉呈现方式，直观地表露旅行者与异地的互动，成为又一吸引读者关注的因素。读者通过这些图片，一方面实现了不用出行而获得一定体验的“神游”，另一方面也诱发了读者变想象为现实的旅行行动力。

由此可见，借助旅行文学的繁盛之风，原本属于文学者、作家专利的文学出版，如今也可以是普通人乐意即可为的活动，使得这样一个文化活动本身成为对精英文化的消解。此外，通过旅行文学的非虚构性展示，在图像叙事与文字叙事的双重书写下，穷游也越来越成为时下青年人的旅行新风尚，这种风尚从一开始就破除了对精英、主流文化的简单模仿，包含着青年一代对当今快速生活方式的反击，期待用返璞归真的方式回应生命的本真需求，发展成为一种新的生活理念与生活方式的倡导与践行。

三、文化反思：“诗与远方”的表演

青年穷游一族带着“仪式抵抗”的意味对经济高速发展而精神早已崩溃的都市生活进行了逃离，并在互联网时代以新的技术方式展示着自己的生活理念与生命哲学。“生活不只有苟且，还有诗与远方”，此语一出就直击现代都市人日渐浮华与喧嚣的心灵，在消费主义大行其道的消费社会里，“诗意地栖居”被重申。然而，正如《商品的世界》一书的作者道格拉斯和依史尔伍德所指出的，“消费从来都不是源自纯粹的经济因素。它既是经济行为，也是文化行为”，[13]亚文化书写的穷游一族，以一种另类的消费方式试图在布尔迪厄所谓的“文化场”中赢得某种地位。“以文化资本为轴心的理想秩序正面临着被以经济秩序为轴心的现实秩序超越乃至替代的威胁。”[14]因此，深藏在青年“穷游”现象之下的消费社会的青年亚文化特征就值得我们慎思而行。

2015 年一封简短的辞职信“世界那么大，我想去看看”，被网络挖掘后迅速成为史上最具情怀的辞职信，引起了众多青年的共鸣。然而一句“钱包那么小，哪也去不了”的回复，却道出了当下最为尴尬的一个现实，即再大的梦想也需要有现实的支撑。换言之，即便是以低成本为典型特征的“穷游”，也是要建立在经济消费基础之上的。因此，在用这样的消费方式来进行自我形象的构建及身份认同的过程中，依据“凡旅行必要拍照片，凡拍照必要网络分享，凡分享必要书写”青年“穷游”三部曲，为了更好地展示自己的文化风格与生活理念实践，拥有一套较好的摄影设备就成了穷游者出门必备的装备之一。照片分享不再是网络截图，而变成了穷游者在旅游地“真实”环境的再现，同时在跟帖评论中，圈内人的评论也集中于对书写者所贴图片的鉴赏及对摄影装备的考究。以“穷游网”一篇游记《北纬 27 度的暖色青春》为例，在其评论中，有过半的评论涉及对博主所贴图片及风景的关注，如 ID：尘小烟儿（版主）直接评论“照片很美，赞”，ID：Lucy 评论“照片超美的，张张都是明信片”，还有 ID：chengshixiba 评论“请问相机型号和镜头”，ID：因为深所以蓝评论“对了，同问楼主带了哪几支镜头？”ID：一暖阳“同求科普摄影技术：相机镜头以及后期手法！”……由此可见，当自我形象建构及身份认同的表征与经济消费之间的关系变得密不可分时，青年“穷游”亚文化个体所“先赋”的经济实力也就变得更为重要，当青年穷游从旅行地回到家时，他们依然要面临着新的生命哲学与经济消费问题。

“花更少的钱，看更多的风景”，可谓是概括了穷游者的典型特征。在穷游圈中，比起如何书写生命意义的故事，如何在穷游中找到自我的定义与生命的本真，整个旅行花费了多少钱及历时多长时间更受关注，目的地的风景呈现也更容易成为圈内比较的对象。当笔者以“尼泊尔”作为目的地进行“穷游网”的游记搜索时，在 500 多篇热门游记攻略中，“2 200 元穷游尼泊尔 23 天”“1 500 元游走尼泊尔 16 天”“20 余天 8 000 元，成都重庆拉萨尼泊尔泰国”“2014 年尼泊尔的春天！7K 元暴走 37 天 10 城市”“1 300 元，90 小女 15 日尼泊尔浮世天堂之旅”等类似的攻略数量不少，这恰恰契合了穷游者们最为迫切的经济消费需求。作为“穷游”的两大年轻群体——工薪层和在校大学生，他们的购买能力基本上处在消费社会的中下层，但是却拥有极高的消费意识和消费欲望，尤其是在以消费作为社会区分的消费社会中，处在社会底层的人总是希望通过对商品的消费来获得向社会高层靠近与流动的可能性，并在“文化场”中赢得某种社会地位。

然而，当小众的穷游逐渐转变成大众消费，青年穷游一族以“仪式抵抗”主流文化时，这股小众的亚文化就必然会受到以商业化形式现形的文化“整合”与“收编”。根据赫伯迪格在《亚文化：风格的意义》中提到的两种收编手段，“一种是商业化的收编，一种是意识形态的收编”，[15]青年穷游一族依靠旅行文学展示的身份认同，实际上就变成了“商业化的收编”。通过将一些颇具影响力的穷游者的游记随笔以书籍出版的方式进行商业化的扩张，批量生产，获得商业利益，无形中隐藏的却是主流文化将穷游现象商业化的目的。同时，借由大众媒介对穷游现象的报道，一方面表现为对青年穷游行为猎奇性、窥视性的报道，另一方面表现为绝不姑息在穷游中出现的一些不稳定、不安全、不安分、不道德因素，如穷游者为避开高额花费采取逃票方式、为满足探险而不顾安全、为观看世界而逃课等，这些事件近年来频频出现在媒体报道中，无不体现了以媒体及舆论为代表的意识形态的收编。

青年穷游一族，作为新媒介使用最为活跃的群体，他们的穷游以逃离为出发点，以追寻为目的，最终仍要回归到都市生活中，这一系列的过程，都是通过互联网、社交媒体等平台进行展示的。因此，其在穷游过程中所扮演的几种角色，如“拍摄者”“叙述者”“表演者”如若放置到“观看/表演范式”中来进行思考，就毫无疑问地陷入了“表演化”的旋涡中。原本是以“寻求生活/生命本真”为目的的旅行，变成了晒美景、晒美食、晒美人的拍摄活动，变成了晒“徒步”、晒“暴走”、晒“悠闲”的叙述个人英雄活动，变成了一场情侣秀恩爱、摄者秀功夫的表演活动，使得青年穷游亚文化到最后也演变成一场表演与观赏秀。一方面，通过那些经过后期处理、加上水印的图片，向圈内人宣示/炫耀自己；另一方面，通过观赏这些精美的照片，使观赏者产生羡慕及憧憬心理。同时，青年穷游更是附带上“自恋”的角色与成分，生命意义与生活意义不再作为展示的重点与核心，被他者观看、欣赏的也不是青年穷游对于生命意义的领悟与解读，而是变成了对那些看不尽的风景照，以及青年穷游一族“自恋”般的前台旅行表演的消费。他们作为这股文化的生产者，最终也变成了这股文化的消费者，不得不说，这是青年穷游亚文化难以承受的“诗与远方”，我们渴求的“游侠儿”在消费社会里终究像是个美丽的传说与神话。

参考文献：

［1］Cohen，E Toward. Sociology of International Tourism［J］. Social Research，1972，39（1）：165-182.

［2］金定海. 表达与被表达——“90 后”代际话语权的思考［J］. 上海师范大学学报：哲学社会科学版，2013（4）.

［3］秋风. 中国人已经踏上寻找重建精神家园之路［J］. 中国美术馆，2005（1）.

［4］崔璨. 青年亚文化视角下的背包客现象研究［D］. 上海师范大学硕士学位论文，2013.

［5］［7］［8］［9］［10］［12］“北纬 27 度的暖色青春——瓦片的尼泊尔行记”［OL］. 穷游网 http://bbs.qyer.com/thread-1057977-1.html，2015-02-16.

［6］陆扬. 文化研究概论［M］. 上海：复旦大学出版社，2008：303-310.

［11］［14］蔡骐. 网络虚拟社区中的小清新亚文化［J］. 湖南师范大学社会科学学报，2013（6）.

［13］（英）泰勒，威利斯. 媒介研究：文本、机构与受众［M］. 吴靖，黄佩，译. 北京：北京大学出版社，2005：180.

［15］（英）迪克·赫伯迪格. 亚文化：风格的意义［M］. 胡疆锋，陆道夫，译. 北京：北京大学出版社，2009：78.

《北京青年研究》2015 年第 3 期，《青少年导刊》2015 年第 11 期全文转载

污名与自我污名：大学生身份表达与实践的二重性分析

安　超

（北京师范大学）

“屌丝”“屌丝逆袭”“高富帅”“白富美”“土豪”等是中国“70后”、“80后”青年自我解嘲、自我宽慰、自我戏谑的网络话语，虽然不雅，但作为一个隐喻，对于理解青年一代的生存和心理状态，理解中国特有的社会潮流和文化现象有着特殊的社会学意义。这种污名文化所反映的集体认知，不仅是文化问题，更是当下中国社会问题的折射，它并不是简单的情绪发泄，而是反映了一定的现实社会矛盾，因此对于污名及自我污名现象的文化理解与意义阐释显得尤为重要，“没有话语，就没有社会现实；不理解话语，就不能理解我们的现实、我们的经历和我们自己”。[1]

理解与阐释的目的并不是为污名翻身，也不是为庸俗代言，而是理解和阐释污名话语和文化背后的社会逻辑，理解和阐释此种话语下个体、社会结构、他者三者之间的互动与建构，发掘个人的文化理解和实践逻辑，有助于揭示当下中国各种“污名”背后权力关系与价值逻辑发生的变化。只有这样才能有助于实现不同阶层间真正的社会认同和社会融合，促进社会阶层的良性流动。

一、污名及自我污名的流行：新犬儒主义的文化表达

污名及自我污名文化的滥觞，以“屌丝”话语的产生为代表。2012 年 11 月 3 日，“屌丝”一词登上《人民日报》十八大特刊，引发了网络和社会热议。在此之前，人们更习惯用“草根”来作为底层人们的隐喻，然而，“屌丝”的产生将“草根”这种中性的表达污名化，并相应产生了“高富帅”“白富美”“土豪”等一系列污名词汇。董海军认为，网络话语建构下，“屌丝”主要用来描述在人力及经济等资源上相比参照群体不足的男性青年。其中，人力资源主

要包括外形相貌、教育水平、家庭背景等特质，经济资源主要是指财富的拥有状况。“屌丝”往往以在内质与外质资源上存在明显优势的“高富帅”群体为参照，并且他们往往自称弱者。比如“屌丝”往往使用“穷、臭、矮、矬”来描绘自己，在他们看来，爱情上只是“女神的备胎”，生活中是“奴才命”，未来发展上“永无翻身之日”。[2]总而言之，屌丝属于社会上的弱势群体，李斌也认为这是“底层文化的言语表达”。[3]

然而，这些词汇广泛流行后，其原意、适用群体、使用情境发生了很大变化。比如，“屌丝”慢慢演变为一种社会性的自嘲，人们乐于品味小人物自己的故事，更爱看对“高富帅”的嘲讽。很多表面不符合“屌丝”定义的人，和“屌丝”八竿子打不着的人，甚至“高富帅”们都在争相认领这一名号，比如作家韩寒、人气乐团五月天、球星李毅等。韩寒说：“我是纯正的上海郊区农村‘屌丝’”；人气乐团“五月天”说：“走下舞台，我们就是‘屌丝’”。中国球星李毅说：“现如今的流行风尚改了，自嘲成为更高尚的生活方式，好像有返璞归真的意思，大家都不用活得那么虚伪。”

对于污名文化的理解，现有研究的定位主要包括反抗传统的青年网络亚文化、阿 Q 文化、解构文化、新犬儒主义等。

李超民认为，“屌丝”等话语的流行，是新型的网络亚文化，是一种具有创造性的网络语言文化，其边缘性、批判性、反抗性、开放性和娱乐性等都彰显了后现代社会文化特性……是青年反抗传统文化、彰显自身个性特点的工具。[4]他也指出，这种解构文化既有自暴自弃的颓废，也有蔑视主流的骨气。[5]王玉香也认为这是一种青少年网络流行文化，与互联网的发展密切相关。[6]2012 年，《新周刊》专门结集出版《屌丝传》来讨论这种社会学现象，并认为“屌丝”是一种新型的阿 Q 精神胜利法，“屌丝宁可以貌似自我矮化的方式来接受现实，他们并非沉沦，而是以新的方式来取得跟社会、跟自己的和解”。程和祥认为“屌丝逆袭”只是阿 Q 似的自嘲、自欺欺人、自我安慰和自我陶醉。[7]

笔者认为这是一种新时期的犬儒主义。《现代性后果》里提到，“犬儒主义指的是一种通过幽默或厌倦尘世的方式一直情绪上焦虑的模式”。[8]《新周刊》也称，“从历史线索来看，这是一种精神世界随遇而安的支流：你追名逐利，我自狂狷；你要做人上人，我安贫乐道；你有你的实力，我有我的精神胜利法；你追求崇高，我躲避崇高；你要你的成功，我要我的快乐……自称为屌丝的人，不是社会的负担，也不要博取任何通气，他们真实生活，也搜索各种正能量”。[9]

然而值得思考的是：“屌丝文化”真的是“弱者”的武器吗？很多强者也参与了它的建构和流行，“高富帅”们也常以“屌丝”自称。另外，污名文化真的是反叛主流文化的亚文化吗？“逆袭”就是为了进入主流文化，可见，污名及自我污名文化比表面所表达的更加复杂。

二、自我污名文化的代表性群体：大学生成为新的底层来源

从各类污名词汇的产生来源和使用者来看，他们多是“80 后”或者“90 后”，刚踏入社会的年轻人或是在校大学生。李斌认为，大学生是“屌丝”等污名文化的代表性群体，他们有认同其身体属性、心理属性、工作属性和群体属性消极面的倾向，愿意将自己归类于社会底层。不过到目前为止，大学生群体对“屌丝”及类似词汇所包含的各种属性还没有达成整体性认同，其认同区间值为 30%～60%。

李斌认为，大学生也是现阶段中国新的底层来源。超过 50%的大学生高度认同污名词汇使用者的底层社会特征，并认为社会底层可以通过自嘲来实现某种程度的自我保护和认同，进而宣泄不满情绪，实现某种群体性的“狂欢”。这暗示着中国社会的底层已经将昔日“天之骄子”的大学生纳入其中，致使中国底层社会又有了新的来源。[10]

笔者认同这种观点。刘云杉曾论及“寒门难出贵子”，“对于大多数中国家庭，尤其是城镇与农村的中国家庭，通过高等教育完成城市化的历程是制度为其留出的有限且安全的通道。扩招刺激了更多人的热望，大量新型学生及其非传统境遇的出现，是一个高等教育乃至全社会均需面对与承受的实践难题”。[11] 与此相伴的是，“教育的筛选功能遭遇危机，越来越多的人获得高等教育机会，而文凭作为能力识别标志、身份识别符号以及市场交易符号，在不断膨胀中迅速贬值……穷孩子早已玩不起这场竞赛。然而，以前静态的社会金字塔结构已经变成一场动态的马拉松比赛，过去尚可待在底层，现在却要使出全身解数，投入奔跑。假如停下来，即意味着再也找不到位置，哪怕是最底层的位置”。[12]

著名社会学家布尔迪厄的文化资本与文化再生产理论可以解释这种现象。文化再生产指的是学校与其他社会机构一起使得社会和经济的不平等代代相传。在高度分化的社会中，文化资本是某种形式的权力资本、文化资源，比如教育文凭，已经作为一种资本发挥作用，因而已经变成现代社会中新的、独特的分化根源，文化资本正在变成越来越重要的新的社会分层的基础。然而，自称“屌丝”的大学生的家庭更多地集中于中下阶层，尤其是中国的劳工或农民家庭，其家庭的经济资本和文化资本稀缺，在中国城市化的大洗牌过程中处于劣势地位，其向上流动的过程越来越艰难，但已经接受了高等教育的他们已难以认同乡土文化，用自嘲和反讽的“屌丝”文化最能表达他们的反抗情绪，而又掩饰着他们的身份尴尬。

社会学家威利斯在《学做工》中也指出了这种现象，他认为，劳工子弟在部分地洞察主流文化时，也以反抗主流文化的形式选择自己的道路。劳工阶层子女并不是处于被动接受的地位，而是具有文化上的创造性与能动性，即便如此，他们仍然很难摆脱父辈的命运，继续进入次级劳动力市场。威利斯描述的劳工阶层子女的命运与当下“屌丝”大学生群体的状态非常相像。

作为中国社会底层的新来源，大学生成为自我污名文化的代表性群体并不奇怪，他们才是污名文化的真正消费者和传播者，但还要思考的问题是，为何接受了精英教育的大学生不选择一个更为雅致的词汇来自嘲，而要用如此低俗的字眼来自辱呢？大学生自我污名，是否代表他们就认同此污名？这需要深究污名文化的产生与流行原因。

三、自我污名文化何以产生：现代性与去经典化的社会认同

污名话语为何产生和流行？比较普遍的解释有社会阶层固化和贫富差异引发的冲突，现代社会的信任危机，庶民的社会认同，网络技术推波助澜以及大众流行文化具有独特价值。

李斌、程和祥、董海军均认为，“屌丝”等污名词汇的产生是社会阶层固化和贫富差异引发的冲突。我国的社会结构逐渐定型，代际流动非公平与代内机会非公平日益显著，阶层之间的边界和藩篱日益清晰，强势阶层和弱势阶层开始出现明显的分野，“屌丝”也就变成了弱者在困境中的呐喊。

张昱认为，这是现代社会的信任危机。在现代社会的信任危机情况下，人们往往通过将他者污名化来进行自我保护、身份区隔和群体标志，形成一种负向的自我防卫机制，致使泛污名化现象普遍出现。[13]

就前两种观点而言，污名文化是现代性的后果。社会学家吉登斯表达了类似观点，他认为，现代性即城市化对城市本身兼具创造与破坏作用。一方面，城市化集中了人力、物资、服务与机遇，同时也分裂、削弱了地方传统和现存网络的完整性。与集中化和经济增长并存的是边缘化所造成的危险后果，使得发展中国家包括工业化国家大量城市居民处于边缘状态。这种状态威胁了人的本体性安全，让人产生本体性焦虑。[14]在这时，人们往往采取犬儒的应对方式，通过幽默或厌倦尘世的方式抑制情绪上的焦虑。[15]这一点与前面所提到的新犬儒主义是相通的。

蔡润芳认为，这代表着庶民的社会认同，是社会对庶民编码、言论自由的尊重和自我心理上的某种共鸣。“屌丝”从线上走到线下，从名副其实的真“屌丝”到都市白领、高校学生的争相追认，体现的是一种主动或被动地用标签来给社会群体归类的过程，是社会人群互动后自我认同的产物。[16]

陆杨认为网络的去经典化特征对此推波助澜，以及大众流行文化的独有价值，使污名话语广泛流行。他指出，网络社会里的消费行为与生俱来具有去经典化的特性。网络传播技术发展和网络虚拟社会的形成为全民“恶搞”时代的到来创造了条件。一方面网民是自主的、独立的，可以占有网络传播的话语权和主动权，自主地决定传播和接受信息的时间、地点、方法和内容；另一方面，网民的匿名性，使其摆脱了社会关系和社会习俗的控制和压制，表现出群体心理的感染性和夸张性，以及群体行动的冲动、盲目，而做出一些违背社会伦理和挑战社会权威的事情。网络传播主体的匿名性，赋予了网民“恶搞”经典的勇气。

在传统大众媒介社会中，身处底层的人难以逾越阶层，轻易地观察到上层社会人民的生活状态，也难以对整个社会分化有着清晰的、深刻的认识。互联网社交媒体打破了这一形态，社交网络的开放性使整个社会的透明度急剧提升，社会分化清晰地展现在所有人面前。时空的打破也激发出社会人心中的“公平”感，身份比较的范围也无限扩大。在大众传媒时代，外边的世界遥不可及，个人幸福感是在和同城、同村或同区的比较中建立起来的；而在社交媒体时代，整个世界密不可分，个人的幸福感再也不可能仅仅建立在狭小一隅，而是更彻底地以世界为单位的等级比较。“高富帅”与“屌丝”的二元对立格局就是在互联网时代文化身份格局被打破的情况下重新整合出来的产物。[17]

综上所述，污名及自我污名文化的产生机制主要包括现代性后果在中国的体现、网络文化的兴起和污名具有社会认同（分类、排斥）的心理、社会作用三个方面。不过，对污名及自我污名的现有研究在以下几个方面的认识不足：一是未能揭示高学历群体采用低俗文化以自嘲的深层心理过程和逻辑；二是未能揭示不同社会结构之间产生了不同话语的深层逻辑；三是未能揭示个体对于污名词汇宣称的话语与行动之间的矛盾性或二重性。

四、自我污名与泛污名化：底层叙事与权力更迭

欧文·戈夫曼把污名定性为“受损的身份”（spoiled identity），其本质是“由于个体或群体具有某种社会不期望或不名誉的特征，而降低了其在社会中的地位。污名就是社会对这些个体或群体的贬低性、侮辱性的标签。被贴上标签的人有一些为他所属文化不能接受的状况、属性、品质、特点或行为，这些属性或行为使得被贴上标签者产生羞愧、耻辱乃至犯罪感，并导致了社会对其产生不公正待遇”。[18]戈夫曼的定义可以用“被侮辱的与被损害的”一词来形容：污名是强势群体对弱势群体的侮辱，同时意味着或直接带来后者利益的损害，久而久之，这种污名会自我内化，使被污名者产生类似自我认同，并固化

利益的损害。

戈夫曼同时提出了自我污名的概念。自我污名是当公众污名产生之后随之而出现的自我低评价和自我低效能。即某一群体或个体在遭受公众污名贬损之后，在主观上产生的自卑感、自羞感和自责感。然而，从上文的综述可以看出，“屌丝”作为一种中国特色的自我污名有了新的特点：

首先，“屌丝”“土豪”等污名不是自我对他人命名的内化，从其产生和发展历史来看，是一种自我命名，被命名者也未必会认同这种污名，“身份表达”仅仅是话语假象。

其次，自我污名的人并不会产生羞愧、耻辱和犯罪感，有时还以此为乐，以敢于自我“侮辱”的“坦白”和“真实”为荣，这是戈夫曼当时的研究未能涵盖的。

最后，自我污名群体扩大化或者说泛化了，也就是说泛污名化。张昱指出，“随着当代中国社会转型的不断深化，污名化现象亦不断增加与扩展，出现了个体自我或群体自我、个体之间或群体之间，或自我赋予，或相互赋予负面的、嘲弄性的、侮辱性的标签和特性的现象，并由此导致了污名现象不断增多、污名对象不断泛化、污名内容逐渐多样、污名关系愈加交错复杂的污名化等新趋势。同时，社会大众在对这种泛污名化的反应更加敏感和强烈的同时，却存在受污者自身的心理感知相对弱化的趋向，进而影响社会成员之间的相互信任和群体认同”。[19]也就是说，一是污名的权力关系发生了改变，不完全是强者对弱者，从他人命名发展到自我污名；二是人们对极端自我污名的宽容度增加，被污名者感知度下降。

污名化反映了两个社会群体之间一种单向“命名”的权力关系，它体现为群体特性与另一群体加诸该群体之上的印象之间的一种特殊关系，这种特殊关系即具污名的一方和另一方之间的互动，而污名化就是这一互动关系不断发展以致最后成为凝固现实的过程。他将污名化作为社会建构的中心，并把它描述成“一种特征与一种僵化教条观点的特殊关系”，它植根于一种语言关系，并且污名体现了事实的社会身份与真实的社会身份之间的异质性。从“屌丝”一词的发展管窥中国社会的发展，我们发现，当下中国的污名现象更加多样化和复杂化，反映出泛污名化现象的增多及其背后权力关系的转变。

首先，污名从他人污名转变为自我污名，而且与戈夫曼的定义不同。“屌丝”是李毅吧粉丝的自我称谓，从产生之初便是一种自我命名，但与戈夫曼对于“自我污名”的定义不同，他们自我命名的时候并没有在主观上产生自卑感、自羞感和自责感，反而是讽刺不劳而获的“高富帅”。“屌丝们”对以“屌丝”自称或是被他人称作“屌丝”看得很淡，他们知道自己出生卑微与平凡、生活平淡无奇的现状，知道自己身份低微、生活平庸的现状，但不抱怨，丝毫没有以此控诉社会的意思。

其次，我们可以发现污名者与被污名者话语权力关系的转变——单向度污名化变为双向度污名化或反向度污名化，并具有底层叙事道德倾向。陶鹏也指出，在传统的污名现象中，社会优势群体通常是污名化现象的制造者，社会弱势群体则是污名化的被动接受者，社会优势群体借此来表达对某些特定弱势群体的刻板印象、偏见和歧视。然而虚拟社会完全颠覆了传统污名现象中的二元权力结构，原本被固化的污名关系得以重新建构。大众阶层作为现实社会中遭遇污名体验的弱势群体，现在成了虚拟社会污名现象的制造者，现实中的权威阶层、精英阶层反而经常成为虚拟社会污名现象的被标签化群体，在虚拟公共领域里丧失了原有的社会地位、社会信誉和社会价值。大众阶层采用戏谑化的方式制造污名，使用“公务猿”（公务员）、“砖家”（专家）、“叫兽”（教授）、“妓者”（记者）、“呕像”（偶像）等网络词汇指称某些现实社会中的特定优势群体，一些特殊群体也被赋予了“富二代”“官二代”等带有人格贬损意涵的标签。许多虚拟社会污名现象产生之初，就已经预设了支持底层大众诉求和关注弱势群体利益的倾向性前提，并且存在非常明显的底层叙事道德倾向。[20]

五、结论：自我污名文化表达与实践的二重性分析

黄宗智在《清代法律、社会与文化：民法的表达与实践》一书中提出了“表达”与“实践”的著名概念。他认为，“表达”是对事实的描述，可能符合真相，也可能与之相背离……在现实中，表达与实践往往是相悖的。[21]在日常生活中，很多人自嘲为“屌丝”，但内心并不认为自己是“屌丝”。对“屌丝”身份的表达并不意味着“屌丝身份”的实践。相反，还可能出现“去屌丝化”符号的实践，在消费、仪表、服饰、生活习惯及思想观念方面向“高富帅”“白富美”靠近。

笔者访谈了一名北京高校的大学生林夕，他自称“屌丝”只是无奈——自己确实没有背景、出身草根，是农民的儿子；但他考大学、读博士等一系列选择都是为了“逆袭”，为了“去屌丝化”，成为“高富帅”群体的一员。最为明显的是他的穿衣打扮和消费方式，“平常省吃俭用买衣服、买鞋都会时尚一点，贵一点，不用多，要有一两件表示身份的衣服”，“人往高处走，水往低处流”，虽然他看不惯很多北京人歧视外地人的行为，但仍然想有个“北京户口”成为真正的北京人。不过他也认为，他虽然有“屌丝”身份——农民的儿子，而且人离乡疏，但走到哪里心都不会变——像“屌丝”二字赤裸裸的低俗表达一样实在、真诚。尽管林夕以《红楼梦》中晴雯的“心比天高，身为下贱”自比，但他却不甘心与晴雯拥有一样的悲惨命运，因为时代已经改变了，而且他认为

“付出和回报虽不相当，但肯定是呈正相关的。在这个浮躁的年代，我们不缺少思接千里、眼界开阔、无所不知的思考者和聒噪者，缺乏的是一根筋的许三多式的执着者。知我者谓我心忧，不知我者谓我何求。坚持到底，不忘初衷，咬定牙关不放松”。可见“屌丝”的自嘲却仍带着草根特有的“春风吹又生”的坚韧和“屌丝逆袭”特有的对未来的信心与乐观。一方面是自嘲、自贬，另一方面又憧憬、向往，林夕对“屌丝”的身份表达与“去屌丝化”的实践有重合，也有背离，具有二重性、复杂化的特征。

综上所述，污名及自我污名文化在大学生中间的流行带有复杂性特征，主要体现在以下几个方面：

首先，污名词汇背后有多重的“发声者”，作为一种污名，其背后有多重动机和多重权力关系，在这种话语体系里，不仅“屌丝”是污名，其对立面“高富帅”“白富美”也是一种污名，因为就屌丝产生的互动机制而言，并非为赞美对方而产生。

其次，自我污名并不代表污名认同，这与戈夫曼的研究有所不同，“屌丝”“高富帅”等词汇的身份表达与话语实践之间存在分裂与统一，这种“言行不一”“言不由衷”并非是人性虚伪的体现，而是人类在现代化浪潮中被异化、又反抗被异化的矛盾性写照和冲突性表达，本质上是在文化冲突中消除身份认同焦虑的文化适应过程。

最后，自我污名是个体与社会结构、他者互动的产物。正如海德格尔所说，“人之所以能认识万物，是因为人一向融于世间万物之中，一向生活于、实践于世界万物之中”。[22]大学生在污名自我的同时，也重新建构了社会关系，改变了社会结构。

参考文献：

[1] 詹全旺. 话语分析的哲学基础——建构主义认识论［J］. 外语学刊，2006（2）.

[2] 董海军，史昱锋. 青年代际流动与代内机会非公平［J］. 中国青年研究，2013（1）.

[3]［10］李斌，汤秋芬. 走近“屌丝”——大学生底层化表达［J］. 中国青年研究，2013（1）.

[4] 李超民，李礼. “屌丝”现象的后现代话语检视［J］. 中国青年研究，2013（1）.

[5] 李超民. 大学生“屌丝”现象的兴起与应对策略［J］. 思想理论教育，2013（9）.

[6] 王玉香. 新媒体时代透视青少年“屌丝”文化现象［J］. 中国青年研究，

2012（9）.
［7］程和祥. 新阿 Q 精神：屌丝逆袭［J］. 中国青年研究，2013（6）.
［8］［15］（英）吉登斯. 现代性的后果［M］. 田禾，译. 南京：凤凰出版传媒集团，2011：120.
［9］新周刊杂志社. 屌丝传［M］. 桂林：漓江出版社，2013：3.
［11］刘云杉. 培育双重资本，应对奥德赛期［J］. 北京：高等教育研究，2009（9）.
［12］刘云杉. 寒门难出贵子：基础教育与高等教育的双重困境［J］. 中国社会科学报，2012（B01）.
［13］［19］张昱，杨彩云. 泛污名化：风险社会信任危机的一种表征［J］. 河北学刊，2013（3）.
［14］（英）吉登斯. 社会学［M］. 李康，译. 北京：北京大学出版社，2003：567.
［16］蔡润芳. 屌丝的逆袭史——网络亚文化传播管窥［J］. 今传媒，2013（9）.
［17］陆扬，张毅. 文化研究导论［M］. 上海：复旦大学出版社，2006：315-316.
［18］（美）欧文·戈夫曼. 污名：受损身份管理札记［M］. 宋立宏，译. 北京：商务印书馆，2009：1-10.
［20］陶鹏. 公众污名、自我污名和媒介污名［J］. 广东行政学院学报，2014（2）.
［21］黄宗智. 清代法律、社会与文化：民法的表达与实践［M］. 上海：上海书店出版社，2007：12-13.
［22］张世英. 哲学导论［M］. 北京：北京大学出版社，2002：1-8.

《北京青年研究》2015 年第 3 期，《青少年导刊》2015 年第 12 期全文转载

“80 后”青年作家登场的社会学分析

——文学场的演变与新入场的文学生产者

李晓燕　卢　辉　梁艳春　彭北平

（北京林业大学外语学院）

一、问题的提出：少年写手为哪般

在中国自 20 世纪 80 年代以来的社会大变迁背景下，两亿多“80 后”成长起来，正活跃在人生的、社会的舞台上。这个群体中的“80 后”作家则显得分外突出。在 1999 年，“80 后”群体中最大的也才 19 岁，这个群体中的一部分少年写手却已登台并逐渐进入文学场。他们的言语、思想、行为、价值观等与以往几代人殊异。其经历、作品以及生存状态，映射出这个变迁的时代和多元社会的一缕多彩多姿的折光。这些少年写手写书、出版或发表其作品，被贴上“80 后”作家的标签；同时，其作品热销，拥有不少同龄人书迷，这是当时清淡的文学市场的反常现象。“80 后”作家热持续升温，已经成为一个现象。社会舆论也开始对这代显得早熟的群体投以关注的目光，①事实上，“80 后”作家的登台，是“80 后”整个一代人引起争议的起点，由此引发了对整个一代人的热议。

那么，是文学场和权力场的什么变化，使得这个群体在人生的少年阶段就得以著书立言？是什么样的社会环境造就了他们？本文试图从布尔迪厄的场域理论分析“80 后”作家的登场。

二、关键概念：场与文学场

布尔迪厄（Bourdieu）把场定义为“由不同的位置之间的客观关系构成的一个网络，或一个构造”，[1]并强调从关系的角度出发进行分析。他认为，比起笼统的“社会环境”“社会基础”，场域分析更加清晰。他把社会分成权力场、经济场、文化场等。其中权力场是支配性的场，在考察文化场等时都要考察它和权力场的关系。场是由一个个位置空间组成的，由于场“结构的形式……，尤其是……彼此冲突的各种各样特殊力量之间的距离、差距和不对称性”，[2]场内斗争不断。

分析一个场包括三个步骤：第一个步骤为分析与权力场相对的场的位置。第二个步骤是描绘行动者或体制所占据的位置之间的关系的客观结构，这些行动者或体制是为了争夺在这个场中的特殊权威的合法形式而展开竞争的。第三个步骤是分析行动者的惯习或性情系统，而性情系统是通过内化社会和经济的条件而获得的。[3]每一个场中，占主要地位的资本是不一样的。布尔迪厄把资本划分为经济资本、权力资本、文化资本等。每一个行动者手中的资本组成的数量和结构也是不一样的。这种资本的数量和结构在“时间演变中所起的作用”，以及“社会轨迹和性情（惯习）在时间演变中所起的作用”，[4]决定了行动者在场中的位置，决定了行动者在场的游戏中的胜率。人们怎样进入一个场呢？布尔迪厄认为，一旦他们占有了有关特性的某个明确的结构，就可以合法地进入一个场。而场的结构是由在场内活跃的资本的特殊形式的分布结构来定义的。[5]

对于文学场，布尔迪厄认为应该用互文性的方式考察作品空间和生产者、制度（生产、评论、出版社）的空间之间存在严密的一致性、同源性。研究者需要解释，如风格（存在于风格中的秩序，作品发表的场合，作品得到承认的表现，风格持续的时间等）在主题的空间、传统的空间、表达模式的空间中的占位。是什么造就了一个作家？作家作为社会行动者，他们进入一个场是凭借着占有某种特性的结构。作为资本的承受者，他们所能选择的道路为：一是积极地把自己引向对资本分布的维护；二是颠覆这种分布。[6]作家的惯习、所采取的美学立场，以及在创作空间的客观关系、同其他作家竞争的客观关系，造就了作家，使他们趋于成熟。作家必须对艺术场的将来的发展、一切他所要做的事情有一种“历史感觉”，这种感觉使得他们能够参与游戏，被游戏接纳并达到能够预测其未来的境界。为了站稳脚跟，作家和其他艺术家必须采取某种立场，同样，他们的作品也体现了艺术场的规则。

从下文可以看到，正是文学场的内在法则，以及文学场和其他场，特别是和政治场、经济场的相互作用、相互斗争，导致了“80 后”作家在人生的较早阶段就有机会加入到了文学场。具体说来，是政治场对文学场控制的松动使得文学场获得部分自主，而政治场对文学场财政支持的部分撤离又导致纯文学生产场各方面都倾向于按照经济场的规则来运作。因此，“80 后”的符号作为一个挽救一本期刊命运的稻草，作为各出版社，特别是文艺出版社按照文化工业规律来运作畅销书的选题，得到推广。而对于 90 年代后期的少年文学爱好者们来说，他们尚未有任何资本，但拥有在他们人生早期培养起来的殊异的惯习。文学场和诸场的关系、他们的惯习与文学场的处境的切合程度，对他们能否上场、何时上场有着结构性的作用。

三、文学场的演变与新入场的文学生产者

（一）期刊现状与《萌芽》的自救行动

1. 期刊的发展阶段

从1978年到1999年“新概念”作文大赛的举办前，文学期刊发展经历了以下三个阶段。

第一阶段：1978—1985年前后，是文学期刊发展的 “黄金期”。

第二阶段：1986—1993年前后，是大幅度的“滑落期”。大型文学期刊备受经济大潮冲击，征订数曾突破百万的期刊跌落到了10万份以下。

第三阶段：1994—1999年，是期刊的洗牌、改革阶段。1994年“九五计划”期间，期刊计划实现阶段性转移。1998年前后提出的所谓“三年断奶”，即除了个别期刊外，在三年之内将切断中央财政拨款。面对文学期刊普遍订户人数急剧减少的情况，期刊面临着生死抉择。1997年3月10日，当时的新闻出版署颁布了《关于期刊业治理工作的通知》：除学报、学术类期刊外，其他期刊不足1 000份的予以停办。在这个生死令下，一些文学期刊不得不停办，② 还有许多在生死线上挣扎。面对这种局势，文学期刊纷纷改版。据不完全统计，仅1998年更名和申报更名（1999年才以新刊名出刊）的刊物就至少有154种。[7]绝大多数文学期刊在办刊宗旨、办刊模式、读者定位等方面都作了调整。许多文学期刊在靠财政拨款、发行销售额外，还依靠广告收入和寻求与企业合作。

2.《萌芽》举办“新概念”作文大赛

上海作协的《萌芽》所举办的“新概念”作文大赛被普遍认为是“80后”作家得以登场、成为气候的滥觞。青少年文学刊物或作文刊物中其实不乏各种作文比赛或文学奖。那么，“新概念”作文大赛何以脱颖而出？我们认为，是期刊的境况导致了《萌芽》期刊举办这次大赛，又因恰当地利用了资本并切合了时代脉搏而成功。

在《萌芽》今天风光的背后，是一个当年入不敷出、濒临破产的《萌芽》。作为全国最早的青年文学月刊，《萌芽》在80年代也曾辉煌一时，但随着90年代文学整体滑坡，《萌芽》也落入谷底：1995年，《萌芽》发行量跌落到1万份大限。

基于此，《萌芽》的改版是必然的。事实上，从 1996 年 1 月起，《萌芽》开始向“反映都市青春风貌”的校园杂志转型，读者定位在大中专学生。刊物里加入时尚因素，并确立了今天的栏目分类与市场定位。他们提出“用一本杂志来体验青春，用一本杂志来感受文学”的口号。随着《萌芽》与读者互动的增强，它的销量有了提高。

然而，1998 年，随着《昆仑》《漓江》等相继停刊，期刊自救的热情再度升温。作为自救的手段，《萌芽》正是在这一年的 12 月开始启动“新概念”作文大赛，并借此一跃成为“青春刊物”中的佼佼者。

3.“新概念”作文大赛成功：象征资本的颁发

“新概念”作文大赛是《萌芽》杂志社借助其可资利用的象征资本举行的一次活动。大赛迎合了时势，一些有前瞻性眼光的编辑利用其文学杂志社和作协、高校等单位的天然密切的联系而具有的象征资本为杂志社争取到了经济资本（如大赛使得刊物订数上升）和新的象征资本（如出名）。

（1）大赛在语文改革的大背景下，试图成为语文改革的一部分。

在大赛之前，舆论对高考制度就已经颇有微词。大赛应潮流而动，汇集了社会各方面力量，汇集了社会名家的声音，并在《萌芽》上刊登讨论文章，以期改变语文应试教育模式。这种对现存教育体制、人才选拔体制的大胆挑战，无疑会吸引社会各界的注意力，扩大其知名度。

这次大赛被策划成对现行的语文教学和测试制度的批驳，认为它违反了文学或者语文作为一门艺术而应该具有的感性、创造性、灵活性的审美特征，而走向应试教育和标准化，与艺术规律相反，过于理性、科学性、机械性、虚假。因此，在征文启事中，针对现状，提出以“新”（创造力）和“真”（符合语文作为一门艺术的标准）为标准。

（2）功利性与非功利性的完美结合。

在表面上无功利性、纯试验性的语文教学改革或考试改革的倡导背后，似乎也令人怀疑有一些迎合学生的功利性心理的东西。把语文改革和一次大赛、一本杂志如此紧密地结合起来，等于是在宣扬自己代表了高考作文的考试命题方式改革的方向：如果中学生能够长期关注《萌芽》上的文章的风格，将可以从中受益，提高高考作文分数。《萌芽》杂志社社长赵长天在给《第三届全国新概念作文大赛获奖作品选》所作的序言中说，“这几年，中学语文教育也在大幅度地改革，许多人认为高考作文的命题和‘新概念’作文大赛复赛的命题已相当接近。我很高兴看到这样的发展趋势……”[8]

“新概念”作文大赛倡议书的第二部分标题是“现行高考制度的补充形式”，意思是通过作文大赛，能够像奥林匹克数学、物理、化学竞赛一样，成为一种高考选拔制度的补充，在高考制度的“边缘进行某种有目的的尝试，为最终的改革积累必要的经验”。[9]

在征文启事中，许诺“获奖的或入围的应届高中毕业生将进入几所著名高校重点关注范围，视其情况予以提前录取或优先考虑”。[10]这对于在高考的独木桥上苦苦挣扎的考生来说，无疑是多了一种选择。文科好而理科差的学生，在当时的高考制度中可能处于劣势，但若在大赛中脱颖而出，将使自己的命运发生极大的转折。③

（3）充分利用手头的象征资本，并为学生争取获得高考重点关注的象征资本。

“新概念”作文大赛得到如此多人的关注，原因之一就在于《萌芽》善于利用学生所缺乏的象征资本。尚未成年的中学生大多还没有生活的压力，因此，奖金对于他们中的大多数，并不具有太大的吸引力，而大赛颁发的象征资本才是他们更为看重的。

对高校，尤其是名校，中学生一般都充满着向往之情。名校，意味着荣誉、光明的前途、一生的转折。深谙此道的《萌芽》杂志社，打出了象征资本的第一张牌——名校牌。北京大学、清华大学、复旦大学、北京师范大学、华东师范大学、南京大学、南开大学、武汉大学、厦门大学、中山大学、山东大学……这些大学的名字不厌其烦地出现在大赛的征文启事中，获奖选手作品集的封面、封底、内页上，并强调：对“××杯”全国“新概念”作文大赛一等奖获得者予以免试录取、重点关注。④

第二张牌是著名作家和名校教授。在每一届大赛组委、评委、工委名单中，都可以看到一个包括名校校长、副校长，名校中文教授、教授兼博导，著名作家，报社著名编辑在内的“很豪华”的阵容。⑤大赛囊括了文学权威，他们拥有的象征资本让比赛颇显权威。

第三张牌是获奖文章将可能由专家点评，在《萌芽》上发表，并结集出版。这些许诺赫然写在大赛征文启事的“奖项设定”中。这些一般学生不敢奢望之事，只需参加“新概念”作文大赛即可能获得：买一本或订阅一本印有报名表的《萌芽》，附上自己不曾公开发表过的作品，就有希望入围参加决赛。从杂志社这一举措可以明显看出，举办此次大赛背后的原因是促进刊物的销量或订数。果然，《萌芽》的订数上升：大赛前订数约为一万份，而到了2003年，订数飙升到了26万份。[11]

因了一场大赛，一份杂志在文学期刊衰颓的大背景下走上了振兴之路。当然，更重要的是，以此为契机，它引领了许多80年代出生的青少年释放出压抑已久、一直引而不发的创作能量，走向了缪斯女神。“80后”作家以此为契机，获得了蓬勃的生命。这一场比赛，使得许多出版商看清楚了青少年文学所蕴含的商机，因此尝试着出版了韩寒的《三重门》并获得巨大成功。由此可见，

“新概念”作文大赛是期刊在失去权力场的庇护之下，借语文改革的东风和自己的象征资本来对经济资本缺乏的一种补救措施。

在21世纪的头十年，别的纯文学期刊也应时而动，对“80后”作家作品有条件地投出了橄榄枝，发表了一些他们认为是属于纯文学的作品，代表文学场中主流文学期刊对“80后”作家有选择地承认。⑥

（二）出版社的变化以及对新的市场热点的开发

1. 出版社的发展阶段及其新变化

作为精神产品和精神文明建设不可或缺的一部分，出版社一直和权力场保持着紧密的联系。从编制上看，出版社是事业单位，是国家为了社会公益目的，由国家机关（新闻出版署）利用国有资产⑦举办的社会服务组织，但是从80年代到90年代所见证的是出版社逐渐走上向企业制的转轨之路，⑧同时也经历了一个权力场的控制由紧到松的过程。

一是从1976年到1983年。由于精神产品极度供不应求，这个时期出版社基本服从权力场的意志来进行出版品种的选择。

二是从1984年到1993年。权力场的控制由紧到松，出版社在体制、价格管理方面进行改革，明确了出版作为产业的改革方向。

三是从1994年到1999年。出版社的企业化方向的改革进一步深化，权力场对出版行业的控制减少，文艺类型的出版社面对文学市场的衰落，面临着一个寻找新的市场热点、新的出版方向的任务。

20世纪80年代的图书编辑出版中，编辑与发行人员、读者、市场缺乏有效沟通，许多图书的读者定位不够准确。在90年代，众多出版社开始尝试图书出版的市场化运作。从1993年起，⑨春风文艺出版社及其编辑安波舜模仿商品的品牌经营，开创了文学作品的第一个品牌“布老虎文丛”，开发出一系列的产品“布老虎”丛书。从此，文学开始市场化、商业化运作，文学开始和畅销书、稿酬、选题、策划等词语联系起来。2002年，春风文艺出版社的时详选编辑与“80后”作家郭敬明签约购下郭敬明在大学期间的所有书的出版权。此后，越来越意识到青春文学作品中的市场潜力的春风文艺出版社开始编辑“布老虎青春文学丛书”，将受到读者好评的“80后”作家纳入囊中。

曾有人用“倾斜的文学场”来表示文学场中的出版机构、期刊向市场的方向的倾斜。[12]从图书出版业来看，读者的购买行为就意味着市场、图书发行量、再版、经济回报。20世纪90年代的人们发现图书经过炒作、宣传才可以成为畅销的商品。《废都》的稿费事件、“文稿拍卖”事件、卫慧等人的所谓“身体写作”都引起一时的轰动，并拉动相应图书的销量。

随着国家对大部分出版社财政拨款的撤离，出版社孤立于市场洪流之中，这时若出版社不改革和找准市场，财政上将会面临十分危险的境地。对此，出版社诸多方面都进行了改革。新增加了图书策划人，希图借此能够帮助出版社根据市场的需要，来策划迎合市场的图书，以实现利润的更大化。策划人负责全程策划和全程营销。策划人甚至打出了品牌，他们有一定的专业教育背景、丰富的实践经验、较强的出版资源整合能力，能机敏地把握市场动向、读者需求。他们捕捉社会热点和文化需求，发现或制造市场兴奋点、读者兴奋点。策划人的出现表示图书出版的价值取向开始向市场转型。文学场中的组稿方式也有变化。考虑到自由来稿能够赢得市场的概率比较低，而向名人约稿更有针对性，而名人的“人气”也可吸引更多的媒体关注。无论是报纸、杂志社还是出版社，现今基本都不接受自由来稿。

在这种背景下，文学写作爱好者普遍意识到，要成为作家，首先要通过网络、电视、报纸等大众媒体出名，作品才能得到出版的机会，否则寄出的稿子很有可能石沉大海。

2.“80 后”作家作品畅销的开始：《三重门》

早在 1996 年和 1998 年，海天和春风文艺出版社就分别出版了两位 16 岁少年的作品——郁秀的《花季·雨季》和许佳的《我爱阳光》，但这些青春图书市场的尝试的影响不能和韩寒的《三重门》出版引起的轰动、热议相提并论。也正是作家出版社的此举让众多的出版社看清楚在青少年图书市场所蕴含的巨大商机。《三重门》是一次实验性质的出版活动，是各方合力的结果。

（1）部分有超前意识的专家、编辑的肯定、推荐。痛感学生作文失去少年应有的灵性的几位《萌芽》编辑⑩看到对教育制度的讽刺之作《三重门》，断定稿子很有价值并推荐给某出版社。作家出版社的编辑袁敏从《萌芽》的编辑中得知韩寒的经历和作品后，认定此书值得出版。[13]当然，袁敏自身作为成功的编辑所积累的声望和资本是具有说服力的，否则韩寒的作品可能无法通过作家出版社严格的编审制度。当然，这也是该出版社面对市场经济大潮的改革尝试：初出道的韩寒的作品被认为具有市场潜力。

（2）大众传媒的配合。韩寒的年龄，作为留级生、“新概念”一等奖的获奖者，获奖过程，⑪都有可炒作之处。韩寒成为新闻、看点，有戏剧性因素。写《三重门》时他才 16 岁（1998），是读第一个高一时所写，[14]出版《三重门》时也才 18 岁（2000）。他语文只考了 60 分、好几门功课不及格、退学，这些事件本身就可引发争议。

（3）韩寒的作品处在一种中国教育制度改革，特别是语文教育制度改革的大背景下，韩寒小说的内容、讽刺的风格符合了该背景。《三重门》中充满了对以语文老师为代表的老师、教育体制方方面面的批判。

（4）韩寒的惯习成为可供消费的符号。韩寒的本色表演和一贯风格，使得韩寒成为一个可供消费的叛逆的符号。韩寒的文字极尽讽刺、幽默、挖苦之能事，在行为上也逆主流而行，总是新闻不断。他这个符号被媒体、出版社利用，成为一个可以一次又一次炮制出新闻、图书炒作的符号，在一定时间内被大众反复消费。

（三）文学场构成的新变化与“80 后”的兴起

布尔迪厄认为，是当时的社会历史条件促成了 19 世纪末法国文学场的生成和独立，其标志是文学场有其自主法则，而不是由权力场的法则统治。[15]

表面上看，八九十年代以来的文学场结构的主体没有变化：出版社、文学期刊、报纸的文学副刊、评奖机构、作家协会、作家、文学评论期刊和报纸、文联、读者等单位组成了文学场。其中可以细分出文学的生产（作家协会、作家等）、流通（出版社、文学期刊等）、价值判定（文学评论期刊和报纸、评奖机构等、读者）的组成成分。其实，文学场的构成变化很大。在新世纪，网络在越来越大的程度上成为文学场的组成部分之一。各种新技术、新媒体令文学场的游戏规则发生改变。

1. 网络的兴起

新世纪初期正是网络方兴未艾之时，从此文学作品的创作和“发表”又多了一个网络平台。当时除了向“新概念”作文大赛投稿、获奖而赢得名气之外，还有部分年轻作家靠在网络上发表作品，引起反响，然后被出版社看中，出版书籍。前者如韩寒、张悦然，后者如何员外。许多网站的建立都与“80 后”作家能成小气候直接相关。比如，“榕树下”网站、天涯社区、“病孩子”网站、“黑蓝文学”、“黑锅论坛”等，都是“80 后”上网时常浏览的网站，许多作品就是在这些论坛或网站“发表”，赢得点击率，形成热点，被大量转载，最后由书商或出版商看中出版。

许多网上的长篇小说在连载过程中，经常有作者和读者互动的现象。在何员外创作《毕业那天我们一起失恋》时，读者的互动使得何员外把主人公桃子从艺术系的学生改成动力系的学生。网友的热情支持和回应使作者能够完成这部作品。⑫

网络作为创作和发表的平台，也影响着“80 后”作家的创作。网络上没有传统的编辑的霸权，任何人都可以把自己的文字粘贴进某个文学网页中。作品的文字质量、体裁、题材、意识形态、价值观、是否涉嫌色情基本上都无人来管。⑬这种准入门槛的降低极大地鼓舞了具有创作兴趣者的热情。这体现在网络上作品的日新月异。据估计，网络上每年出产的良莠不齐的长篇小说有 20 万部。[16]因此，可以说网络作为创作平台、作品传播平台给暂时还年轻、无法进入传统的文坛的“80 后”作家的成长带来巨大影响。

2. 创作方式的变化

“爬格子”——在方格稿纸上写稿子——极少被“80 后”作家采用，取而代之的是在电脑或别的编辑器上编写电子文档。电子文档易被修改、复制而不留任何痕迹，写作过程中可随时上网搜寻相关信息，可借助相关的辅助软件的帮助，可轻易地转换成电子书的文档格式，可多次在网络上粘贴。由于年轻人对新技术天生的亲和力，网络和电子文档的兴起对年轻人是有利的，虽然在技术上给一稿多投、大规模地抄袭带来方便，但同时网络和电子的信息交流方式也让年青一代更快地赢得潜在读者，更好地与书迷交流。

3. 评论机制

文学评论作为文学场中文学价值的评判机制，传统上是通过专门的文学评论期刊等媒介来实现的。评论人员多半为精英知识分子，他们的文章部分地决定着文章的价值、命运，引导读者对所阅读书籍的选择。

而当代的文学场的这种机制仍然存在，但更多地局限于学术圈。除原来严谨的作风在权威的学术期刊上继续存在之外，还产生了“酷评”，即用活泼的文字，用讽刺挖苦的文字去评论一部作品，把文学评论娱乐化。《十少年批判书》专门对“80 后”作家进行批评，遵循了“酷评”的风格。在这本书里，韩寒被称为“一把破损的旧钥匙”，郭敬明被称为“小太监”。基本上靠的是贴标签，而不是翔实的论证。

4. 排行榜

畅销书排行榜的完善是与书业的市场化、图书大卖场的崛起、连锁经营和信息化建设联系在一起的。畅销书与全国性图书销售排行榜的诞生紧密相关，[14] 这是市场给出版社带来的压力，迫使它们去寻找新的市场热点。新的评论机制以及排行榜使文学进一步商品化。

（四）“80 后”作家所具有的惯习

1.“孤独的王”

1979 年中国提出独生子女政策，令主要生于城市的“80 后”作家中独生子女占较大比重。比如，韩寒、郭敬明、张悦然等都是独生子女。

独生子女普遍享有优越的生活条件，有充裕的零花钱。身处消费主义，他们显得更注重物质，追求时尚、情调、小资等精神，有时缺乏人生的目标。他们关注大众媒体，对新事物具有强烈的兴趣。他们有强烈的自我意识，对等级制度、权威的认同较弱。这些都体现在“80 后”作品和作家的行为中。很多“80 后”缺乏兄弟姐妹作为玩伴，缺乏同龄人的交流对象，是“孤独的王”。“孤独”甚至成为郭敬明所写的《幻城》的主题。

2.“80后”所受的影响以及在其作品中的体现

曼海姆特别强调，童年经验构成了层化意识的第一层，之后的经验都是在这最初的框架中获得意义。[17]“80后”所处的正好是90年代的中国。这是我国商品经济开始发展的时期。大众文化开始流行，外来的大众文化产品——欧美、日韩的电视、电影、流行歌曲、动漫、电子游戏等——影响着“80后”。

一是欧美大众文化的影响。比如，欧美的电影、流行歌曲经常被郭敬明等人作为小说散文的主题。

二是韩国和日本的文化对这一代人的影响。韩国的电视剧、歌舞，日本的动漫风靡中国，被年轻人广泛接受。郭敬明的《幻城》被许多网民认为和日本漫画《圣传》在许多方面雷同，比如情节的设计、人物角色的安排、故事的背景、结局等各方面都基本相同。郭敬明虽然否认抄袭，但也承认这部作品的确是受了CLAMP⑮很大的影响。

三是电子游戏的影响。许多人物主人公和情节、背景、主题等方面的设定来自对虚幻的世界的认识。那多承认自己在写《那多三国事件簿》时，所受的影响不是书本《三国演义》或《三国志》，而是电子游戏中的三国。[18]周嘉宁的作品《超级马里奥在哭泣》则以日本任天堂公司自1985年就推出的超级马里奥游戏作为背景。电脑游戏“黏土世界”（NEVERHOOD）的条例也成为贯穿春树的《2条命》通篇的线索。此外，许多人注意到“80后”作品中也经常出现死亡，比如，12个人的死亡构成了蒋峰的《维以不永伤》的线索。这可以部分解释为受到电子游戏的影响，因为游戏中经常有大批人伤亡。有些“80后”作家把电子游戏当作是生活中不可或缺的一部分。李海洋承认，自己玩CS，而且“狙击水平已经登堂入室”。[19]

四是国内和港台大众媒体的影响。郭敬明《幻城》的中间部分模仿了古龙的武侠小说中的推理，显示了港台武侠小说的影响。在他的《爱与痛的边缘》中，许多当代的歌星也都出现在他的散文中：朱哲琴、麦田守望者、窦唯、王菲、朴树。有不少文章都是作者对这些歌手作品的感受和讨论。在张佳伟《飞一般的忧伤》中，一开头便是主人公看香港导演王家卫所导的电影《重庆森林》的场景，电影情节的交代与小说主人公对电影的反应交织在一起。《青春无悔》的歌词、老狼的歌曲也出现在韩寒的《三重门》里。

四、结论

正如众多批评家指出的那样，布尔迪厄的理论并没有很好地融合社会中出现的新景象，如媒体对文学场中的各占位的影响、大众消费社会的兴起等。而这些因素在世纪之交的中国，对“80后”势力的形成不可或缺。“80后”惯习的形成，其作品对题材、内容的选择，以及其行为都受到这些因素的影响。另外，多元社会的兴起、社会结构的转型、城市化的进程等中国独特的现实也不容忽视。

正是由于权力场对以期刊和出版社为代表的文学场的逐渐松动，使得文学场的独立性增强。但与此相伴的是文学场被卷入经济大潮，必须自救以在经济上保全自身。“80 后”就是在这样场与场的关系当中得以进入文学场。此外，新世纪文学场出现的种种变化，如网络的兴起，则使得文学场的规则悄悄地发生变化。但恰好是因为文学场的变化切合了“80 后”的惯习，使得“80 后”作家才得以在青年时期，甚至是少年时期就脱颖而出。

注释：

① 最初的媒体关注多半是负面的，在 2008 年前，他们中的许多负面标签，如“垮掉的一代”“迷惘的一代”“网虫”“赤贫族”“月光族”“追星族”，他们“以自我为中心”“冷漠”“叛逆”“懒惰”“自私”“狂妄”“拜金”“不负责任”。他们之间的独生子女则是“小皇帝”“小霸王”“小公主”等。在 2008 年后，“80 后”在汶川地震和奥运会上作为运动员和作为志愿者的出色表现使得大众和媒体对这一代人的评价开始好转。

② 1998 年停刊的文学期刊有《昆仑》《漓江》《小说》等。

③ 高校对获奖者提前录取的许诺只持续了头两届“新概念”作文大赛。2001 年国家教委做出取消文科生免试直升的决定。因此从第三届起，只承诺“各主办单位在他们的职权范围内对获奖者予以优先考虑”。(赵长天. 作文是快乐的［M］//陈佳勇，韩寒，等. 全国新概念作文大赛获奖作品精选. 1-3 届（AB）. 北京：作家出版社，2003：417）.

④ 比如，在《全国新概念作文大赛获奖作品精选. 1-3 届（AB)》《全国新概念作文大赛获奖作品精选. 4-6 届（AB)》四本书的封底、内页皆有此字样。

⑤ 比如，首届的组委包括北大、复旦等大学的副校长等。评委既包括曹文轩等名校教授，也包括方方、铁凝、贾平凹等著名作家。

⑥ 张悦然、李傻傻的《红 X》(《花城》)，笛安、苏瓷瓷、郑小琼等人的多篇作品都得以发表。张悦然更是有多篇作品发表在纯文学期刊上。此外，《上海文学》2006 年第 3 期作了“新世纪上海青年作家”专号。2009 年，《人民文学》总第 600 期作了“80 后”作家专号，包括春树、苏瓷瓷、赵松、马小淘、吕魁等一批年轻作者的作品进入了《人民文学》，象征着文学场对年青一代作家群体的进一步肯定。2013 年第 5 期的《大家》推出“70 后、80 后新锐专号”，于爽、严澄、甫跃辉等“80 后”作家的作品得以发表，并象征性地用获诺贝尔文学奖的莫言作为杂志的封面。

⑦ 国家对出版业的经济政策的支持，如全行业所得税返还，出版社增值税减免或先增后返，县及县以下新华书店营业税减免，出版单位基本建设投资方向调节税减免，等等。

⑧ 近年来出版社的转企步伐加快，成立了如北京出版集团、江苏凤凰新华书业股份有限公司等企业性质的出版集团。2009 年 11 月，新闻出版总署在《关于加快推进经营性图书、音像和电子出版单位转制工作的通知》中明确要求对于年底前未完成转制的地方出版社、高校出版社和 2010 年前未完成转制的中央各部门各单位的出版社将予以注销。

⑨ 早在 1992 年，广东省新闻出版局的图书选题研究中心在“双效书”方面，以及华艺出版社在市场化机制运作畅销书方面都有尝试。中国的出版业在市场化运作注重社会效益的基础上开始把重点放在经济效益上，注重市场调研和读者需求分析。

⑩ 胡玮莳、赵长天都看过这部书稿，前者“赞叹不已”，后者读完马上将它推荐给某出版社。（据韩仁均．儿子韩寒［M］．上海：上海人民出版社，2000.）

⑪ 韩寒由于没有收到杂志社寄出的复试通知而没有参加复赛，杂志社决定为韩寒单独出题复试题：捏成一团的纸被置入盛有半杯水的漱口杯中，要求即景作文。韩寒写出的《杯中窥人》后收入其杂文集《零下一度》。

⑫ 根据附在《毕业那天我们一起失恋》后对网友的感谢：“因为种种变故，我本来打算写了第七集以后就此无限期悬置我的小说，在诸位网友的一致关心和爱护下，我才有信心写了下去……”

⑬ 当然，网站可以删除他们认为在意识形态等方面有问题的文字。权力场对网站也存在着监督机制。

⑭ 《中国图书商报》、《中国图书评论》、《出版广角》、北京开卷图书市场研究所、上海东方出版交易中心等都曾推出各种形式的图书排行榜。

⑮ 《圣传》是日本漫画工作室 CLAMP 于 1989 年开始连载的作品。

参考文献：

［1］［2］［3］［4］［5］［6］ 包亚明．场的逻辑［M］．文化资本与社会炼金术——布尔迪厄访谈录，上海：上海人民出版社，1997：142，147，150，144，152，154.

［7］ 李频．期刊策划导论［M］．石家庄．河北教育出版社，2000：126.

［8］［9］［10］ 陈佳勇，韩寒，等．全国新概念作文大赛获奖作品精选．1-3 届（B 卷）［M］．北京：作家出版社，2003：417，383，389.

［11］ 易舟．《萌芽》成功“突围”［N］．文艺报，2003-01-30.

［12］ 邵燕君．倾斜的文学场——当代文学生产机制的市场化转型［M］．南京：

江苏人民出版社，2003.
[13][14] 韩仁均. 儿子韩寒[M]. 上海：上海人民出版社，2000. 另外，2010年2月23日韩寒在其博客中称袁敏是自己的“恩人、最早的责任编辑袁敏老师”，见韩寒博文. 太紧（http://blog.sina.com.cn/s/blog_4701280b0100h2p8.html）.
[15]（法）布尔迪厄. 艺术的法则：文学场的生成与结构[M]. 刘晖，译. 北京：中央编译出版社，2001.
[16] 吴俊. 如此之“多”的长篇小说[N]. 文学报，2009-08-36（7）.
[17]（德）曼海姆. 卡尔·曼海姆精粹[M]. 徐彬，译. 南京：南京大学出版社，2002.
[18] 那多. 那多煮《三国》[M]//韩寒，何员外，等. 那么红. 北京：中国文联出版社，2005：55.
[19] 李海洋. 玩命[M]//载韩寒，何员外，等. 那么红. 北京：中国文联出版社，2005：80.

《北京青年研究》2014年第1期，《青少年导刊》2014年第5期全文转载

从马瑟博士到苏斯博士
——美国儿童文学之价值观变迁研究

厉育纲

（北京青年政治学院）

儿童文学是指以儿童为阅读对象的文学作品，在类别上通常包括儿歌、童话、儿童小说、绘本、儿童诗、儿童戏剧等。儿童文学作品人物角色鲜明，语言通俗易懂，情节生动活泼，富有启迪意义，旨在教育和影响儿童树立正确的人生观和价值观念。受制于不同的文化背景，不同国家、不同民族、不同地区的儿童文学所呈现的美学风貌也不尽相同。儿童文学的起源虽不在美国，但无可否认的是近百年来美国的儿童读物出版物数量之多、体裁之广泛、内容之丰富，是其他国家所不及的。这也可以从儿童文学世界级大奖的设立情况看出端倪。目前，儿童文学世界级的三个奖项，有两个是在美国，①并且，美国是第一个专门为儿童文学设立奖项的国家。

一、考察儿童文学之价值观变迁的意义

从历史来看，通过分析某个国家一个时期以来的儿童文学作品表达的价值观及其蕴含的社会行为是考察该国家儿童教育乃至该国价值观变迁的一个很好的视角。

首先，考察儿童文学作品中主角有无自由选择生活方式的权利，或其愿望是否被满足，可以看到其所处的时代中，社会机构是否随着时代的发展做出相应的变革，从而对儿童更为便利，也即从中看到社会制度的变迁。梳理一个国家两三百年来的儿童文学作品中的主角、性格特征、主题，可以考察其主角社会背景、社会条件、社会行为的变化，从而研究其社会价值观教育的变迁。

其次，随着时代发展，我们可以看到作品主角的个体需要逐渐从关注基本的生存需要转而更多地关注自我实现的需要，从中可以考察个体价值观教育的

变化。

最后，儿童文学作品中主角个体需要的满足伴随着自我成就的价值感和对环境的控制感，也传递了一定的教育价值观。儿童书籍可以展现出许多题材、类型、学科的发展和应用，比如，它既能够反映印刷技术和插图色彩的技术，也会把历史变成人们耳熟能详的故事，反映社会的接纳程度（故事中的灰姑娘是怎么转变命运的？小红帽是怎么脱离危险的？），还可以用来研究社会和种族的历史、妇女的作用，具有教育性和启发性，让孩子学习阅读、识字，如何表达思想与想法。正是儿童书籍，帮助孩子追踪自己的成长，明白“我们是谁”“我们曾经是什么样的人”以及“我们未来要成为什么样的人”。

从研究美国儿童文学作品中，我们也可以审视，那些美国建国之初民众珍视的价值观念，在美国不断发展壮大乃至称霸全球以后，在儿童文学书籍中表达得更为清晰、明确了吗？随着其国力不断发展，美国是否还坚持将这些价值观念传递给下一代并希望传承到未来？儿童文学书籍在历史的长河中如何体现美国的价值观？笔者深信，美国儿童文学作品中传递价值观教育的方式，对我国的儿童文学创作乃至社会价值观教育是有借鉴和启发作用的。

二、美国近三百年以来的儿童文学发展

在美国，专为青少年儿童和年轻人写书已经成为一个数十亿美元的产业。众所周知，《哈利·波特》一书在全世界的青少年儿童中风靡一时，该系列图书在世界各地已经超过 1 亿美元的销量。在美国，有一部与《哈利·波特》类似的青少年魔幻书籍《珀西·杰克逊》系列丛书，该丛书自 2005 年出版至今一直高居美国各州、各地区畅销书排行榜前列。值得一提的是，此系列图书还是美国前总统奥巴马亲自重点推荐给青少年的最佳读物。毫无疑问，美国儿童文学正在经历大繁荣的时代。不过，青少年儿童文学类图书在美国畅销流行并不是什么新鲜事，自殖民时代开始，儿童文学就一直呈现蓬勃发展的态势。

美国著名的儿童文学评论家 Mary Lystad 搜集分析了美国近三百年来的儿童文学代表作，根据以下五个指标进行筛选：① 出版物的“定位”，从其出版目的到作者的性别和宗教背景，社会背景和风格；② 主角的社会特征，包括性别、种族、年龄和社会阶层；③ 主角的需要；④ 其需要如何获得满足；⑤ 其需要获得满足的程度。她按照历史顺序划分了七个阶段，每个阶段各选取 100 本书。结果表明，在 1721 年和 1795 年期间（见表 1），58%的儿童书强调需要感恩，只有 4%的作品承认儿童有游戏的需要，而有 69%的书中表明了对力量和成就的需要；宗教组织是个体实现目标最为依赖的社会机构（57%），其次是教育机构（43%）。大部分书中描绘了个人首要的需要是满足团体归属的

需要；在四分之一的案例中，描绘了个人的首要需要是满足神的意志。

表1　出版物的目的与宗旨分析

%

出版日期	教导与教育				理解	娱乐
	宗教行为	社会行为	识字拼读	科学信息		
1721—1795	58	30	20	34	0	4
1796—1815	55	50	17	28	0	9
1816—1835	64	31	7	17	0	7
1836—1855	77	49	4	20	0	3
1856—1875	68	56	2	11	0	17
1876—1895	41	37	2	10	1	33
1896—1915	17	37	5	14	4	42
1916—1935	2	11	3	8	9	71
1936—1955	1	6	2	12	22	58
1956—1975	2	3	3	9	27	56

结合 Mary Lystad 的分析，笔者经过梳理，将其划分为六个阶段，并对每个阶段的主流价值观和代表作进行进一步梳理。

（一）受清教思想影响的时期（1721—1795 年）

美国最早的移民主要是虔诚的清教徒，他们信奉只要阅读《圣经》，就可以通过个人与上帝的直接联系获得灵魂的救赎，为了摆脱当时英国的宗教迫害，他们乘着“五月花号”航船来到了新英格兰的科德角。早期移民坚信自己是上帝的选民，是上帝将他们从旧世界的罪过和堕落中拯救出来，送往北美这块福地。这种崇奉和笃信的态度使他们有一种崇高的使命感，主张自律（self-discipline）和内省（introspection），也造就了他们自信、坚韧、禁欲、顺从、勤奋、乐观主义的人格特征。清教思想中关于个人与上帝直接联系的教义具有促进社会进步的积极因素，逐渐形成了美国民族精神中最重要的个人主义（individualism）、平等意识（sense of equality）和勤奋工作（hard work）的价值观。美国精神中的个人主义并不是汉语中和集体主义精神相悖的贬义词，而是强调充分重视个人自由的价值，尊重他人。最初的平等意识则源于移民新大陆之前的清教主义思想，他们强烈反对天主教和英国国教中的主教制度，主张取消宗教等级差别，由此形成平等意识的价值观。它是美国特殊历史条件下的产物，机会平等是被大众认可的美国平等主义形式。清教思想中，富裕和成功是上帝选民的象征，这种信念和新大陆艰苦的自然条件结合起来，便孕育了勤奋工作的价值观。

据现有资料表明，美国第一本出版的儿童书籍是约翰·科顿的《给波士顿小妞的精神食粮》（1641）。这本书有一个明确的目的——用《圣经》教导年轻人，向他们灌输清教徒的正确生活方式，其开篇即写道："谁是创造万物的？是至高的上帝。他铺张诸天，创造了大地。"这种做法也被一部出版时间最早、使用最广泛的教科书《新英格兰儿童启蒙读本》（1683）所采用。这本书作为新英格兰地区早期小学基础教材之一，比美国历史上任何其他教科书历史都悠久。这本书包含了宗教格言、木刻、按字母顺序排列、缩略语、地理问答、品德教化等内容。

事实上，清教徒的宗教信念在美国儿童文学发展过程中起到了很大的作用。虽然许多儿童阅读的文本不是专门为孩子们写的，但儿童仍然被要求阅读福克斯的《烈士》和班扬的《天路进步》这种富含道德教化和精神净化的书，以形成自律、节制、勤奋工作等美德。一些学者认为，美国早期的儿童阅读过这种"严肃"文本的事实，对今天应该如何创作儿童书籍起到了历史借鉴的作用。[1]当前美国儿童的阅读材料中，经常会出现描述孩子处理非常成人化的问题的内容，这是值得反省的。

（二）宗教道德教化下迈出独立的第一步（1796—1835 年）

这一时期的儿童书籍和前一时期一样，以宗教道德教化为主的书籍大约占60%。19 世纪初期美国最广泛使用的儿童识字书《儿童的第一本书：拼读简易指导》（1802）这样教育小读者："做一个好孩子；热爱、敬畏上帝；不撒谎也不随意发誓；不和坏孩子一起玩。"[2]安·泰勒吉·伯特（Ann Taylor Gilbert）在 *Hymns for Infant Minds*（Boston：S.T. Armstrong，1810）一书中写道："感谢主在我出生时微笑赐予我的善良与恩典，使我在这末后的日子，做一个快乐的基督徒的孩子。"这一时期有几本书值得关注：Parson Weem 的《乔治·华盛顿的生平》（1808）、《费城的哭泣》（1810）、《威士忌玻璃》（1825）、《美国主日学校联盟的禁酒书》和《古德里奇的第一本历史书》（1831）。这几本书依然在为清教伦理传道：顺从上帝、勤奋工作，不要荒废时光。上帝是全部力量、智慧和指导的源泉，其作用依然十分明显，以至于 Parson Weem 在写美国最伟大的英雄乔治·华盛顿时依然得提醒读者："让可怜人争论上帝的全能吧，是宗教（上帝）的力量成就了他成为那样的一个人。"但是这些书中也反映了蕴含美国人价值观和态度的美国文化正在成长，这些价值观固然或许根源于英国，但是它们已经发展演变成为一个新生民族特殊的价值观和态度。

但是，值得欣喜的是，这一时期美国文学界的民族主义精神激起了美国儿童文学创作的兴趣，“从欧文和库伯到豪威尔到克兰，几乎每一位大作家都为儿童写稿。他们很多人都是结合回忆与想象创造真实可信的儿童世界”。[3]美国儿童文学开始迈出了独立的第一步。

华盛顿·欧文（1783—1859）创作的《瑞普·凡·温克尔》和《魔鬼与汤姆·沃克》是这一时期美国儿童文学的杰作。《瑞普·凡·温克尔》讲述了一个受到妻子欺凌的丈夫瑞普，在一次野外打猎时漫步到一座山脉，被引导到一个奇异的世界的遭遇。瑞普一觉醒来，发觉他所处的世界已经是 20 年后的现实世界。欧文巧妙地把美国现实的社会生活内容放进德国民间故事的框架，反映了美国历史的实际变迁，为美国儿童上了一堂开国建元的故事课。主人公瑞普的性格代表着建国时期普通美国人的精神——开朗、乐观、随遇而安、质朴、善良、乐于助人，仿佛是早期美国人的肖像。而汤姆·沃克则是一个贪婪者受到惩罚的形象，以告诫世人不能不择手段、妄图不义之财。这两个故事对美国少年儿童认识传统的价值观和人生观都很有意义。欧文以神奇的幻想故事为美国儿童文学写下独立的第一页，也以自己的创作风格为改造民间传说、使民间传说焕发出现实生命力树立了典范，其开拓的题材之路对美国此后的儿童文学创作有很大启示作用。

在这一时期，波士顿诞生了美国第一本真正的儿童杂志《少年杂志》（1826），该杂志对培养美国本土的儿童文学起到了摇篮作用。美国最早的儿童文学作家之一萨拉·约瑟法·黑尔的著名童诗《玛丽有只小羊羔》就刊登在其 1830 年的 9—10 月号上，该诗后来被谱成歌曲，至今依然在美国儿童中阅读和传唱。

（三）南北战争时期（1836—1875 年）

南北战争时期，美国的宗教力量依然发挥着持续的影响力，即使是某些学术和娱乐类的书籍，依然会讨论上帝和永恒的救赎等话题。因而，这一时期儿童书出版除了宗教的目的之外，主要还有教导社会行为和学校教育功能。由于美国独立战争结束多年，美国南北内战的爆发和结束，使美国社会经历了巨变后开始反思，从而出版了大量青少年儿童历史和地理类书籍。正是南北战争，使得南北双方进一步考虑美国的建国理想和社会现实，从而更紧密地团结在一起，实现真正意义上的统一。这一时期的重要出版物当属哈丽雅特·比彻·斯托（斯托夫人）于 1852 年发表的一部反奴隶制的小说《汤姆叔叔的小屋》。这部感伤小说深刻地描绘出奴隶制度残酷的本质，并认为基督徒的爱可以战胜由奴役人类同胞所带来的种种伤害。

与此同时，在美国，另一些描写孩子的作品也成了广受欢迎的畅销书，在这些著作中儿童成为主角，参与其周围世界的现实生活。露易莎·梅·奥尔科特的《小妇人》是一部以美国南北战争为背景，以19世纪美国新英格兰地区的一个普通家庭四个姐妹之间的生活琐事为蓝本，强调女权意识的半自传体家庭伦理小说。露易莎·梅·奥尔科特采用严格的写实手法，将四个女孩及其好友的家庭日常生活点点滴滴描画出来，质朴、自然。《小妇人》被誉为美国第一部写实的儿童文学作品，以平实清新的笔调，描绘了一幅幅温馨感人的家庭画面，描绘了一个个惟妙惟肖的人物形象。书中强调了个人尊严与自立、自律的观念，宣扬"抱着希望，多多工作"的生活信条，刻画了乔这个新女性形象，她不再是那种只知老老实实做针线、规规矩矩读书的老式女孩，而是会生活、会写作、会工作的新式少女。

这一时期另一位非常著名的代表人物是霍雷肖·阿尔杰（Horatio Alger, Jr.，1832—1899）。他是19世纪后期最流行的美国作家，写了100多部小说、诗歌作品，全部小说销量约3 000万册。阿尔杰以少年小说而闻名，风格大多一致，均描述贫穷的、经常无家可归的少年如何通过其正直、努力、少许运气以及坚持不懈，最终爬到体面地位的故事。这些出身贫苦、没有受到什么教育但是野心勃勃的美国少年发财和成名的故事，曾经作为时代宠儿的象征影响着美国青少年的道德。阿尔杰的作品绝不仅仅局限于其有趣的故事本身，也隐含着宣扬宗教的因素：小说中描述的通过自身的努力而获得成功的主人公，并没有忘记将其成功归于上帝的荣耀。正如阿尔杰在小说中写道的："他在困难条件下努力奋斗，终于获得成功，他感到自豪和幸福，为此他由衷感谢上帝的安排，带引他走向美好的未来。"这样的主题给予当时美国穷人力量、信心及动力，鼓励他们更加刻苦工作，从而换取成功。

（四）1876—1915年

1876—1915年，童书的一个明显变化是宗教教化内容的比例开始减少，儿童娱乐的内容比例则不断增加。宗教教育的内容不再强调儿童与上帝建立正式的关系，而是更多地关注与其他人的社会关系。"荣耀归于主"也和对国家、对家庭的责任联系在一起。

E. M. Hamilton 的《比利的座右铭》一书中写道：[4]

"谁让你这么做？"
"上帝！"
"他让你做什么？"
"敬爱他、服从他；爱我的伙伴，成长为一个好公民。"
"你的座右铭是什么？"

“上帝与国家。”

这一时期美国社会的禁酒运动也将宗教行为与社会行为更紧密地联结在一起：在全社会宣扬节制是一种美德；女孩的责任是照顾家庭和家人。

随着时代和科学认知的发展，学术性的出版物越来越多，介绍外国历史与地理的书籍也多了起来。更重要的是，随着马克·吐温《汤姆·索亚历险记》（1876）、《哈克贝利·芬历险记》（1884）的出版，儿童文学在美国开始真正登上舞台。马克·吐温通过汤姆·索亚这样一个顽童的视角，对19世纪五六十年代美国南方社会沉闷的生活、宗教的虚伪可笑以及落后畸形的教育制度进行了无情的鞭挞和嘲笑。作为一个典型的顽童形象，汤姆·索亚身上种种反叛现实的言行与作品中的批判倾向实现了某种共通。汤姆·索亚打破种种束缚，追求属于自己的一片天空的精神，呈现出一种积极飞扬的精神。这样一个经典的顽童形象自诞生以来就受到了世界各国无数孩子和成人的喜爱。《哈克贝利·芬历险记》的出版比《汤姆·索亚历险记》晚，但是故事发生的时代是相同的（两个主人公还曾经一起经历某些事件），是种族主义和奴隶制存在的时代。哈克贝利思想的矛盾主要是关于帮助一个逃跑的奴隶吉姆，这是一个和种族主义、奴隶制做斗争的过程。通过哈克贝利对教育、宗教、忠诚的反叛，尤其是他对吉姆态度的改变，我们可以看出他对社会邪恶面的认知在不断加深。可以说，顽童小说中的主人公具有鲜明而独特的美学风格，代表了一批勇敢、自强、果断、敢于争取自己的权利的形象，对美国青少年心理发展有着重要的滋养作用。

（五）大萧条与两次世界大战期间（1916—1955年）

进入20世纪后，科技的进步对童书的出版及出版的内容、体裁、数量都产生了重大冲击。因为印刷技术的发展使得彩色图书印刷得以成为现实，导致彩色绘本书成为低龄童书的主流。这使得专门为低龄儿童创作的彩色图画书大放异彩，许多人投身于绘本创作，最终设立了美国图画书最高荣誉的“凯迪克大奖”。电影和电视的出现也对图书产生了巨大的冲击；宗教内容的书籍越来越少，社会行为教导的书籍相比前一时期也在减少，而介绍科学技术教育的童书，介绍如何理解人类行为、人类社会和在团体中成长的童书则在不断增加。这一时期中，51%的儿童书作者是男性作家，38%的作者是女性作家，也有部分是男女联合创作。纽约成为出版界的“首都”，74%的著作都在纽约发行。这一时期里，小说成为最主要的形式。从故事发生的地点看，一半发生在家庭和周围的环境中，另一半已经远离家庭（这说明旅行与探险成为生活的重要组成部分）。故事的主角，仅1/4是人类，一半是人和动物同为主角，9%左右的主角是动物，还有一些是人类和超自然物。故事的主题也发生了很大的改变，传道的内容大大减少，关于爱、友情、游戏与探险、力量与成就的主题则大大增加。由于这一期间受到两次世界大战的影响，对生命意义的探索、对人与人之间关系的追问、对人类各种需要的满足都成为探讨的主题。

美国的童书作家开始针对特定的年龄组进行创作，苏斯博士（Dr. Seuss）就是其中的代表性人物。他一生创作的 48 种精彩教育绘本成为西方家喻户晓的著名早期教育作品，全球销量 2.5 亿册，曾获美国图画书最高荣誉“凯迪克大奖”和“普利策特殊贡献奖”，两次获奥斯卡金像奖和艾美奖，其作品是美国教育部指定的儿童重要阅读辅导读物。在他的书中，千奇百怪的主题，古灵精怪的图画，天马行空、极富创意的故事，激发了幼小心灵张开自由畅想的翅膀，而诗体风格的文字讲究韵律，读来娓娓动听、引人入胜，使其成为美国人童年时代不可磨灭的、美好的记忆。

这一时期的代表作有：

女画家婉达・盖格的《一百万只猫》，被誉为美国第一本“真正的绘本”，为 20 世纪 30 年代的“绘本黄金期”拉开了序幕。

女作家劳拉・英格尔斯・怀德 （Laura Ingalls Wilder，1867—1957）的《大森林里的小木屋》系列。世界各地有数不清的孩子因为看了这一套书，从中得到了爱的滋润与面对未来的勇气。

Lois Lenski 的《草莓女孩》(1946 年获纽伯瑞金牌奖)，透过小女孩的眼睛，我们看到家庭的坚定与仁慈，不仅影响自己家的孩子，更感化不友善的邻居，快乐和谐生活终能来临。

E. B. White 的《夏洛的网》是一部描写关于友情的童话，用童话的叙事风格探索关于生命、友情、爱、责任的主题。书中对生命本身的赞美与眷恋让每一个阅读的人思索生命的价值和意义。它与一味宣扬绝对真善美或具有游戏精神的传统儿童文学有着极大的差别，E. B. White 描述了世界的无奈与不完美、理想与追求、生命的循环往复、爱与牺牲、关怀与孤独，在主题上充分表现了人物的自我发展，对生命的重新认识和对爱与牺牲的重新理解。儿童更易于理解并接受“爱与友谊”“学习自己克服困难”“理解和体谅他人”“关心与帮助他人”以及“与他人合作共处”等价值观。

（六）平权运动与多元文化的兴起（1956 年至今）

20 世纪后期至 21 世纪初期，校园和社会已经不是净土，每个孩子都可能遭遇诸如父母离异、家庭成员和宠物生死、校园欺辱、青春期的萌动、社交危机等问题，如何在逆境中成长成为儿童文学的一个主题。儿童文学的主题已经从爱、游戏、家庭、友情扩大到性别平等、种族和族裔、自我救赎、自我实现、社会焦虑、后殖民主义等问题，主角倾向于在变迁的社会中通过自己的努力以及在家庭的帮助下寻求并实现自我需要的满足。

在这一时期，美国作家纷纷为青少年儿童撰写出版了大量的“成长小说”。凯塞琳·帕特森是美国享有国际声誉的儿童作家，其作品《通向特拉比西亚的桥》曾获 1978 年纽伯瑞文学金奖。《通向特拉比西亚的桥》和《我和我的双胞胎妹妹》是其成长小说的代表作。作品的两位主人公分别经历了他们人生中遇到的种种问题，在家庭和外部的成长环境中得不到身份认同，精神世界充斥着各种冲突和阴暗。在这样的逆境中，激发了主人公的成长意志，渴望对自我认同的探求。最后，在小说中出现的成长引路人的教导与启发下，主人公们各自走出低谷，发现了真实的自我，并与他们成长的外部世界相调和。

这个时期具有代表性的作品与作家有：

菲利普·普尔曼的《黑暗物质》三部曲，该系列丛书开始对宗教展开批判。这表明自 16、17 世纪以来，儿童文学经历了如何多样化的变革。随着越来越多的专为孩子和青少年编写的畅销书广受欢迎和火爆，我们无疑会看到，其风格和主题有助于拓展和探索孩童的想象力。

哈珀·李的《杀死一只知更鸟》是一部美国南方哥特小说与教育小说，主题涉及种族歧视与滥判无辜。哈珀·李重点刻画了阶级、勇气、同理心，以及美国南部诸州的性别角色议题。在英语系国家，《杀死一只知更鸟》是青少年必读书目，被纳入学校教材，传递宽恕和反偏见的信息。

朱迪·布鲁姆的系列作品：作为美国 20 世纪后期最重要，也是最有争议的作家之一，朱迪写的很多作品涉及了不公开讨论的私密话题，比如青少年性别和性取向、性爱、月经、宗教等议题，她的六部作品被《出版周刊》列为永久少儿畅销书。它们是《四年级小人物的故事》（*Tales of a Fouth Grade Nothing*）、《主啊，你在那里吗？我是玛格利特》（*Are You There，God? Its Me Margaret*）、《鲸脂》（*Blubber*）、《又名伟大的希拉》（*Otherwise known as Sheila the Great*）、《超级骗子》（*Super fudge*）、《雀斑霜》（*Freckle Juice*）。其中《主啊，你在那里吗？我是玛格利特》被亚马逊书店评为 1900—1999 年 50 本最佳儿童图书。

Madeleine L’Engle 则开创了一个新的儿童文学流派，将科学与科幻小说的世界融入体裁。其后由其他作者接棒，撰写了很多作品，为接受这种儿童作品的母亲开启一扇门，向孩子介绍全世界宗教、社会和政治的紧张局势，带领孩子了解真实的社会生活和所处的世界。

三、从美国儿童文学发展史看美国儿童价值观之变迁

回顾近三百年来美国儿童读物的发展史，可以看到：早期作品的“目的”

往往是教导，强调宗教和道德，后期的作品更加关注“娱乐”和“理解”，人类从“永恒的救赎”变迁到“自我实现”；宗教机构的作用随着时代变迁其角色逐渐演变为满足休闲的需要；男孩比女孩采取更积极的态度；种族和族裔问题在 20 世纪后半叶变得日益重要。另外一个有趣的现象是，三百多年来，核心家庭占主导地位，丈夫和妻子在整个期间平等地分享家庭决策。

（一）社会价值观的变迁

1. 平等主义

在新大陆，“所有人生而平等是不言自明的真理”，这句话来自于《独立宣言》。但是不是有一些人因为其种族、族裔、年龄、性别和社会地位上的优势而比另一些人更“平等”呢？是不是有人因为其社会地位或身份获得更多机会、更多的知识呢？回顾美国三百年来儿童文学（含儿童读物）的发展，确实可以感受到平等主义的发展趋势。

首先是对少数族裔身份的平等看法。在早期的儿童文学和儿童读物中，鲜有提及少数族裔，但是在 19 世纪中期以来，故事中的少数族裔角色不断增加（见表 2），乃至很多故事的主角就是少数族裔的儿童，如《汤姆叔叔的小屋》《哈克贝利·芬历险记》《杀死一只知更鸟》等。

表 2　出版物中的少数族裔主角变化　%

出版日期	非少数族裔主角	少数族裔单独出现	少数族裔主角地位比白人低	少数主角地位和白人相同
1721—1795	100	0	0	0
1796—1815	95	0	4	1
1816—1835	92	0	4	4
1836—1855	85	0	14	1
1856—1875	81	0	16	3
1876—1895	67	0	30	3
1896—1915	80	1	17	2
1916—1935	88	3	5	4
1936—1955	88	3	6	3
1956—1975	76	13	3	8

数据来源：Mary Lystad. From Dr. Mather to Dr. Seuss: 200 Years of American Books for Children［M］. G. K. Hall & Co. Boston，Massachusetts 1980：207.（P<.001）。

其次是性别差异的平等看法。鉴于美国早期的学校主要是男童入读，女童是不上学的，所以儿童读物中以男童为主角是自然的事情。早期的故事中对男孩的教育是忠告其如何在工作中获得成功，而对女孩的教育则是如何在家里做一个和善、温柔且令人快乐的人。但是 20 世纪以后，越来越多的作品中体现出男女平等的趋势。

最后是“儿童中心”思想的盛行。在 18、19 世纪里，儿童依然是成人的依附，儿童读物故事中成人扮演着比儿童更重要的角色；直到 19 世纪后期，儿童角色的成分开始超过成人；1950 年以后的作品中，儿童角色在书中的活动是成人的 2 倍以上。[5]青少年在 19 世纪中叶以前的文学中，其角色远不如成人与儿童；直至 20 世纪初，青少年作为各种探险小说的主角才在儿童文学中崭露头角，其角色也日益重要起来。可以说，这种转变与美国教育哲学家约翰·杜威提出的“儿童中心”思想有关。“儿童中心”的哲学认知使得“儿童”在人类历史上第一次占据社会舞台的中心，人们普遍意识到要尊重儿童、呵护儿童。

此外，身份地位的差异逐渐消失。20 世纪前中叶，小说中含有阶级、身份、地位差异的内容已经大大减少，阶级地位造成的差异不再被视为某个个体的成功或者失败的象征，而是被视为社会不公。

2. 自我表达

在新大陆，作为人类一员的个体，拥有自由发展的权利，这也就意味着他有自我表达的权利，反映在儿童文学中，主人公可以自由表达对爱、游戏和自我实现的需要，也可以表达对彼岸世界传道的需要和对现实世界成就、身份、地位渴望的需要。在整个儿童文学中，如何处理人的需要——个体的需要如何满足，在需要个体满足的过程中如何解决个体与团体的冲突，是美国儿童文学近二三百年中一个不断呈现的主题。从表 3 可以看出儿童文学与读物近二三百年来对“儿童需要”关注的角度及各时期对“自我表达”价值观的解读。

表 3　出版物中涉及“个体基本需要”的表达　　%

出版日期	传道	身体与安全的需要	爱	游戏与探险	成就	声誉与威望	自我实现
1721—1795	56	9	15	4	69	14	5
1796—1815	51	15	35	5	64	7	3
1816—1835	64	13	40	2	46	3	4
1836—1855	73	3	61	4	59	2	3
1856—1875	72	2	78	17	72	1	4

续表

出版日期	传道	身体与安全的需要	爱	游戏与探险	成就	声誉与威望	自我实现
1876—1895	42	15	81	31	78	1	1
1896—1915	24	14	68	33	71	10	6
1916—1935	6	22	65	43	57	8	9
1936—1955	7	29	75	46	58	2	14
1956—1975	6	16	77	49	59	2	13

数据来源：Mary Lystad. From Dr. Mather to Dr. Seuss: 200 Years of American Books for Children［M］.G. K. Hall & Co. Boston，Massachusetts，1980：215. 每个时期儿童出版物中描述的“个体基本需要”百分数累计超过 100%是因为许多书中不止描述一种“需要”。（P<.001）

在浏览美国儿童文学的过程中，一个值得关注的现象是个体需要与团体需要关系的处理，越是早期的作品越突出个体的需要，越是后期的作品越关注个体需要与团体需要的关系（只有在 1816—1875 年这个时期例外，因为这个时期主日学校遍地开花，相对而言全社会宣扬“对主的需要”是最重要的思想）。而通常的解决之道是，个体满足了团体需要后，最终实现了其个体自身的需要。这恰恰说明了在美国的社会价值观演变过程中，突出对个人主义的宣扬背后，日益重视团队精神。另外值得注意的是，自 20 世纪以来，儿童文学书中日益注重主人公与其周围人群的关系，尤其是与其家人的关系，强调爱与分享，认为家庭是个人力量支持的源泉，这也说明美国社会价值观中重视家庭的传统观念得以回归。

3. 自由选择的价值

从独立革命开始，“自由”对美国人民而言就是一个非常重要的观念，在儿童读物中，我们也可以看到这样的思想。根据书中的描述，儿童在社会机构的帮助下，在一定程度上自由地追求自己的目标——不管儿童或其家庭的社会背景存在种种差异，也不论其需要是刚性的还是弹性的。这些机构既包括宗教机构，也包括家庭。不过，早期受宗教的影响，儿童经常被严厉地提醒他对神的亏欠，到 19 世纪和 20 世纪以后，家庭越来越占据重要位置，大多数白人、中产阶层对子女教育时都会讨论责任与礼仪的必要性，在自由选择时必须考虑自身的责任担当。比如，George Alfred 的《美国通用拼写书》（1811）“家庭行为准则 2”中提到：“如果你有兄弟姐妹，爱他们是你的责任；他们也会爱你，这会让你们的父母感到愉快，同样也让你自己快乐。”

但是，到 20 世纪 60 年代以后，越来越多的儿童读物强调儿童拥有自主的自由选择的权利。

（二）儿童社会化的变迁

纵观美国儿童读物近三百年的发展和演变，我们可以看到儿童本身在其中的重要性日益增加，如果说 18 世纪成人扮演了榜样示范、卓越示范，那么进入 19 世纪以后，儿童逐渐登上历史舞台，他们开始为自己“发声”，一个个机智、活泼、鲜明的形象开始进入人的视野。到了 20 世纪，更多有趣、搞怪的角色开始大放异彩，主人公有更多的机会体验日常的社会活动，他们可以吹口哨、跳绳、爬树、探索周围的世界，最终满足自身的需要。在 Dr. Mather 时代，儿童不是儿童，也不是缩小的成人，而是上帝的仆人，到了 Dr. Seuss 时代，儿童就是儿童，成人不再敦促他关注死后的世界，而是关注当下的生活，鼓励他做好自己的事情。比如，苏斯博士《祝你生日快乐》中虚构了一个“凯旋城”（Katroo），Katroo 里有一种特殊的鸟——“生日鸟”。人们庆祝生日时，生日鸟会飞过来宣告：今天你可以享尽天下饕餮；今天，没有人能决定你能不能做什么、该不该做什么；今天，你不必穿戴整齐、有条不紊。孩子可以随意采摘自己最喜欢的奇花异草，挑选一只最中意的宠物，还能专享顶级的蛋糕师傅做的蛋糕，还有盛大的生日派对……苏斯博士大声呼告：“来吧，张开嘴巴大声对着天空呐喊，用你最大的声音说出‘我是我！我！我是我！’”苏斯博士意在告诉孩子：“你是如此非同一般！”他通过这种自我宣言让孩子们积极地肯定自己存在的价值，勇于在人前展示自己。那么，这样的变化是如何产生的？

首先，家长和家庭教育的变化。在早期，家长的形象通常是“父亲——尊贵权威”“母亲——安详平静”，家长教育子女时是单向地要求子女顺从指令、敬畏上帝、克制欲望，亲子关系是比较僵化、刻板的；发展到后来，父母的形象通常是诚实的、令人怜悯的、乐观的，他们强调为人处世的责任，允许孩子表达自身需要和愿望。到 20 世纪中期以后，家庭教育更强调儿童自我指引、自我创新。家长和家庭教育的这种变化对儿童社会化具有非常大的影响，它重塑了儿童教育文化，以机智、幽默的教育方式克服贫乏、惩罚性的教育方式，养成儿童自信、积极、乐观的人格。

其次，宗教机构的衰落和退出。早期的读物强调“上帝是力量和智慧的源泉”，儿童要依靠“主”；到了 19 世纪后半期以后，越来越多的读物强调人类社会团体，尤其是家庭团体是支持和培养孩子的主要来源，家庭提供情感的支持、物质的维系、工作的教导。因此，儿童读物也日益转向家庭导向，强调家庭对儿童自尊的保护。到 20 世纪以后，美国成立了很多保护儿童的非营利性组织和机构，他们发表了一系列研究报告，导致政府修改《儿童保护法案》，使得主要由宗教、慈善组织及其他民间公益组织承担儿童教育和救助转向由政府设立儿童局，专门负责儿童福利和救助的相关事务，继而强调尊重家庭权利，提出要在尽量维持亲子关系完整的前提下，采取预防性的措施适度介入问题家庭。这种从“自由放任”到“国家干预”、从“保护儿童”到“回归家庭”的转变，意味着全社会对改善问题家庭、保护儿童的价值观的认同。

最后，公众对儿童社会化问题的态度和看法的变化。在报纸、影视、广播等公共媒体的宣传下，越来越多的民众认可“儿童中心”的教育哲学，重视儿童现实的需要，淡化功利性的成就需要；重视健康、安全的亲子关系，帮助改善弱势家庭（贫困家庭、残疾家庭、少数族裔）的亲子关系。

四、结语

纵观美国儿童读物和儿童文学，可以看到，作为一个新兴民族，美国社会各个历史时期对儿童具体的教育方式都会存在差异，但是一个不变的宗旨是教育儿童勇敢地面对困难和承担责任，勇敢地应对生活中的挫折和失败。儿童面对现实生活的困境或参与探险而经历的奋斗、拼搏，最终获得成功，恰恰是儿童世界的“美国梦”实现的过程。在美国儿童文学中，一个美国儿童成功的成长史就是一个美国儿童实现“美国梦”的传记，它对儿童（未来公民）的核心价值观的形成施加了潜移默化的影响，而这些未来公民独立、自信的人格则是保证其“美国梦”实现的关键因素。在这种意义上来说，美国儿童文学的作用之一就是给儿童种植“美国梦”。中国著名教育家陶行知曾说：“儿童犹如一颗种子，我们应该运用文学的力量去浇灌他们，让每个儿童都能够快乐地成长。”美国儿童文学在培育个体的价值观念方面值得我们反思。

注释：

① 世界儿童文学三大奖项是美国“纽伯瑞儿童文学金奖”（1922）、美国“凯迪克图画书金奖”（1937）、安徒生国际儿童文学奖（1955）。

参考文献：

［1］ http://www.gradesaver.com/a-wrinkle-in-time/study-guide/a-brief-history-of-american-childrens-literature.

［2］［5］ Mary Lystad. From Dr. Mather to Dr. Seuss：200 Years of American Books for Children［M］. G. K. Hall & Co. Boston，Massachusetts，

1980：51，215. 从马瑟博士到苏斯博士.
[3]（美）康马杰. 美国精神［M］. 南木，等，译. 北京：光明日报出版社，1988：49.
[4] E. M. Hamilton. Billy's Motto，Boston：Congregational Sunday School and Publishing Society，c. 1894：11.

《北京青年研究》2016年第4期，《青少年导刊》2017年第2期全文转载

中国志愿服务组织发展及其社会功能

谭建光

（广东青年职业学院）

当代中国的志愿服务组织，是伴随改革开放产生的。1983 年北京市出现“综合保护”志愿服务队伍，1987 年广州出现志愿者服务“热线电话”，1989 年天津市出现社区志愿服务团队，1990 年深圳市出现合法注册志愿者社团，1994 年团中央成立全国性社团“中国青年志愿者协会”。北京奥运会、上海世博会、广州亚运会举办之后，中国志愿服务组织出现“井喷”的现象。究其原因，一方面源于党政背景支持和推动的志愿组织大量发展；另一方面源于民间自发的志愿服务组织越来越多。从全国各地的情况看，志愿服务组织成为延伸到群众生活各领域，发挥作用越来越大的公益组织。其中最为主要的原因是党和政府工作转型，推动公共服务型政府建设，推动社会治理主体多元化。[1]近年来，中国志愿服务联合会成立并发挥统筹协调作用，中华志愿者协会、中国文艺志愿者协会等陆续成立并推动各领域服务发展。各地区诞生种类多样、功能多样的志愿服务组织，成为社会生活的组成部分。

一、中国志愿服务组织的发展变化

中国志愿服务发展变化的进程，最为突出的就是志愿服务组织的创新和变化。原来的社会背景下，一方面社会管理体制对于社会组织的等级管理严苛，许多志愿团队得不到合法注册；另一方面，志愿者缺乏独立、自助发展的观念意识，缺乏主动追求合法注册的热情。进入 21 世纪，中国社会改革、治理创新的趋势，推动政府管理体制转型，放开公益类社会组织等级注册成为大势所趋。因此，许多志愿者团队、群体寻求合法化、正式化、自主化、独立化，就逐渐成为中国社会治理创新的新生力量。

（一）各地区党委和政府越来越重视发展志愿服务组织，陆续出台政策法规

近年来，各级党政部门越来越重视志愿服务的积极作用，出台一系列支持和发展志愿服务组织的政策措施。2008 年以前，主要是共青团中央和民政部陆续出台有关制度，如团中央关于青年志愿服务组织的制度，民政部关于社区志愿服务组织的制度。2008 年以后，中央文明委统筹协调志愿服务的发展，党政各个部门积极参与支持和推动，从而形成了类型多样、互相补充的政策措施。“在越来越多的地区，广大民众都知道志愿服务是党政倡导的群众行为，参加的积极性越来越强烈。”[2]课题组归纳不同部门的政策，主要特点如表 1 所示。

表 1　党政部门支持和发展志愿服务组织的制度

党政部门	制度类型	制度特色	备注
文明委	关于推进志愿服务的《意见》，关于志愿服务制度化的《意见》等	从志愿服务发展方向、志愿服务组织趋势等进行指导和支持	倡导性政策较多
民政	关于社会志愿服务《指导纲要》，关于志愿服务《记录制度》等	着重推动和支持志愿服务组织发展并建立规范制度、记录制度	聚集政府部门资源提供支持
团委	关于志愿服务组织建设与发展，关于志愿服务活动的实施等	着重志愿服务的人力资源、项目创新、志愿者成长发展等	团中央关于专项志愿服务文件多，地方团委配合文明委协调文件多
组织部门	关于基层服务型党组织的建设，党员志愿者队伍建设等	突出党员志愿服务示范带动作用，创新党员志愿服务组织	结合群众这条路线教育实践，强调党员志愿者密切联系和服务群众
社工委	鼓励志愿服务组织参与社会建设和社会治理，支持志愿服务创新	协同成员部门发展志愿服务组织，聚集社会资源支持志愿服务项目	北京、广东等地的社工委支持和发展志愿服务组织的作用较大
其他部门	政法、教育、卫生、消防、工会、妇联等都推出专门志愿服务发展政策	一方面发掘和支持本系统志愿组织；另一方面吸引社会志愿者服务	这些部门与机构的政策制度逐渐健全

在党政部门的政策制度支持下，各种具体的支持措施陆续出台，对于志愿服务组织发展具有实质性的帮助。2007 年，广东省委、省政府提出支持志愿

服务发展的“六个一”要求（一个文件、一部法律、一个联合会、一个基金会、一套表彰制度、一个统筹机制），其中省政府财政每年注入 500 万元到“广东省志愿者事业发展基金会”，作为面向全省志愿服务组织的支持资金，开创了政府委托社会组织（志愿组织）购买服务的先河。此后，北京等地区陆续成立志愿服务基金会，政府注资、企业捐资、社会筹资多种方式结合，支持志愿服务组织发展和开展服务活动。与此同时，关于志愿服务的立法工作逐渐推进，目前全国有近 40 个省级和市级《志愿服务条例》获得各地人大常委会审议通过，为志愿服务组织发展提供了法治保障。

（二）志愿服务组织呈现快速发展势头，多种类型组织涌现出来

近年来，我国出现“官方”志愿服务组织社会化、“半官方”志愿服务组织独立化、“民间”志愿服务组织合法化的趋势，大量各种类型、各种背景的志愿服务组织纷纷诞生。“官方”志愿组织是指由党和政府直接创办，或者推动创办的志愿组织类型。过去，志愿组织一方面听取党政部门的指令开展服务，另一方面依赖党政部门的资金和资源。现在，党和政府都在推动志愿组织实现社会化，如广东省由文明办、团省委、民政厅等指导的志愿者联合会，最近换届的时候邀请热心的企业家黄昌伟当选执行会长，邀请邓飞、赵广军等公益名人当选副会长。党政部门发挥支持功能，鼓励志愿组织面向社会争取资源、健康发展。“半官方”志愿组织是原来没有独立注册机会的团队，挂靠在党政背景组织下开展服务，如启智志愿服务总队、松柏志愿服务总队等，现在得到社会鼓励走向独立，自主注册。北京、上海、广东、四川、浙江等省市，近年来大量独立发展的社会公益组织，就是由原来的“半官方”志愿组织转化而来的。“民间”志愿组织主要是原来没有注册、没有名分，自发自由开展服务活动的组织，如今利用国家和地方社会组织放开登记的机会，合法注册，成为“有名有分”的社会公益组织。[3]各种类型的志愿组织登记注册，成为不可忽视的社会力量。

（三）城乡群众对于志愿服务组织的认同程度最高，迫切希望参与服务

从 2008 年北京奥运会志愿服务、汶川抗震救灾志愿服务的热潮之后，全国各地群众对于志愿服务的了解越来越多，参与志愿服务的热情越来越高涨。特别是 2013 年党的十八届三中全会提出“支持和发展志愿服务组织”，激励城乡群众踊跃参与志愿服务、积极参加志愿组织。目前，据不完全统计，全国各类志愿者超过 7 000 万人，而且未来几年的增长也将越来越快，逐渐形成全民参与志愿服务的热潮。课题组调查发现，志愿者具有以下类型，其参与志愿服务组织的愿望和需求各有不同（见表 2）。

表 2　不同类型的志愿者及其参与心态

类型	参与愿望	发挥作用	备注
党员志愿者	希望通过非行政化的方式关心和帮助群众，建立密切的群众关系	将为人民服务宗旨与友爱、奉献、互助、进步相结合，焕发活力	从党员服务转变为党员志愿者参与社区、社团的志愿服务
青年志愿者	发挥创新活力服务城乡群众的同时，希望获得快乐、充实、成长	推动志愿组织转型，创新志愿项目，扩大志愿服务影响	成为各类志愿服务组织的活跃力量
居民志愿者	老人、妇女等在社区管理人员的鼓励下参与志愿服务，助人自助	邻里守望、便民利民服务和关爱困难人士、困难家庭的服务	较多日常化、生活化的服务，形成志愿服务组织的常态发展
员工志愿者	从承担企业社会责任到员工服务社会，获得体验和成长	提供资金、资源等支持，为服务对象提供技术性的支持和帮助	从简单的资金扶助、探访服务专项发挥员工特长，提供针对性服务
专家志愿者	专家学者、专业人才参与志愿服务组织，提供智慧服务、信息服务等	为志愿服务组织的管理和创新提供支持，策划实施专业服务项目	专业志愿者越来越多成为志愿服务组织的“智囊”，发挥特殊作用
民间人士志愿者	民间组织的志愿者较多是有理想、有个性、有才能的人士	成为热心推动民间公益组织发展和拓展服务领域的中坚力量	民间组织较多通过组建志愿者队伍，获得更多社会认知和支持

调查发现，伴随志愿服务的社会影响力扩大，参与志愿服务组织的人员类型多样、动机多样，但是乐意为社会和他人奉献爱心、才能、时间、精力，是他们共同的特点。除此之外，有些人是追求在服务中充实和快乐自己，有些人是追求发挥影响力扩大交往圈，有些人是锻炼公民能力寻求社会参与。我们一方面要更多吸引城乡群众参与志愿服务组织；另一方面也要积极引导志愿者心态健康发展，在服务社会和他人的过程中获得自我教育、自我提升。

（四）网络志愿服务组织异军突起，创造出新颖多样的服务方式

“网络改变生活”“网络改变中国”，这些时髦的说法逐渐成为现实。从志愿服务领域看，网络发展确实在改变许多志愿服务组织的状况。“实体组织网络化”和“网络组织实体化”成为志愿服务组织发展中的两个突出现象。首先，一些借助网络的传播诞生和发展的志愿服务组织，由于新颖的理念、新颖的方式迅速吸引社会各界的广泛参与，体现出与传统组织极为不同的发展优势。“多背一公斤”是网名为“安猪”的年轻人余志海在网络发起的志愿服务项目，即鼓励人们在旅游的同时，针对所到地区附近贫困山村孩子的需要，携带文具、

用品、玩具、书画等给予捐赠，帮助山区孩子改善学习条件与生活条件。发起人也没有想到，借助网络的传播，这一公益志愿模式迅速走红，参与的人员非常多，各种小型团队纷纷涌现，甚至出现协调与管理的困难。为此，余志海到北京、上海、广州、香港等地参加非营利组织管理的学习，先是注册公司，后来获得政策改变就注册社会组织，推动“多背一公斤”的志愿服务组织有序发展。如今，余志海又推出“一公斤盒子”，“一个一公斤盒子能让一个志愿者或老师和 36 个学生展开一节主题课。盒子里的内容包括这节课所需的材料和一个简单易懂的使用指南，让每个人都可以轻松地把课堂变得丰富多彩。使用一公斤盒子的课堂强调的是给孩子们提供自我发现和相互学习的空间。如果你是一名活跃在一线的志愿者或老师，只要填写一份表格说明你的计划并承诺反馈，就可以申请一公斤盒子。我们将把盒子邮寄到你注明的地址。一公斤盒子项目受到社会各界爱心资助而成长，获得支持的志愿者和老师有向公众提供使用反馈的义务”。除此之外，“麦田计划”“宝贝回家”等基于网络形成的志愿服务组织，对于社会也具有非常大的影响，传播了新的理念和行为。

越来越多的原有志愿服务组织积极进行网络建设，获得新的升级活力。北京市志愿者联合会建设的“志愿北京”网站，不仅在国内影响很大，而且受到国际的关注，联合国志愿人员组织、国际志愿者协会等通过链接这个网站，开展许多与北京乃至其他省市的志愿服务项目合作。广州市志愿者联合会建设的“志愿时”网站，除注册记录功能之外，还有对接服务、服务激励、在线培训、交流沟通等功能，受到各类志愿者的欢迎。通过这些网站的开发和使用，让传统志愿服务组织获得新的空间、梳理新的形象、增添新的魅力，吸引更多的城乡群众参与志愿组织的各项服务活动。目前，不仅城市志愿组织善于运用网络资源拓展服务，而且一些山区、农村的志愿组织也积极运用网络资源，为特色服务项目争取资源，收到较好的效果。

（五）志愿服务组织的“裂变”与“联盟”成为值得注意的新现象

调查发现，如今志愿服务组织的“裂变”现象非常明显，就是原来的一个大型或中型志愿组织，如今已分化出许多新的组织类型。如广州启智志愿服务总队，从 1995 年诞生时只有十多人，2001 年重组时有几百人，如今已经拥有 6 万多人。与此同时，启智队又分化出“启智社工中心”“齐志游”公益服务中心、“幸福厨房”公益服务中心等十多个注册公益志愿组织、社工服务组织。据了解，不论是北京、上海，还是陕西、辽宁，全国各地的志愿组织都出现了原有组织分化大量新组织的情况，少的分化出 2～3 个新组织，多的分化出十多个新组织。因为每一个新的公益志愿组织都走向独立运行、自主服务，对于拓展志愿服务领域、覆盖更多人群，具有非常积极的作用。

在“裂变”的同时，志愿服务组织之间又出现“联盟”的热潮，即大量分散、弱小的组织通过结盟、联盟获得相互支持，不断发展壮大。从广东省的情况看，存在“官方”“半官方”“民间”的联盟平台。“官方”的联盟平台是依托广东省志愿者联合会建立的“广东志愿联盟”“枢纽型组织”，以聚合党政背景的志愿组织为主，也越来越多聚合民间背景的志愿组织；“半官方”的联盟平台是“广东省社工与志愿者合作促进会”，虽然是在党和政府的鼓励下成立，但是由专家学者、资深社工、志愿者领袖自主管理和运行，联系 130 多个公益志愿组织，380 多名领袖和骨干，辐射和影响数十万志愿者；“民间”的联盟平台是中山大学公民研究中心（公益慈善研究院），得到外国学术界、公益界的支持，专门汇聚国内的民间公益志愿组织，开展交流、培训、指导等，成为非常有影响的民间公益志愿力量。目前，外国及中国港澳台地区了解内地的公益志愿服务状况，都必须通过中山大学公民社会研究中心获得可信的数据。另外，“汶川大地震”发生之后，四川省很多民间机构就成立“5·12 公益志愿大联盟”，协调省内外前来参加救援服务、安置服务的公益志愿队伍；后来这个联盟转变成为“四川省民间公益志愿联盟”，在聚集志愿服务组织方面发挥很大的作用。其实，不论是沿海，还是内地、城市，抑或是山区，志愿组织的“联盟”现象越来越普遍，有些是建立正式注册的“联合会”“合作中心”，有些是自发自由的“联盟”“联谊中心”，但是都在发挥越来越重要的作用，不可忽视。

（六）各地区逐渐形成志愿服务组织发展的支持系统并发挥积极作用

我国志愿服务组织的发展过程中，越来越需要建立支持系统，即对各类具体服务组织的智力支持、技术支持、信息支持、资金支持、资源支持。目前，发挥作用比较突出的是两类支持系统：一是各地的志愿服务发展指导中心、志愿服务项目设计中心等。如北京市志愿服务联合会秘书处，同时也是北京市志愿服务指导中心，联系基层志愿组织、行业志愿组织、高校志愿组织等，也联系联合国志愿人员组织、国际志愿者协会、英国海外志愿者社等，将各种力量聚合在一起，针对社会和群众的需要推进服务项目，受到各方面的欢迎。目前，北京市志愿服务指导中心和广东省社工与志愿者合作促进会共建“京粤志愿项目创新俱乐部”，聚集创意人才为各类服务组织提供新项目的支持。杭州市成立“青年公益组织服务中心”，但是辐射范围超出青年组织，从 2010 年以来每两年召开一次“品质公益峰会”，邀请全国各地的民间公益志愿组织聚会交流，探讨志愿服务经验，建立志愿服务联系，传播志愿服务文化，受到来自四川、山西、黑龙江、广东等 20 多个省市的公益志愿组织欢迎，踊跃参加、热情交流，都有丰厚的收获。二是各类志愿服务组织发展基金会。原来各地区就在慈善总会、青少年发展基金会等建立“志愿服务基金”，2007年广东省建立全国第一个省级志愿服务发展基金会，随后北京等省市陆续建立志愿服务基金会，中国志愿服务基金会也正式建立。这些专项基金会为志愿服务组织的发展和项目开展提供资金支持，保障可持续发展，具有非常重要的作用。从各地的情况看，原来都只是重视具体志愿服务组织的发展，后来发现缺乏支持系统就导致停滞和缓慢现象，陆续建立志愿服务组织发展创新的支持系统，收到很好的成效。

二、中国志愿组织的社会功能

从党和政府联系人民群众、转变工作职能、激发社会活力、创新社会治理的需求看，支持和发展志愿服务组织是最有价值、最有作用的。不论是党政干部还是社会人士，不论是专家学者还是公益人士，对于志愿服务组织的理解非常一致，都认为是一群不为直接物质利益而付出时间、精力、智慧、资源，从事促进社会进步和他人幸福活动的人结成的组织。志愿服务组织对于国家发展和群众生活，发挥五个方面的积极作用。

（一）志愿服务组织体现党的为人民服务宗旨

全心全意为人民服务是中国共产党的宗旨，也是每一个党员遵循的理念。但是，面对社会转型的时代，群众利益多元化，服务需求多变化，仅仅依靠传统的方式提供群众生活服务，特别是“行政性服务”“形式化服务”越来越不受欢迎。为此，各地党政部门通过组织“党员志愿者”“公务员志愿者”等队伍，让党员干部、公职人员转换身份，工作之余利用志愿者的身份去服务群众，帮助困难人群解决实际问题，为城乡居民提供咨询和帮助，逐渐产生很好的效果。如今，中央文明委、中国志愿服务联合会倡导“共产党员、共青团员要在志愿服务活动中发挥示范带头作用”；中组部、群众路线教育实践办公室要求各级党员干部通过志愿服务密切与群众的关系，切实解决实际问题。与此同时，青年志愿组织、社区志愿组织、专业志愿组织、民间志愿组织等都探索多样化服务群众生活，满足群众利益的方式与途径，拓展社区便民利民服务、农村民生改善服务、困难家庭帮扶、流动儿童扶助等领域，从多方面帮助人民群众。这样，党员志愿者组织、公务员志愿者组织及各类志愿服务组织，针对城乡群众的需求，提供切实有效的服务，有利于体现党的宗旨，建设和谐幸福社会。

（二）志愿服务组织密切党同人民群众的联系

在世界各国社会转型过程中，都会发现社会组织的大量发展是一把“双刃剑”，积极引导就成为社会治理的健康力量，消极冲突就成为政权不稳的影响因素。关键的问题在于，网络社会、信息社会改变了政府的控制环境，过去可以通过法律和制度限制社会组织的成立与发展；现在则难以控制，因为公众可以通过互联网进行结社与活动，社区农村的人们简单通过手机信息就可以联系和行动。因此，各国政府不论是主动还是被动，都要逐渐放松对社会组织的管制，允许更多社会组织注册和活动。党的十八届三中全会提出“重点培育和优先发展行业协会商会类、科技类、公益慈善类、城乡社区服务类社会组织，成立时直接依法申请登记”。这就是顺应国内外发展趋势，积极构建新型社会治理格局的战略举措。但是，当越来越多的社会组织开展活动，如何处理好党政部门与社会组织的关系，如何构建有利于政权稳定的社会格局，就值得深入思考。调查发现，鼓励志愿服务组织发展繁荣，鼓励各类社会组织开展志愿服务活动，就有利于加强党和政府与人民群众的联系，有利于扩大党在人民群众中的执政基础。一方面，志愿服务是党和政府大力支持的高尚事业，从习近平同志多次给志愿服务组织回信，到中央文明委积极倡导志愿服务，让广大人民群众看到志愿服务组织发展的前景。另一方面，志愿服务是社会组织关心和帮助群众的有效途径，不论哪种类型的社会组织，只有开展志愿服务活动的时候，最能够赢得群众的欢迎、得到群众的赞赏。调查发现，志愿服务组织促进和维护政权稳定，不是简单地听从命令、宣传解释，而是通过真心诚意、耐心细致的服务，帮助城乡群众解决实际困难与问题，帮助各类人群寻求生活与发展的机遇，帮助党政部门与基层群众建立亲密沟通的关系。这样，在志愿服务组织的支持和帮助下，基层党组织和政府部门更好地体现为人民服务的宗旨，赢得人民群众的肯定和拥戴。

（三）志愿服务组织参与维护社会和谐与稳定

中国社会转型过程，受到各种情况冲击，社会不稳定因素越来越多。这时候，各地区的志愿组织就积极探索参与维护社会稳定、协调解决矛盾的服务，取得一定的成效。广东省南海区探索“信访社工”与“信访志愿者”合作服务的做法，即专业社工进入信访局，通过对于“难缠户”“老上访户”的问候、聊天、交流，了解他们的真实需求，分析他们的心态特点。经过调查发现，这些“老上访户”要求解决的“历史遗留问题”年代久远、关系复杂，无法很快解决。但是，“老上访户”家庭生活存在的困难以及家庭成员遇到的困难，可以通过志愿者队伍的关心和帮助，解决一些问题，改善生活状况，如医生志愿者免费为“老上访户”的妻子治疗风湿病，大学生志愿者义务为“老上访户”的子女补课，党员志愿者业余时间为“老上访户”破旧的房屋进行修缮，等等。这些做法赢得了“老上访户”的好感，也改变了他们对党和政府的片面看法，有利于理性协商和解决问题。广东省还专门建立“民情志愿服务总队”，收集各地区群众比较集中的意见、反映，提供党和政府参考，也提出对策建议，有利于消除社会不稳定因素，促进和谐发展。

（四）志愿服务组织传播文明进步的思想观念

中国社会转型过程，建设文明和谐的生活环境，需要各方的努力，包括政府、单位、社会组织、社区机构等。志愿组织成为倡导文明风尚、创建和谐生活的积极力量。目前，各地志愿组织不仅成为创建“全国文明城市”“省级文明城市”的重要力量，而且将创造文明、和谐生活的服务融入城乡群众的日常生活，发挥越来越突出的作用。北京市作为我国的首都，也是国内外人流聚集最多的城市，维护文明生活秩序、营造和睦生活环境，成为优化城市管理的重要任务。志愿者“劝导队”“指路队”等组织，将现代公民道德、公民礼仪等传播，融合在日常化、生活化的服务细节之中，既创造了良好的社会生活环境，也提升了市民和外来人员的文明素质。“志愿精神和志愿行动对于人的社会化能够发挥独特的作用，是社会成员接受基本的社会准则，塑造具有社会取向的价值观，从而形成潜在的服务社会的行动倾向，这就是它的社会教化功能。”[4]目前，全国各地都借助“文明城市”“文明社区”创建的契机，将志愿组织的服务活动延伸到城乡居民生活的方方面面，发挥很好的示范引导功能。

（五）志愿服务组织协助改善中国的国际形象

当前，中国的国际形象与国际关系面临极大的挑战，伴随我国的经济发展和国际地位提高，西方国家和周边国家都会产生误解和戒备，特别是对于中国政府及其企业的举措过度关注和过激反应。在这种环境中，志愿组织的服务能够发挥提高亲和力、增强吸引力的效果。国家商务部和共青团中央支持中国青年志愿者协会实施的援外志愿者计划，近年来向非洲、亚洲、拉丁美洲等发展中国家派遣 590 名青年志愿者开展服务，受到所在国家政府部门和人民群众的赞赏。中国社工协会社工师委员会、中华志愿者协会社区志愿者委员会与英国海外志愿服务社合作，组织“中英志愿者交流营”，选拔优秀中国志愿者到英国服务和体验，邀请优秀的英国志愿者到中国服务和体验，不仅带来志愿经验和志愿文化的交流，而且引导志愿者了解两国的社会民情和文化习俗，加深沟通和友谊。联合国开发计划署、联合国志愿人员组织与国家商务部、中国国际经济技术交流中心合作，启动联合国“国际志愿者年”十周年专题研究，选拔英国专家凯勒和中国专家张晓红、谭建光、张强合作，完成联合国系列报告之一《中国志愿服务发展状况报告（2001—2011）》，向世界展示中国的志愿服务成果。如今，每年都有大量各国志愿者通过国际组织联系进入中国参与各项服务活动，也有大量中国志愿者参与国际组织的国外志愿服务活动，对于改善世界各国对中国国家形象、社会形象的认知，促进相互理解和相互合作，具有非常积极的作用。目前，联合国开发计划署、联合国志愿人员组织在部署《2015年世界志愿服务状况报告》的研究和编写，中国志愿服务组织的研究专家和实践专家积极参与。谭建光带领广东省社工与志愿者合作促进会、广东青年职业学院社会工作系的专业团队，正在撰写《世界志愿服务状况报告之区域案例——中国珠江三角洲地区志愿服务状况报告》，主动融入世界志愿服务发展潮流。

参考文献：

［1］谭建光. 志愿服务：理念与行动［M］. 北京：人民出版社，2014：165.
［2］张晓红等. 志愿服务体系研究［M］. 北京：北京出版社，2011：95.
［3］刘俊彦. 青年与青年社会组织——中国青年社会组织发展状况研究报告［M］. 北京：中国青年出版社，2014：105.
［4］沈杰. 志愿行动——中国社会的探索与践行［M］. 北京：人民出版社，2009：70.

《北京青年研究》2014 年第 4 期

我国青年志愿服务与慈善文化论纲

余逸群

（北京青少年研究所）

在我国，今天的人们对“青年志愿服务”耳熟能详，它已成为大众传媒中出现频率极高的一个词，并获得人们高度认可和纷纷赞赏。一时间，志愿服务旋律响彻神州大地，志愿服务活动沸腾大江南北。作为一项伟大而崇高的事业，青年志愿服务已为当今越来越多的国家所关注与倡导，逐渐成为全球化发展趋势之一。20 世纪 90 年代以来，我国的青年志愿服务，伴随着大批青年的热情参与，组织机构日益完善，活动规模不断扩大，服务项目日趋拓展，社会影响更加广泛，已经成为一项推动我国社会发展、催生现代文明的全民性事业。

志愿服务精神发端于人类悠久的慈善文化和慈善救助行为，迄今为止已成为许多国家中的社会保障体系和社会公益事业的重要组成部分。近期，《中华人民共和国慈善法》予以公布，这部法律的制定是我国慈善领域具有里程碑意义的大事，也是我国慈善文化在法律层面的重大突破，必将依法弘扬慈善文化，规范慈善活动，推动青年志愿服务进一步发展，从而产生积极而深远的影响。本文将对我国青年志愿服务中的传统文化蕴含的慈善思想进行梳理，论述我国青年志愿服务的发展历程，探讨慈善法在空间、活动、政策、氛围等方面助推青年志愿服务的进一步发展。

一、慈善思想是志愿服务的传统文化核心

中国传统文化中的慈善思想博大精深，在当下依然闪耀着思想的光辉、充满智慧的力量。我国志愿服务同传统文化中的慈善思想具有一脉相承的关系，并保留着慈善传统文化的基因。同时，用“奉献、友爱、互助、进步”的现代志愿服务精神激活了慈善传统文化的活力，推动中华慈善文化的现代化。慈善，是一个古老的概念。许慎在《说文解字》注“慈”只二字，爱也。慈善，从字面看，“慈”指长辈对晚辈的爱，“善”指人与人之间的互助、关爱，作为“慈”

与“善”相结合的“慈善”，则是指友善、互助的人际互动和社会关系。中国是世界上最早倡导与发展慈善文化与行为的国家，慈善是中华民族的传统美德，其理论与实践源远流长。

先秦诸子百家对慈善思想有过精辟独到的阐述。儒家文化中蕴含着许多有助于慈善事业成长与完善的价值资源。与慈善有关的思想，在儒家典籍中比比皆是，其中又以孔子之说最多。儒家讲“仁爱”，儒家文化的内核为“仁”，讲求由仁而趋善。从儒家的观点来看，善即为仁，而仁就是爱人。《论语·颜渊》云：“樊迟问‘仁’。子曰：‘爱人’。”孔子从人的道德感情基础出发，以“爱人”来解释“仁”，提出了“仁者爱人”之说，并将“爱人”作为人的本性。“仁者爱人”是孔子的核心价值观。他把宽怀容人、恩惠助人等作为“仁”，这是仁者应有的善念。为实现“仁”，即由仁而趋善，人们必须加强人格和道德修养，做到扬善抑恶，与人为善，利人利他，这是“仁者”应有的道德践履。“仁”是一种责任、一种义务，更是一种推己及人的利他风尚和助人为乐的精神。《论语·雍也》云：“夫仁者，己欲立而立人，己欲达而达人。”孔子强调，自己想要有所作为，也要帮助他人有所作为；自己想要通达以晓事理，也要帮助他人通达以晓事理。一个有仁爱的人，应关注他人的价值，关心他人的生存与发展。儒家文化中的慈善思想是我国世代中的人们奉行社会公益事业的圭臬。在我国民间社会正是由这种仁爱慈善观催生出敬老爱幼、孝慈为怀、邻里相帮、济人危难、助人为乐等中华民族的优秀美德，进而在整个民族中形成了一种福祉民众、救人济世的价值取向和行为准则。

佛家讲“慈悲”。中国佛家文化中讲爱语和利行，以此普度众生。爱语是以善言相劝谕，并以众生平等之心，亲近众生，随机教化；利行则是笃行诸种善行，以利众生。为此，佛教提倡“持五戒”“报四恩”“种福田”。持五戒，是指不杀生、不偷盗、不邪淫、不妄语、不饮酒。这五戒实际上就是仁、义、礼、智、信的道德行为的具体化，也是做人的根本。报四恩，是指感念佛陀授我以正法之恩；感念父母生养抚育我之恩；感念师长启我懵懂，导我入真理之恩；感念施主供养滋润我色身之恩。感恩是一种处世哲学，也是生活中的大智慧。学会感恩，为自己已经拥有的而感恩，这样才会有一个积极向上的人生观和乐观健康的心态。种福田，是佛教尤其是大乘佛教首当其冲倡导的。凡敬侍佛、僧、父母、悲苦者，皆可得福德、功德，犹如农人耕田，能有收获，故以田为喻，则佛、僧、父母、悲苦者即称为福田。种福田是佛教慈悲观念、善恶报应思想及其延伸出来的福田思想，也是跨越地域、家族社会的民间公益事业，号召人们参与放生护生、修桥铺路、救困扶危等义举，播下善种，长成善根，从而利益社会，造福人类，普度众生。佛教倡导“持五戒”“报四恩”“种福田”，当这些清规戒律形成了积极入世、庄严国土、利乐有情的修善功德观，从而为佛教徒乃至普通民众自觉投身于慈善公益事业，提供了强大的思想、价值支撑。

道家讲“积德”，道家文化蕴含了十分丰富的慈善思想，如“仙道贵生，无量度人”的济世伦理，“齐同慈爱，异骨成亲”的慈爱思想，是早期道教的一种慈善理念。“济世利人”与“扶贫帮困”的济世情怀，则是道教典型的慈善文化，是道教关爱社会的一种功德善举。在老子的《道德经》中，提出了“天道自然”的慈善观，认为“乐善好施”是天道自然之性，世人应效仿天道而行。《道德经》称：“天之道，其犹如张弓乎？高者抑之，下者举之，有余者损之，不足者与之。天之道，损有余而补不足。”这就是说，大自然给予人类平等的生存和发展权利，只不过是有人机会好，也就富裕起来了。对富裕者来说，应主动关心贫困之人，像天道那样给万物以生机，这就合于天道了。由此，他提出尘世间应依照和遵循“道”的规律，人人向善，善待芸芸众生。这种观点、看法经过进一步引申与升华，便成为后人劝善去恶的慈善道德基础。

墨家讲“兼爱”，主张“兼相爱，交相利”。这是墨家思想文化的精髓，也是墨家济世救人的良方。墨子在《墨子·尚贤下》提倡“天下之人皆相爱，强不执弱，众不劫寡，富不辱贫，贵不敖贱，诈不欺愚”，“视人之家，若视其家；视人之身，若视其身”。墨子讲“交相利”，主要是指人和人之间应该互帮互助，不能损人利己，只顾自己不管别人，“亏人自利”。《墨子·尚贤下》提出：“有力者疾以助人，有财者勉以分人，有道者劝以教人。”人人应发挥所长，竭尽所能，从体力、财力、智力诸方面去帮助别人，去实践“兼爱”的理念。只有如此，“则饥者得食，寒者得衣，乱者得治”，芸芸众生安居乐业，天下和谐。由此观之，墨家的“兼爱”思想体现了一种乐善好施、广济天下的慈善风范。

虽然各家表述不同，但义理相近，都蕴含着“慈心为人、善举济世”这一中国传统文化中人道理念和道德准则，并着力延续历史文脉。这对中国社会慈善事业的兴起起到了重要的推动作用，并促成民众乐善好施、福祉民众良好风气的形成。慈善是古今中外人们普遍推崇的一种美德，它既是一种动机，也是一种观念；既是一种行为，又是一种事业。作为一种动机，慈善所表现出的是“为人”与“无我”，即必须是无私的奉献。如果含有任何功利的目的，便算不上真正的慈善。也就是说，慈善只讲付出，不求回报。作为一种观念，慈善所表现的是发扬人道主义精神，发扬人道、救人济世，乃是中外以及人类共通的理念。作为一种行为，慈善是以积德行善为宗旨的。作为一种事业，慈善是以调节、和谐、救助、福祉社会与人类为目标的。

二、中国青年志愿服务的发展历程

据文献《周礼·地宫》记载，中国早在西周时期就设立了专门官职来施予惠政，救济贫病之民。《孟子·尽心上》也有关于战国时期“齐宣王尝发棠邑之仓，以赈贫民”。随后，民间私人的济贫赈灾、施医给药、扶孤恤老、修桥铺路、捐助兴学等善举，或称“义举”，历代不乏典范。如宋代范仲淹创办苏州“义庄”，刘宰开办金坛“粥局”，清代武训乞讨兴义学，清代张謇经营南通慈善机构，民国时期熊希龄举办香山慈幼院等都属于慈善义举。这些早期的善举形式对后世影响至深。但是，在 1949 年后直至改革开放前，我国的志愿服务起步较晚，因此，发展程度也不如西方国家成熟。这是由我国长期传统计划经济模式所决定的。1949 年后，我国实行高度集中的计划经济体制，不可否认，这种高度集中的体制在 1949 年初期确实有强大的生命力，它使国家获得了对社会资源的全面控制，从而得以顺利完成对旧中国经济的改造。但与此同时，国家对社会的控制也造成了社会自主性的缺失，社会力量被纳入国家统治之中，政府权力深入社会生活各个方面，从而把原有的慈善组织全部取消，而其承担的社会功能转由政府实行。加上受“左”的思想影响，人们一度对慈善义举和志愿服务产生偏见，认为社会主义社会具有无比的优越性，而慈善事业恰恰是同落后、贫困、灾难与不幸联系在一起的，如此宣扬慈善，是矮化或抹黑社会主义国家。就是在这种思想与观念的支配下，慈善这种历史久远的救人济世的事业，在 1949 年后的前 30 年里，也就失去了它在社会中应有的地位，非营利组织的发展也因此缺少了制度上的支持。而没有非营利组织的发展和民间力量的扶持，志愿服务很难发展壮大起来。

传统的计划经济体制并未能解决全部的社会问题，随着经济社会的进一步改革，其弊端也逐步呈现出来。政府权力的高度集中使社会发展缺乏活力和创造力，经济发展缺乏生机和动力。在这种背景下，改革开放的呼声日益高涨。1978 年以来的改革开放顺应了这一历史发展的要求，从多方面对原有的体制进行变革，其中一项很重要的内容就是将原来由政府独家包揽的部分社会公益事务转移出来，这为非营利组织的兴起提供了合法性和广泛的活动空间。得益于改革开放的宽松环境和机遇，我国非营利组织得到了逐步发展，在社会生活中日益扮演着不可替代的角色，发挥着自身独特的功能和作用。

我国青年志愿服务是伴随社会主义市场经济的发展应运而生的。中国大陆青年志愿服务的发源地是珠江三角洲地区，这一地区是中国改革开放的前沿，毗邻港澳，经济发展惊人，社会变革迅速。但在经济发展的同时，社会问题和矛盾也逐渐呈现，特别是弱势群体生活问题、外来务工人员生存和发展问题、青少年思想价值的变迁等，引起社会的广泛关注。人们呼吁爱心、救助、奉献，于是一些充满热情和爱心的有识之士借鉴香港、澳门义工运作的成功经验。大陆首家正式注册的志愿服务组织——深圳市义务工作者联合会于 1990 年在深圳成立了。1993 年 12 月 5 日，北京青年志愿者协会成立，这是全国最早成立的省级青年志愿者协会。1994 年 12 月 5 日，中国青年志愿者协会成立，它是由志愿从事社会公益和社会保障的各界青年组成的全国性志愿服务组织。该协会是国际志愿服务协调委员会的联席会议组织。中国青年志愿者协会报告显示，我国经过注册的青年志愿者人数已达到 4 043 万人。据不完全统计，全国注册志愿者每年向社会提供 7 亿小时的志愿服务，全国 80%的县、市、区和 2 000 多所高校都建立了青年志愿者协会，志愿者服务站达到 13 万多个。在中国青年运动发展史上，发轫于 20 世纪 90 年代初的青年志愿服务，是一段跨世纪的华彩乐章。近些年来，从“慈善”的特色表达到“志愿服务”的通俗表达，从个人的爱心分享到社会责任的认同，从个人临时性的志愿服务到有计划地组织运作，从政府大力推动到民间力量兴起，中国志愿服务也与国家政治、经济、文化的快速发展齐头并进。今天，从慈善传统文化中吸取养料，让志愿服务蔚然成风，不断提升中华民族道德文明水平，也已成为新形势下加强和创新精神文明建设，大力培育和践行社会主义核心价值观的抓手，为实现伟大复兴的中国梦积蓄强大的精神力量。

目前我国志愿服务事业的主体主要是各级青年志愿者协会。伴随着改革开放的深化和社会主义市场经济的发展，青年志愿服务从无到有、从小到大，在探索中求发展，在创新中求突破，在奉献中抓落实，志愿服务的领域不断扩大，队伍不断壮大，志愿服务的精神在社会上得到广泛传播，参加志愿服务逐步成为一种社会风尚。近几年来，我国在开展青年志愿服务方面最具影响、最有成效的活动主要集中在以下几个方面。

（一）青年志愿者“一助一”长期结对服务计划

中国青年志愿协会的“一助一”长期结对服务计划是使青年志愿者更深入地走入社区、关注弱势群体的志愿活动。所谓“一助一”长期结对服务计划，就是由一支青年志愿服务队或一名青年志愿者，为一个人或一个困难家庭提供定时、定内容的经常性服务。它以孤寡老人、残疾人、生活困难的离退休人员和下岗职工、特困学生、国家优抚对象等困难群众为主要服务对象，服务内容包括医疗保健、生活服务、家教服务、科技服务、助耕助收，通过青年志愿者组织牵线搭桥，在青年志愿者和服务对象之间建立起长期稳定的关系，为困难群众提供力所能及的服务和帮助，成为青年志愿者深入基层、深入群众的一项经常性、基础性工作。

（二）青年志愿者扶贫接力计划

青年志愿者扶贫接力计划是从 1996 年开始的在扶贫开发领域长期实施的一项重点志愿服务工作。它采取公开招募和定期轮换的方式，动员和组织青年志愿者到贫困地区开展为期半年至两年的教育、农业科技推广、医疗卫生、乡镇企业的发展等方面的服务。服务期满后，由下一批志愿者接替其工作，从而形成接力机制。该计划自实施以来，有力地推动了贫困地区经济的发展，锻炼了一批青年志愿者，带动了全社会参与扶贫开发计划。

（三）大中专学生志愿者暑期文化、科技、卫生“三下乡”活动

大中专学生志愿者暑期文化、科技、卫生“三下乡”活动由中宣部、教育部、团中央联合实施，自1994年以来，每年组织动员近百万名大中专学生志愿者深入农村基层和贫困地区，发挥自身的知识和智力优势，开展了内容丰富、形式多样的扫盲和文化、科技、卫生服务，推广农村实用技术，倡导健康文明的生活方式，促进农村的经济社会发展。为突出发挥高学历青年志愿者的知识技能优势，从2000年开始，在这项活动中增加了深化性的子项目——百支博士团“三下乡”志愿服务行动，产生了更加显著的社会效应、经济效应和人才效应。

（四）保护母亲河“中国青年志愿者绿色行动营计划”

保护母亲河“中国青年志愿者绿色行动营计划”以“劳动、交流、学习”为主题，通过组建绿色行动营、建设绿色行动基地，集中组织青年志愿者在重点区域开展植树造林、沙漠治理、水污染整治、清除白色垃圾等环保志愿服务活动。早在1999年6月，首期项目河北丰宁营正式启动，不到半年时间就吸引了全国19个省、自治区、直辖市及英、法、德、日、土耳其等12个国家的1 000多名青年志愿者积极参与，引导青年在环境保护事业中发挥出积极的作用，在全社会倡导资源节约、环境和谐的理念。

（五）在大型活动和急难险重任务中充分发挥青年志愿者的作用

数百万青年志愿者已为北京奥运会、上海世博会、广州亚运会、南京青奥会、北京国际田径锦标赛运动会、北京APEC会议、中国人民抗战胜利70周年阅兵仪式等国际、国内大型活动提供了优质高效的志愿服务，不仅节约了这些活动的运行成本，取得了明显的经济效益，扩大了志愿服务的社会影响，而且在全世界人民面前展示了中国青年志愿者的风采。组织青年志愿者为大型活动提供优质的志愿服务，已逐步成为全国通行的做法和惯例。同时，在近些年几次大的洪涝和地震灾害面前，数百万青年志愿者在为灾区群众抗洪涝抗震、重建家园、恢复生产中发挥了突击的作用。

（六）围绕社会公益事业开展的特色志愿服务

如共青团维权部门开展的为进城务工青年志愿服务、“保护明天”青年志

愿者开展的文化市场监督活动、学校开展的大中学生志愿者社区援助行动、企业开展的为下岗青工再就业服务、农村开展的青年志愿者“植绿护绿”、科技部开展的科技扶贫青年知识分子促进行动，以及北京的“为老科学家、老教育家、老干部献爱心”活动、广东的“绿色承诺，天天环保”、浙江的“天天青年志愿者”、山东的“双休日志愿者行动”等，都是从战线、地方和行业实际出发，选择党政关注、群众急需、青年能为的项目，持之以恒、创造性地开展的青年志愿服务活动。

（七）大学生志愿服务西部计划

大学生志愿服务西部计划是由团中央、教育部、财政部、人事部于 2003 年 6 月正式启动的项目，号召广大高校毕业生到西部去、到祖国和人民需要的地方去建功立业。这项计划通过引导大学生到西部去、到基层去、到祖国和人民最需要的地方去建功立业，促进西部贫困地区教育、卫生、农技、扶贫等社会公益事业的发展，拓展了大学生就业、创业的渠道，努力培养造就一大批既有现代科学文化知识又有基层工作经验和强烈社会责任感的优秀青年人才，为实现全面建设小康社会目标贡献智慧力量。习近平总书记于 2014 年 5 月 4 日给河北保定学院西部支教毕业生群体代表回信：“你们响应国家号召，怀着执着的理想，奔赴条件艰苦的西部和边疆地区，扎根基层教书育人，十几年如一日，写下了充满激情和奋斗的人生历程。你们的坚守、你们的事迹，令人感动……同人民一道拼搏、同祖国一道前进，服务人民、奉献祖国，是当代中国青年的正确方向。好儿女志在四方，有志者奋斗无悔。希望越来越多的青年人以你们为榜样，到基层和人民中去建功立业，让青春之花绽放在祖国最需要的地方，在实现中国梦的伟大实践中书写别样精彩的人生。”按照公开招募、自愿报名、组织选拔、集中派遣的方式，这项计划每年招募一定数量的高校应届毕业生，到西部贫困县的乡镇从事为期 1～2 年的支教、支农、支医、青年中心的建设和管理、农村党员干部和中小学现代远程教育、农村文化建设、基层人民法院、基层检察院、基层法律援助和开发性金融等十个专项志愿服务行动。

（八）中国青年志愿者海外服务计划

中国青年志愿者海外服务计划是由中国青年志愿者协会、团中央于 2002 年年初正式实施的长期重点项目。该计划主要是根据受助国的实际需要，由主办单位和受助国签订合作协议，通过公开招募、自愿报名、集中选拔、组织培训的方式，在约定的时间派遣优秀的中国青年志愿者赴受助国开展中长期的志愿服务（一般为 6 个月）。迄今为止，已向老挝、缅甸、泰国、巴基斯坦、埃塞俄比亚、津巴布韦等国派遣数百名中国青年志愿者，他们在中英文教学、计算机培训、医疗卫生、农业技术、抗灾抢险、企业管理等方面开展志愿服务工作。他们在志愿服务过程中不断地磨合，积累丰富的经验，形成了较为完善的服务机制，为中国青年志愿者国际行动提供了宝贵的借鉴。这标志着我国青年志愿服务进一步走向世界，也预示着我国志愿服务事业有着更加广阔的发展前景。

三、以法治力量助推青年志愿服务进一步发展

2016 年 3 月 16 日，第十二届全国人民代表大会第四次会议表决通过《中华人民共和国慈善法》（以下简称《慈善法》），国家主席习近平签署第 43 号主席令予以公布，自 2016 年 9 月 1 日起施行。《慈善法》是我国社会领域的重要法律，是慈善制度建设的基础性、综合性法律，构建了中国特色慈善文化的法律制度，标志着我国慈善事业发展进入全新的历史时期。在全面依法治国的社会大背景下，《慈善法》的出台有助于规范各类慈善活动，理顺慈善组织、捐赠人、志愿者和受益人之间的关系。以法治为基准，人们之间互助意识得以增进，慈善秩序得以规范，从而全面系统地确立起国家慈善事业发展所需的现代规范。同时，能够更好地助推青年志愿服务的进一步发展。

（一）发展空间更加广阔

《慈善法》取“大慈善”概念，将慈善活动由扶贫、济困、救灾扩展到促进教育、科学、文化、卫生、体育、环保等事业发展的公益活动。《慈善法》将慈善定义为“大慈善”，是一次巨大的慈善理念与公共伦理的升华。在相当长的历史时期，由于我国社会需要解决温饱问题，只能将慈善定义为解决贫困问题，因而只能是国家救助政策的补充。而将慈善的范围扩大到教育、科学、文化、卫生、体育、环保和社会公益等领域，慈善事业就自然和社会发展与提升有机地结合起来了。将慈善与公益放在一起，这是一个重大进步。公益慈善是每一个公民都有权利和义务参与的一种社会活动，包括志愿服务也是慈善的一部分。通过公众尤其是青年广泛参与，形成各种平台，使得公益或志愿服务随时随地开展，回应了人人公益、人人志愿的社会需求，真正使社会公益事业成为公众自身积极参与的事业。《慈善法》鼓励人人参与慈善志愿服务，有钱出钱，有力出力，捐赠财产和志愿服务都是慈善；捐赠货币、实物、房屋、有价证券、股权、知识产权等有形或者无形财产都是慈善；适度扩大慈善募捐主体范围，有效动员和吸纳社会慈善资源；等等。这些规定具有时代特征，符合社会发展趋势，对于适应经济社会发展需要，拓展慈善事业发展空间，促进我国志愿服务事业做大做强，具有积极的促进作用。

（二）活动更加规范

我国青年志愿服务从初期探索到逐渐健全、完善的过程需要法治的支持和保障。志愿服务是自愿、自主的行为，法治的保障是对志愿者的合法权益不受侵害予以的保障，是对志愿者从事志愿服务事业的社会奖励机制予以保障。志愿者奉献爱心、时间、精力为社会和公众服务，他们合法权益的保护极为重要。这标志着一个社会的文明程度。《慈善法》明确规定：开展慈善活动，应当遵循合法、自愿、诚信、非营利性的大原则，不得违背公序良俗，损害社会公共利益和他人合法权益。《慈善法》明确规定了慈善组织、志愿者和受益人的规范要求以及权益和责任，以法律明文形式规范了志愿服务行为。对慈善组织内部治理和关联交易、慈善募捐和捐赠、慈善财产管理使用、慈善服务等都作了明确规范，并明确了相关的法律责任。明确县级以上人民政府民政部门监督管理的职责权限，包括对涉嫌违法的慈善组织可以采取的措施、建立慈善组织信用制度和评估制度；规定了慈善行业组织监督和社会监督，确立组织自治、行业自律、社会监督、政府监管有机结合的大格局。

《慈善法》的出台，将使各类慈善活动、志愿服务行为的主要方面实现有法可依。《慈善法》对于积德行善的每个基本环节进行规范，必将对我国的公共道德建设产生重大的促进作用，对我国的社会治理体系建设也会带来积极影响。

（三）促进措施更加完善

按照《慈善法》的专章规定，设立慈善组织将更简便，由原须经业务主管部门先行审批，改为依法直接向民政部门申请登记；慈善组织年度检查制度，改为年度报告制度；明确慈善信托部门，设立慈善信托由批准改为备案，意在激活慈善信托；确立网络募捐法律地位，为公众做善事行义举提供更加方便快捷的途径。《慈善法》还专章规定促进措施，明确政府及其部门和其他有关方面促进慈善事业发展的责任和措施，比如对慈善组织和捐赠人的税收优惠、政府购买服务、对慈善事业的土地和金融支持、鼓励企业事业单位为慈善活动或志愿服务活动提供便利条件、建立慈善表彰制度等，这些规定的贯彻落实，将会给我国慈善事业健康发展注入新的活力与生机。

（四）氛围更加浓厚

将普及慈善知识、传播慈善文化、培育公民公益意识，将弘扬慈善文化和中华民族传统美德，践行社会主义核心价值观写入《慈善法》，并将每年 9 月 5 日确定为“中华慈善日”。《慈善法》还专章规定学校等教育机构应当将慈善文化纳入教育教学内容。国家鼓励高等学校培育慈善公益专业人才，支持高等学校和科研机构开展慈善理论研究。广播、电视、报纸、互联网等媒体应当积极开展慈善公益宣传活动，普及慈善知识，传播慈善文化。《慈善法》的这些规定，将进一步增强全民慈善公益意识，优化全社会志愿服务的氛围，激发社会公众志立愿行、善作善成的精神和行为，为实现中华民族伟大复兴的中国梦提供可持续的精神力量。近些年来，我国慈善公益事业快速发展，年度慈善捐赠额从十年前不足百亿元发展到目前的千亿元左右，在民政部门登记的社会组织总数超过 60 万个，大部分在慈善公益、志愿服务领域开展活动，建立的慈善公益、志愿服务项目达数百万个，每年受益人群达数亿人次。可以预期，随着《慈善法》的颁布实施，以法律来引领、推动和保障慈善公益事业健康发展，用法治的力量助推全社会崇德向善的力量，必将促进我国志愿服务事业进一步发展壮大，为实现“两个一百年”的宏伟奋斗目标提供强有力的支撑和保障。

参考文献：

[1] 让青春之花绽放在祖国最需要的地方——习近平总书记给河北保定学院西部支教毕业生群体代表的回信［N］. 人民日报，2014-05-04.

[2] 梁绿琦，余逸群. 志愿中国——中国青年志愿服务研究［M］. 北京：人民出版社，2009.

[3] 中华人民共和国慈善法［N］. 人民日报，2016-03-20.

[4] 杨团. 中国慈善发展报告（2012）［R］. 北京：社会科学文献出版社，2012.

[5] 付琳. 对当前高校志愿服务事业发展的思考［J］. 马克思主义学刊，2014（1）.

[6] 梁绿琦，余逸群. 公民教育视野下的中国青年志愿服务［J］. 中国青年研究，2012（12）.

[7] 谭建光. 中国志愿服务组织发展及功能分析［J］. 北京青年研究，2014（4）.

[8] 周秋光，曾桂林. 中国慈善简史［M］. 北京：人民出版社，2005.

《北京青年研究》2016 年第 3 期

美国人参与志愿服务现状及启示

纪秋发

（北京青少年研究所）

美国是一个志愿服务高度发达的国家。志愿服务不仅深入到美国的政治、经济、文化和社会生活各个方面，而且覆盖到世界许多的国家和地区，成为美国生活方式和价值观的重要标志。

一、美国人参与志愿服务现状

自 2002 年开始，美国劳工部劳工统计署在每年的 9 月份都要在一项包括 60 000 个家庭的名为“当前人口调查”（Current Population Survey，CPS）的基础上进行一项补充调查，目的是获得 16 岁及以上人口就业、失业和参与志愿服务的信息。这里以 2014 年 9 月到 2015 年 9 月期间的数据来概述美国人参与志愿服务的状况。除特别说明外，本文所涉及的数据都特指“当前人口调查”的数据。

劳工部劳工统计署“当前人口调查”的数据显示，在 2014 年 9 月到 2015 年 9 月期间，大约有 6 262.3 万的美国人通过一个组织或为一个组织做过至少一次志愿服务，占 16 岁及以上美国人口的 24.9%。这一比例较该机构 2013 年 9 月到 2014 年 9 月期间所做的调查数据有所下降（25.3%）。[1]

（一）不同人口群体对志愿服务的参与状况

从调查结果看，在 2004 年 9 月到 2005 年 9 月期间，男性对志愿服务的参与率为 21.8%，略低于上一年度（22.0%），女性对志愿服务的参与率则从上一年度的 28.3%下降为 27.8%。从所有年龄群体、教育水平以及其他主要的人口特征看，女性对志愿服务的参与率都要高于男性。

从不同年龄群体看，35～44 岁和 45～54 岁的人最有可能成为志愿者，这两个年龄群体的人在 2014 年 9 月到 2015 年 9 月期间做过志愿服务的分别占

28.9%和28.0%。志愿服务参与率最低的是20～24岁年龄群体的人（18.4%）。从连续多年的调查数据看，16～19岁的青少年参加志愿服务的比例继续保持相对比较高的水平，2014年9月到2015年9月期间的参与率为26.4%。25～34岁、55～64岁和65岁及以上三个年龄群体志愿服务的参与率分别为22.3%、25.1%和23.5%。在本年度，35～44岁和55～64岁两个年龄群体的志愿服务参与率下降幅度最大（上一年度分别为29.8%和25.9%）。

从主要的种族群体看，白人参与志愿服务的比例（26.4%）高于黑人或非裔美国人（19.3%）、亚裔人（17.9%）和西班牙裔或拉丁裔人（15.5%）。与上一年度相比，2014年9月到2015年9月期间，所有的主要种族群体的志愿服务参与率很少或几乎没有变化。

已婚且配偶健在的人参与志愿服务的比例（26.4%）要高于单身或从未结婚的人（19.9%）和其他婚姻状况的人（包括离婚、分居、寡居等，20.2%）。与上一年度相比，其他婚姻状况的人在本年度的志愿服务参与率下降了0.9个百分点。有18岁以下未成年子女的父母在本年度志愿服务的参与率继续高于没有未成年子女的父母的参与率，分别为31.3%和22.6%。与上一年度相比，没有未成年子女的父母本年度参与志愿服务的比例下降了，而有18岁以下未成年子女的父母参与志愿服务的比例几乎没有变化。

受教育程度高的人比受教育程度低的人更有可能参与志愿服务。在25岁及以上的人口中，大学毕业及以上的人参与志愿服务的比例为38.8%，准学士毕业（即完成中学教育后进入4年制高等院校修完前两年课程，或只在2年制的初级、技术或社区学院修完全部文理科课程的学生可得准文学士或准理学士学位，修完相应的职业、技术课程则可得准应用文学士或准应用理学士学位）的人参与率为26.5%，高中及以下文化程度的人参与率分别为15.6%和8.1%。本年度所有四个不同受教育程度的群体的志愿服务参与率都低于上一年度（分别为39.4%、27.3%、16.4%和8.8%）。

（二）不同就业状况的人对志愿服务的参与状况

在就业的人口中，27.2%的人在2014年9月到2015年9月期间参加过志愿服务，失业的人和非劳动力市场人口的参与率分别为23.3%和21.4%。在就业的人口中，兼职的就业者（每周工作时间少于35小时）比全职的就业者（每周工作时间在35小时或以上）更有可能成为志愿者，参与率分别为31.1%和26.3%。在本年度，就业的人和不在劳动力市场的人参与志愿服务的比例相较于上一年度的参与比例（分别为27.5%和21.8%）变化较小，但失业的人参与志愿服务的比例与上一年度的参与比例（24.0%）相比，有较大的下降。

（三）美国志愿者为志愿服务贡献的时间

在 2014 年 9 月到 2015 年 9 月期间，美国人为志愿服务活动奉献的时间平均为 52 小时（中位数），其中，男性奉献 52 小时，女性奉献 50 小时。奉献时间最多的群体是 65 岁及以上的老年人，中位数为 94 小时。奉献时间最少的是 35 岁以下的三个年龄群体，即 16～19 岁、20～24 岁和 25～34 岁，中位数都是 36 小时。

白人和黑人或非裔美国人为志愿服务活动奉献的时间平均都是 52 小时（中位数），西班牙裔或拉丁裔人和亚裔人奉献的时间分别为 48 小时和 40 小时（中位数）。已婚且配偶健在的人和其他婚姻状况的人为志愿服务活动奉献的时间中位数都是 52 小时，单身或从未结婚的人为 36 小时。有 18 岁以下未成年子女和没有未成年子女的男性奉献的时间中位数分别为 50 小时和 52 小时，而这两种类型的女性奉献的时间中位数则差异比较大，分别为 40 小时和 52 小时。不在劳动力市场的人奉献的时间中位数为 66 小时，就业和失业的人奉献的时间中位数分别为 52 小时和 48 小时。

（四）美国志愿者参与志愿组织的数量与组织类型

大多数的美国志愿者通常会选择 1～2 个志愿机构或组织从事志愿服务工作。在 2014 年 9 月到 2015 年 9 月期间，72.0%的人选择一个志愿组织，18.3%的人选择两个志愿组织。较少的人会同时选择三个或更多的志愿机构或组织去做志愿服务工作。教育程度越高的人越有可能选择多个志愿机构或组织，如大学毕业及以上文化程度的志愿者选择 2 个和 3 个志愿机构或组织的比例分别为 22.4%和 8.9%，准学士毕业的志愿者选择 2 个和 3 个志愿机构或组织的比例分别为 16.8%和 5.1%，高中毕业的志愿者的比例分别为 14.1%和 3.1%，高中以下文化程度的志愿者的比例分别为 7.6%和 1.7%。

在 2014 年 9 月到 2015 年 9 月期间，在不同类型的志愿服务机构或组织类型中，美国人花费最多时间的机构或组织是宗教类的，33.1%的志愿者参加这类组织。其次是教育或与青年服务相关联的组织，25.2%的志愿者参加这类组织。另有 14.6%的志愿者参加的是主要为社会或社区提供服务的组织。参加诸如“公民、政治、专业或国际”“环境保护或动物照料”“医院或其他健康护理”“运动、嗜好、文化或艺术”等志愿服务机构或组织类型的美国人相对较少。

老年人比其他年龄群体的人更有可能参加宗教性质的志愿组织。在 65 岁及以上老年人中，42.7%的人主要是为宗教组织服务或通过宗教组织提供志愿服务；而在 16～24 岁的人中，这个比例只有 25.4%。年轻的美国志愿者更倾向于选择教育或与青年服务相关联的志愿组织，如 16～19 岁和 20～24 岁的美国人选择这类组织做志愿服务的比例分别占33.6%和27.3%。

从文化程度看，不同的受教育群体的美国人都更有可能参加宗教性质的志愿组织，其次是教育或与青年服务相关联的志愿组织。主要参加宗教性质的志愿组织的比例，随受教育程度的增加而减少，其中，高中以下文化程度的人占52.7%，大学毕业及以上文化程度的人占 29.9%。主要参加教育或与青年服务相关联的志愿组织的比例，随受教育程度的增加而增加，其中，高中以下文化程度的人占19.9%，大学毕业及以上的人占26.3%。

如果有 18 岁以下的孩子，父母更倾向于选择教育或与青年服务相关联的志愿组织。母亲志愿者和父亲志愿者选择教育或与青年服务相关联的志愿组织如学校或类似童子军组织的比例分别为 45.1%和 36.8%。没有 18 岁以下的孩子的父母更愿意选择其他类型的组织如宗教组织或社区类组织从事志愿服务。

（五）美国志愿者参与的志愿服务工作内容

美国人在他们参加的志愿组织中一般会从事多项志愿服务工作内容。其中，收集、准备、分配和提供食物服务是 2014 年 9 月到 2015 年 9 月期间美国人在他们参加的主要志愿组织中做得最多的服务工作内容（11.3%）。接下来从事较多的服务活动依次是辅导或教学类的服务（9.2%）、资金筹集活动或为募捐而进行的销售活动（9.0%）、从事一般性的劳动或为人提供运输类的服务（8.8%）。然而，美国的男女志愿者参与的主要志愿服务工作内容存在差异。美国男性志愿者从事最多的三项志愿服务工作内容依次是一般性的劳动或为人提供运输类的服务（12.3%），教练或运动队的督导服务（9.3%），收集、准备、分配和提供食物服务（9.2%）。女性志愿者从事最多的三项志愿服务工作内容依次是收集、准备、分配和提供食物服务（12.9%），辅导或教学类的服务（10.6%），资金筹集活动或为募捐而进行的销售活动（9.9%）。

不同的受教育群体的美国人参与的主要志愿服务工作内容存在差异。大学毕业及以上文化程度的人更有可能从事包括在董事会或委员会中提供专业性或管理性的辅助服务（11.8%）和辅导或教学服务（10.8%）。非大学毕业的其他三个文化程度的人更有可能从事收集、准备、分配和提供食物服务（分别为20.6%、16.6%和 12.8%）和一般性的劳动或为人提供运输类的服务（分别为10.9%、10.2%和 8.8%）。

与家里没有 18 岁以下孩子的父母相比，家里有 18 岁以下孩子的父母更可能从事与孩子相关的志愿服务活动，包括教练或运动队的督导服务、辅导或教学服务和辅导青年服务。

二、美国志愿服务发展的文化传统与特点

（一）美国人热衷志愿服务的文化传统

志愿服务在美国的兴起与发展与美国特殊的文化和历史有着密切的关系。美国人乐于捐赠、热衷于做志愿者并不仅仅是因为他们的经济繁荣、物质富裕，也不能简单地归结为善心、爱心、热情或同情心，而是有其深厚的文化传统和庞大的社会体系作支撑。第一，尽管美国的历史不长，但却深深地植根于个人主义的传统。这种强烈的个人主义文化特质以及对自由与民主的追求产生了特有的对集权的反对。这使得美国人不太愿意依赖政府来处理社会问题和经济问题，留下了让志愿服务来解决问题的很多机会，逐渐养成了自愿、热心帮助他人的精神。美国早期移民的志愿服务活动及参与社团的热情就曾给托克维尔留下了深刻的印象。他本是带着研究刑法制度的目的去美国，但他日益为美国公民参与各种形式的协会所吸引，从而扩展了自己的研究范围。他把这种参与倾向与美国民主的活力和成功联系在一起。他指出，“各种年龄、各种条件和各种气质的美国人都不断地组建各种协会”，并预言说：“一个民族，如果它的成员丧失了单凭自己的力量去做一番大事业的能力，而且又没养成共同去做大事业的习惯，那它不久就会回到野蛮状态。”[2]早期移民自愿帮助他人的精神促成了美国志愿服务的产生。早在19世纪20年代，纽约就成立了志愿服务组织——扶贫协会，把该市划分为若干个社区，选派志愿者到不同社区从事扶贫工作。志愿者的主要任务是了解社区内贫困家庭的生活状况，在此基础上帮助他们增加收入，摆脱贫困，并培训这些家庭的孩子掌握一定的工作技能。第二，经济利益使得不要让政府插手商业的文化特质增强，促进了“志愿意识形态”，使以志愿方式解决社会问题成为一个重要的政治问题和意识形态的象征。小布什总统曾说：“我的政府的目标之一是给公民的参与注入活力”，“政府永远也不会被慈善机构和社区组织替代。但是，当我们美国遇上社会问题时，我的政府首先去找宗教组织和社区组织，这些组织已经证明自己拯救、改善人们生活的能力”。[3]第三，对宗教自由的关注和防止政府干涉宗教信仰的悠久历史，创立了一个政府领域之外取向公共利益的私人活动的安全场所。很多早期的诸如卫生保健、教育和社会服务等领域的非营利组织是作为这些宗教机构的附属开展活动的。[4]受宗教信仰的教化，教会会员会将自己收入的一定比例捐赠给教会，从事志愿服务活动和做志愿者满足了他们施爱于人的精神需求和参与社会实践的愿望。第四，政策体系的支撑与制度导向。美国政府在研究和制定各种福利和社会政策时，鼓励企业和个人向公益事业与公益组织捐赠，在税收等

方面给予奖励与减免。与此同时，各级政府设有专门机构，每年有专项资金，对志愿服务与志愿者绩效进行评估，志愿者的志愿服务经历在个人升学、就业、晋级等方面都会成为重要的参考资料，杰出的志愿者将得到政府的表彰和奖励。这些制度导向极大地鼓励了美国人参与志愿服务的热情。第五，工业文明和移民文化背景的影响。工业发展和繁荣过程中形成的互助合作意识和团队精神，移民文化背景下生成的民间协会和社团组织为志愿组织、非营利组织及其活动打下了基础。作为移民国家，美国是先有社会后有国家，公民社会组织的历史悠久，志愿精神早在建国前就产生了。“美国的公益事业和思想是与殖民开发同步发展的。”[5]志愿精神一直激励着美国人涉足社会的方方面面，如提供社区服务、捐献钱物、互助合作等。美国人普遍认为，志愿服务与志愿组织能有效地将民众团结起来，致力于加强公民道德修养和提升人的精神境界，通过为邻里提供充满爱心和乐趣的人性化服务项目，为公民参与社会、体验助人乐趣、满足精神领域的深层次需求创造了机会。

更为主要的是，很多美国总统不遗余力地倡导与身体力行志愿服务对促进美国人参与志愿服务起到了重要的示范作用。从 20 世纪 60 年代以来，几乎每一位美国总统都鼓励志愿组织和志愿服务的发展。1961 年 3 月 1 日，肯尼迪签署总统令，下令国务院成立主管和平队计划的联邦机构，美国政府组织的第一个志愿者活动，也是第一个海外志愿服务计划——和平队（Peace Corps）正式成立；同年 9 月国会通过《和平队法》，批准了对和平队计划的管理授权及相关拨款，吸引对外部世界怀有强烈好奇心、身负美国式理想主义的青年男女到发展中国家从事教育、卫生和发展援助工作。林登·贝恩斯·约翰逊在总统任期内，于 1964 年创立了“服务美国志愿队”。同时先后启动三个老年计划，即 1965 年 8 月 28 日启动的“养祖父母计划”（Foster Grandparent Program，FGP）、1969 年启动的“老年伴侣计划”（Retired Senior Volunteer Program，RSVP）和 1968—1971 年间由当时的联邦卫生、教育和社会福利部与联邦老龄事务局（Administration on Aging）合作试点的“老年伴侣计划”（Senior Companion Program，SCP）。尼克松在总统任期内，于 1971 年 6 月 30 日签发第 11603 号总统令，成立了统一管理联邦志愿服务计划的机构“行动”（ACTION），建立了总统任命的国家志愿服务顾问委员会，为当时已有的联邦志愿服务计划确定了定义、目标、管理、执行、拨款、志愿者权利等各方面的法律依据。这些联邦志愿服务计划既包括“服务美国志愿队”和老年志愿者计划，又包括专门服务小企业的“在职经理服务队”和“退休经理服务队”等新计划。罗纳德·里根在总统任期内，于 1981 年 8 月 12 日以总统名义设立了“总统志愿者行动奖”，于 1985 年推出了“为美国骄傲”计划。该计划面向在校学生，通过宣传、教育、培训、服务等活动，引导青少年志愿者把爱国主义情结体现到保护美国的文化历史遗产、野生动物栖息地、国有土地、国家公园和自然资源的志愿服务中去。老布什在总统任期内，于 1990 年 11 月 16 日签署了《国家与社区服务法》（National and Community Service Act of 1990），联邦独立机构“国家与社区服务委员会”（Commission on National and Community Service）随即成立。《国家与社区服务法》对于在全体人民中弘扬志愿者精神，发动青少年积极参加志愿服务计划，引导志愿服务深入基层社区解决实际问题起到了积极作用。克林顿在总统任期内，于 1993 年对联邦志愿服务体系进行了总体改革。依据国会通过的《国家与社区服务机构法》（National and Community Service Trust Act of 1993），成立了“国家与社区服务机构”（Corporation for National and Community Service，CNCS）和“美国服务队”，成立了更为广泛的国家与社区服务公司，把美国服务队、全国老年人服务队、学习与服务美国项目和美国阅读项目均纳入其中。小布什在总统任期内，于 2002 年 1 月 29 日在白宫设立志愿服务协调机构“美利坚自由服务团”（USA Freedom Corps），并发起成立“公民服务队”（Citizen Corps）计划。2003 年 5 月 21 日宣布成立面向国际的“缔造繁荣志愿者”计划（Volunteers for Prosperity，VFP）。这个由美国国际开发署担任跨部门协调机构的计划，使命是鼓励和吸收专业人员参与国际开发援助服务。奥巴马就任总统以来，把加强和改善联邦志愿服务体系置于优先议程中，并于 2009 年 4 月 21 日敦促国会通过了旨在保持美国志愿服务事业长盛不衰的新法案《爱德华 • 肯尼迪服务美国法》（The Edward M .Kennedy Serve America Act），使美国联邦志愿服务计划及其管理体系进入了一个新时代。[6]正是在历届美国总统的坚持不懈地倡导、推动和垂范下，志愿服务走进了每个美国家庭，服务美国成为美国人一生的信仰和追求，志愿者也成为美国人心中至高无上的荣誉。

（二）美国志愿服务的主要特点

1. 志愿服务队伍庞大、素质较高，志愿者具有强烈的奉献精神

美国人有着强烈的社区认同感和归属感，对社区公共事务的参与热情非常高。各种资料都显示，美国人热心参与社区志愿服务活动，且文化程度高、素质高的人对社区志愿服务的热情更高。尽管美国人参与志愿服务的动机多种多样，一些志愿组织和政府的法律政策也对志愿者的参与提供一定的补偿与奖励，但很多人参与志愿服务完全是不图报酬，以奉献他人、奉献社会为目的的。

2. 志愿服务领域广泛、内容丰富

根据美国劳工部劳工统计署 2014—2015 年度的调查，美国人参与的志愿服务机构或组织类型包括宗教类组织、教育或与青年服务相关联类组织、社区类组织、公共安全类组织、环境保护或动物照料类组织、医院或其他健康护理类组织、“公民、政治、专业或国际”类组织、“运动、嗜好、文化或艺术”类

组织。参与的志愿服务活动内容包括教练或运动队的督导服务、辅导或教学类服务、青年指导服务、引导或辅助服务、“收集、准备、分配和提供食物”服务、“收集、制作、分配衣服、手工制品或除食物之外的其他商品”服务、资金筹集活动或为募捐而进行的销售活动、“咨询、医疗护理、消防/快递或防护性”服务、一般性办公室工作服务、在董事会或委员会中提供专业性或管理性的辅助服务、音乐表演或其他艺术活动、一般性的劳动或为人提供运输类的服务等。尽管在参与率上有差异，但美国人参与的志愿服务机构或组织类型与具体的服务内容是非常广泛的。萨拉蒙等人的研究也显示，包括志愿组织在内的美国非营利部门在涉及文化、教育、健康、社会服务、环境、发展、公民或倡导、基金会、国际、专业等广泛的领域开展志愿服务活动。按服务领域分布，当包括志愿者在内时，卫生健康领域的就业人员占非营利部门就业人员的比例为34.2%，社会服务领域占22.1%，教育领域占18.5%。[7]

3. 志愿服务活动经费来源实现多渠道化

在美国非营利部门的收入构成中，当不包括志愿者的贡献时，收费收益占56.6%，政府支持占 30.5%，慈善占 12.9%；当包括志愿者的贡献时，收费收益占 47.4%，政府支持占 25.6%，慈善占 26.9%。[8]可以看到，慈善捐赠（志愿者个人、企业、基金会等）在美国非营利部门中占有重要的地位，当包括志愿者的贡献在内时，其重要性甚至超过了政府支持。当然，政府的支持也是不容忽视的，即使包括了志愿者贡献在内，政府对非营利部门的支持也占到四分之一以上。政府以“购买服务”“项目委托”等形式资助非营利部门开展社区志愿服务工作。社区志愿服务机构的服务收费及其他投资收益是主要的收入来源。这些机构在向社区提供福利性、公益性服务的同时，也兴办一些营利性的服务项目。从营利性项目中获得的利润再投入到志愿服务中去，使志愿服务经费来源形成良性的循环，得到有效的保障。

4. 志愿服务的制度化、法制化与政府的支持

自 1992 年开始，美国每年 10 月的第四个星期日为全国志愿者活动日。活动日期间，社区志愿服务组织打扫卫生、救助无家可归者，以及修建图书馆等。每年 4 月还举办全国志愿者活动周，除开展各种形式的志愿服务活动外，还要奖励表现突出的志愿者组织及个人。美国社区志愿者组织内部有严格的规章制度，规定参加志愿者组织要接受必要的培训，要制订工作计划并按计划提供服务。很多情况下，志愿者与职员服务组织要签订协议或合同，明确双方的权利和义务，形成一种法律上的关系。对于具体的服务活动，志愿者组织的安排也相当规范和细致。此外，美国志愿服务的法制化建设也取得了重要成就。如根据《国家与社区服务机构法》的相关规定，完成“美国服务队”所要求的志愿服务时间的志愿者可以申请美国服务队教育奖学金。这些奖学金可以用来支付

符合美国服务队要求的学校的教育支出、教育培训或者偿还助学贷款。所能够得到的奖学金数额依据服务形式与服务时间有所不同，以全日制服务形式、最少服务 1 700 小时的志愿者可以得到最高 4 725 美元的奖学金（不用再交纳所得税），而且以全日制服务的志愿者被要求在 9～12 个月之内完成所承诺的志愿服务。另外，志愿服务得到美国政府的鼓励与支持。长期以来，美国政府以多种方式鼓励和支持志愿服务。不仅制定政策法规和发展计划推动社区志愿服务，而且以“购买服务”“项目委托”等方式资助非营利部门、志愿组织开展社区志愿服务活动。同时，美国政府还在税收方面制定优惠政策鼓励企业捐助社区服务事业。对于志愿组织兴办的社区服务项目，政府给予特定的免税政策，服务所得收入不需交税。这些优惠政策与支持有力地推动了美国志愿服务的可持续发展。

三、对我国志愿服务事业发展的启示

美国志愿服务已经走上组织化、规范化、制度化的发展轨道，吸引了广泛的民众参与热情，树立了良好的社会声誉，取得了丰富的经验。美国在志愿服务方面的发展所取得的成就对我国志愿服务的开展具有重要的启示。

1. 加快志愿服务的立法进程，保障我国志愿服务规范化、法制化的健康发展

志愿服务法制化建设的意义在于，通过对志愿服务的立法，可以明确志愿服务事业的法律地位，对志愿组织、志愿服务进行法律上的支持和规范，积极引导公民参与和支持志愿服务，保障志愿者及相关主体的合法权利和利益，为志愿服务事业健康发展提供良好的外部环境。美国的志愿服务之所以发达，既与其源远流长的志愿服务历史、志愿精神有关，也和完善的志愿服务法律体系的建设密不可分。在制定我国志愿服务法规时，可以借鉴美国及其他一些国家、地区的志愿服务法律、法规设计的原则与内容，包括对志愿者与志愿组织的法律地位的界定、对志愿者及其权利与义务的保护、对志愿组织与志愿服务的财务与政策支持、统一的志愿组织与志愿服务的协调机构、对志愿者与志愿服务的激励机制等。尽管 2016 年 9 月 1 日起施行的《中华人民共和国慈善法》对我国志愿服务的发展具有促进作用，但我们认为，随着当前志愿服务事业在我国社会日益兴盛，进入快速、活跃发展的新阶段，国家应顺应时代发展的要求，尽快制定适合我国的志愿服务法，更好地推动中国志愿服务事业健康、持续的发展。

2. 志愿者组织与志愿服务要为社区发展贡献智慧和力量

美国人有很强的社区认同感和归属感，很多人对自己生活的社区有着强烈的社区意识和邻里意识，并积极参与社区各种活动。社区除文化、体育及宗教

活动外，通常还有各种由社区民间团体发起的志愿活动，如单亲父母俱乐部、老年人活动中心、妇女援助中心等。人们自发组织这些不同的民间社区志愿性的团体或非营利性组织，目的是通过互助来解决共同面临的问题。通过这些民间社区志愿性的团体进行志愿服务，志愿者们不但为移民子女提供外语培训，为老年人和伤残人提供帮助，为妇女提供生理和心理的抚慰，为失足青少年提供心理和学业上的指导与培训，而且积极组织参与社区环境治理、募集资金和竞选宣传等活动，为社区发展贡献自己的爱心、智慧和力量。依据《国家与社区服务机构法》成立的"国家与社区服务机构"是联邦政府的一个独立机构，其宗旨是改善生活、强化社区，通过促使不同年龄、性别、种族背景的美国人都为社区提供服务和志愿活动而培养公民的参与精神。在"国家与社区服务机构"的指导原则中，地方社区需求是被放在第一位优先考虑的原则，同时特别强调通过服务项目建立更加强大、更加有效、更加具有可持续发展的社区网络能力，以便动员志愿者对当地社区需求做出事先准备与响应。国家与社区服务机构估计，100 万名以上少年儿童、40 万名年轻成人和 50 万名老年人在他们的社区参加各种形式的志愿服务活动。通过这些志愿者的技能、经验和对他人的关心，他们提供了广泛的社区服务，包括辅导失足青年、为低收入的人建造房屋、对自然灾害的反应与救护、照顾社区里的老年人。"在社区中我们持有的最深刻的价值观得以表现——确切地说，社区就是我们与其他人一起追求最具特色的共同事业的地方。……社区通过正式或非正式团体的发展来表现那些价值。例如：宗教社团通过创办学校、慈善机构、孤儿院、青年团体等使那些为人们体验最强烈的'核心'价值的现实成为可能。"[9]

借鉴"国家与社区服务机构"项目经验，在设计社区服务项目、推动社区志愿服务活动时，要在培育志愿服务参与意识、弘扬志愿精神，以及公民的担当精神和社会责任意识上下足功夫。鼓励社区居民积极参与社区志愿服务，对提升社区居民的认同感和归属感，对改善民生，真正实现全体人民"学有所教、劳有所得、病有所医、老有所养、住有所居"将发挥重要的促进作用，从而缓解社区与社会之间的矛盾，推动社区与社会的和谐发展。

3. 将志愿服务与青少年能力培养结合起来，为青少年志愿者提供发展的机会

对青少年的能力素质的培养，除了注重学业成绩外，还需要重视他们的生活能力、与他人的合作、对他人的关爱、社会责任感、职业技能和品德的塑造。美国各种志愿组织在开展志愿服务活动时，就特别注重对志愿者的能力的培养。在涉及与青少年相关的志愿服务项目时，尤其重视将志愿服务与青少年志愿者技能的发展、能力的提高及未来职业兴趣与取向的机会作统筹考虑，使青少年志愿者在服务社会、服务他人的同时，得到锻炼与发展的机会。如"学习

和服务美国计划”（Learn and Serve America），通过各州、印第安部落和海外领地的公立机构（教育管理机构、志愿服务委员会等）和跨州非营利组织的参与，为从幼儿园到大学的各种与志愿服务相结合的服务—学习（Service-learning）活动提供资助与指导，把有关公民意识和志愿服务精神的教育贯穿于青少年成长的各个阶段，同时力求让青少年的志愿服务为所在社区解决一些实际问题（如清理环境、恢复居民区绿地、循环利用废弃物品）。[10]在“学习和服务美国计划”开展的项目中，服务—学习的本质不仅是要试图通过为社会服务来促进学生对知识的学习，还希望能够培养学生的公民意识、社会责任感、奉献及合作的精神。这种将服务与学习结合起来的志愿服务方式与一般意义上的志愿服务方式的性质不同。服务—学习是将课程学习、服务和反思三者结合起来的过程，在这个过程中，学习和服务具有同等的重要性。而一般意义上的志愿服务的核心是提供服务，以服务效果为主，较少甚至不关注学习的重要性。越来越多的教育工作者和志愿服务组织者意识到青少年参与服务—学习是改善青少年学习成就、支持学校教学改革及促进社区发展的强有力策略。通过服务—学习的过程，青少年可以感到自身价值的意义所在并经受挑战，意识到自身能力的提高，因自身的服务而使社区得到改善，从而对社会抱有更为肯定积极的态度，并具有更充实的责任感。

而在我国的志愿服务活动中，对青少年通过志愿服务过程来提高自己的能力问题没有引起足够的重视，志愿服务项目设计与青少年课程学习的结合更是不多见。服务—学习这种志愿服务形式的做法值得我国志愿服务组织者借鉴。在志愿服务项目的设计尤其是以青少年学生作为活动参与主体的项目中，项目设计人员要充分考察社会和社区的现实需求，并与学校、社区相关负责人进行全面的讨论，尽力将学校有关课程教育与社区需求结合在一起，将课程学习与社区需求的一致性作为项目设计的一个重要指标，确保志愿服务项目在内容的选择和主题的确定上是真正基于社区的现实需求，把课程学习与真实生活紧密联系在一起，使参与志愿服务的青少年学生对课程的学习显得有生活意义，并使项目的开展能得到社区的有效支持。在项目实施过程中，加强对青少年学生的学习与服务活动进行总结、反馈和激励，使他们及时了解项目的进展、已经取得的成果及努力的方向。同时，加强对青少年学生的学习与服务活动进行反思。通过精心设计的反思过程，青少年学生将思考他们在服务学习中所获得的经验，分析和解释它们，并理解其中的意义，使他们对自己的行动和经验有一个新的、更深刻的认识，并借此获得智力、人格和社会性的成长。相对于国内一些轰轰烈烈、形式化的志愿服务活动，这种将服务与学习结合起来的志愿服务方式对培养我国青少年的能力与素质、对他人与公共事务的关心和积极参与更为重要与紧迫。

参考文献：

[1] The Bureau of Labor Statistics of the U. S. Department of Labor. Volunteering in the United States-2015 [R]. 登录自美国劳工统计署网站（http://www.bls.gov/），劳工统计署对志愿者的界定是“一个人通过一个组织或为一个组织做不领取薪水（除志愿服务过程中所花的费用）的工作”。
[2]（法）阿列克西・德・托克维尔. 论美国的民主 [M]. 董果良，译. 北京：商务印书馆，1991：634，637.
[3] 朱世达. 美国市民社会研究 [M]. 北京：中国社会科学出版社，2005：230.
[4]（美）莱斯特・萨拉蒙等. 全球公民社会：非营利部门视界 [M]. 贾西津，魏玉，等，译. 北京：社会科学文献出版社，2002：226.
[5] 资中筠. 散财之道——美国现代公益基金会述评 [M]. 上海：上海人民出版社，2003：14.
[6] [10] 徐彤武. 联邦政府与美国志愿服务的兴盛 [J]. 美国研究，2009（3）.
[7] [8]（美）莱斯特 M 萨拉蒙，S 沃加斯・索可洛斯基，等. 全球公民社会：非营利部门国际指数 [M]. 陈一梅，等，译. 北京：北京大学出版社，2007：348，350.
[9]（美）史蒂文・史密斯，迈克尔・利普斯基. 非营利组织与社区 [M]//李亚平，于海. 第三域的兴起：西方志愿工作及志愿组织理论文选. 上海：复旦大学出版社，1998：251-252.

《北京青年研究》2016 年第 4 期

新型政治空间生成过程中的团青关系研究

邓希泉

（中国青少年研究中心）

与青年群体建立密切关系并保持对青年的组织引导和吸引凝聚，是共青团在任何阶段都要重视的一项本质性和基础性的任务。把握团青关系的建立、互动与密切联系的规律，是共青团工作中一项十分重要的理论任务和工作实践，是实现党群关系“血肉联系”的必然要求。

一、团青关系的本质与内涵、主体与结构及其主要特征

政党与青年群体的关系，是现代政治生活中一项具有战略意义的政党建设内容。政党与青年的关系，越来越直接地表现为政党青年组织与青年群体的关系。

（一）团青关系的本质与内涵

中国共青团是中国共产党建立的政党青年组织，是先进青年被正式组织起来并以全体青年为服务对象的社会组织，是党联系青年的桥梁和纽带。团青关系是党群关系中的重要内容，服务于党群关系并受其影响和制约，其本质就是在党群关系决定下的党的青年组织与青年群体的关系。从表现形式看，团青关系以共青团和青年群体作为两个主要社会主体的互动关系为基础，体现党、政府、共青团、社会与青年群体之间共生共存的复杂关系。

第一，团青关系体现出党和青年的关系。“在革命、建设、改革各个历史时期，中国共产党始终高度重视青年、关怀青年、信任青年，对青年一代寄予殷切期望。”[1]中国共产主义青年团宣告成立“是中国共产党为动员广大青年投身中国社会伟大变革而采取的重大行动，表明我们党充分认识到青年在中国

社会发展进步中的重要地位和作用”。[2]团青关系是党与青年关系中的重要组成部分，是党群关系范畴内的基本关系，也是政党围绕政权开展活动的重要内容。共青团虽然不需要为党的执政去争取选票，但需要为党的良好执政和长期执政争取尽可能大的社会支持。共青团为党赢得青年，对党的政策的推行和党的执政地位的巩固，具有相当重要的意义。

第二，团青关系体现出党和团的关系。“共青团作为党领导的先进青年的群众组织，肩负着团结带领广大青年为党和人民事业而奋斗的光荣任务。”[3]只有坚持中国共产党的领导，中国青年运动才能沿着正确道路蓬勃发展，共青团工作才能开创新局面。“在我们党成为执政党并长期执政的历史背景下，党对共青团的根本要求就是不断巩固和扩大党执政的阶级基础和群众基础。”[4]在党成立 90 多年来的波澜壮阔的历史进程中，“共青团与党同心、与党同行，团结带领广大青年顺应历史潮流，走在时代前列，为实现民族独立、人民解放和国家富强、人民富裕奉献了青春和智慧，镌刻下闪光的足迹”。[5]

第三，团青关系体现出政府和共青团的关系。党内没有青年工作机构，政府内没有设置青年工作部门，共青团身兼政党青年组织、承担政府部分职能，以及管理引导社会青年组织的三种身份。共青团的组织功能，在某种程度上具有政府赋权或购买政府青年服务的行政功能，使团青关系包含了政府与共青团的关系。

第四，团青关系体现出共青团和社会的关系。共青团总是处在一定的社会结构之中并受其影响和制约，团青关系也总是处于一个动态的复杂系统之内。从这个意义上说，团青关系是共青团与服务对象的一种关系表现，共青团需要适应社会结构并利用社会资源来与广大青年建立关系并密切彼此之间的关系。

（二）团青关系的主体及其结构

1. 共青团和青年群体是团青关系的两大直接主体

从社会结构及其关系看，团青关系是共青团与青年群体两个社会要素之间的复杂关系。共青团和青年群体，是团青关系的两大直接主体。作为一个社会系统的共青团，是由相当数量的团组织、团的工作品牌项目、团的活动、团干部以及团员等要素所组成的并具有一定功能的社会组织。其中，团组织区分为团的中央组织、团的地方和军队的组织，以及团的基层组织；团的工作品牌、项目和活动，是共青团与青年发生联系的中介和载体；团干部和团员是团青关系的执行主体和影响主体，又属于青年群体，兼有先进性和群众性的特征。同时，作为一个社会系统的青年群体，是由相当数量的青年亚群体和青年个体所构成。

2. 团青关系是共青团三个层级主体与青年群体分别作用基础上经过冲突融合而形成的总体关系

共青团是一个层级明晰的社会组织，按层级划分为三个层次：一是宏观层次的社会主体，即作为整体的共青团，确认其作为社会组织在社会结构中的现实存在；二是中观层次的集团主体，即团的中央组织、团的地方和军队的组织，以及团的工作品牌和项目，主要负责共青团的管理运行、资源分配和外部协调；三是微观层次的单个主体，主要是指基层团组织、团的活动、团干部和团员，他们处在与广大青年接触的边界，直接与青年亚群体和青年个体进行联系互动。

共青团的运行逻辑，是由宏观化为中观，再由中观具体指导和提供资源来推动微观层次的基层运行。团青关系的形成过程，则是逆向的，是先由共青团微观层次的要素与青年进行直接互动，再由中观层次要素对微观层次团青关系的效果进行整合，并对组织策略和资源进行调整；最后推动宏观层次团青关系的形成和发展。即作为整体的团青关系，是由团的各级组织、团的工作品牌和项目、团的活动、团干部和团员，在与青年亚群体和不同阶层和不同群体的青年互动过程中，形成的具体关系基础上相互冲突与融合而形成的总体关系。

（三）团青关系的主要特征

1. 团青关系是客观性与主观性的统一

共青团和青年群体都是现实世界中的客观事物，共青团和青年群体又都是通过现实的客观途径发生联系，决定了团青关系是建立在客观事物基础上的客观现象。另外，共青团和青年群体只有通过认识关系和实践关系建立起彼此联系，双方才能成为相互的客体，进入到与对方相联系的客观状态。这就意味着团青关系的存在，既要以共青团在青年身边确实存在并产生联系为前提，同时又要以这种联系的有效性存在并为青年所认知为基础。如果青年对团组织缺乏主观认知，或者是对共青团利益关系的主观忽视或否认，会在相当大程度上影响团青关系的建立和发展。因此，团青关系又是一种主体的认知与评价，因青年主体的需求满足程度和主体认知程度而产生认知差异，使团青关系更具主观性特征。

2. 团青关系是独立性与工具性的统一

团青关系是一对独立的社会关系。共青团拥有独立的组织系统，独立地进行决策和开展活动。在共青团系统内，作为内部要素的各级团组织、团的工作品牌项目、团的活动、团干部和团员，也同样拥有相对独立的决策和行动权力，可以根据自身情况开展相对独立的活动。同时，青年群体拥有独立的主体地位、自主意志和独立活动的自由。共青团与青年群体之间关系的存在，也是独立于其他社会关系的，是社会结构中拥有自主特征的一对社会关系。另外，团青关系不是一种自为的关系，而是服务于党的执政需要和组织发展、以巩固和扩大党执政的青年群众基础为目标，在党群关系中处于从属地位、跟随党的中心任务和主要工作而变化。这就表明，团青关系具有工具性的特征。密切团青关系不是最终目的，而是巩固和扩大党执政的青年群众基础。这就是团青关系的根本出发点、目标和衡量的主要标准。

3. 团青关系是政治性和社会性的统一

共青团的政治性特征必然赋予团青关系的政治性特征，主要体现在三个方面。一是在群体利益维度上，共青团要在维护人民群众的根本利益的基础上，代表和维护青年群体的具体利益，为青年群体的利益进行博弈。二是在政治权力维度上，共青团承担和履行部分政府职能，发挥国家政权的重要支柱的作用。共青团对青年群体行使的管理和服务职能，来自执政党、政府和社会成员的权力让渡。三是在青年权利维度上，共青团要善于运用青少年法律法规来维护青少年权益，并尽可能通过立法或政策途径来扩充青年权利，不断改善和优化青年发展环境。另外，共青团和青年群体均具备的社会性，共同赋予团青关系的社会性特征。共青团面向全体青年开展服务和工作，在服务青年社会性需求的基础上引导青年的政治社会化进程，通过与青年社会组织的合作与竞争来推动社会青年工作。

二、新型政治空间生成过程中团青关系的新变化与新问题

社会组织和社会成员都处在一定的政治环境和政治空间之中。“政治环境对组织来说，是一种组织将自己溶进社会系统，并从中不断地获取支持与合法性的一种方式。政治环境是政治组织将组织的生存制度化，确保所需资源使用权的场所。”[6]党执掌国家政权，并以其为核心构成国家权力机构，是政治空间中的核心政治主体。“中国政治结构还包括许多群众组织，它们动员起一般的民众来辅助与支持党和国家机构的工作。一般来说，群众组织在规模上是全国性的，设置了从中央到群众成员所在单位的等级体制，并由某个共同的社会或经济特征加以限定。”[7]作为党的青年组织，共青团是国家权力边缘地带的一部分，服务于党对政治空间的主导和建设。改革开放以来，我国基于政党—国家—社会三个主要主体形成的政治空间结构不断发生变化，三者边界日渐清晰的新型政治空间不断生成和推进。团青关系中出现的新现象与新问题，成为新型政治空间结构的直接表征。

（一）共青团的政治性目标与青年的社会性目标之间的失调

改革开放以来，在以经济建设为中心的社会环境中，以政治现象和政治生

活为核心的青年发展，日渐转变为以职业生活和闲暇生活为核心的青年发展，政治生活和政治现象日益从日常生活中回归到非日常生活领域。适应社会并获得全面发展，成为青年的主要社会性目标，也是青年群体对共青团最基本和最主要的诉求。对青年群体来说，团青关系主要就是青年以认同共青团的政治性引导达到自身发展的社会性目标。对共青团来说，团青关系主要就是共青团为青年提供社会性服务，以实现对青年进行政治引导的政治性目的。共青团的政治性目标与青年发展的社会性目标之间的失调与分歧，是新型政治空间生成过程中根本性的变化，也是引发团青关系新现象和新问题的主要根源。这种失调还表现为共青团的“去政治化”现象。一是对成员认定的去政治化标准。改革开放之前，先进青年的首要标准是政治性标准，是青年的政治出身，即阶级或阶层出身。改革开放以来，“群众组织成员资格的基础不再是阶级成分，而是朝向职能和专业标准”。[8]二是活动内容的去政治化。共青团活动内容主要集中在服务青年需求、适应社会发展的社会服务上，政治学习或政治认同过程一般不再单独出现，而主要是渗透在服务青年的过程之中。三是共青团政治性特征被有意无意地淡化或弱化。关于共青团的第三部门化或NGO化、共青团的政府职能部门化，以及共青团政治性目标或政治性特征的隐性化等论调和做法，导致了共青团政治性特征被淡化或弱化的现实结果。

（二）青年发展场域的分化、分隔与团青关系作用场域的单一之间的矛盾

社会转型和社会结构分化，使青年生存发展的空间和场域发生了巨大变化。一是青年空间的分化、分离和分隔。在单位制下，青年的工作（学习）空间、生活空间和休闲空间分别在单位提供的相对集中的办公场所、居住场所和休闲场所进行，在单位内实现了基本重叠。共青团作为具有青年管理和服务职能的部门，通过在工作（学习）空间的制度安排，实现了对青年生活空间和休闲空间的嵌入，三种空间曾经的三位一体局面逐渐被打破并全面分离。青年的生命时间的分配格局也在不断变化。以工作（学习）时间为重点的时间支配格局发生了较大改变，生活时间和闲暇时间不断增加，对青年发展的重要性也在不断提升；与此同时，政治性力量或社会组织越来越难以介入青年的生活时间和闲暇时间，也就越来越难以对青年产生全天候的影响。二是青年参与活动场域的网络化转移。互联网已经全面楔入青年生活，改变了传统社会青年政治意识表达的方式和特点，青年政治意识表达发生了极大的场域转换。三是青年自组织对青年群体需求的自我满足。青年群体的优势日益在青年自组织对社会的积极作用中得以彰显，又借助青年自组织的力量表现出来。另外，共青团与青年的联系途径仍比较单一，基本局限在传统方式和传统渠道之内。共青团更多地限于在工作（学习）空间内与青年建立起联系，且团的活动时间遭到大幅压

缩或较大限制；在互联网上构建团青关系依然遭遇许多难题。共青团主动权进一步式微，团青关系中主客体发生转换，青年日益由团青关系的被动客体转变为平等主体，甚至是掌握更多主动权的主体。

（三）以青年为竞争对象的社会主体增多与团组织竞争力减弱之间的矛盾

我国是以共青团作为青年组织的核心来构建青年工作体系的。当前，以青年群体作为工作对象的社会组织不断增多，打破了共青团作为法定的唯一或主要的面向青年群体开展工作的社会组织的传统局面，正在推动新的青年组织生态的生成与发展。“任何特定的个人仅仅部分地包含在任何组织行为系统中，同时部分包含在许多其他行为系统中。”[9]越来越多的青年加入正式社会组织或非正式社会组织，青年群体的各种需求在不同社会组织中也得到了较好的满足。社会组织的领导者或青年领袖，对青年直接施加影响的竞争也日益激烈。当前，青年领袖的产生途径更加丰富。政治意义上的青年领袖，与商业运作的、新媒体中产生的，以及公众自发认同的青年领袖，已有明显差异，导致不同青年群体的利益表达以及共青团作为青年精英聚集的功能弱化。与此同时，共青团在青年组织中拥有明显主导权的局面正在不断改变，共青团的社会竞争力有所减弱。一是组织调适变革的能力迟缓。共青团是纳入国家编制管理的正式组织，组织形式和人员编制变动都需要一个较长过程，共青团适时地调整结构以适应社会环境变化的难度较大。二是影响青年流动的能力下降。改革开放以前，政治身份成为青年向上社会流动的首要影响因素，共青团是青年进行政治社会化并获得新的政治身份的主要场所。以经济建设为中心的时代，教育程度和职业能力成为青年向上社会流动的最主要的影响因素，而共青团对青年教育程度和职业能力的提升作用不明显。三是满足青年需求能力不足。中国青少年研究中心 2011 年的调查显示，学校、政府、工作单位、家庭以及公益组织是满足青年需求的主渠道，共青团只是处于满足青年需求的补充地位。

（四）团组织所受环境约束增大与组织控制力降低的双重压力

尽管有党的认可和支持、国家政策和政府权力的让渡，共青团获得了一定的管理职能，但所受的环境约束日益增大，主要表现在两个方面。一是组织地位降低。共青团日益纳入到执政党和政府的层级体系，使共青团脱离青年群体的可能性在不断增加；共青团在公共权力结构中的地位不断下降，其政治资源、社会资源和组织资源相比政府机构仍处于劣势。二是存在范围变窄。共青团在社会结构中的覆盖面有较大程度的收缩，造成了团组织在许多青年尤其是体制外青年生活中的缺位，以及团青关系在局部地区、领域、单位和群体中的缺失。在面临环境约束增大的同时，共青团的组织控制力却在不断减弱。一是组织权力运行方式变化导致组织效率降低。就团内的主导权力类型看，日渐由强制权向非强制权转移，出现了“团难以管团”的现象。在一些关键和重点的议题和活动上，各级团组织并不能完全保证步调一致，难以实现同频共振；部分团干部和团员的组织忠诚度弱化，团组织对团干部和团员的控制力不强，对一些影响和危害团组织的错误思想和行为难以及时制止。二是组织激励作用弱化导致组织效率降低。随着组织规模的扩大，共青团对团员的激励成本增加，团员在组织中主动提供公共服务的数量和质量有所下降。三是团员自我约束作用弱化导致组织效率降低。四是部分基层团组织、团干部和团员的“搭便车”行为导致组织效率降低。

三、团青关系的行动框架及其改进策略

团青关系的变化，是社会转型与新型政治空间生成过程中政治主体之间的关系变化的表征和反映。密切团青关系，作为一个政治命题，是党赋予团的职责要求和时代责任的集中体现。相比青年群体来说，密切团青关系对于共青团的迫切性和重要性更为明显，由此决定了主要责任也在于共青团。

（一）密切团青关系的行动框架

1. 以建立和巩固共青团和青年群体之间的认识关系、实践关系和价值关系为行动基础

团青关系的形成必须同时具备三个条件，分别为共青团的客观存在、青年群体的客观存在，以及共青团和青年互相成为认识和实践的主体和客体。共青团的客观存在，是通过组织形态或活动形态表现出来的。团青关系的真正形成，依赖于团组织“两个全体青年”对青年个体的有效影响，以及青年个体对共青团的认识关系和实践关系的形成。为此，共青团一方面要发现青年、找到青年、联系青年、服务青年、吸引青年、组织青年、凝聚青年、引导青年，使作为客观事物的青年成为共青团的工作对象，成为共青团的工作客体；另一方面，青年个体要在自己的意识和行为上确认共青团的存在、确认共青团与自身认识关系和实践关系的建立。

在共青团和青年形成认识关系和实践关系的基础上，形成两者的价值关系也非常重要。认识关系和实践关系是建立团青关系的基础，价值关系则是强化和巩固团青关系的途径。团青关系中的价值关系，指共青团与青年之间的利益关系，主要表现为共青团对青年的利益。对共青团来说，价值关系主要表现为共青团组织、服务和引导青年的数量和质量，将决定党执政的青年群众基础。对青年群体来说，价值关系主要表现在青年发展、青年流动、青年就业创业和

青少年维权等方面。从广泛意义来说，共青团与青年的价值关系还包括共青团与青年之间的精神关系，主要有青少年的组织归属感、人际交往、社会责任与成就感等。

2. 构建与党的历史方位相符、与市场经济规律相融、与青年主体特征相适、与社会环境要求相配的共青团改革路径

密切团青关系的关键在于确保共青团的不断发展和明显的竞争力。以改革创新精神推进共青团工作，是密切团青关系的必然要求和现实路径。共青团的改革创新，必须遵循党—国家—社会三者构建的新型政治空间的运作逻辑，构建一种与党的历史方位相符、与市场经济规律相融、与青年主体特征相适、与社会环境要求相配的共青团发展路径。

党的历史方位和任务决定团青关系的主题和任务。党处于领导人民掌握全国政权并长期执政、在对外开放和发展社会主义市场经济条件下领导国家建设的历史方位。伴随着政治体制改革逐渐深入，共青团要顺应党的改革创新、政府的改革创新并推动自身的改革创新。

对团青关系影响最明显的社会环境是社会主义市场经济。市场经济要求根据主体需求，广泛利用各种资源，在极其广阔的时空范围内进行生产交换，以实现一切价值增值。共青团工作要遵循市场经济的规律，融入市场经济本身，在继续弘扬旗帜、公义、责任的基础上，探索市场经济条件下工作的载体和模式。

共青团要适应当代青年新的主体特征，使作为集群或社会类属的青年群体成为相互联系并有共同目标的相互联结和互动的社会群体。共青团代表和维护青年权益，不仅要有来自政党和政府法定授予共青团的管理和职务职能，更要有来自青年群体发自内心授予共青团的领导权，即广大青年真正认同共青团。

只有植根于社会关系的相互联系及其决定的资源网络之中，共青团才能确保生存发展和竞争优势。共青团与社会环境的关系构建与行动反应，需要共青团内部的动态调整，更需要共青团及时收集和筛选相关信息并做出科学决策，当前尤其要吸纳新科技、新媒体和新生活方式带来的积极影响，以此推动共青团的改革创新。

（二）密切团青关系的现实路径

1. 共青团积极与青年社会组织形成“组织集合”，巩固和强化共青团在青年组织体系中的核心地位

当前共青团着重巩固和扩大共青团客观存在的各项工作，取得了较好的实效。尽管在青年社会组织方面采取了一些措施，例如共青团更多地联系、培育、

支持青年自组织的发展，推动青年自组织建团工作等，但突破性进展不足。共青团与青年社会组织关系构建与青年组织体系建设还有诸多薄弱环节，建议在共青团与青年社会组织关系构建方面要有新思维。一是共青团要积极与青年社会组织形成“组织集合”。青年社会组织作为部分青年的利益代表，反映部分青年的共同兴趣，履行着事实上的共青团与青年联系的中介或桥梁。共青团与青年社会组织之间既是竞争性关系，又是共生性关系，但竞争与共生都不是均衡或对称的。共青团应自觉地进行工作模式和工作方法创新，促成新的青年组织体系的形成。共青团要与青年社团组织形成一种“组织集合”，从而实现共青团客观存在范围的扩展。同时，共青团要更主动认识到与青年社团组织合作的必然性，主动地与拥有较大影响力或具有潜在发展前景的青年社会组织建立起有效联系。二是巩固和强化共青团在青年组织体系中的核心地位。在集体主义主导下的合作模式与在竞争性的和寻求竞争优势模式下，共青团在青年组织体系中获取优势的方式发生了较大改变。共青团与青年社会组织在组织资源交换中的不对称性，尤其是共青团的相对优势，是共青团特殊力量优势的来源，同时要确保共青团在青年社会组织中的核心地位。“与拥有其不足资源的组织建立联盟，以获得更多临时自主权，从而获取更多符合组织利益的权力。”[10]为此，要以共青团对青年社会组织的管理、合作和引导来化解竞争，构建一种更加全面的协调合作关系。

2. *更准确把握青年群体的场域分布状态，拓展共青团政治空间，以拓展青年利益空间*

从巩固和完善共青团与青年群体的价值关系方面，共青团要准确了解青年空间与场域分布，通过拓展共青团政治空间来拓展青年利益空间。一是共青团要更准确地把握青年群体客观存在的时空分布状态。当前，共青团组织覆盖和活动覆盖，主要集中于青年群体的工作（学习）空间和工作（学习）时间，但在青年群体的生活空间、休闲空间和日常生活时间内就很难介入。这就需要团组织以更灵活的组织设置方式和丰富多样的活动，有效地应对青年群体空间结构和行动场域的变化。二是通过拓展共青团政治空间来拓展青年利益空间。共青团与青年利益关系的巩固和扩大，是确保共青团竞争力的有效途径。青少年群体作为社会的弱势群体，既缺乏主张自身权益的意识和能力，又缺乏体制内的利益表达渠道和利益博弈能力，从而难以影响事关切身利益的政策制定，更难以通过谈判或博弈等方式来维护自身利益。共青团需要通过拓展自身的政治空间来拓展青年的利益空间：既要在现有法律法规框架内维护青少年的合法权益，又要根据社会发展程度和社会发展趋势扩充青少年权益，争取更多的法律政策保护和政府社会资源，更好地促进青少年发展。

3. 推动共青团与青年群体共同价值理念的形成和深化，适应和推动青年群体养成新生活方式

在青年对共青团广义上的价值关系，即精神关系上，有两项工作可以适时推进。一是推动共青团与青年群体共同价值理念的形成和深化。对政治组织来说，在与社会成员互动过程中，需要回答共同体自身的价值和意义，即组织的价值基础。对共青团来说，组织价值基础就体现在反映时代精神、表达青年利益和服务社会大众三个方面的有机统一方面。二是适应和推动青年群体养成新生活方式。共青团政治性目标的实现，更多地依靠社会行为、社会活动或形成社会功能的组织行为等。针对政治性目标与青年社会性需求之间的矛盾，共青团应选取政治性与日常性相交区域最大且与青年日常生活最为紧密的领域入手开展工作，以青年文化建设切入青年日常生活，以志愿者活动切入青年生活习惯，围绕低碳发展来切入青年生活方式。

4. 有效激发组织及其成员的积极性，塑造和改善团组织的社会形象

在增强共青团组织活力和社会竞争力方面，有两条比较切实可行的发展路径。一是要有效激发组织及其成员的积极性。社会组织在发展壮大后，容易出现“成员冷漠”和“寡头控制”现象，即大多数组织成员对组织漠不关心，更愿意让一小部分活跃的人来运作和管理组织。在团组织内部，这种现象主要表现为“高位截瘫”、团的活动参与人员固定化、团员意识淡薄等。为此，要积极通过团内民主和社会民主的共同发展，推动青年民主意识和民主参与，有效调动社会组织及其成员的积极性。二是塑造和改善团组织的社会形象。要积极而稳妥地推进团务公开，进一步深化团内民主。要正确处理好共青团运用公共权力与社会权力的关系，要围绕权力的运行和对权力运行的制约监督来进行重点设计。要通过对团干部行为限定条件来促使特定行为的发生。要坚决贯彻执行党政领导干部规章以及团干部的行为规范，坚持群众路线，切实改变团干部身上存在的官僚主义作风和形式主义作风。要推进团组织内奖励与惩罚并重的法定权，打造一支纯洁且有良好社会形象的团员队伍。

综上所述，密切团青关系，必须以党的历史方位和社会转型的环境变化为依据，以加强共青团自身建设为载体，以竭诚服务青年需求和尊重青年主体地位为手段，代表和维护青年的根本利益，通过有效整合青年社会组织，实现最大范围地对青年的有效覆盖和有效影响，构建一种面向青年、服务青年、发展青年的团青关系。

参考文献：

［1］习近平. 在同各界优秀青年代表座谈时的讲话［N］. 人民日报，2013-05-05（2）.

[2] [3] 胡锦涛. 在纪念中国共产主义青年团成立 90 周年大会上的讲话 [N]. 人民日报，2012-05-05（1）.
[4] 李长春. 在发展中国特色社会主义的伟大征程上创造新的青春业绩——在中国共产主义青年团第十六次全国代表大会上的祝词 [N]. 人民日报，2008-06-11（1）.
[5] 刘云山. 在实现中国梦的伟大实践中谱写壮丽的青春篇章——在中国共产主义青年团第十七次全国代表大会上的祝词 [N]. 人民日报，2013-06-18（2）.
[6] [9] [10]（美）杰弗里·菲佛，杰勒尔德 R 萨兰基克. 组织的外部控制——对组织资源依赖的分析 [M]. 闫蕊，译. 上海：东方出版社，2006：209，34，"本书主要内容和概念介绍"第 4 页.
[7] [8]（美）詹姆斯 R 汤森，布莱特利·沃马克. 中国政治 [M]. 顾速，董方，译. 南京：江苏人民出版社，2010：98，99.

《北京青年研究》2014 年第 2 期，《青少年导刊》2014 年第 7 期全文转载

何以“藕断丝连”：高校共青团的文化生态与青年话语体系建设

刘　佳

［中国地质大学（武汉）计算机学院］

“文化生态是一个由各种文化相互影响并相互作用而形成的动态系统，其中的每一种文化就像自然生态系统中的一个物种一样，是文化生态系统中的一个个鲜活的生命个体。”[1]它以一种系统性和动态性的理论视野和研究路向审视和把握精神世界的美好姿态和思想境界的完整意态，它不仅关注文化现象形成的多因素性，更关注其背后隐藏的历史逻辑和价值链条。从文化生态维度探讨高校共青团建设问题，研究多元文化背景下高校共青团建设面临的机遇与挑战，需要凝练高校共青团青年话语体系构建的有效路径，这是本文研究的主旨。

一、“藕断丝连”：文化现代性与高校共青团文化建设的基因组合

众所周知，繁荣发展社会主义先进文化是高校共青团的重要使命和责任，这是由高校共青团的职能定位和存在场域所决定的。一方面，高校共青团始终高擎中国特色社会主义的伟大旗帜，始终走在时代前列和青年前列，引领青年思想、把握青年脉搏、传播主流文化、弘扬传统美德是高校共青团的重要职责，“共青团要做好青年思想引导工作、增强吸引力和凝聚力，必须站在理想信念这个制高点上”。[2]另一方面，高校共青团是因高等学校而存在的先进青年的群众组织，高校是高校共青团组织的“生命依托”，两者是“母—子”关系。高校与高校共青团的组织互嵌结构决定了高校共青团必须围绕人才培养、科学研究、社会服务、文化传承这一中心任务，助推知识体系、理论体系和学科体系向青年化、生活化、实践化的话语体系转型。

当代中国文化发展的内在逻辑可以概括为“个体理性回归”与“集体智慧

彰显”。文化现代性是当代中国文化发展的核心主题和深层动力，“文化的现代因素，是指反映当前时代性、体现时代精神、顺应时代要求、符合时代潮流等文化特性的因素”，[3]它是中国现代化建设的实践产物，具有鲜明的中国特色、中国风格和中国气派。自 20 世纪 80 年代以来，伴随市场经济体制改革和新兴企业主的涌现，生成于“经济利益最大化”社会土壤之上的拜金主义、享乐主义、个人主义大肆兴起并蔓延甚广，西方资本主义国家反马克思主义思潮乘虚而入。在此背景下，高校共青团面对改革开放以来中国文化体系的第一次剧烈震动显得有些不知所措。

政治哲学认为，一个成熟的政治共同体，总是有着明确稳定的政体和作为政治延伸的权力文化网络。[4]党的十三届四中全会后，党执政兴国的根本准则和国家权力文化的主旨——“四项基本原则”得到再次确立和明确重申。1989 年 12 月，《中共中央关于加强和改善对工会、共青团、妇联工作领导的通知》要求各级共青团组织“当前要突出抓好爱国主义、社会主义、独立自主、艰苦奋斗的教育，增强民族自尊心，坚定走社会主义道路的信心，把先辈开创的事业发扬光大”。此后，高校共青团工作逐步走向正轨并日臻成熟，高校青年文化生活、文化生态和文化空间也发生了重大变化。一方面，高校共青团思想引领职能得以持续巩固和加强，高校共青团的组织色彩逐渐由“政治当家”回归“青年本色”，共青团组织的自主意识和创造活力得到充分维护和释放，高校共青团的工作重心也逐渐由意识形态色彩浓厚的政治动员转向“更加重视学生创新能力、实践能力、创业精神的培养，为大学生全面素质的提高开辟更多的途径，创造更好的条件”。[5]另一方面，青年主体意识的觉醒和社会角色认同感的增强使“90 后”青年逐渐成为文化空间的构建者和评判者。特别是信息网络技术的介入改变了“90 后”青年的文化选择方式和文化体验方式，他们可以随心所欲地在虚拟社会的任何角落对他人品头论足、对社会针砭时弊、对政府建言献策。“网络及现代通信技术的发展加速了信息传递、简化了信息路径，青年组织开始趋向于虚拟化”，[6]青年文化也在虚拟与现实的羁绊中寻找自己的发展方向。

文化现代性对高校共青团思想引领的意义不仅局限于此，尤为重要的是，高校共青团在文化现代性进程中彰显了自我存在的生命意义和使命担当。首先，高校共青团是先进文化的传播者。如前所述，高校共青团的职能定位与空间场域决定了其要自觉承担起传播先进文化的政治责任，对当代中国而言，就是增强广大团员青年对中国特色社会主义和实现中华民族伟大复兴的中国梦的共同思想认知，就是坚定中国特色社会主义道路自信、理论自信和制度自信。其次，中国青年是先进文化建设的先锋队。高校共青团具有联系青年、服务青年的比较优势。尽管党委和政府已经承担了文化建设的主要职能，但是，青年的情感需求和文化需求还需要紧紧依靠青年组织来解决。高校共青团可以根据青年对精神文化产品的普遍需求弹性地、创意地开展各项工作，使共青团的文化产品和文化活动深深烙印“青年痕迹”。最后，高校共青团具有独特的思想育人功能，它是广大青年在实践中学习中国特色社会主义和共产主义的学校，同时也是广大青年在实践中培育和践行社会主义核心价值观、弘扬中国优秀传统文化的大课堂。特别是在文化现代性冲击下，青年学生对传统文化的尊崇和归依显得更具有时代意义，正如习近平所说：“要使中华民族最基本的文化基因与当下文化相适应、与现代社会相协调，以人们喜闻乐见、具有广泛的参与性的方式推广开来。”[7]

二、“在矛盾中成长”：文化多元背景下高校共青团的文化冲突

当代中国正处于“文化多元、思潮涌动、思想启蒙、理性至上”的时空坐标之中，这一时空坐标最显著的特点是：在时间维度上，社会主义核心价值观成为当代中国青年集体行动的方向指针和精神支撑，实现中华民族伟大复兴的中国梦成为全体中华儿女团结奋斗的共同思想基础，这既是中国青年对中华民族未来发展和时代走向的情感认同和行动自觉，也体现了社会主义核心价值观和“中国梦”理念作为执政党的权威政治文化与青年个体成长与情感需求的高度契合。在空间维度上，多元社会思潮与主流价值文化在当下中国社会主义建设的实践场域中并存，西方社会思潮特别是反马克思主义的社会思潮对主流社会意识形态的消解和抵制趋向丝毫没有停歇，反而有愈演愈烈之趋势，“以市场经济为纽带的社会转型和社会价值重建，致使整个社会在精神上前所未有地大裂变”，[8]这种裂变触及青年个体的灵魂深处和精神系统的价值要素，如果高校共青团组织对此不加以重视，就会加剧青年群体选择价值标准的难度，压缩时代正能量在青年群体中传播的有效空间。

“多元文化时代”是一个历史范畴，马克思主义唯物史观认为“历史不是作为‘源于精神的精神’消融在‘自我意识’中而告终的，历史的每一阶段都遇到一定的物质结果，一定的生产力总和，人对自然以及个人之间历史地形成的关系，都遇到前一代传给后一代的大量生产力、资金和环境，尽管一方面这些生产力、资金和环境为新的一代所改变，但另一方面，它们也预先规定新的一代本身的生活条件，使它得到一定的发展和具有特殊的性质”。[9]也就是说，当前中国社会文化的多元色彩是经历漫长的历史演进形成的，这里既有人民群众的创造性生产，有外来文化的大量介入，还有传统文化的复归与重生，有市井风俗的现代性演绎。可以说，当代中国的文化体系“瑕不掩瑜”，其整体格调是高雅的、色彩斑斓的、栩栩如生的。当然，我们也不能忽视文化繁荣盛景

背后所隐藏的文化对立、文化冲突乃至文化危机。特别是在经济发展、物质丰富、信息通畅、家庭幸福的“和平环境”中，青年个体对传统文化与主流文化的认同与尊崇极易出现弱化取向。正如有学者所说的：“激烈的文化冲突平息后，文化情感领域的后遗症仍会长期存在，文化中心主义、文化优越感、文化霸权主义、文化殖民主义等是优势文化在民族心理中的投影，而文化悲观论、屈辱情意症、文化敏感症、文化敌意普泛化等则是文化劣势留下的民族心理创伤，这些文化偏见会影响对文化价值的客观评估，引发文化行为失当，最终对人类文明健康发展有害。”[10]这犹如井底之蛙——只见视域范围内的文化现象和文化产品，快餐式的文化消费行为在博得青年人一阵盲目追捧和津津乐道之后，遗留下来的只是“精神垃圾”和“文化自卑”，中国传统文化中的精髓瑰宝和社会主义先进文化中的精神营养被远远地抛弃在视野之外。文化内容体系的现代性重构与现代科学技术特别是信息网络技术在文化复兴中的广泛运用“不仅改变了青年群体的生活和交往方式，也改变了他们的语言体系和思维方式，为青年文化的虚拟化、世俗化、奇异化、多样化发展开辟了新的媒介和多维空间，……同时也折射出青年文化空间的扭变、青年发展空间的挤压和青年现实生活的无奈”，[11]甚至在普通青年群体与“二代青年群体”之间产生了文化对立与集体怨恨。可以说，多元文化对高校共青团的冲击和影响是巨大而深远的，并体现于高校共青团的“个体—组织—活动”三重向度。

第一，高校共青团干部的“长官思维”与个性解放之间的结构性矛盾。共青团组织是与执政党和国家政权联系最为密切的群众性组织，这就决定了共青团组织在价值文化、决策程序、政治生态、结构功能等方面深深烙印“官僚文化”。高校共青团干部特别是团的学生干部绝大多数都是“80 后”“90 后”一代，然而，受到“官僚文化”的浸染和“官场规则”的熏陶，“干部身份”使团的干部与普通青年之间分裂出一条难以逾越的鸿沟。高校共青团工作的出发点是“以维护政治稳定为主”还是以“促进青年个性解放为主”成为团青关系探讨的主题。实际上，高校共青团在众多青年个体寻求理性释放的强烈意愿面前，团干部的“权威意识”不仅未能保护好青年群体的这种意愿，反而大大增加了青年个体解放的实现成本，高校共青团干部的公信力和影响力也由此受到损害。

第二，共青团干部是高校共青团的组织中枢，高校团干部的“长官思维”进一步渗透于高校共青团的基层组织文化。审视高校共青团的底层文化生态可见，在院校两级团学组织中，共青团组织文化发生严重扭曲甚至“异化”现象。高校团员青年经过团内民主选举产生出的团学组织领导班子成员本应成为团员青年利益的代表者和维护者，但伴随“家长制”长官制”“官僚制”思想的侵入，团员青年与团学组织领导班子的情感距离和权力距离不仅没有缩短，反而大大扩大了。过去原本属于共同文化生态圈的团员青年与团学干部被“政治利益”割裂成为以“青年政治”为圆点的两个“同心圆”。团学组织领导班子与青年群体在价值追求、社会心理、思维方式的分野导致团内选举成为一种仅具象征意义的民主实践，由此导致团员青年与这种民主实践的情感距离渐行渐远。

第三，高校团干部身份定位的现实矛盾与高校团学组织文化生态“异化”的现实境遇共同导致高校团属活动“教育功能”的缺失和青年认同的弱化。青年活动是高校共青团工作的最主要阵地。“当前高校举办的各项活动往往‘定格’于部分活跃学生，活动参与的广泛性不够，而且活动的专业性和技术性过强，较多地强调听觉、视觉冲击力和效果，缺乏内在的主题价值体现和深刻的影响力。”[12]由此导致的直接结果是：高校团的活动成为少数“青年精英”“独自舞蹈”的平台，普通青年则成为欣赏这支“舞蹈”的现场观众。团的活动把青年精英从青年群体中筛选、甄别和选拔出来，无形之中为原本属于青年群体之列的优秀青年贴上了“青年精英”“青年偶像”“青年领袖”的标签，团的活动摇身一变成为“杰出青年”的孵化器。

三、“青年话语体系的建设主体”：高校共青团职能定位与重塑

中国共青团是先进青年的群众组织，它不同于政党，但又与政党有着千丝万缕的联系。党的十八大报告指出：“全党同志都要关心青年、关注青年、关爱青年。”[13]高校共青团要在党的领导下开展工作，又要与执政党的政治职能区别开来，它要回归青年之中，回归群众之中，回归教育之中，正如刘少奇所说：“隶属于党隶属于政府，那只是御用的、官办的、没有自由的团体，是无用的团体。”[14]高校共青团应当遵循青年工作的工作规律和青年群体的成长规律，把政党支持和青年认同作为自身工作开展和组织建设的逻辑前提，实现学校与学生、团组织与团员、团干部与青年、政党与团组织之间的双向互动与文化融合。使高校共青团组织完整嵌入于青年群体之中，就要积极构建与青年群体特点相契合、与青年成长需要相衔接、与青年思想实际相适应的青年话语表达体系，用青年声音表达青年，用青年榜样激励青年，用青年行动影响青年。要重新思考和定位高校共青团的组织属性、职能定位和工作机制，把高校共青团真正打造成为青年之家、学生之家、团员之家。

在高校共青团相对稳定的文化生态环境中，假设在高校共青团干部年龄结构、能力结构和知识结构相差不大的前提下，团干部主观能动性发挥的强度、团组织文化生态建设的效度、团的活动对青年群体的吸引力度决定着高校共青团青年话语体系建设的成效。

第一，从高校共青团干部主观能动性发挥的维度来看。一般而言，高校共青团干部体系由两个部分组成：一是专职团干部，包括校团委的专职团干部和各学院的分团委书记和副书记。院校两级专职团干部一般由教师或辅导员担（兼）任，共青团工作是学院学生工作的重要构成，但不是全部。也就是说，在学院基层专职团干部的工作内容体系中，他们还往往扮演着学生专职辅导员的角色，并经常性地被学生日常事务管理等琐碎事宜缠绊得难以专注于共青团工作。二是学生干部，包括学生会、社团联合会、校团委直属部门、各学院学生组织等。他们是协助开展共青团工作的重要力量。可以说，学生干部在高校共青团干部体系中的地位日益凸显，并在一定程度上决定了共青团工作的成效。因此，激发高校共青团干部的主观能动性就要在学生干部群体上下功夫。学生干部，顾名思义，具有学生与干部的双重身份。在学生干部管理和教育中，既要重点培养学生干部的组织动员能力、宣传策划能力、领导驾驭能力和创新发展能力，还要注重凸显和强化学生干部的“学生身份”，使学生干部回归“学生本位”，使其成为青年学生群体中的“青年领袖”。要加强学生干部的理想信念教育和社会责任教育，强化使命意识和担当精神，净化基层团学组织的政治文化生态，遏制社会系统“官僚文化”“等级文化”“人情文化”“权威文化”在学生干部群体中的影响和蔓延态势，为学生干部主观能动性充分发挥营造良好的文化环境和制度环境。

第二，从高校共青团组织文化生态建设的维度来看。高校共青团首要定位是“青年之家”，这就决定了青年文化是高校共青团的核心文化。青年文化的本质是一种群体性文化，这种文化样态符合青年特点、满足青年需求、体现青年特征。从组织文化维度构建青年话语表达体系就是要转变高校共青团思想引领的路径和方法，特别要适应新媒体时代的环境，驱动青年学生思想政治教育话语表达形式的变革。一方面，要扭转高校共青团“行政化”“官僚化”的组织发展倾向，畅通团学组织利益表达渠道，拓宽团学组织活动空间，丰富团学组织活动对象，用共同的价值、理想、兴趣、专业、特长等凝聚青年，摒除任务式、强制式、压迫式的青年动员方式；另一方面，要学会讲述“青年故事”，青年故事就是榜样故事，是会对青年群体灵魂深处产生极大震撼的事实根据。因此，高校共青团要深入挖掘隐藏在青年群体中的典型人物和典型事例，整合“青年故事”在传统媒体和新媒体中的传播路径，在青年学生中营造“人人发现青年故事、人人讲述青年故事、人人演绎青年故事”的浓厚氛围。

第三，从高校共青团的活动设计维度来看。团的活动是青年话语表达的最直接载体和最有效方式，高质量、高水平的团的活动能让观赏者和参与者心旷神怡、感慨万千、回味有余、反思自我；相反，低水平、泛娱乐化的团的活动使观赏者和参与者身心疲惫、一笑而过、毫无念想。破解高校共青团活动中青年话语元素缺失的难题：一是要遵循青年群体话语表达的基本规律，以“如何更好地适应青年对精神文化产品的消费心理”为团的活动设计的逻辑起点，用通俗易读的朴实化和生活化的语言讲述一个深刻的道理、解释一个复杂的社会问题。在话语元素的拼接组合过程中，既要有中国传统文化宝库中的思想材料，也要批判吸收人类文明历史中的一切智慧成果，赋予团的活动以“真知”“真理”“真爱”的思想意义和教育意义。二是要创新团的活动形式，丰富青年话语表达路径。团的活动不一定要轰轰烈烈、场面宏大、高朋满座，也不一定要大投入、大手笔、大宣传。团的活动若要实现“润物细无声、令人回味无穷”的设计目标，必须创新共青团青年话语表达的实现路径，特别是注重发挥新媒体在传播青春正能量中的重要作用，以青年群体媒介使用习惯、青年群体空间移动特点为导向，使青年之声传递到青年群体生活、学习、工作的每一个角落。

参考文献：

［1］周桂英. 文化生态关照下的全球文化互动图式研究［J］. 江西社会科学，2012（10）.

［2］团十七大文件起草组. 共青团十七大报告学习辅导读本［M］. 北京：中国文联出版社，2013.

［3］贺善侃. 文化自觉、文化现代性与思想政治教育［J］. 思想理论教育，2011（12）.

［4］张凤阳. 政治哲学关键词［M］. 南京：江苏人民出版社，2014：297.

［5］共青团中央办公厅. 党的十一届三中全会以来共青团重要文件汇编［C］. 北京：中国青年出版社，2001：16.

［6］张明明，赵博. 共青团所处的时代环境与“90后”青年特点分析［J］. 中国青年政治学院学报，2014（4）.

［7］中共中央文献研究室. 习近平关于全面深化改革论述摘编［M］. 北京：中央文献出版社，2013：87.

［8］李建华，等. 多元文化时代的价值引领［M］. 北京：人民出版社，2012：104.

［9］中共中央编译局. 马克思恩格斯文集［M］. 第1卷. 北京：人民出版社，2009：544-545.

［10］中国社科院中国现代化研究中心. 现代化的新机遇与新挑战［M］. 北京：科学出版社，2011：125.

［11］陈荣武. 当代青年文化的历史衍变与现代性建构［J］. 思想理论教育，2014（1）.

［12］刘秀丽. 主体论视野下高校共青团工作形势及对策探析［J］. 中国青年

研究，2014（4）.
［13］胡锦涛. 坚定不移沿着中国特色社会主义道路前进　为全面建成小康社会而奋斗［N］. 人民日报，2012-11-08.
［14］刘少奇. 刘少奇论工人运动［M］. 北京：中央文献出版社，1988：201-202.

《北京青年研究》2015 年第 1 期

新时期亲子互动方式与青少年社会化发展

陆 洋 风笑天

（南京大学社会学院）

作为社会主体的人，既具有自然属性，又具有社会属性。自然属性是与生俱来的，而社会属性则是后天习得的，被打上了社会的烙印。人和动物最根本的区别就在于人具有社会属性，因此，社会属性构成了人的本质，用马克思的话来说，“人的本质是社会关系的总和”。那么，如何体现这种本质呢？社会学认为，唯一途径就是人的社会化。

人如何实现社会化呢？要解决这个问题，必须从“社会”的概念入手。所谓“社会”，是“社会交往的产物，它是人们经过长期的社会生活、通过积累和选择而形成的生活共同体，它是社会关系的体系”。[1]所以，人的社会化也就是人通过交往，逐步融入社会关系中去，从而降低生物性，提高社会性。人的社会化也是一个学习的过程，学习的目的是增强自身与社会的同质性，降低异质程度。人的社会化是一个长期的过程，需要一辈子的努力。然而，在这个过程中，人的努力程度与社会化的结果不是线性关系。“在常见的社会学著作中，往往把人的社会化过程分为两大部分，即儿童、青少年时期的基本社会化和成人时期的继续社会化。”[2]“儿童、青少年时期的基本社会化”时期即是一个关键期，这个时期会影响到其终身社会化。众所周知，人的社会化受到其家庭、同辈群体、工作或学习场所以及大众传媒的影响，处于儿童、青少年这一时期的未成年人，家庭因素起着至关重要的作用。

社会化的过程是一个学习的过程，学习要达到的结果是行为发生持久的变化，这就需要施教者通过与受教者之间的互动产生教育行为，因此，在互动论者看来，“人的社会化是一个由社会化的实施者与社会化对象共同参与的过程”。[3]“社会化的实施者”也就是施教者，“社会化对象”即是受教者。对于儿童和青少年，特别是计划生育政策实施以来产生的大量的独生子女来说，最主要的施教者就是其父母，因此，父母和子女的互动方式对儿童和青少年社会化的意义十分重大。

一、儿童和青少年社会化的过程和特征

具有自然属性的人无法一生下来就适应社会，因此，从某种意义上来说，具有自然属性的人与社会存在着诸多的异质性。也就是说，作为生物体形式的人无法本能地适应社会。而人的社会性本质特征又要求人必须适应社会，因此，人要学习社会经验。“社会化是个人学习群体和社会的文化，发展自己的社会性，把自己整合到群体中去的过程。”[4]那么，人的社会化过程中具体来说需要学习什么？通过什么方式学习群体和社会的文化呢？可以说，社会化过程中需要学习的内容包括“一个社会的规范、道德、风俗、人与人之间的关系以及更加广泛意义上的社会文化”，其学习方式主要是“通过各种不同的角色内涵和角色规范体现出来，并通过人们对这些角色的学习而传达给我们每个人的”。[5]换句话说，人的社会化过程其实就是一个知、情、意、行、个性的发展过程，社会化要求人们的知、情、意、行、个性符合社会的需求，扮演好符合社会规范的各种角色，与社会更多地具有同质性特征。

社会化是一个长期持久的过程，不同的阶段其社会化的特征不一样。在童矫胜看来，“幼儿期是社会化过程中智力发展和个性形成的关键期，童年期是社会化过程中培养学习品质和道德品质的关键期”，少年期则是发展自我意识，青年初期对于价值观、人生观的形成至关重要。[6]埃里克森通过“同一性”这个概念描述了人的社会化过程，在他看来，“在人类生存的错综复杂的社会里，如果没有自我同一性感，就没有生存感”。埃里克森认为，同一性形成的关键期是 12—20 岁，这个年龄段正处于儿童晚期和青少年期，“这一阶段的儿童必须思考所有他已掌握的信息，包括对自己和社会的信息，为自己确定生活的策略”。[7]这一阶段的孩子如果能做到这一点，就说明获得了同一性，也就是完成了社会化；否则，会产生角色混乱。换句话说，社会化不成功，这种不成功会影响到今后的生活，如果要继续生活下去，只能通过继续社会化甚至再社会化的方式，而错过关键期的继续社会化和再社会化，对于其知、情、意、行、个性的改变非常困难。

作为新时期的以独生子女为主要群体的青少年，其同一性获得情况，或社会化特征到底如何呢？按照埃里克森的观点，20 岁是一个分水岭，也就是说，20 岁之前青年的特征基本反映了其社会化程度。为此，笔者于 2012 年在南京高校中抽取了 1 154 名大学一年级新生作为调查对象，他们的年龄处于 18～20 岁，符合埃里克森关于年龄的分段要求，主要了解他们的自我认知、价值观、

人生目标等情况，这些因素基本反映了其社会化程度。

1. 调查对象基本情况

在被调查对象中，男性为 690 人（占所有人员的 59.8%），女性为 464 人（占所有人员的 40.2%）；生源是城镇的学生为 413 人（占 35.8%），生源是农村的学生为 718 人（占 62.2%），其余学生为 23 人（未填写相关信息，占 2%）。

2. 自我认知状况

通过表 1 可以看出，处于这个年龄段的学生对自身特点的描述表现出的思想主流呈现出积极、健康、向上的良好态势。其突出的特点表现为“思想独立”（占 76.6%）和“乐观、积极、上进”（占 69.6%），80.2%的学生否认“缺乏社会责任感”，61.4%的学生认为“创造力强”，60.8%的学生认为“自我意识强”。这说明这些学生中大多数认为自己符合社会规范的要求，但仍有相当比例的学生自我认知与社会规范要求的积极性相左，如接近 40%的学生认为自己自我意识不强，只有 41.6%的学生认为自己幸福。此外，有一点值得关注，认为自己集体观念强的只有 35.6%，中国教育系统中向来强调集体主义精神，这一矛盾现象说明这个年龄段的学生“自我中心”意识较强，这很有可能与独生子女家庭的结构有关。

表 1　对自身特点的描述

特点描述	同意的人数	百分比
思想独立	884	76.6
幸福感强	480	41.6
乐观、积极、上进	803	69.6
创造力强	708	61.4
自我意识强	702	60.8
喜欢标新立异	578	50.1
依赖网络，自立意识差	232	20.1
抗挫折能力弱	320	27.7
追求物质享受	352	30.5
缺乏社会责任感	228	19.8
具有感恩、孝顺等传统美德	292	25.3
集体观念强	411	35.6

3. 人生观和价值观

通过表 2 可以看出，处于这个年龄段的学生的人生观、价值观主流积极向上、务实进取。其中，认为一个人的人生价值体现在社会贡献方面的有 663 人（占 57.5%），体现在道德方面的有 325 人（占 28.2%），体现在金钱、权力、名望方面的只有 121 人（共占 10.5%）。

表 2　对一个人价值体现的描述

价值体现的描述	同意的人数	百分比
金钱	42	3.6
权力	25	2.2
名望	54	4.7
社会贡献	663	57.5
道德	325	28.2
不知	10	0.9
其他	11	1.0
价值观念	1	0.1
能力大小	1	0.1
能力自信	1	0.1
素质	1	0.1
幸福感	1	0.1
自己定位	1	0.1
自尊自爱	1	0.1
缺失	17	1.5
总计	1 154	100.0

有明确人生目标的有 646 人（占 56.0%），有人生目标但不明确的有 434 人（占 37.6%），没有人生目标的和没想过的只有 57 人（占 4.9%）。这说明多数学生同一性获得情况较好，社会化程度较高。

二、独生子女家庭父母和子女的互动方式

从 1980 年开始，就有学者对独生子女进行了研究，有相当一部分研究是关于独生子女和非独生子女之间的差异，而其中关于独生子女社会化发展的经验研究占到了一半。研究表明，“从总体上看，独生子女青少年的社会化状况与同龄非独生子女基本一致，二者之间的相同之处远远多于不同之处”。[8]这

一结论与当时许多流行的看法并不一致，在许多人看来，“小皇帝”“小公主”“问题儿童”成了独生子女的代名词，甚至社会上还有人用“脑残”形容“90后”独生子女。究其原因，与独生子女家庭亲子关系有着密切联系。有学者认为，独生子女家庭亲子关系出现失谐现象，具体表现为亲子间互动内容单一贫乏；亲子间沟通程度不高，沟通困难，代沟明显；亲子间互动方式倾向于训诫，父母对孩子缺乏尊重；亲子间接触不足；等等。究其原因，与社会发展导致的冲突和竞争有关。[9]也有学者从父母意识、育儿焦虑和独生子女的先天气质三个方面来分析独生子女的亲子关系。[10]

独生子女家庭一般为核心家庭结构，家庭成员以父母和孩子为主，亲子关系主要通过父母与子女之间的互动关系表现出来。那么，在独生子女家庭中，父母与子女之间的互动关系表现出什么样的特征呢？

2015 年南京中考第一次采取了“见分填志愿”的做法，南京市教育主管部门原本为了增加公平性的这一做法却引起了轩然大波。在这次被高中学校和家长比喻成“中考大战”的“较量”中，有 800 多名 620 分（总分为 700 分）以上的中考考生“滑档”了，据介绍，这一数字超过了以往任何一年。于是，众多家长前往市教育局、江苏省政府游行示威，要求“给个说法”。本来中考填报志愿是有风险的，考生录取与否的风险应由家长和考生本人负责，与学校和政府无关，但是，在中国，这种情况并非如此，中考是每个家庭孩子人生中面临的第一次大考，这次大考对孩子的未来起着比较大的作用。在这种情况下，教育主管部门做出了让步，同意 620 分以上的孩子可以交公办学校的学费上民办学校（扩大招生指标），同时积极努力为“滑档”学生寻找相对匹配的高中。仍然是在南京，2014 年高考期间，在某高考考点附近，众多考生家长扮演起了“交通警察”的角色，阻止过往车辆通行。其中有一位家长甚至阻止非机动车通行，导致车主和该家长发生冲突并造成伤害。其实，类似的事件不止发生在南京，在全国各地都有发生，围绕中考、高考，家长和子女形成了“特殊”的互动关系，这种特殊性体现在一切以学习为中心，对孩子的评价标准基本上定位在学习这种单一的维度上，尤其是独生子女家庭，情况更是如此。因为在激烈的社会竞争面前，每个家庭“唯一的孩子”成功了，便意味着这个家庭的成功；而一旦不成功，失败的概率对于这个家庭也是 100%。这种“以学习为中心”的亲子互动在韦伯看来，应属于工具理性行动或形式理性，至少不属于非理性行为。因为，家长们都明白一个道理，那就是抓好了学习，就抓住了孩子们的一生。这种理性行为带来了高效率、可计算性、可预测性和控制。[11]然而，这种“理性行为”真的是“理性”的吗？由此形成的亲子互动关系对于儿童和青少年会产生什么影响呢？

笔者于 2010 年对南京几家教育培训机构进行了观察，并对部分小学生进行了访谈。当问及孩子对父母的看法时，孩子们说出的频率最高的词分别是：父亲为“不管事”“见不着人”；母亲为“凶残”“不讲理”“爱骂人”“脾气大”，其次就是“臭美”。从这些评价中发现亲子互动关系并不和谐，与传统亲子互动关系的评价不相一致。那么，同样是独生子女家庭出生的高中生和大学生是不是这样呢？笔者引用了南京地区 2015 年第 5 期中学生追踪调查的数据（样本量 753 个），样本包含的人群年龄为 22～25 岁，按照埃里克森的观点，他们已经完成了社会化过程，获得了或没有获得自我同一性。他们与其父母的互动关系呈现出什么样的特征呢？

1. 与父母关系满意度

数据显示，全部子女对父亲的满意度达到 85.9%，其中，“非常满意”的占 38.5%，“比较满意”的占 47.4%，而“比较不满意”和“非常不满意”的分别占 9.4%和 2.7%，“不适用”的占 2.0%。

对母亲的满意度达到 93.7%，其中，“非常满意”的占 48.1%，“比较满意”的占 45.6%，而“比较不满意”和“非常不满意”的分别占 5.0%和 0.5%，“不适用”的占 0.8%。

这一结果与 2010 年对小学生进行访谈的情况有所不同。一方面是因为小学生还未完成社会化，而 22～25 周岁的青年已完成社会化过程；另一方面也说明到了青少年时期，其社会化过程受到环境影响较大，致使子女对父母评价发生变化。值得关注的是，在对小学生的访谈中，只有 84.7%的子女同时对父母满意，这一比例较之对父亲或母亲的评价低，这也从某种程度上说明了父母之间的关系出现了不和谐的现象。为了进一步说明此现象，笔者引入性别变量，比较了不同性别的子女对父母的满意度情况。

表 3 说明，男孩比女孩对父亲的满意度高，卡方值为 5.372，P 值为 0.049，男女差异显著；对母亲的满意度男孩和女孩没有显著差异。这进一步说明女孩对父亲的满意度偏低，同时也说明母亲在与子女的互动过程中发挥着更为重要的作用，尤其在子女青少年时期，也就是中学阶段。这一阶段的母女关系更为亲近，而父子之间的关系好于父女之间的关系。也就是说，在中学阶段，女儿一般跟母亲关系更为亲近，而儿子同时与父亲和母亲保持较为亲近的关系。

表 3 不同性别子女对父亲关系的满意度情况

性别	非常满意	比较满意	比较不满意	非常不满意	不适用	合计
男	121（41.7）	138（47.6）	21（7.2）	5（1.7）	5（1.7）	290（100.0）
女	169（36.5）	219（47.3）	50（10.8）	15（3.2）	10(2.2)	463（100.0）
合计	290（38.5）	357（47.4）	71（9.4）	20（2.7）	15(2.0)	753（100.0）

注：人数及百分比；括号中所示为百分比。

2. 与父母的互动频率

子女与父母之间的互动频率可以很好地解释亲子关系，一般来说，在一些重要问题上的互动频率越高，亲子关系越和谐。对于新时期儿童和青少年来说，学业、工作、男女关系、情绪宣泄、身心健康、形象打扮等属于重要问题。那么，在这些问题上，子女和父母的互动频率怎样呢？

调查显示，在学业问题上，子女与父亲的互动频率是12.1%，与母亲的互动频率是9.4%，与同学的互动频率最高，是36.9%，这说明处于青年时期的子女在学业上主要与同学、朋友发生互动，与父母互动并不多。在工作问题上，与父亲的互动频率是30.0%，与母亲的互动频率是21.1%，这说明在职业问题上，中国的子女仍然靠父母，而小学生还没有涉及此方面的问题，因此，亲子关系到此阶段会较之以前更为和谐。在男女感情问题上，与父亲的互动频率是2.1%，与母亲的是8.8%，与朋友的是39.6%，不求助的是12.6%，没有发生过的是23.8%，这一方面说明在此问题上子女与父母缺乏沟通，另一方面也说明“宅男”“宅女”现象大量存在；当出现其他情感问题和面临形象等问题时，更多的子女选择和朋友互动，很少有选择与父母互动的，这进一步证明了以上观点。在身体健康方面，有 51.3%的子女选择与母亲沟通，11.3%的子女选择与父亲沟通，这说明在这个问题上，母亲扮演者十分重要的角色；当出现经济困难时，更多的子女仍然倾向于向父母求助，26.7%的子女与父亲沟通，36.1%的子女与母亲沟通，14.9%的子女没有碰到过这种问题，没有碰到过的原因在这个年龄段可能与父母的资助有关。

以上结果说明，儿童和青少年，尤其是青少年社会化过程中，父母，特别是母亲在其中发挥了不小的作用。同时，子女对父母的评价由儿童期的负面因素多一些转化为青少年时期的正面因素多一些。

三、小结与讨论

（一）研究的基本结论

从总体上看，新时期独生子女儿童和青少年社会化过程中并未出现社会上流行的那种担忧。不同于以往的是，随着核心家庭规模越来越大，子女在家庭中的地位对于整个社会来说也发生着越来越大的作用。当独生子女家庭数量不多时，少数独生子女在家庭中的中心地位会消解于更大的社会系统；然而，当独生子女家庭成为社会中家庭的主要形式时，越来越多的家长把孩子当作中心，越来越多的孩子也把自己当作中心，众多的“中心”会对整个社会产生一定的冲击作用。

在中国，处于儿童期和青少年期的孩子的主要任务和负担来自学习，这样一来，众多的“中心”便围绕学习问题产生了矛盾和冲突。一旦不同的“中心”之间开始较量时，多数父母会为了自己的“中心”开始博弈，甚至突破各种道德和法律界限；同时，众多社会机构也会利用这种心理，从办学机构开始，到各种商品市场，无不打着这些“中心”的牌子，最终目的都是追求利益。在这样的情形下，儿童和青少年社会化会面临严峻的挑战，难怪社会上会普遍认为独生子女的问题很多，甚至将独生子女群体污名化了。从 1980 年至今的经验研究大多表明，这种担心是多余的，究其原因，父母（尤其是母亲）在其中发挥了很大的作用。一方面，中国父母对子女无私的爱让独生子女获得了以往非独生子女更多的关怀，因为所有的爱都投入到了一个孩子身上；另一方面，由于三角关系是最稳定的关系，导致三口之家的核心家庭亲子关系出现更多的是和谐，而非冲突，父母越来越努力寻求与子女的沟通和互动，也让子女身心得到健康成长。这种现象给传统发展心理学提出了挑战。

（二）对某些问题的讨论

毋庸置疑，独生子女家庭和非独生子女家庭在结构上是不一样的，一个以独生子女家庭为主的社会与以非独生子女家庭为主的社会相比，其结构、特征、行动也表现出更多的不一样的地方。由于经验研究本身的限制，很难深入挖掘这种不一样，加之“十年树木，百年树人”，一个人的社会化过程是长期永久的，且这种社会化过程随着社会发展的不同阶段而表现出更为复杂的特征，很难操作化概念，并在此基础上进行测量，这就导致经验研究的结果总是与实际生活中人们观察到的现象产生不一致。

比如，通过日常生活的观察，人们总是发现 21 世纪出生的孩子不同于“90 后”的孩子，“90 后”的孩子又不同于“80 后”的孩子，与“70 后”、“60 后”的孩子差别更大。这种差别无非从知、情、意、行、个性等方面进行衡量，其评价标准也就是社会化程度。其中的分水岭就是 20 世纪 80 年代，正好这个年代是我国实行计划生育政策的开始。不同年代的群体的确表现出较大的差异，然而，这种差异未必是计划生育政策导致的独生子女现象一手造成的。按照马克思社会存在决定社会意识的观点，独生子女现象也是当时社会存在导致的结果，究其原因，与整个社会发展的特征不无关系。在城市，无论是“80 后”，还是“90 后”，抑或 21 世纪出生的孩子，大多数来自独生子女家庭，这些独生子女进入到青年期后，与社会的适应程度并未表现出与其他年代的青年更多的差别，他们知、情、意、行、个性等方面的变化更多地来自社会的变化。社会本身的变迁给处于儿童期的孩子打下了深深的烙印，在青少年期得到强化，最终影响到这个孩子的终身社会化。

有学者担心：儿童时代本是一个人一生中最值得留恋和怀念的时期，童心可贵在于它的纯洁无瑕，然而由于各种催化因素的作用或人为的“拔苗助长”，许多儿童过早地涉足成人世界，不加辨别地接受成人的价值观念和行为模式，致使他们在变得“乖巧懂事”的同时，也失去了最珍贵的童真。[12]即便这种“童真”真的失去了，也是社会原因导致的结果。“童真”即儿童的本真性，儿童在失去其本真性时，成人同样会失去。只是儿童在面对社会时，他们更是无奈的。“尽管成人自身也必须接受社会秩序的约束，但按照涂尔干的观点，儿童是这种秩序最边缘、最多变、最脆弱的部分。”[13]面对纷繁复杂的社会，成人表现出更多的焦虑，这种焦虑会带入家庭，过去非独生子女家庭众多孩子在分享父母的爱的同时，也将父母的这种焦虑分摊了；而独生子女们独享父母的爱的同时，也不幸地全部承担了来自父母的情绪压力。新时期独生子女家庭母亲地位的上升，让孩子们更多地接触来自母亲的负面情绪，本来女性情绪宣泄的倾向性较之男性而言就更强，加上现代社会女性从家庭中走出来之后，面临着和男性一样的社会压力，导致受其影响很深的子女面临前所未有的困境。“惯习的形成是无意识的，它是儿童社会化的基础。”[14]

在这样的社会环境中，家庭环境也发生了变化，面临日益剧烈的社会矛盾和冲突，作为众多家庭来说，通过学习成为竞争中的胜利者自然成为中国家庭父母的首选。因此，新时期独生子女社会化过程是伴随着“学习中心”这种惯习的无意识发展而形成的，从这个意义上来说，原本属于工具理性的行动其实成了非理性行动。同时，父母和子女的互动方式也以“学习为中心”，当面对“孩子”这个“中心”时，多数父母采取了折中的方式，在强调学习的同时也开始追求与孩子的平等地位，试图靠这样的方式让孩子更好地学习。于是，只要孩子好好学习，取得好成绩，父母与孩子之间就趋向于平等的沟通；一旦孩子不好好学习，成绩差，父母与孩子之间的这种平等关系就渐趋消失，甚至传统社会中的那种地位等级又出现了。所以，成年之后的子女也仅在职业、经济、身体健康方面与父母有更多的沟通，其他方面则与父母保持了相当大的距离，这种沟通方式使中国的青年在经济上不独立，但在知、情、意、行、个性等方面都寻求独立。这种社会化特征在西方社会只能说明没有获得同一性，也就是未能完成社会化过程；但在中国社会，由于受传统文化的影响，这种结果是被社会接受的，中国社会承认这就算是完成社会化过程了。从这个意义上来说，儿童和青少年社会化的问题需要突破目前研究结果的限制，在理论化和深入化方面做更多的文章。

参考文献：

[1][3][4] 王思斌. 社会学教程［M］. 第 3 版. 北京：北京大学出版社，

2010：47，54，47.
［2］［5］［6］［8］风笑天. 社会的印记［M］. 北京：中国社会科学出版社，2012：56，67，94.
［7］叶浩生. 西方心理学的历史与体系［M］. 北京：人民教育出版社，1998：374.
［9］孙力. 亲子关系失谐的现状与对策［J］. 北京：内蒙古师范大学学报：教育科学版，2009（12）.
［10］安培培. 亲子关系与青少年社会化［J］. 山西高等学校社会科学学报，2010（3）.
［11］（美）乔治·瑞泽尔. 汉堡统治世界？！——社会的麦当劳化［M］. 20 周年纪念版. 姚伟，等，译. 北京：中国人民大学出版社，2014：26-28.
［12］唐斌. 从社会学视角透析儿童的过早社会化倾向［J］. 学习与实践，2010（7）.
［13］［14］（英）艾莉森·詹姆斯，克里斯·简克斯，艾伦·普劳特. 童年论［M］. 何芳，译. 上海：上海社会科学出版社，2014：177，144.

《北京青年研究》2015 年第 4 期

新发展主义视野下的自闭症儿童社会救助政策研究

方　巍　葛从朝

（浙江工业大学）

自闭症儿童及其家庭作为弱势群体，其社会救助愈益引起关注。传统社会救助政策以维持目标对象的基本生活为原则，无法满足其发展性需要，因而往往难以帮助他们摆脱贫困，实现自立自强。同时，传统维持性社会救助具有消费性特征，对经济增长具有一定的制约，受到以新右派为代表的社会福利思想的批评。[1]作为回应，发展型社会政策应运而生。[2][3]发展型社会政策突破了传统社会开支单纯的消费性局限，提出了投资取向的社会资源分配原则，在理论和实践上具有创新性和指导性。正因如此，近年来发展型社会政策受到国内学术界的关注，有关研究纷纷提出确立以发展型社会政策为指导的社会政策体系的观点。[4][5][6][7][8][9]但是，诚如学术界批评指出的，发展型社会政策也有其不可回避的缺陷，无法满足老弱病残等缺乏发展潜力的弱势群体的需要，难以对部分长期处于弱势地位的目标群体产生立竿见影的救助效果，[10][11][12]因而难以独当一面，需要与消费主义原则结合构成新发展主义的政策模式。[13][14]近年来，国内有不少关于特定群体的发展型社会政策研究，李敬、程为敏[15]在其关于自闭症儿童家庭的研究中也提出了确立发展型家庭政策的观点，但是从发展主义与消费主义融合的新发展主义视角出发研究弱势群体社会救助政策仍显不足。本文以此为出发点，分析新发展主义社会救助原则对自闭症儿童社会救助的适宜性，进而在考察我国自闭症儿童社会救助政策发展的基础上，剖析其中蕴含的发展主义政策要素及其不足，对自闭症儿童社会救助政策发展加以整体性思考。

一、自闭症儿童新发展主义救助的政策与实践基础

作为历史、现实和未来之间的连接纽带，传统一定程度上制约并影响着未

来的走向。尽管一些研究认为发展型社会政策源于联合国推动的非洲等地的社会发展实践，[16]事实上古代中国便不乏这种思想及其在社会救助领域的实践。例如，早在春秋战国时期，晏子便通过组织灾民参加劳役而给予粮食救助。[17]改革开放以来，我国政府更是在农村实行开发式扶贫，注重社会开支的产出效应，变“输血式”救助为“造血式”救助，[18]实现目标对象的自立自强。这种发展型社会福利思想，在残疾人口的社会救助过程中同样也有着重要表现。下面，我们将从 1949 年以来一般残疾人口社会救助的发展主义实践分析入手，结合自闭症儿童的特点探讨新发展主义政策的适宜性，进而揭示当前的社会政策环境对于自闭症儿童发展型社会救助的促进作用。

（一）我国残疾人社会救助政策的发展主义传统

自从中华人民共和国成立以来，我国十分注重残疾人的劳动就业及其生活自立，进而促进经济发展，体现了明显的发展主义政策取向。早在 1954 年，我国第一部宪法便明确提出，“中华人民共和国公民有劳动的权利”（第 91 条），“劳动是中华人民共和国一切有劳动能力的公民的光荣的事情”（第 16 条）。据此，在 50 年代初一些城市在针对烈士军属和贫民的手工业和小型工业生产的基础上，吸纳有劳动能力的残疾人发展形成安置残疾人就业为主的福利企业，这成为残疾人就业的重要形式。[19]截至 2012 年年底，全国共有福利企业 20 232 个，吸纳残疾人员就业 59.7 万人。[20]

2004 年确立的现行宪法继续贯彻上述对劳动的表述，并进一步针对残疾人口提出“国家和社会帮助安排盲、聋、哑和其他有残疾的公民的劳动、生活和教育”（第 45 条）。根据这一基本原则，《中华人民共和国残疾人保障法》对残疾人就业作了详尽的规定，对国家在残疾人实现其包括劳动权利在内的公民平等权利等方面做出了全面的规划，进而制定了《残疾人就业条例》。根据这些法律法规，我国形成了集中和分散两种形式的残疾人就业模式。其中第一种形式，包括政府和社会举办残疾人福利企业、盲人按摩机构和其他福利性单位（第 32 条）。同时，实行按比例安排残疾人就业的制度，“国家机关、社会团体、企业事业单位、民办非企业单位应当按照规定的比例安排残疾人就业，并为其选择适当的工种和岗位”（第 33 条）；“残疾人就业的比例不得低于本单位在职职工总数的 1.5%”（条例第 8 条）。对于那些安排残疾人就业达到、超过规定比例或者集中安排残疾人就业的用人单位和从事个体经营的残疾人，国家“依法给予税收优惠，并在生产、经营、技术、资金、物资、场地等方面给予扶持”。此外，相关部门还对从事个体经营的残疾人免除行政事业性收费（《宪法》第 36 条）。事实上，保证残疾人的劳动就业权利，确保他们积极参与生产性活动，进而获得独立生活能力，也是残疾人发展型社会政策着重强调的内容。[21]中国通过就业实现残疾人社会救助的发展主义做法，得到西方一些学者的肯定，认为其成就超过了美国。[22]

（二）自闭症儿童社会救助的新发展主义依据

人类对自闭症的认识时间不长，[23]在中国直至 1982 年才有自闭症案例的报道。[24]2006 年，全国第二次残疾人抽样调查首次将自闭症作为精神残疾列入调查范围。尽管专门针对自闭症儿童及其家庭的社会救助仍然不多，但自闭症作为残疾类别的归类，无疑为社会救助提供了政策参照。此外，考虑到自闭症儿童及其家庭的特殊情况，我们认为对目标群体实行新发展主义的社会救助政策具有其特殊的意义。

首先，自闭症儿童未来的独立生活能力是社会救助必须首要考虑的问题。从已有的调查和我们的访谈看，自闭症儿童家庭最为关心的问题是孩子的独立生活能力，特别是成年后的独立生活能力。现有的研究共识是，自闭症的康复治疗重在早期干预，越早治疗其效果越是明显。因此，自闭症儿童及其家庭的社会救助，应该加强当前的康复性治疗的投入，从而减少或降低今后为维持其基本生活的各种社会资源开支。也就是说，自闭症儿童的社会救助应该具有发展主义的取向，将社会救助的时间前移到目标对象的童年时期，通过各种具有投资取向的项目与服务，尽最大可能实现这些孩子未来的自立自强。在这方面，发展型社会政策无疑大有用武之地，对于制定自闭症儿童及其家庭的社会救助政策具有重要的指导作用。

其次，自闭症作为一种包含十分广泛谱系的症状（卫办医政发〔2010〕123 号），其表现形式可能是完全不一样的。尽管都具有现实生活中与人沟通能力差的特点，但不少孩子具备某些方面的天赋和出众能力。一些西方学者和患者甚至否认自闭症是一种异常现象，认为他们只是不同于常人而非不正常。[25]随着网络等现代媒介的发展，部分曾经被视为缺乏日常交流能力的自闭症患者显示了他们在虚拟空间通过文字进行正常交流的能力。[26]这一切进一步显示，自闭症儿童面临的发展障碍除了具有其个体性原因以外，也有社会背景的影响，需要社会改变传统所谓的正常人思维模式，确立新的多元化的、适合各类不同特点孩子发展的正常环境。为此，自闭症儿童的社会救助应该针对不同对象的特点，消除其融入正常环境的困难，为他们未来的发展奠定良好的基础。也就是说，一方面应该注重孩子个人层面的融合性训练，另一方面要改变或完善社会环境，为实现其自立自强提供必要的帮助。这也是相对于一般残疾人的社会救助，自闭症儿童的特殊性对政策取向提出的要求之一。

最后，除了发展性取向的社会救助，我们也不能忘记维持性政策取向在自闭症儿童及其家庭社会救助过程中的应有作用。尽管相当一部分孩子通过康复治疗可以实现生活自理，甚至相当一部分孩子在我们营造的适合其生存和发展环境的情形下可以正常生活，但是不可回避的事实是，确实有一部分重症自闭症患者可能永远无法获得生活自理能力，需要家庭和社会提供帮助以维持其基本生活。对于这部分孩子，恐怕发展型社会政策永远无法产生其投资效应，需要社会为其提供维持基本生活的资金和服务方面的保证。在我们的访谈过程中，一些有两个或两个以上孩子的家庭，将自闭症儿童未来的生活保证寄托于其兄弟姐妹身上；那些独生子女父母，则表现出深深的无奈，甚至是绝望。显然，不论是从资金上还是生活照料方面来说，指望血缘关系是靠不住的，社会负有不可推诿的责任。因此，维持性政策取向也是自闭症儿童及其成年后社会救助应有的内涵之一。

综上所述，综合维持性和发展性要素的新发展主义政策取向，是全面实现自闭症儿童及其家庭社会救助的必然政策取向。

（三）自闭症儿童新发展主义救助的政策背景

除了残疾人社会救助政策的传统特点以及自闭症儿童社会救助的特殊要求以外，当前我国的社会政策走向，也对目标群体社会救助提出了新发展主义取向的要求。

诚如前文指出的，发展型社会政策在中国并不是一件新鲜事，其历史可以追溯到 2 500 多年前。1949 年后，我国劳动力市场的第一次分配呈现平均主义倾向，而社会政策领域则表现出明显的生产主义特征。[27]改革开放以来，在农村扶贫实践中，中国政府在更大范围和规模上实践了发展主义的思想，通过以工代赈和科技扶贫，帮助救助对象自立自强，扶贫工作取得了举世瞩目的成就。[28]但是，发展型社会政策并不能解决诸如老弱病残幼等弱势群体的贫困问题，加上在改革开放过程中出现的职工下岗、农民工面临的贫困处境，我国的社会救助依然任重而道远。特别是传统补缺式社会救助的水平较低、覆盖较窄，城乡二元结构普遍存在。随着我国改革开放三十余年来的快速发展，如何让社会和经济的发展成果惠及社会各个阶层成为我国构建社会主义和谐社会、全面建成小康社会的重要目标。适度普惠型社会福利目标的提出，[29]一方面对我国社会救助提出了更高水平的要求，亟须政府增加社会福利开支；另一方面，西方国家 50 年代福利社会建设的经验和教训，也要求我们从中国的国情出发，协调经济和社会的发展，实现社会救助的可持续发展。结合国外社会政策的发展动态来看，注重社会开支的维持性与发展性的统一已成为趋势，它同样对包括自闭症儿童在内的残疾人的社会救助具有指导意义。

二、自闭症儿童社会救助政策的发展性视角分析

诚如前文所述，我国对自闭症的认识历史不长，将自闭症作为精神残疾也仅仅只有几年时间。尽管目前专门有关自闭症儿童及其救助的社会政策还不多，但近年来的发展仍然令人瞩目。在这一部分，我们将在简要回顾自闭症儿童社会救助政策发展现状的基础上，分析这些政策包含的发展主义要素，进而指出存在的问题。

（一）自闭症儿童社会救助政策发展概述

自从 2006 年自闭症被列入残疾评定范围后，我国出台了一系列有关自闭症儿童基本生活保障、义务教育和康复医疗等方面的社会政策。在基本生活保障方面，《国家残疾人事业“十二五”发展纲要》提出“将残疾人普遍纳入覆盖城乡居民的社会保障体系并予以重点保障和特殊扶助”，使“残疾人生活总体达到小康”的目标。在义务教育方面，继 2008 年中央 7 号文件提出要逐步解决自闭症等特殊儿童的教育问题之后，由教育部、民政部、卫生部、人力资源社会保障部、中国残联等部门颁发的《关于进一步加快特殊教育事业发展的意见》明确提出，将自闭症儿童纳入义务教育体系。在康复医疗方面，2010 年卫生部出台了《儿童自闭症诊疗康复指南》，对自闭症的诊断、干预治疗和预后及影响提出了具体指导。《国家残疾人事业“十二五”发展纲要》提出，要完善康复服务网络，初步实现人人享有康复服务的目标。截至 2012 年，中国残联建立了 30 个省级孤独症儿童康复训练机构，1.1 万名孤独症儿童在各级机构进行了康复训练（残联发〔2013〕3 号）。

除了全国层面的救助政策和服务，各地方政府在自闭症儿童的社会救助方面也有一些值得注意的举措。从 2008 年起，浙江省加大了对重症残疾人的救助力度。一方面，对低保家庭中的持证重度残疾人单独提供全额最低生活保障；另一方面，对达不到最低生活保障标准的贫困家庭（人均年收入在低保标准 100%—150%）中的持证重度残疾人，参照所在地的低保标准全额发放低保补助金。该省还提出要在“十二五“期间建立健全新生儿疾病基本筛查制度，控制自闭症的发生（浙江省卫生厅、民政厅、人力资源和社会保障厅等，2012）；2015 年起，经济发达的市、县有康复需求和符合条件的残疾儿童的康复服务率达到 90%；2012 年起，中央、省和地方财政对有康复需求和适应指证的 0—6 岁自闭症儿童全部目标对象每人每年给予 1.2 万元的康复训练补贴（浙江省卫生厅、民政厅、人力资源和社会保障厅等，2012）。在医疗保障方面，符合低保标准的自闭症儿童参加城镇居民基本医疗保险个人缴费部分全额补

贴，2011 年起目标人群全额补贴覆盖率 100%。从 2013 年起，每年为 2 万名以上低保标准内家庭的残疾人提供大病医疗保险（浙江省卫生厅、民政厅、人力资源和社会保障厅等，2012）。

（二）自闭症儿童社会救助发展主义取向

综合上述残疾人，特别是自闭症患者的社会救助政策，我们认为其发展主义取向表现最为充分，同时效果也最为明显的是义务教育领域。上面已经提到，中央政府十分重视自闭症儿童的义务教育，明确提出将其纳入义务教育体系。与一般孩子的义务教育不同，自闭症儿童因其在社会沟通方面的特殊性，决定了对其实施义务教育必须予以特殊关照，帮助他们克服接受义务教育的障碍。据我们的访谈，目前该市各区县设立了 13 所培智学校，专门招收自闭症等智力异常的孩子。与普通义务教育学校相比，政府在这些学校的办学过程中针对教育对象的特点额外投入了大量资源，每个学生的日常平均教育经费达到普通学生的 10 倍。在生师比方面，一些学校达到了 3:1，远远高于普通义务制学校。与一般普通教育教师相比，特殊教育学校教师享有 15%的额外津贴。由于需要满足特殊教育的功能，学校的建筑面积也要比普通学校大得多，杭州周边地区不少学校因为包含农村孩子住宿设置，校园面积可达 30 亩。

除了义务教育领域的社会救助政策，学前阶段的医疗康复工作发展很快，对于自闭症儿童未来的自立自强具有重要意义。儿童的自闭症起病于 3 岁之前（卫办医政发〔2010〕123 号），尽管目前对其病因仍缺乏深入的认识，但普遍重视其早期发现和早期干预。对此，诚如上面已经提及的，浙江省要求在“十二五”期间建立健全针对自闭症等新生儿疾病基本筛查制度，2015 年全省有康复需求和符合条件的残疾人的康复服务率达到 90%，并对有康复需求和适应指证的 0—6 岁全部自闭症儿童给予财政康复训练补贴等。省残联早在 2000 年 4 月便成立了全额拨款的事业单位——浙江省残疾人康复指导中心智障（孤独症）儿童康复中心，[30]成为全国自闭症儿童康复训练基地。[31]

此外，自闭症儿童的职业教育政策也受到重视，这对于目标群体最终以集中或分散形式融入劳动力市场具有重要影响。目前，杭州市的一些培智学校在义务教育之外，普遍设立了职业教育，对自闭症学生进行相应的职业培训。2011 年 4 月，浙江省还在原残联系统浙江华强中等职业学校基础上，批准筹建浙江特殊教育职业学院，开创了浙江省残疾人高等职业技术教育，为自闭症患者的劳动就业提供了重要保证。同时，该校设立的儿童康复、康复治疗技术两个高职专业，也为包括自闭症患者在内的残疾人的康复工作培养了专门人才。[32]

（三）自闭症儿童社会救助政策存在问题

通过上面的分析可以看到，尽管自闭症儿童社会救助政策历史不长，但是依托相对较为成熟的残疾人救助政策体系，加上中央及地方近年来的针对目标群体制定的一系列政策，我国自闭症儿童社会救助政策取得了不少成果。但是，从新发展主义的视角考察，现有政策也存在很多不足之处，需要不断完善。

第一，尽管各级政府十分重视自闭症儿童及其家庭的基本生活保障，依托最低生活保障制度以及其他辅助性救助，为目标群体建构了有效的安全网，但是自闭症患者，尤其是重症患者成年后的基本生活保障仍然存在隐患。21 世纪以来，从杭州等一些发达地区开始，目前全国范围内基本建立了面向所有城乡居民的最低生活保障，残疾人口的特殊需要和医疗保障也得到有效的落实。同时，近年来政府十分重视养老服务体系的建设，市、区和街道各级养老服务体系不断发展和完善。但是，目前自闭症对象的社会照料很大程度上仍然以家庭为主，现有政策和服务并没有解除目标群体家庭的心头之患。一旦家庭成员失去对这些目标对象的照料能力，那些缺乏生活自理能力的自闭症患者的生活保障便面临极大的挑战。

第二，尽管自闭症儿童的社会救助政策具有明显的发展主义取向，但政策重点似乎仍然集中在义务教育和就业安置上，对于实现自闭症患者自立自强有着极为重要影响的学前阶段缺乏足够的重视和有效的投入。目前，医学界已经对自闭症儿童早期干预的成效具有高度的共识，而自闭症儿童家长也对孩子早期康复治疗极为关注。尽管一些发达地区政府也为此拨出了一定的经费，但对自闭症儿童早期康复治疗的投入仍显不足，一些民间康复机构基本靠收费来维持其运营，给自闭症儿童家庭康复治疗带来极大的压力。由于服务机构数量不足，相当部分自闭症儿童无法获得康复服务；即使参加康复训练的儿童，也往往因为无法承担孩子得病后家庭经济状况的恶化而中途停止训练，这在我们已有的研究中具有明显的反映。

第三，与现有从中央到地方各级政府对自闭症等残疾儿童的康复和未来的自立自强投入的大量社会资源相比，专业服务人员方面的投入相对不足，极大地限制了发展性目标的实现。上面已经提到，目前学龄前的康复服务机构远远满足不了需要，其中有经费投入或相关支持政策的问题，但是很大一方面的问题是专业服务人员的缺乏。社会服务水平低，已经成为当前我国社会福利服务领域的一个突出问题，这在自闭症这样一个新的领域表现更为突出。即使在上面指出相对服务较为出色的义务教育阶段，相当部分学校同样也缺乏专业的服务人员，这也使得自闭症儿童融入正常孩子的学习环境显得步履维艰。此外，与服务机构专业人员不足共存的一个问题是，目前我国大批高等学校毕业的社会工作专业的毕业生却流离于这些急需人才的领域之外。表面来看这是一个编制问题，就其实质而言，还是专业人员雇用方面的社会开支不足。

第四，不同地区的服务发展不平衡，即使是沿海经济发达地区，省会城市与其他城市之间的发展水平也存在明显的差距。在我们的初步调查中，相当部分学龄前参加康复训练的孩子来自省会城市以外的地区。在他们的户籍地，相关的服务机构缺乏、不足，或者服务水平不令人满意，迫使他们选择异地的服务机构；同时，不少人并没有听说当地有康复训练补助政策。这些差距，不但增加了那些到省城接受康复治疗的自闭症儿童家庭的经济负担，而且也意味着可能有更大数量的孩子被排除在康复治疗的范围之外。

三、自闭症儿童社会救助政策的新发展主义思考

基于上述新发展主义对自闭症儿童社会救助的意义，以及当前社会政策及社会服务存在的问题，我们以为目标群体社会救助应该注重如下四个方面的问题：

第一，要坚持自闭症儿童社会救助的新发展主义政策取向。自闭症儿童的社会救助，其基本着眼点是确保目标人口的基本生活，进而促进其自立自强。从服务对象的根本利益出发，要最大限度地帮助他们实现个人的发展、融入正常的社会生活，从而实现其个人价值。正是因为自闭症儿童在实现其个人价值方面面临的困难，社会救助概念相对于正常人群其内涵更为广泛，覆盖了除维持基本生活标准以外的早期发现、康复治疗、特殊教育、就业培训等众多领域。要实现上述自闭症儿童的社会救助目标，政策取向必须具有发展主义的取向；唯有如此，才能真正起到救助的功能，实现目标群体的自立自强和自我实现，同时做到社会救助的可持续发展。但是，考虑到自闭症儿童在其人生各个阶段面临的特殊任务以及家庭在其发展过程中面临的额外困难，维持性的社会救助同样不可或缺。对于部分重症患者，我们不能指望借助康复治疗和特殊教育，实现其完全的生活自立。因此，针对残疾程度不同的自闭症患者，维持性社会救助不是需不需要的问题，而是其程度的差异。国家残疾人事业发展“十二五”规划正式提出了初步建立残疾人托养服务体系、为残疾人托养服务提供200万人次补助的目标，这是向着这一方向迈出的积极的一步。总之，必须始终坚持统合维持性与发展性两种不同取向的社会政策。

第二，自闭症儿童的社会救助政策要有整体性规划，达到各个不同阶段各有重点、平衡发展。具体地说，要针对学龄前阶段、学龄阶段和学龄后阶段社会救助的特点，采取各种不同侧重的政策与服务。从自闭症儿童的发展来看，学龄前阶段是康复治疗的关键时期，直接影响到后两个阶段目标的实现。但是，

诚如上面分析指出的，该阶段目前相对来说却是社会救助的薄弱环节。由于康复服务资源不足，加上政府缺乏足够的投入，相当部分自闭症儿童家庭或者无法得到高质量的康复服务，或者因为费用高昂无法承担。因此，从发展型社会政策的角度来说，这是当前尤其需要加强的环节。我们务必从自闭症儿童一生的生存和发展的整体性认识出发，统筹规划和落实各个阶段的社会政策。目前，我们尤其要在做好早期诊断的基础上大力发展康复治疗服务，尽量减少自闭症儿童在后续阶段发展的影响。对于学龄阶段的孩子，我们以为在进一步做好特殊教育的同时，尤其要加强普通学校的融入教育。这既是大量自闭症儿童家长的迫切要求，也是上述学龄前阶段康复治疗成效的必然结果。为此，既需要在全社会加强宣传，帮助人们克服对自闭症儿童的种种歧视；同时也要投入必要的资源，帮助普通义务教育学校增加必要的人力和物力，帮助自闭症儿童克服融入正常教育环境的困难。至于学龄后的就业，我们要在原有残疾人就业成绩的基础上，探索自闭症患者的特点，予以进一步完善。

第三，要尤其注重强化自闭症儿童社会救助的专业化服务水平，并为此培养和造就一支专业化的职业人才队伍。要做好自闭症儿童的社会救助，除了对目标对象提供直接的经济援助以外，十分重要的一项任务是提供高质量的专业服务，而这正是目前我国社会福利领域最为薄弱的领域。为此，我们既需要建设必要的硬件设施，更应该加强在人才队伍建设方面的投入。一方面，我们必须加强在职人员的专业培训，提高其专业水平；另一方面，要积极借助高等教育机构培养医疗、教育和社会工作等方面的专门人才，适应自闭症儿童社会救助的需要。在培养的同时，我们也应该提高专业服务及其人才的管理水平，提供必要的物质保障和精神保障，使得这些专业人才热爱本职工作，献身本职工作，并在工作过程中得到个人价值的实现。

第四，应该在发挥政府主导作用的基础上，调动和保护民间的积极性，引导非营利性和营利性自闭症救助组织的发展。在自闭症儿童的社会救助过程中，政府因为其掌握的资源优势，永远处于主导地位，这也是政府不可推诿的职责。但是，完全靠政府部门不仅无法满足社会的多样性需要，同时也不利于资源的充分利用。为此，政府部门在做好示范作用和政策引导的同时，应该积极鼓励并支持非营利性和营利性服务组织的发展，并对其提供不同的政策支持。就自闭症儿童的康复机构而言，目前不但政府主办的机构数量很少，而且民间非营利性服务机构也远远满足不了需要；这种服务的缺失，不仅反映在大城市，在地市级城市表现得更为突出。然而，目前政府的支持力度远远不够，需要在机构的审批与管理、物质投入、专业服务人员的待遇和业务发展等方面做好工作，使非政府部门真正在自闭症儿童的发展性和维持性救助过程中发挥更大的作用。

参考文献：

[1] George V, Wilding P. Welfare and Ideology [M]. Harvester Wheatsheaf, 1994.

[2] Midgley J., Tang K L. Social Policy，Economic Growth and Developmental Welfare [J]. International Journal of Social Welfare. 2001，10（4）：244-252.

[3][12] Morel N.，Palier B., Palme J. Towards a Social Investment Welfare State? [M]. Paper Presented at the Conference "Production，Reproduction，and Protection in the Welfare State"，Annual Meeting of Research Committee 19，ISA，Seoul National University，Seoul，August 25-27，2011.

[4] 张秀兰，徐月宾，梅志里. 中国发展型社会政策论纲 [M]. 北京：中国劳动社会保障出版社，2007.

[5] 陈晓强. 发展型社会政策与我国的社会政策构建[J]. 长白学刊，2008（1）.

[6] 徐道稳. 以发展型社会政策构建发展型福利社会 [J]. 深圳大学学报：人文社会科学版，2008（1）.

[7] 向德平. 发展型社会政策及其在中国的建构 [J]. 河北学刊，2010（4）.

[8] 郁建兴，何子英. 走向社会政策时代：从发展主义到发展型社会政策体系建设 [J]. 社会科学，2010（7）

[9] 王耀东. 中国迈向社会政策时代 [J]. 政治与法律，2011（2）.

[10] 方巍，魏雁滨. 社会发展：社会资源分配的新思路 [J]. 浙江社会科学，2005（4）.

[11] 方巍. 发展性社会福利理论 [M]//彭华民，等. 西方社会福利理论前沿：论国家、社会、体制与政策. 北京：中国社会出版社，2009：184-200.

[13][27] 方巍. 中国社会福利的新发展主义走向 [J]. 社会科学，2011（1）.

[14][28] 方巍. 发展型社会政策的重新审视 [J]. 学习与实践，2012（9）.

[15] 李敬，程为敏. 透视自闭症：本土家庭市政研究与海外经验 [M]. 北京：研究出版社，2011.

[16] Midgley J. Social Development：The Developmental Perspective in Social Welfare [M]. London：SAGE Publications，1995.

[17] 丁雨晴，庄华峰. 略论传统社会保障中的以工代赈——以宋代长江下游圩区为中心 [J]. 安徽广播电视大学学报，2008（1）.

[18] 朱玲，蒋中一. 以工代赈与缓解贫困 [M]. 上海：上海三联出版社，上海人民出版社，1994.

[19] 黄淑敏. 福利企业在残疾人就业中的作用分析 [J]. 社会福利，2007（2）.

[20] 民政部规划财务司. 2012 年社会服务发展统计公报 [OL]. http://cws.

mca.gov.cn/article/tjbg/201306/20130600474746.shtml，2013-08-30.

［21］Knapp J.，Midgley J. Social Work and Social Developm：Theories and Skills for Developmental Social Work［M］. Oxford：Oxford University Press，2010：87-104.

［22］Findley P. A. . 中美残疾人政策与福利体制的比较［M］//韩克庆，等. 中美社会福利比较，济南：山东人民出版社，2012：186-199.

［23］Mesibov G. B. ，Adams L W.，Schopler，E. Autism：A Brief History［J］. Psychoanalytic Inquiry：A Topical Journal for Mental Health Professionals. 2000，20（5）：637-647.

［24］郭延庆，杨晓玲. 孤独症诊断的历史发展［J］. 国外医学精神病学分册，1998，25（1）.

［25］Orsini M.，Smith M. Social Movements，Knowledge and Public Policy：The Case of Autism Activism in Canada and the US［J］. Critical Policy Studies. 2010，4（1）：38-57.

［26］O'Neil S. The Meaning of Autism：Beyond Disorder［J］. Disability and Society. 2008，23（7）：787-799.

［29］窦玉沛. 着力社会福利制度发展战略研究 构建适度普惠型社会福利制度［J］. 社会福利，2011（10）.

［30］参见 http://www.zjetkf.com/message.asp?numbig=1&numsmall=–1&id=22，2014-01-23.

［31］浙江省残联（2007）. 省残疾人康复指导中心智障（孤独症）儿童康复训练中心举行“携手童心，共献爱心庆“六一”活动［OL］. http://www.zjcl.com.cn/publish/content.php/10551，2013-09-02.

［32］参见 http://www.zjtjxy.net/Item/7830.aspx，2014-01-23.

《北京青年研究》2014 年第 2 期

农村大学生“诉贫伤害”的社会学分析

卢立昕　刘易平

（中国社会科学院研究生院　四川省社会科学院社会学研究所）

一、引言

最近，社会上广泛而热烈讨论的是农村大学生申请助学金过程中“诉贫伤害”这个议题。事件缘起如下：某高校全班同学围坐在一起，听一位申请助学金同学“诉贫”并评分，以确定助学金等级。该同学面临诸多师生说：“我家在农村，爸爸务农，妈妈生病长期卧床，弟弟上中学，还有一个妹妹在上小学。”① 有人评论说，这是对本已因贫寒而自卑的同学的再度伤害：“公开诉贫迫使贫困生不得不牺牲隐私、自揭伤疤，极可能让自卑者更加自卑，在同学面前抬不起头来。”

从高校方面看，“诉贫”举措有些无可奈何，因为助学金须针对贫困而亟待接济的同学，而在高校眼里，几乎所有学生都是无知之幕下的陌生人，只得以自我诉贫来确定助学金资格。基于此，诉贫是“不信任假设下的信任”。一方面，缘于彼此是陌生人关系，故需“诉贫”以确定救济对象；另一方面，高校在成本上着眼于不可能亲往贫困生所在的农村调查其真实性，故而又以自诉为实情，这是信任。至于诉贫之所以成为对贫困生的伤害，须将此问题置于当代农村大学生面临的结构压力及其自我评价的合力下看待。笔者认为，“诉贫伤害”具有一定的现代性。首先，中国古代穷书生面临的结构压力低于当今大学生的困境，另外，古代清贫书生缘于其占据的文化资本而一定地免于心理伤害，甚至可凭借其“精神贵族”②的出身而傲视王侯。其次，进入工商化的现代社会以来，“以农为本”曾经占据的社会基础地位逐步让位给城市工商为本，农村人被视为“贫困、落后以及封闭”等消极形象的化身，因此亟待被消灭或城市化。与此有关，现代社会价值观金钱化趋势影响人们的自我评价观念：德让位于富，富成为自我尊严感的基础或最后的救赎，而贫似乎是一种罪错。唯其如此，客观的贫困处境才会伤害本已脆弱的农村大学生的敏感神经。最后本文从减弱结构压力与自我内在尊严重建的修身角度提出化解诉贫伤害的举措。

二、君子固穷——传统读书人的家族支持及其德识尊严感

（一）诗书传家——传统士大夫教育的乡土特质

1. 光宗耀祖——为家族的保世兹大而读书

传统社会的基础在农村，而农村基本上是血缘与地缘的重合：地缘只是“血缘的空间投影”[1]。古代人务必面向“列祖列宗”而为家族效劳，家族之“保世兹大”或“传家”乃家族子弟共有的使命。与此有关，古代读书人的心灵归属在家族及所属社区，而非其他地方。其中，“诗书传家”或“耕读持家”是家族继承乃至光大的最重要手段：耕是相对“保守”的传家方式，而“读”或“诗书”则是家族“发展”之路径。故而，任何读书人都不是单纯出于个人的求知之热情或世俗目的而读书，而是为了“光宗耀祖”而读书。

古代重私学，家族（而非家庭）往往以族田或其他经营的公共收益兴办私塾。族内子弟皆有资格免费享受家族置办的学校，这是族内教育之公有制。若“祖上有力”，且“文曲星高照”，有朝一日幸而中举，他也是整个家族的光荣与骄傲。古代读书人发迹后要反哺的不仅仅是自己的父母、兄弟、姐妹，而是整个家族：“只要他的收入增加，大量远亲就会纷纷要求他提高对他们的赡养费。”[2]甚至当其衣锦还乡后还尽可能造福于家族所在社区，因为社区往往不过是他的家族之扩展。即便社区里那些家族成员之外的人，也是相互守望的邻里。基于“里仁为美”的桑梓情感与现实生活的合作性，一个人对于邻里也存在一份——根植于报恩之情感基础上的——义务。例如，费孝通的父亲一贯的事业在本乡、在地方上。他留日归来，“第一件事在本乡建一所中学……接着组织县议会”。换言之，当古代读书人一旦不在家乡，他便免不了身在异乡的愁苦与有朝一日还乡的热望。

2. 不患寡而患不均——农村社会分化小，书生家庭间差距较小

古代社会承认公开的实质不平等，号称形式平等的现代社会却充溢着实质不平等。相对于重视“进步”的现代社会，古代社会更加看重的是秩序或教化。为了这一目的，社会必须相对均衡。中国古代社会尽管也有分化，但较之于形式平等的资本主义市场逻辑为运作中心的现代社会，古代社会就要均衡许多。古代社会往往通过“非专业化生产、限制工商、节制资本、限制过分的土地流动、分家析产”等方式而免于过度分化。其中，男耕女织是典型的非专业化生产，其生产更多是为了家庭自给自足的使用价值。再如，“四民”中工商的地位较后于士农，这与古代对于工商的限制性作用认识有关。

工主要是手工业，而非今日意义上的大工业生产。传统的工的作用在于补充狭义上的农业之不足。至于商，总体地看，古代并不绝对禁止，而是有所限制，其作用重在“互通有无”之交易，而非谋取差价为目的。所以容许商，因为其可以互通有无而互利。之所以限制，是谨防商可能造成的分化及无情逐利。以上所述基本上是“以农为本”的前提下的“无工不富”以及“无商不活”的古代经济部门设置及其根据。此外，如“盐铁官营”的节制资本、财产家族共有、限制过分的土地流动，以及诸子均分家产等都是防范社会过分差别或旨在追求“均”的社会设施。因此，古代家庭之间不会存在天壤之别的贫富差距。与此有关，古代的读书人的家庭或家族也不会像当今这样“断裂”。③

3. 清贫书生——私塾、家学、义学、书院及寺庙等地皆可节俭读书

中国古代社会尊师重教，存在一定意义上的教育机会的平等。另外，教育等方面尽可能由社会自我应对之，而非由政府解决：“秦汉以下，领土大，而政府干涉之范围狭，教育事业诸要政，任民间自为，蔚然称盛，其自营之力，诚有足多。”[3]理论地看，一个人，哪怕生于农家，只要天分好，又勤苦，命也不坏，都有读书改变命运的机会。梁漱溟曾指出：“从前人读书机会之容易，非处现在社会者所能想象。……一个人读书是否中秀才……就全看你是否寒灯苦读；再者看你资质如何。”[4]

为教育公平之目的，社会设置各类学校以满足聪慧而又贫寒的读书人的求学之需。潘光旦与费孝通曾以950份明清时期科举的硃卷（试卷）为样本，调查生源地的城乡分布及考取的比例情况，将分析结果与苏俄及美国比较。结论是，中国底层社会书生的就学率及考取率远高于俄国，而与自诩平等的美国社会的20%的向上社会流动率不相上下。

下面我们看看古代那些提供给清寒之士的教育场所。先看私塾。办私塾的成本不高，很多设馆的教师不过是长期参与科考的“兼职人员”，他们以教书那点收入以自立，今后还要一再参加考试，直到考取或不能考为止。再看义学。义学始于宋。范仲淹少时家贫，父死后母再嫁，以便使其有可能读书。范仲淹做官后在家乡办义学，使族内贫寒子弟免于其少时之苦。再看书院。书院本是自由讲学之所，客观上提供给读书人跻身所在。另外，社会上还提倡“耕读持家”。许多人一边种田，一边读书。这就是中国古代之书香社会，甚至穷苦人家也充满诗书以及礼仪。总之，古代社会具有较多的就学机会，古代书生一直具有清贫、上进而又勤奋的形象。最后，我们以唐代各类学校的盛况来证明古代贫寒之士的教育机会的相对普遍的境况：“书生少年寻师访学于深山古刹，博学的鸿儒和致仕的官员广招门徒……点拨少年。士大夫的家学注重诗文，佛教寺院亦开办儒经讲学。”[5]

4. 精英教育——相对于现代平等社会，古代读书人少

古代实行精英教育，而精英教育的数量总体上受制于人性差异及古代的官员的数量。一方面，天资优良的人该求学。儒家教育思想认为“人性不齐”，即人的天资存在类型和程度的差异。旨在培养社会治理精英的教育机会应赋予那些优秀资质的人。人群中天资优秀的人毕竟少数。此外，古代教育存在着职业教育与士大夫教育的分流。一般所谓的古代教育指的是旨在培育社会精英的士大夫教育。韦伯认为，中国古代的儒家教育旨在培养闲情逸致的“文士”。韦伯注意到传统士大夫“文”的一面，而未能注意到与文紧密结合在一起的“史”的方面。与其说是文士们追求闲情逸致之情趣，倒不如说他们超越于一般职业或现代专业知识的视野之约束，这才是古代通识教育（liberal education）背景下读书人的重要特点。另外，古代社会的官员数量限制了精英教育者的数量。古代社会官学一体，学而优则仕。理论地看，学者趋向于做官，从而尽其服务社会之理想。譬如，孔子一直试图做官之目的，不是贪恋做官的权势或利益，而是试图以权力实现其治理的愿望。另一方面便是官员必须是读书人出身。隋唐以降的科举制就是选才进而为政府选拔官吏的制度化。可是，鉴于中国古代社会权力之“皇权止于郡县”之结构特征，县以下不存在“吃皇粮”的官员，因此，古代对于官员的要求的数量远远低于今天的官员数目。而官员数目之少也自然会限制读书人的数量。尽管如此，中国传统时期的识字率约为 5%，这个数字远高于同时期的西欧社会。

（二）士志于道——传统读书人基于“德识”的内在尊严感

无论中西方，传统社会都具有一定的阶级性。西方阶级社会的根据长期为“血”和“土”，也即以是否为贵族血统或占有土地与否划分阶级。中国的阶级根据自先秦后便由血统让位于德或学。至于学识，中西方也存在本质差异。西方中世纪的知识掌控在神学人士手里，那些“用拉丁文写成的神学或历史著作，关于礼拜仪式的知识，甚至商业公文的阅读”，均由“少数受教育的人”[6]，也即神学人士掌握。从社会功能上看，古代中国的读书人有几分相当于西欧封建时期的教士。只不过，西方教士们掌控彼岸之神学知识而成为此岸的精神领袖，而人文主义的中国传统读书人所接受的是韦伯所谓的“高雅的俗人教育”，[7]他们是世俗领域的“圣”而神明之士。圣人者，人伦之至也。而基于这种圣而具有感通、感召、感化之力量，此乃中国式“由圣而神”的力量的根据。这与中国传统人文性知识的“认识你自己”的人自身以及人伦有关。梁漱溟指出，读书人追求人伦“情理”，而非“物理”。在中国文化语境下，礼、情、理或教不过是人的情感能力及其处置规则的不同领域的表现。“情理出于人情好恶，偏于主观；物理存在于事物，经人考验得来，偏于客观。”[8]

孟子的“劳心者治于人，劳力者治人”之论，亦可视为分工的理据。士以劳心者自居，士与其他平民之不同，可以“士以弘道”或“君子喻于义，小人喻于利”为区分的标准。《论语》云：“士志于道，而耻恶衣恶食者，未足与议也。”士凭“德识”而非“金权”获取远远高于其他人群的社会声望。从“四民”关系看，士为农工商的领袖。“旧日中国社会的成分，为士农工商之四民，而士为“四民”之首。士人不事生产，却于社会有绝大功用。便是他代表理性，主持教化，维持秩序；夫然后若农、若工、若商始得安其居、乐其业。”[9]从价值上看，士是社会共奉的具有内在价值的理性的化身，从而达成“四民一体”的秩序，而非今日阶层或阶级对立的无休止的紧张与冲突。

总之，君子或士人以其经由教育所得的“德识”取得社会的尊敬，不仅不以金钱或权力为尊严的基础，甚至还傲视金权。缘于此，基于教育的内在德行便足以支撑读书人。与此有关，读书人若有钱，他也不会因此而骄傲。譬如，子贡尽管是个跨国经营的富可敌国的商人，但他依旧出于内在的虔诚而尊敬且长期赞助郁郁不得志的老师孔子。与内在德行基础上的尊严感有关，古代读书人不以贫为耻，而以自己的德识落后于人而为羞。例如，春秋齐桓公之相管仲说，当年与鲍叔牙一起经商，分钱时自己拿多的一份，鲍叔牙并不认为其贪心，因为他知道管仲家贫，且管仲每次都心安理得：“分金多与，鲍叔牙独知管仲之贫。”[10]缘于“惟君子安贫，达人知命”或“士志于道”之故，古代读书人志不在富，而在于德，因此不患贫而患德落后于人。例如，孔子得意的门生曾子与子路等都是清寒之士，“曾子捉襟见肘纳履决踵。子路衣敝袄袍，与轻裘立，贫不可言……总之，饱德之士不愿膏粱；闻誉之施奚图文绣”。[11]当然，尽管士以德识为内在尊严的基础，但从未轻视或禁止财富，而是从道与财的不可分裂的关联看待合理致富：“君子爱财，取之有道。”此外，与儒家“爱物”及“通财”观相应，君子珍惜财货，且用之有道。

三、“诉贫伤害”——当代农村大学生生存压力与自我尊严感的外在化

（一）孤独的救赎——当代大学生的生存压力

1. *自由而脆弱——家庭核心化所致的弱承担力*

现代大学生较之于古代读书人面对着愈加强烈的生存结构压力。几乎可以说，在极为市场化的教育环境中，对于相当孤弱的当代农村家庭及其子弟而言，教育改变命运的理想已变得像一条孤独而狭隘的救赎之旅。下面我们依次从家庭核心化、市场冲击、高等教育扩张以及基本消费奢侈化等方面来看待农村大

学生面临的结构性压力。

相对传统的扩大家庭或家族，现代小家庭具有较高的个人自由及流动性等优势，但也脆弱许多。刘易斯在《经济增长理论》中指出，处于温饱发展阶段的经济状况下，大家庭制度具有较高的承受力。实际上，群体化的社会结构或较高的社会团结利于人们对抗环境的挑战。传统中国家庭不仅名声好听，也与其实际的强势力量对于家族的生存价值有关。基于此，传统社会一般与大家族或合作性较强的家庭联合。此外，"亲戚通财"等互助制度也加强了人们的抗风险能力。可以说，古代不存在个人脆弱，而只存在家族的强弱。

然而，近代以降，中国大家族被作为和皇权一样的专制制度而被打倒或日益弱化，并且代之以现代核心化的家庭。核心家庭的内在逻辑是个体主义。现代个人所面临的自由而孤独的问题也渗透到现代核心家庭中。从家庭人口数量看，费孝通 1936 年进行江村调查的时候，平均家庭人口大约为 5 口人。此外，从民国期间的社会调查看，中国家庭人均人口也基本集中分布在 5 人左右。1949 年后中国家庭人口数目在 70 年代末期之前一度增加。但是，1949 年前后有一个根本的不同是，1949 年前各家庭虽然分立，但是家庭联合而成的家族依旧存在。而 1949 年后家族基本沦为不合时宜的陈年旧事。更为根本的是，无论家族或家庭，其曾经的社会基本单元的地位，皆让位于已经行政化了的生产队。70 年代以后，计生政策使得绝大多数农村家庭人口减少。总之，现代家庭相对于传统家族要脆弱许多。中国农村大学生的经济水平几乎直接就是其家庭的情况，因此，与农村家庭核心化的脆弱化相伴的几乎是农村大学生的集体贫困化。

2. 沉默的大多数——市场化加剧了农村家庭经济的边缘化

一方面，1949 年后，中国社会政策一直存在城乡二元分立局势，巨大的剪刀差造成农村日益落后于城市。另一方面，改革开放以来的市场化进一步加大了城乡差距。无论是强制的不平等，还是号称形式平等或机会平等的市场化，都不断造成农村家庭经济的边缘化。如果说前后有什么不同的话，那就表现为：前阶段是农村家庭的集体性"均贫"；而后阶段不仅造成城乡的差距加大，还致使农村内部家庭日益分化。我们即便承认市场化可能生产出日益增加的社会财富，但这里的财富是个总体概念，并且这种繁荣并不能掩盖市场化内在逻辑所致的贫富不均。另外，当收入市场化后，消费也面临着市场化的无差别对待。也就是说，市场要价一个样，不管你是富人或穷人。市场化的必然结局是，即便它制造了几个富可敌国的富翁，同时也制造出更多的穷人。以当今中国的实际情况看，尽管东部地区的很多农村确实很现代化了，但是，由沃勒斯坦所说的资本主宰下的"世界体系"可知，当中国面向外部市场开放之际，其市场化的内部也难免"中心"与"边缘"的分化。由此，东部的富裕之梦恰恰伴随着中西部农村地区的进一步落后。以上是中西部农村大学生家庭贫困的市场化环境分析。

3. 相对贫困——大学生消费过程中“奢侈必要化”所致的压力

在消费方面，当代农村大学生面临的主要不是温饱压力，而是“奢侈品逐步必要化”所致的经济压力。凯恩斯认为，人类行为受制于需求（need）和欲求（wants）：“必不可缺的绝对需求，另一种是相对意义上的，能使我们超越他人，感到优越的那类需求……即满足人的优越感的需要，很可能永无止境。”[12]凯恩斯正确区别了两类需求，且指出与奢侈有关的“优越感”需求的永无止境性，但未能揭示旨在奢侈或炫耀的优越感需求逐步向必要需求转化的现代社会机制。因为自然经济解体后，人的需求越来越受制于工商业的“社会制造”，并且工商业以先富阶层为社会需求的模板，且逐步将上流社会的需求扩展至贫民阶层。换言之，在工商时代，自然经济早已成为明日黄花，人们的生活越发依赖于市场而不自足。即便愿意自给自足，但再也没有小富即安的闲适生活机会，而不得不踏上致富的疲惫之旅。然而，作为总体的底层即便日夜勤奋，他们还是难免相对贫困的窘境。

与此有关，农村大学生更多面临社会制造的日益必要化的奢侈需求。市场化的教育使得学生的费用，尤其是生活费，大大提高了。当代大学生的合理消费范围大致为 800～1 500 元，其中 73.5%用于吃喝。其中，实际消费数据在 500～1 000 元的人群占 55.83%，④可见贫困大学生比例之高。分析如下：第一，基本消费额偏高，而无论哪个城市，500 元当能满足温饱。这说明，大学生中消费包含许多已经必要化的奢侈。例如，电脑、手机等曾经的奢侈品如今逐渐变为学生的必需品。第二，与总体大学生消费日渐增多伴随的是贫困大学生的比例增加，其中大多数来自农村。这与农村总体上的边缘化有关。第三，如今大学生中存在诸多请客吃饭场合及其对“品牌”的追求。例如，有人指出“90后青年人缺乏节约意识”。[13]反过来看，这说明仍有可以削减的非理性的消费空间。总之，除了少数极端贫困家庭所致的绝对贫困大学生外，大多数贫困实际上属于“相对贫困”，而这种相对贫困是无限制的教育市场化所致的奢侈必要化的产物。

4. 过度教育——高等教育去精英化所致的高校的人满为患

市场化导致的不均衡，既有不足，也有过度。与教育机会不足相伴的是教育过度，农村也不例外。一方面，缘于近 20 年来的无节制的教育市场化，高等教育投资越来越超出一般农村家庭的承受力，许多农家子弟没读完中学便辍学而加入民工潮。这是教育的机会之不足。另一方面，高等教育普及化造成大学生人数剧增。高等教育人数剧增势必造成高等教育低等化。与此同时，接受了高等教育的人还面临着职业期望与现实职业机会的心理差距。其中，很多大学生被迫从事远远低于社会或自身期望的职业，甚至有很多大学生无奈接受纯粹毫无知识含量的劳动机会。鉴于此，有人便提出，教育远甚于职业所需的技能的现象是教育过度。我们承认这种现象的客观性。不过，我们进而指出高校逐年扩招所致的另一种意义上的教育过度，也就是越来越多远高于一个人天资的教育机会。直白地说，很多人接受由于过分扩张的高等教育均等化所致的教育机会。卢梭认为，每个人的机会决定于其自然而然的地位。反之，若教育机会超过个人资质，会有如下后果：其一，高等教育低等化，教师不得不降低标准去满足大多数学生；第二，天资较差的学生因为高等教育本不是适合于自己的事情而焦虑；第三，就业期望与今后职业机会的差距及其所致的后果不满；第四，加剧家长的教育负担，因为高等教育就读年限长于一般教育。在上述教育机会扩张的所谓福音中，就包含很多农村学生，也因此包含他们的——不堪日益增加的市场化教育“投资”之压的——家庭或父母。

（二）自我空心化——当代大学生人格尊严的外化

1. 隐含鄙夷的同情——以防作难的现代救助制度的心理预设

古代社会对于贫弱者的救济，更多的是出于同胞情怀。例如，“老吾老以及人之老，幼吾幼以及人之幼”的慈爱观念是古代共同体关系下的公益的心理基础。

与之相对，理论地看，现代制度的人性基础更多的是恶。起码现代市场制度的根据在于人性的恶，而非基于人性之善。而现代社会不过是市场之扩张。恶是现代社会的动力，然而现代社会也受困于人性之恶。现代社会的穷人，并非民胞物与的对象，而是“内部的外人”：“这种外人虽然可以说实质上处在群体之外，可又逗留在群体之内。”[14]与此有关，现代救济制度，与其说是同情心，倒不如说是防范穷人变得穷凶极恶，以至于大家——尤其是金权者——都过不上好日子。即便是现代社会也似乎在做一些善事，而其初始动机则至多不过是尽可能减少制度崩解而已。在现代条件下，对穷人的救济“并非为个别穷人的利益，而是为社会整体——政治的、家庭的、某种社会学意义上的特殊群体——的利益”。[15]因此，现代社会的救助制度潜含着对于弱势群体的一丝鄙夷的同情。尤其是在西方个人主义价值观的视野下，那些被救助的人往往在一定程度上被视为懒惰或愚蠢之辈。基于此，现代救助制度，一方面是对穷困者的救赎；另一方面，被救助往往又被视为穷人的耻辱之印记。

2. 与人生分离的教育——现代大学生自我价值的他者化

当代农村大学生之所以会遭遇“诉贫伤害”，就是因为外在的贫困遇上了内在的人生教育的缺失所致的自我孱弱。

古代读书人起码理论上可以几近傲慢地宣称“士志于道”“士以弘道”“君

子喻于义”，因而“君子固穷”。因为，基于道义之内在价值及其赋予读书人的尊严感，读书人可以不富裕，甚至很穷。但由于他有内在的德与识，当他面对权贵时，丝毫不怯懦。譬如，孔子最喜欢的两个学生应该是颜回与子路，二者皆穷困不已。对颜回，孔子欣赏地赞曰：“贤哉回也！一箪食，一瓢饮，在陋巷，人不堪其忧，回也不改其乐。贤在回也！”

然而，对于身处于极度市场化环境中的现代人而言，他的价值往往定义于其所占有的财富。而对于古代读书人而言，若说他“身价数千万”的话，与其说是赞美他，倒不如说是在羞辱他。然而，当几乎无孔不入的现代市场逻辑侵入到现代教育领域中，越来越多的读书人开始以各种功利的外物来定义自己。这也便是现代教育目的外在化的必然结果。手段沦为目的之逻辑势必招致读书人以——外在于内在人格的——条件作为自我评价的标准。钱穆说，现代教育的病症之一是“学问与人生分成两橛”。[16]也就是说，现代教育一方面存在功利主义的趋势，另一方面便是对于内在人生修养的忽视。

从个人心理角度言之，传统向现代转化的一个征象是，人们的价值观从人生的内在德行（virtue）逐步让位于各种外在的条件（conditions），这势必造成现代人自身的条件化以及价值的相对化。曾经，做一个“耕读持家”的读书人是许多书香之家的家训之词。然而，近代以来，中国一直纠葛于外在的富强之梦，并且这种富强梦很大程度上牺牲了文化人曾经享有的基于德识的尊严。于是，当内在的修身之学被遗弃，而仅仅留下外在的功利之学的时候，读书人先是成为“国家的人”，再成为“市场的人”，却削弱了作为人根本的人格尊严之自我。总之，古代自命“士志于道”的读书人会清贫而骄傲，而缺乏内在尊严感的现代读书人则往往因为穷困而深感某种罪错之羞耻。这是当代大学生遭遇诉贫伤害的社会心理学基础。

四、结构与自我的重构——化解“诉贫伤害”的思路

（一）均贫富——以伦理限制市场

充满风险的现代市场经济是造成贫富极度分化的重要原因。与现代风险社会（risk society）不同，古代社会设置上通过家族制、多样化生产、低市场化等措施尽可能减弱风险。这些措施也是实现古代“不患寡而患不均”理想的手段，而“均”又是重视“治”或“秩序”（order）而非“进步”（progress）的古代社会制度宗旨之必需。当然，需要说明的是，均不是机械平均，而是均衡，以免社会分化过大而导致“乱”。然而，当前中国缘于市场的分化效应，以至于贫富差距悬殊。这是造成诸多贫困生的重要经济原因之一。基于此，宜以伦

理适度限制过分的市场经济，尤其是严防教育文化等部门的过分市场化，这是创造均衡的社会发展以及减少贫困生或贫困家庭的必要举措。

（二）折中家庭——加强家庭支持能力

中国大学生的贫困之实质是其家庭的贫困。而其家庭的贫困与当代家庭核心化所致的脆弱有关。折中家庭是传统大家庭与现代小家庭折中取舍的产物。一方面，传统大家族抗风险能力较强，但其抑制国家意识的产生，也抑制个人存在感。另一方面，现代核心家庭以其方便的流动性及其个人主义而适合于工业化、市场化经济之需，但是，家庭过于弱小，又势必造成面对国家与市场的个人之孤弱之境。基于此，潘光旦等学者提出“折中家庭”设想，“我们需要一种家制，左不至于抹杀个人，右不至于忘却社会，上对得住以往，有相当的留恋，下对得住未来，有充分的愿望”。[17]总之，较之于现代核心家庭，折中家庭具有相对较高的抗风险能力，也是化解大学生贫困问题的一个向度。

（三）救助在地化——将大学接济体系纳入地方民政

古今皆有救济，然而背后的心理机制不同。古代救济的心理根据是民胞物与之互为恩情，而现代社会救济则不过旨在使边缘人群不危害社会。现代社会一方面制造贫富差距，另一方面又试图以救济掩饰其制度的内在的不平等机制。另外，普世性现代救济的去地方化或抽象性也削弱了曾经的社区性互助体系的情谊基础。基于此，公益必须在地化（localization）。

公益的情感应基于人与人的同胞意识之互为恩情。在乡土化的中国，救助体系基本是由地方乡绅带头进行的基于差序格局情感基础上的义务的社区抗风险系统。近代以来，缘于社区国家化⑤，社区公益功能日渐式微。另外，缘于市场化以及家庭核心化等，现代社会的风险愈加强烈，势必造成许多弱势人群。现代社会的公益组织很大程度上就是以上述弱势群体为服务对象。但是，和传统救助的社区化相对，现代公益存在超社区特质，它所针对的是“公民”，而非熟人。再者，国家救助的抗风险体系也远离这些弱势人群。总之，现代救助——无论是国家的，还是社会上的——都带有如下问题。第一，陌生化而可能存在信任危机；第二，距离远而运作成本高；第三，专门化或职业化；第四，陌生化所致的非需求导向，因为陌生化会加剧对弱势群体需求的认知难度。同时，职业化也会造成从业者自身的利益导向，及其所致的忽视社区需求的问题；其中，仅以其“陌生化”来看，它所导致的“诉贫”就可能成为对弱者的再度伤害。鉴于此，救助宜在地化：一方面，基层社区上报亟待救助的大学生指标；另一方面，上级政府将助学金下放到基层民政。例如，有人指出诉贫是“想让学生证明自己有多穷？那你干吗不走其他途径？比如去村委、街道办开个家庭状况证明，何必让学生承受这种屈辱？”再由基层行政或社区针对贫困生的家庭进行救助。这将有利于认知救助对象的贫困状况之实情，促进地方社区意识，同时也在一定程度上减免心灵敏感期的大学生的心理伤害。

（四）因材施教——扩大职业教育，让学生分流

大学教育与职业教育应该各就其位，各尽其职。传统儒家精英教育偏于道，而相对忽视器。这种取向在社会上造成的消极后果是，与应用有关的职业教育不为上流社会所重视。此外，最近二十年来，高校一路扩招，无节制地“普及大学教育”趋势造就出越来越多的大学生。大学生总量的增加，以及工厂化教育，缘于这种不当的“普及”，[⑥]生源的水平也因此逐年下降。而教育过程必须照顾“大多数”，其不可避免的结果是，尽管大学人数逐年增加，但水平每况愈下。基于此，笔者以为，理应因材施教，宜扩展职业教育。一方面，加强已有的职业院校，将许多不是特别好的高校改为高职院校；另一方面，将来自农村的成绩不是特别优秀的学生分流到职教系统。毕竟，职业教育更加符合他们的智力水平，另外，职教读书年限较少，花钱较少，且挣钱早，这可以减少助学金的必要性，也可相应减少诉贫伤害。

（五）节俭读书——教育环境的去市场化

从 Parsons 的现代社会制度上看，社会与文化体系应该与讲究效率的经济系统分开，以便保证教育的相对超越性。然而，当代中国教育也被无限制地市场化，办教育与开工厂几乎没有什么本质差别。与此有关，市场化不仅从根本上影响教育应该具有的相对超越价值，也造成学生生活环境的市场化甚至赤裸裸的金钱化。为改变上述情况，首先理当限制教育的市场化趋势，尤其应该禁止校园的奢侈倾向，创办公益性的教育环境，争取让穷苦家庭的孩子也上得起学。其次，对于学生本人而言，主观上提倡节俭意识。毋庸讳言，即便是许多农村大学生，他们身上也带有许多奢侈之风，这是亟待改观的。最后，勤工俭学。学校以及社会皆尽可能为大学生提供一些暂时性的力所能及的就业机会，以便使其减少家庭的负担，从而也减少需要救济的必要性。

（六）重塑精英价值——把“修身”带回高等教育的中心

古人治学内外兼修，并且认为作为内在素养培养的修身是一切德行与行为的前提条件。近代民族危机引发的教育现代化的后果之一便是人格的政治化：良知之学让位于政治意识。近代以降的教育相对忽视了修身之学，这是人格教育之缺失。早在 1948 年，社会学家孙本文便指出这种症状：“现代青年无不关心政治，而却往往忽视个人的行为；现代青年无不热心于运用政治手腕，而却

不注意人与人之间的伦理法则。这是青年教育常被忽视的重要问题。”[18]而“国家的人”确是人自身应当内在固有的修身之学，只会造成抽象的“国族主义”。而近三十年来无限制的教育市场主义进一步造成了青年人格的市场化。无论人格的政治化，还是市场化，都是内在人格的掏空，其结果难免是内在自我的缺失。上述缺失也与当代学生的人格危机及其所致的诸多困扰有关。

在上述情况下，宜超越狭隘的专业化、市场化的职业主义教育，在现代条件下重塑社会人才观。而现代人才务必在传统的君子不器的“文化人”与现代“专业人士”之间求得均衡。也就是说，现代人才必须是具有人文关怀的专业人士。为达到这一目的，除了坚持以往的理智化的教育之外，还应该将内在人格教育的“修身”之学带回现代教育的中心。具体言之，宜从如下几个方面着手。第一，教育的人文化。第二，教育过程的本土化。第三，重塑教师的道德感召。第四，加强反省教育。古人云，君子三省吾身。这在今天依然有其不可或缺的价值。第五，教育环境的去功利化以及去市场化，营造相对超越的教育环境。第六，将培育少数人的精英教育与大部分人的一般职业教育分开。

注释：

①《高校要求贫困学生公开“诉贫”被指二次伤害》，登录自中华网 http://edu.china.com/new/edunews/jy/11076178/20151022/20606625.html.

② 传统社会都存在其特有的贵族，只不过其形式随着时代变迁而有所改变。对于中国而言，先秦是贵族时代。秦汉已降，随着封建社会的瓦解，基于血缘和土地的贵族退出历史舞台。但是，这并不表示中国从此进入现代意义上的平等社会，因为，读书人或士大夫从此成为社会的精英阶层，他们凭借其身体化的文化资本成为社会的精神贵族。始于隋唐而终结于晚清的科举制是读书人精英化的制度保证。

③“断裂”一词，指的是孙立平《断裂》（社会科学出版社 2003 年版，第 1 页）一书中揭示的社会极度分化，尤其是许多弱势群体被抛出现代化发展的轨道的境况：“被甩出的人，甚至已经不在社会结构的底层，而是处在社会结构之外。”

④ 以上数据来自上海交大《2014 年中国大学生消费行为与品牌认知调查报告》。

⑤ 社区国家化与国家社会化，是近代以降中国国家权力集中化的表现之一，二者实际上是一体两面：一方面，国家权力日益下降至乡镇乃至村或街道；另一方面，本该具有适度自治的基层越来越因为国家权力之触角的渗入而“他治化”。

⑥ 大学教育必须“高等”。在古代，作为主流的儒家教育旨在培养“大人”或

管理社会的精英，这必然是天赋较高的少数人的权益。而“普及”大学的必然结果是：高等教育的低等化。人性不齐，人的天资的类型及其程度都有很大差异。教育机会最主要应该决定于人的天资。因此，不是所有人都适合于高等教育。而普及的结果是，本不适合接受高等教育的人，去接受日渐工厂化的大学教育，造成学生与高等教育的两不相宜。

参考文献：

[1] 费孝通. 乡土中国［M］. 北京：北京大学出版社，1984：70.
[2]（英）阿瑟·刘易斯. 经济增长理论［M］. 周师铭，等，译，北京：商务印书馆，1983：134.
[3] 高瑞泉. 返本开新——熊十力文选［M］. 上海：上海远东出版社，1997：6.
[4][8][9] 梁漱溟. 乡村建设理论［M］. 上海：上海世纪出版集团，2006：32，40.
[5] 李国钧，等. 中国教育制度史［M］. 第2卷. 济南：山东教育出版社，2000：425.
[6]（法）马克·布洛赫. 封建社会［M］. 张绪山，译. 北京：商务印书馆，2005：147.
[7]（德）马克斯·韦伯. 儒教与道教［M］. 王蓉芬，译. 北京：商务印书馆，2003：160.
[10][11] 程登吉. 幼学琼林［M］. 西安：陕西旅游出版社，2003：66，149.
[12]（美）丹尼尔·贝尔. 资本主义文化的矛盾［M］. 赵一凡，等，译. 北京：三联书店，1989：22.
[13] 引自搜狐教育新闻. “90后”看节约：四成称能省不如会花，崇尚分期［OL］. 登录自搜狐网 http://learning.sohu.com/20151026/n424111205.shtml.
[14][15]（德）西美尔. 社会学［M］. 林荣远，译. 北京：华夏出版社，2002：343，340.
[16] 钱穆. 文化与教育［M］. 桂林：广西师范大学出版社，2004：39.
[17] 潘光旦. 寻求中国人位育之道：潘光旦文选（下）［M］. 北京：国际文化出版公司，1997：413.
[18] 孙本文. 孙本文文集［J］. 第9卷. 北京：社会科学文献出版社，2012：451.

《北京青年研究》2016年第1期，《青少年导刊》2016年第4期全文转载

新世纪英国青年工作的发展特点与趋势

陈琳瑛　佘双好

（武汉大学）

在英国，青年工作（youth work）最初起源于19世纪中期慈善组织为青年工人提供的志愿服务，到20世纪三四十年代被纳入到英国政府的职责范围，逐渐成为有专门培训和资格认证的法定职业类型。法定青年工作隶属于政府的教育部门，又称为青年服务（youth service），是英国政府在学校教育体制之外，通过青年的自愿参与，针对青年人开展的一项关注其个人成长和社会发展的非正式教育活动。[①]进入21世纪，由于国际国内形势的变化，英国的青年工作呈现出新的面貌和发展趋势。

一、新世纪英国青年工作的政治背景

要了解新世纪以来英国青年工作发展情况，首先要对这一时期英国的政治现状加以说明。20世纪末到21世纪初（1997—2010年），工党是英国的执政党，英国人将这一时期的政治称为“新工党”（the New Labour）政治，其代表人物是相继担任英国首相的布莱尔和布朗两位工党领袖。

早在1997年，以布莱尔为首的工党就在大选期间，提出了“教育、教育、教育”的竞选口号，将教育作为其执政方案的首要措施。工党政府对当时英国社会普遍存在的青年问题，如早孕、无家可归、烟酒成瘾、药物滥用、心理疾病和自杀倾向等非常关注，承诺加强教育，建设一个“年轻的英国”。工党政府，在时隔四分之一世纪后，首次将青年置于国家教育和福利政策的中心地位，并对20世纪80年代盛行的撒切尔主义提出批评。

新工党肯定新时期的英国青年比以往任何一代都拥有更多的机会，他们中大多数可以胜任学业和职业生活，与父母关系良好，重视友谊，积极投身于社会。新兴科学技术极大地丰富了青年一代的生活，互联网、手机等改变了青年人的交流及获取信息的方式。年青一代普遍关心气候变暖、贫穷等全球重大议题，积极参与志愿活动，服务社区。新工党也正视青年一代遭遇到的各种问题，指出青年人正处于一个人生转变的关键时期，他们当中许多人面临着艰巨的挑战，如学业、经济、就业、健康、自信、人际关系等问题。一些残疾青年和无家可归的青年在接受教育和休闲娱乐时常常遇到障碍，少数族裔青年也时常面临社会偏见和歧视。虽然大多数青年能够成功地处理这些挑战，完成向成人生活的转变，但少数青年在面对一些非常严重的问题时，可能因为无法应对挑战，而出现一系列严重后果。离家出走、厌学、肥胖、吸烟、酗酒、药物成瘾等多形成于十几岁的青春期。少数年轻人还会出现危害社会的行为，如反社会倾向和刑事犯罪。[1]针对上述情况，英国政府十分清楚，需要积极应对这些社会问题。

工党政府对青年工作及其他与青年有关的社会服务，提出了批评。英国社会现存的教育和公共服务，在为青年提供服务方面做出了一定贡献，但它们相互之间还没有形成一个协调统一的现代化体制。社会服务和青年工作不能有效地满足青年个体的需要；不同机构在为青年提供服务时没有相互配合，未能充分发挥各自应有的效用，造成了资金和人力的浪费；在预防青年贫穷和犯罪方面，工作还不到位；青年工作没有充分运用互联网、手机等新兴技术手段；青年和他们的家长在青年工作中没有获得足够的发言权。[2]

二、新世纪初英国青年工作的基本概貌

针对英国青年的现实状况和青年工作出现的问题，工党政府制定和发布了一系列青年工作的法案和政府报告，对青年工作进行规范和引导，提出了新时期青年工作的原则、目标和应对挑战的具体措施。

在《改革青年工作》《青年事务》等政府报告和绿皮书中，英国政府指出了青年工作下一步改革要遵循的基本原则。青年工作和青年服务应更多地回应青年和他们家长的需要；在给予青年更多的机遇和支持的同时，要求青年承担其社会责任；整合所有与青年相关的服务和工作，发挥更大的效用；提高和改善青年工作的成效，缩小不同区域和不同机构之间青年工作的差距；在青年工作和服务中，将更多的志愿机构、社区组织和私人单位纳入到政府法定的青年工作领域中来，增加选择性，确保最佳的工作成效；在现有的青年工作机制下，将服务做到最佳状态。[3][4]

在《每个孩子都重要》的绿皮书中，英国政府将青年工作的目标归纳为五个方面：保持健康、保障安全、成长成才、积极奉献和经济宽裕。这五个目标相辅相成，青年只有在健康、安全和充分参与的状态下才能成长成才；成长成才也是青年摆脱经济贫困的最好的途径。[5]为了最大限度地实现《每个孩子都

重要》中提出的基本目标，英国政府就青年工作面临的挑战，从四个方面采取具体措施推进青年工作的发展。

第一个挑战是让更多的青年参与到积极的活动中去，使他们有权去影响青年工作基本面貌。青年和他们的家长，以及社会都希望让青年做更多有意义的事情和待在更安全的地方，不会遭遇到麻烦，或做出违法犯罪的行为。但高达四分之一的青年从未参加过任何形式的青年活动，其主要原因是他们对现有的活动安排缺乏兴趣。为了让更多的青年自愿参与青年工作，需要给青年更多的自主权，选择他们喜欢的场所和感兴趣的活动。为此，英国政府提出了一个"机会卡"的发展计划。这种卡能够让青年在一些活动项目和场所获得折扣优惠。卡片可以由青年或者他们的家长继续充值，用于体育锻炼或其他有意义活动的消费。当青年参加志愿服务活动或在其他方面取得重大成就时，机会卡可以得到充值作为奖励；但是，如果青年有一些危害社会的不良行为时，机会卡就会受到限制甚至被收回。此外，英国政府还计划在各个地方设立"机会基金"，以此来发展和提供青年感兴趣的本地项目，如青年咖啡馆、体育组织。各个地方可以根据具体情况决定"机会基金"的使用办法，但关键的一点是要让青年也能参与基金的使用决策。总之，青年工作未来的发展方向，就是要让青年对于当地的青年服务工作有更大的影响力，能有更多机会参与到青年工作活动的规划和实践中去，表达其想法。

第二个挑战是鼓励更多青年参与到他们各自的社区生活中去。新的青年工作除了给予青年更多机会和支持帮助外，还强调青年应承担起对社会的责任。新工党政府非常重视利用志愿服务，鼓励青年为社会做出贡献。1999 年年初，政府启动"新千年志愿者计划"，预算投入 4 800 万英镑（是最初计划的四倍），通过地方的社区组织帮助青年理解和响应社会的需求。利用 2012 年伦敦主办奥运会的机会，激励所有的青年积极参与体育锻炼、志愿服务和文化活动。发展朋辈指导计划，开展可持续的公民服务，特别是在大中学校加强志愿服务文化的建设。英国政府通过多种形式的奖励计划，鼓励青年加入志愿者队伍，还可以奖励换取学分。

第三个挑战是给予青年更好的信息、建议和指导，帮助他们在青少年发展的关键时期做出正确的人生抉择。英国青年，尤其是在 14～19 岁，会面临着诸多复杂的选择。这些决定对他们未来的人生发展和社会生活有着巨大影响，青年工作需要给青年提供切实可行、公正合理、非模式化的建议。一般而言，英国学生在 11～12 岁时，可以得到多方人士关于中学教育的介绍；在 13～14 岁时，有特殊需要的青年可以从一个专业顾问那里获得人生发展的私人性质的讨论；在 13～19 岁，青年可以获得更好的帮助，去认真思考 16 岁后个人的社会发展、健康问题和职业选择。对于一些涉及青年隐私的问题，青年工作者一定要考虑到现代青年的生活方式，充分利用新技术手段的便利。

第四个挑战是对那些深处困境的青年人，提供更多、更好的个性化帮助和支持。遇到困难，处于危险境地的青年有必要从一个他们认识和信赖的工作人员那里，获得一个能够满足其需要的、全方位的帮助。新的青年工作特别强调当青年寻求社会帮助时，只需和一个专业人士进行一对一的接触，就可十分方便地得到协调统一，整合了各方意见的建议。这样，不论是遭遇到困境的青年，还是他们的家长，都不用向不同的机构和人员反复叙述他们的遭遇和问题。这就要求学校、志愿组织、健康中心、青年中心等相关机构的共同努力。

三、英国青年工作发展的基本趋势

新世纪以来英国社会政治、经济发展的新特点及青年的变化发展的特征，以及英国新工党执政后的积极进取的政策，昭示着英国青年工作一些新的发展趋向。

（一）整合的发展趋向

新工党上台之初，就对英国公共服务的现状提出批评，认为其机制臃肿、条块分割，不能满足公众的需要。工党内阁对公共事业领域进行自上而下、由里到外的机构调整中，必然涉及青年服务。1999 年工党内阁首先提出“联合服务”政策，企图对包括青年工作在内的所有与青年相关的社会服务进行统筹安排。由于各方政治势力的博弈，这项措施最终只是将各方机构的关系界定为合作伙伴关系，改革没有彻底进行下去。2000 年克里比事件的发生，不仅引起英国社会各界的震惊，也成为改革青年工作的重要契机。②英国政府指出，悲剧的发生再一次表明社会机构之间缺乏有效配合，不能保护青少年权益。作为对悲剧的回应，英国教育部在 2003 年的《每个孩子都重要》的绿皮书中，建议英国地方当局对青少年儿童工作进行整合，并且特别强调青年工作部分。正如英国学者 Bernard 和 Emily 所说的：“这一次，当教育大臣说‘整合’一词时，他们是真的要整合——（要求）地方教育、社会工作、儿童医疗，以及其他一些如（防治）青少年犯罪等社会服务面对面一起工作。”[6]

英国政府在《青年事务》（2005）和《青年事务的下一步》（2006），以及《2006 年教育和检查法案》中明确希望地方当局建立青年综合支持服务体系（简称 IYSS）。这些法律文件没有对青年综合支持服务体系给出十分具体的设定，所以如何操作给了地方政府很大的选择余地。大体说来，有两种地方模式比较引人注意。

一种是以原有的青年中心为枢纽，建立一个功能更强大的超级青年中心

（Youth Hub）。这个超级中心，除了青年工作者可以继续开展传统青年活动和教育外，还为其他相关职业提供场所开展工作（见图 1）。这样的工作模式为青年工作的整合提供了非常好的空间。以具体个案为例，一位名叫 Emmanuel 的青年每星期都会主动到青年中心一两次，近段时间以来青年工作者发现他情绪低落，遇到很多麻烦，很可能和他的母亲有关。中心工作人员非常想知道是什么原因让 Emmanuel 的行为发生异常，到底他有什么需要。于是青年工作者通过超级中心的这个青年综合支持服务系统，可以非常方便地与 Emmanuel 家的社工取得联系，交换看法，并提请社工注意 Emmanuel 家的问题。如有必要，各方人员还会召集会议，一起对 Emmanuel 的情况进行综合评估，分享彼此信息，制订统一的帮助计划。[7]

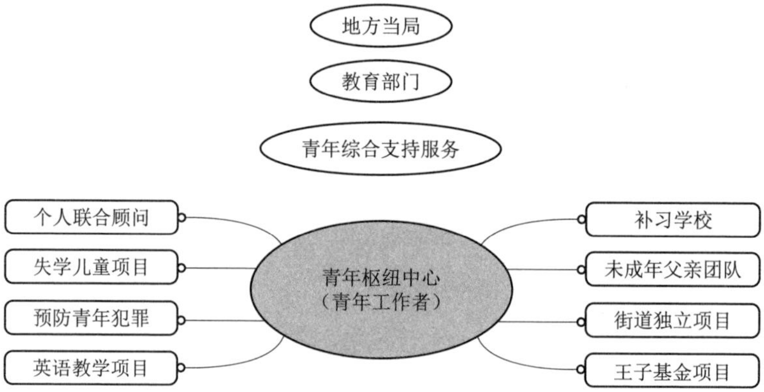

图 1　超级青年枢纽中心 IYSS 模式

在英国其他一些地方，如 Bexford，采取了另外一种以学校为基地的青年综合支持服务模式。对普通青年提供的青年工作仍由政府的青年服务部门和社会志愿组织负责，同时成立一个青年综合支持服务体系的骨干团队，主要为有特殊需要的青年提供支持。这个团队隶属于当地教育部门，其团队成员包括了青年工作和社会服务等多个职业领域（见图 2）。Bexford 的地方当局选择学校作为青年综合支持服务体系的基地，其目的是让更多的学生享受到青年服务，毕竟这个年纪的年轻人绝大多数都在求学，学校（老师）也比较熟悉和了解他们的需要，而主动去青年中心的青年比例相对低得多。[8]

显然，不管以上哪种统筹模式，对青年工作的影响都不是单方面的。英国德蒙福特大学的 Davies 和 Merton 的研究结果，指出了青年综合支持服务体系对青年工作影响的两面性。[9]从好的方面讲，职业整合为青年打开了更多得到帮助的大门。特别是对于青年工作者而言，他们可以利用独特的工作优势和能

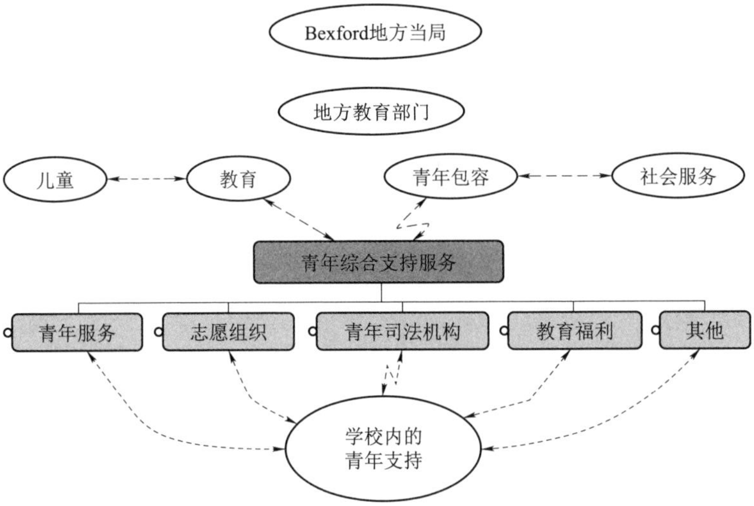

图 2 Bexford 地方当局的 IYSS 模式

力，利用他们和青年人之间的信任关系，帮助学校和社区建立联系。这种统筹的工作模式，也让其他行业的工作者第一次真正认识到了青年工作的优势，借鉴青年工作的技能为青年提供更好的支持。同时，这也促进了青年工作者以及管理人员不断提高专业能力，和其他部门进行沟通协商，争取更多的资源。

另一方面，新的整合趋势也对青年工作的传统观念带来了很大冲击。有很多人就表示，青年综合支持服务体系方案的实施让青年工作越来越远离教育功能，传统青年工作强调的对青年开展社会教育的目的和方式有被边缘化的危险。有些地方的青年工作只是在学生无法完成学校教学要求时，为他们提供教育帮助；有些地方的青年工作越来越变成社会工作的组成部分，要么从事青少年收养，要么关注青少年行为矫正，或儿童保护。此外，这种职业整合还可能对青年工作坚持的自愿参与原则提出挑战。例如，有的青年因为违法犯罪可能会被法庭判处一定时间的社会服务。青少年司法机构，就会强制要求他们参加青年工作开展的活动或作为志愿者帮助青年工作者；青年工作者负责向有关当局报告青年的行为表现。这种做法对于防治青少年犯罪的积极意义不言而喻，但和传统青年工作强调青年自愿参与和保护青年隐私的观念则有很大冲突。

（二）量化管理的发展趋势

1997 年工党政府上台时承诺改善公共服务的质量和效率，提出“新公共管理”的口号，使用现代化的管理技术改革公共服务。这个从私营部门最早发展出来的新公共管理技术，强调的是效率、性价比、基于结果的管理。教育部门由于被认为是机构臃肿的官僚部门，其组织体制被一分为三，各自承担战略规划、具体方案制定以及计划执行。特别是对公共服务具体执行这一块，引入第三方机制，加强服务竞争，让公众有更多选择。

新公共管理的决策从英国中央政府，逐渐推向地方当局，并蔓延到地方政府内的相关专业领域，如教师、社会工作者、医生以及青年工作者。2001 年的《改革青年工作》和 2002 年的《青年服务的资源优化》中，中央政府都明确表示要提高青年工作的标准，并且要求青年工作拿出“证据”来获取更多的公共投入。历史上，第一次出现中央政府为所有的地方青年工作订立工作指标。地方当局要完成的青年工作任务，可以用四个最基本的量化指标反映出来：（1）青年工作接触 13～19 岁人群的比例达到 25%；（2）13～19 岁人群参与青年工作活动的比例达到 15%；（3）60%的青年参与者要有书面记录；（4）30%的青年参与者取得正式认可的结果。[10]接着，地方政府又进一步希望青年工作能够对一些具体的社会问题做出贡献，提出了另外一些任务指标——降低 18 岁以下少女的怀孕率、降低青年滥用药物的比例、减少 16～18 岁青年失学、无业的比例，以及降低青少年违法犯罪的比例。

政府的这种量化管理方式，对英国青年工作产生了非常大的影响，在从业人员中引起不同反响。英国学者 Raij、Spence 和 Davies 等人的研究，反映出青年工作的负责人和管理人员对于量化管理投入了更多的精力，比起一般青年工作者对指标化更加认同。[11]青年工作管理人员的认可，主要是基于指标化能够更好地反映出青年工作取得的实效，易于向投资人、政治家和社会大众展示自己的工作情况，增加了青年工作的可信度。青年工作的管理人员都相当担心，青年工作者会对量化指标有抵触，不能全身心地去完成任务，一旦这样势必会妨碍青年工作未来的资金投入。

青年工作的一线人员对于指标化趋势并非一味否定，也赞同这是提高青年工作水准的一种方式。他们对指标化管理的异议，主要体现在两个方面：一方面，青年工作者坚持认为青年工作是一个帮助青年成长的过程，而非达到一个预设的目标。青年工作通过青年工作者和青年人之间在相互尊重和信任基础上建立起的关系来开展工作。这种特殊的关系是无法用数字反映出来的。青年工作者希望他们在工作时，其注意力可以全部集中在如何与青年建立关系以及他们的成长方面，而不必拿出很多精力去完成书面记录和数据统计。实际上，因为工作人员得花时间去完成考核必需的书面文字工作，使得青年中心开放的时间缩短了，活动项目也减少了。而这些书面材料未必能反映青年工作的真实情况，就像有的青年工作者表示的，“（我认为）对于这些记录结果的解释和说明在各地有非常明显的差异，缺乏严谨性和一致性”。[12]另一方面，青年工作者认为，指标量化管理使青年工作的注意力放在了“问题青年”群体上面，让过去通过青年俱乐部或青年中心面向所有青年提供非正式教育的传统受到削减，甚至让大众化的、灵活有弹性的志愿性质的青年工作有消失的可能。政府资源向特殊目标人群的倾斜，使得青年工作不能像过去一样成为开发青年潜力的社会教育方式，而变成一种纠正青年缺陷和不足的消极防范手段。

总之，新世纪的前十年，英国的青年工作有了新的发展和变化，不管是整合化模式还是指标化管理，都不是孤立发展的趋势，两者不仅有相同的理论逻辑，还反映出互通的实践路径，对英国青年工作产生了深远影响。变革中的青年工作者一方面积极维护英国青年工作长久以来引以为豪的独特性，重视与青年建立积极关系，以青年自愿参与为原则。另一方面，青年工作者也意识到“政府会一直按照他们所希望的方向前进，你可没法让火车停下来”，积极面对社会变革，用更高效的结果向大众展示其对青年一代和社会发展的积极意义。[13]

注释：

① 英国没有关于“青年”的明确界定，不同时期的年龄标准常有调整，当前官方文件对“青年”的范围，主要集中在 13～19 岁，但也可包括 25 岁以下 11 岁以上的对象。

② 非洲女孩 Victoria Climbie 为了更好的教育和生活，被其父母托付给在欧洲的姑妈照看。2000 年 2 月 25 日，8 岁的 Climbie 因为受到姑妈及其男友的折磨虐待，在伦敦死亡。期间，伦敦当地相关政府机构和社会团体，如警察、医生、社工等都与受害儿童有所接触，并注意到一些虐待信号，至少有十多次机会可以避免悲剧发生，但由于疏忽、沟通等原因未能及时采取措施。Climbie 的姑妈和其男友，被指控谋杀判处终身监禁，并引发了英国政府和社会对青少年儿童保护的激烈讨论和关注。

参考文献：

［1］［2］［4］ H. M. Government. Youth Matter［M］. London：Department for Education and Skills，2005.

［3］［10］ Department for Education and Employment. Transforming Youth Work［M］. Developing Youth Work for Young People，London：Department for Education and Employment/Connexions，2001.

［5］ Department for Education and Skills［M］. Every Child Matters，London：Department for Education and Skills，2003.

［6］［7］［8］［13］ Bernard，Emily. Youth Work Practice Within Integrated Youth Support Service in What Is Youth Work［M］. Exeter：Learning Matters，2010：74-88.

［9］Davies，Merton. Squaring the Circle：the State of Youth Work in Some Children and Young People Service［M］. Youth & Policy，103，Summer，2009.

［11］［12］Raij L. Targeting for Youth Workers in What Is Youth Work［M］. Exeter：Learning Matters，2010：99-100.

《北京青年研究》2015 年第 1 期，《青少年导刊》2015 年第 6 期全文转载

潘光旦“人文科学必须东山再起”的论断对于当前青少年教育的启示

刘易平

（四川省社会科学院社会学研究所）

一、引言

万物皆有本，教育亦然。潘光旦认为，教育旨在促进青少年的位育能力；反之，若人格未能经由教育而实现，将导致人格失衡与社会失范。潘光旦指出，所谓位育，即《中庸》所说的“致中和，天地位焉，万物育焉”。而教育是“人与历史，人与环境的相互感应过程”。人为本，环境为末。中国传统教育极具人文性，它旨在培育农业文明下适于家庭生活的人。然而，自 20 世纪之交的教育现代化以来，教育一方面反传统，另一方面日益科学化。在此背景下，潘光旦先生于 1933 年作《忘本的教育》一文，指出教育忘本之危害。此后他还提出“人文科学必须东山再起”的论断。此外，潘先生与之相关的论说还有《说本》（1939）、《务本的教育》（1946）与《说乡土教育》（1948）等文。中国文化的本根植于乡土社会，乡土社会又以家庭为其单元。进而言之，国是扩展的家，如潘光旦所言，传统的国的生活是“家的生活的放大，并不受他种原则的支配”。[1]故而传统教育几乎可谓齐家的教育，盖其宗旨在于培养一个合格的过家庭生活的人。然而，传统教育虽务本，但也存在过于务本以至舍末之嫌，其社会后果如何？教育现代化基本以适应于城市工商经济为中心，缘于其人文意识的薄弱而带来与传统教育相反的问题：务本不足，而逐末有余。今天，教育几乎完全是知识教育，甚至沦为技术或职业培训，人文性教育亟待加强。与此同时，教育过程人文氛围也日渐降低，譬如，社会化了的幼儿园教育几乎完全取代了亲子教育，近年以来的教育集中化造成了青少年教育积聚于乡、县乃至大城市，造成了青少年日益加剧的离土化的趋势。因此，今日教育的人文意识的危机状况远远超过潘光旦当年面临的情况，而潘光旦所提出的加强人文教育以制衡教育科学主义的危害的论断，对当前青少年教育改革依旧存在启示。

二、齐家：传统人文教育的宗旨

（一）“神圣的世俗”——内在超越性的知识

自周孔以降，乃至清末，传统中国青少年一直接受的是世俗性人文知识，这主要与传统农业文明及其相应的儒家知识的范围有关。社会学家潘光旦先生认为，中国传统教育的知识本来旨在培育通“天、地、人”的通才，而后世的教育偏重在世俗性人文知识方面。在潘先生看来，所谓天，对应于形上知识，由于“性与天道”为子所罕言以及“不语乱、离、怪、神”等故，形上玄思向不为传统儒家所重视。另一方面，传统儒家一贯对形下的物质世界无多少探究的兴趣，缘于上，儒家倾向于对社会人生之向内用力，形成儒家思想的内在超越性特色。形上与形下皆不重视的结果是：竭尽全力倾注于社会、人生，甚至于当时的隐者以“知其不可而为之”表征孔子之精神，因为孔子认为，唯有人事才是可以认知与控制的范围所在。对此，潘光旦先生说：“儒家承认宇宙万物之中，只有人生的一部分是可以认识，可以控制；其他部分不但不可控制，并且往往不可思议。”[2]这是儒家最为典型的人文主义。

（二）“家的人”及“家的文化”——中国式人文精神

与传统世俗性知识对应，传统儒家的教育也具有人文精神。由是之故，儒家思想一方面与西方传统神道主义或近代以来的重视进步的科学主义迥异其趣；另一方面与文艺复兴及其后的启蒙运动之人文精神亦有相异之处，此种相异之核心在于儒家人文精神的核心是，人务必首先是“家的人”，因此文也是“家的文化”。在这种文化理念下，齐家进而经营“家的放大”所致的国与天下，无论在知识旨趣上，还是社会实践上，可谓是儒家“神圣而世俗”的事业。若如此，也就无愧于“内圣外王”之使命。内圣外王即所谓“八目”：“格物、致知、诚意、正心、修身、齐家、治国、平天下”。君子儒固然皆具孔子式的布衣卿相的使命感，以修、齐、治、平为天职。即便是王侯将相，修、齐、治、平之大业也需从齐家做起，因为儒家认为，唯有经由齐家的关系养成的人性，才可使人获得适当的“爱有等差”的爱人能力，再将此种心性能力推己及人地延伸至社会，然后才可达到治平理想，故而齐家是治平的前提。对于百姓而言，齐家更是人生至高职守。由于儒家思想自身的“家中心”特色，以及儒家精神的社会化的结果，儒家教育几乎可以归结为齐家的教育。一方面，儒家的世界想象是家庭及其放大，故存在“社会的家庭化”特质；另一方面，自孔子伊始，教育开始平民化。自汉代“独尊儒学”之后，儒家教育始为教育之正统，隋唐以降的科举制更是把四书五经的经典教育普及为《三字经》《幼学琼林》《百家姓》等为民众熟稔的意识观念，职是之故，儒家思想大传统得以日益遍及于穷乡僻壤而成为百姓日用而不知的活观念，这就是民间教育的小传统。“理查德•所罗门考察了中国儿童为适于进入社会而通常必须经过的各个阶段，指出儒家所强调的一些事，诸如接受父母权威，克己，循礼和见贤思齐。”[3]总之，儒家文化几乎可以说是齐家的文化。

（三）家和万事兴——修、齐、治、平的教育

潘光旦认为，儒家思想有两根支柱：其一是家族；其二是科举。实际上科举基本是家族的事业，同时科举的知识核心也是修、齐、治、平，而又以齐家为核心与枢纽，故而可以说科举与家族实乃传统根本制度之一体两面。至于家族，潘先生认为，它包含人生时空的纵横两方面，这就是儒家伦理化了的生活世界。“在横的方面，他们发现了一个彝伦攸叙的原则。在纵的方面，他们发现了一个一脉相承的观念。这两层，在民族的文化观念里所占的势力之大，很可以和一般的宗教信条相比。”[4]实际上，潘光旦此处所说的人生之纵横，即费孝通后来所形象地描述为“石头丢在水面上所发生的一圈圈推出去的波纹”的差序格局。差序格局中的基本关系就是五伦。伦者，类别化了的等差性关系以及与此相应的相互义务也。孟子说：“父子有亲，君臣有义，夫妻有别，长幼有叙，朋友有信。”五伦之中，父子、夫妻以及长幼基本是家内的关系，而朋友与君臣实际上对应于兄弟与父子关系。基于此，我们可以说儒家社会关系基本是家的关系及其社会化，作为传统主流的儒家教育也就是家的教育。

（四）身教重于言传——教育过程的人文化

传统教育一方面在知识上具有极强的人文性。这种知识的人文性，除了接受修、齐、治、平的一般性通识教育之外，还包含有关于乡土的地方性知识的教育，借此以培育青少年对于家乡的知识上的了解与情感上的系念。缘于是，传统知识分子一方面固然有经国济世的情怀，而此种情怀并不是抽象的，另一方面，传统知识分子的抱负往往又与家乡情怀紧密地结合在一起。

此外，传统教育过程也具有人文性。至于后者，根据潘光旦在文章中的相关阐述，且举两例以说明之。第一，亲子教育的不可替代性。潘光旦重视家庭内的亲子教育对于青少年人格养成过程中的情感发育的价值，并且尤其重视母亲的亲子教育的价值。潘光旦认为，母亲对子女有最为深切的了解，因此，不仅能够注意到子女的情感，还能够注意到子女的个性。第二，身教重于言传，注重师生之间的私人性关系对于学生人格的形塑作用。

（五）个性湮灭与被抑制的国家——齐家教育的限制

毋庸讳言，由于社会、经济等条件的限制，传统儒家教育理想并未完全实现，大多数人不能推己及人，因此并未达到修、齐、治、平的境界。从个人、家庭以及社群乃至国家关系看，传统教育过于重视家族的价值，而一方面忽视了个人的独立性，另一方面也抑制了社会与国家。对此，潘先生认为八目之中“偏重于中段”，而“忘记了治平，忘记了格致”，反过来说，家族主义导致“受家族组织的命定与支配”。[5]当本来讲究“父慈子孝”的互为义务的父子关系，沦为“父叫子死，子不得不死”的时候，子辈的个性受到抑制自不待言。另一方面，人抑于家族之中，看不见社会，也不知道家天下之存在。这在传统帝国大多数时期不成为问题，因为家族以及家族化的社区完全能够应付绝大多数百姓的生活之需要，天高皇帝远，帝力与我何干？而国家之所以成为问题，主要在于近代以降西方之入侵。挑战激发应对。吾族亟待修正传统家族与天下观念，而形成现代意义上的民族国家观念，因为此时若无举国团结，则难能应付西方列强的侵袭。然而，恰是这时候大多数国人难于一下子形成国家感，以至于孙中山痛心地说：“中国人一盘散沙！”而究一盘散沙之实质，一方面是团结——家族内的团结，另一方面则是不团结——难于形成全国范围内的团结。费孝通进而认为，个人还以差序格局反向推理，得出如下自私的结果：“一个人为了自己可以牺牲家，为了家可以牺牲党，为了党可以牺牲国，为了国可以牺牲天下。”美国学者费正清对家族中心主义危害的一面隔岸观火：“中国是家庭制度的坚强堡垒，并由此汲取了力量和染上了惰性。中国家庭是自成一体的小天地，是个微型的邦国。从前，社会单元是家庭而不是个人，家庭才是当地政治生活中负责的成分。在家庭生活中灌输的孝道和顺从，是培养一个人以后忠于统治者并顺从国家现政权的训练基地。”[6]

三、启蒙个人与济国宏愿：现代教育指导思想的科学化转向

（一）启蒙个人与救国宏愿——摆脱家庭的枷锁

清末民初之际，为应对西方之挑战，各种思潮风起云涌，你方唱罢我登场，然而其共有之处是，无不自谓担当救国之使命，而又几乎无不对传统儒家教育进行反思、怀疑，甚至否定。我们从近代至今天一直活跃于观念场域的三大主流思潮来看，自由主义固然强调个人自由独立的价值，而不重视家族，甚至以为家族是压抑个人的牢笼而反对之。例如，鼓吹“把个人解放出来，以理性对抗传统，以自由对抗权威”而自谓是中国文艺复兴代言人的胡

适，可谓是自由主义之代表。至于马克思主义，在遭遇后生性现代化的俄国与中国的时候，也不得不变得列宁化或国家化。另外，在苏俄式马克思主义者的眼里，阶级的合法性远远高于个人的存在价值，当然也更高于家庭的价值。最后看文化守成主义，它当然应该以保守传统文化为职责，然而一些现代新儒家骨子里也对家族价值深表怀疑，甚至否定。例如，新儒家的代表人物熊十力于1952年给梁漱溟的信里说：“若云社会制度或结构，中国人之家族组织却是属于制度或结构者……其实，家庭为万恶之源，衰微之本，此事稍有头脑者能知之，能言之，而且无量言说也说不尽。”[7]这就是中国教育现代化的思想背景。

在西方，教育现代化旨在培育普世价值观的个人，与之相对，中国因“强国保种”之民族独立的任务，其教育现代化则旨在培养现代知识武装了的个性觉醒的个人，与此同时，这种个人又承载着救济国家的宏愿。而无论启蒙个人，还是济国宏愿，都以家族以及——以家族为中心的——儒家文化为扫除的对象。费正清说，由于“中国历史悠久的家庭制度力量牢固，已经使这种制度成为现代革命的对象”。[8]传统教育思想与传统家庭制度与政治制度固然结合在一起相互支持，故而，无论革命者之反对“三纲五常”思想革命，抑或“反封建、反专制”的社会革命与政治革命，还是寻求强国保种的出路的实践探索，都将矛头指向了传统教育。在这种背景下，1905 年，经由慈禧的御笔批准，自隋唐以来延续了1 300多年的科举制成为陈年旧事，而代之以新式学堂，这可以视为教育现代化的最明确的表征。

（二）个人、理性与功用——教育科学化的特质

中国的教育现代化具有下述特质。首先，从思想基础上看，它尊理性，而反对传统。缘于是，上至皇权，下至父权，一切权威皆必须经由理性的审判才能获得其存在与毁灭的依据。其次，从社会价值归属上看，它尊个人与民族国家，而反对家庭。最后，从知识对象上看，先后在器物、制度乃至观念上逐步学习西方，同时也日益对传统纲常自我否定。它最初还有几分“中学为体、西学为用”的坚守，一方面仍旧坚持儒家伦常，另一方面重视——向为儒家教育所轻视，而为西洋所长的——形下的技术层面，而竭力希求“师夷长技以制夷”，洋枪洋炮与水师学堂即为见证。20世纪之交，进而在制度上也学习西方的民主与自由。严复引入的自由思想、进化论等适逢其时。到了新文化革命期间，陈独秀最终将矛头指向传统的核心，并指出思想革命才是“吾人最后的革命”。

四、唯本到舍本之变：潘光旦对现代教育科学化后果的判断

（一）继往开来——潘光旦对教育现代化的态度

与大多数时贤不同，潘光旦这位生于转折年代的书香门第的翰林之后，作为浸润于传统之中而又接受了现代教育洗礼的新式学人，确有几分“两脚踏古今，一心济天下”的胸怀。一方面，他似乎带有某种传统的遗民色彩，似乎落后于时代；另一方面，他又接受了西方现代教育，而又走在时代前列。故而，他一方面为旧制度的合理方面辩护。例如，他除了和其他人一样看到家族的“收族、敬宗”对于社会团结的价值外，还从优生学角度指出，家庭制度对于吾族五千年不断的历史文化有着不可忽视的功劳之一在于，家族之有后主义为吾族延续具有功劳，与之相对，罗马后期的家庭松散化，上流社会中结婚、生育与家庭生活皆不受重视，以至于精英人群在人口比例上锐减而削弱了罗马的基础，故而对于罗马的毁灭负有釜底抽薪的责任。再如，对于科举制的废除，他心怀一丝痛惜，因为现代教育再难培育出士大夫。另一方面，他对于教育现代化的反对传统家庭与“士大夫教育”的趋势，并不竭力阻拦，因为他深知传统太过于沉迷于人伦日用，甚至就是家庭学，这种过分的务本教育必将导致许多观念之蔽，亦将引发社会发展畸变等危害。

（二）过于务本而流于舍末——潘光旦对传统教育舍末的批判

总体地看，潘光旦一方面看到传统教育为农业社会的家庭生活而服务，能够务本。另一方面，他也指出，传统教育也有所偏颇，在于其过于务本，而对于末不够重视、忽视乃至轻视。潘光旦将传统教育“舍末”所致的社会后果归纳为如下三类：第一是“唯本的感伤主义”。譬如孝，本乃应有的报恩之心，然而过度则导致愚孝，是“精神上未能断乳”的表现。再如，狭隘的乡土观念所致的地方主义，甚至以他人为夷狄。第二是务本而舍末。例如经济上过于重视农业，而视工商为末业。再如，儒家，文化上本以通“天、地、人”为标的，而后来越发狭隘化，似乎将天、地皆纳入人伦范畴，以为万事万物皆可归结为伦常日用。历史观上则总是向过去看齐，“不晓得从现状中寻求改革”。[9]第三是“一本论”的倾向，尤其是思想方式上的泛道德主义倾向。譬如一说到天人合一，总是合于人，因此，无论是形上的观念之天，还是形下的自然之天，都为人文所淹没而丧失其客观地位与价值。

（三）抽象的个人与悬空的国家——潘光旦对舍本教育社会后果的揭示

1. 从农村到城市之路：教育的现代转向

传统教育以人文为本，而忽视人以外的其他知识对象，这固然是一种偏颇，而教育现代化恰忽视了人自身。传统教育的社会目标与现代教育几乎截然对立，传统儒家教育以服务于农业文明下的家庭生活为中心，而现代教育则以效劳城市工商经济为宗旨。现代工商业化了的城市文明内含的过于算计的理性精神将日益驱逐情感。城市文明与传统农业社会的精神气质迥乎不同，诚如滕尼斯所言：“城市促进思维，因为在它里面算术变得越来越必要，最主要是由于货币制度即商业而变得越来越必要。农村的共同生活更多是共同体方式的，因为更加稳定不变和更加安宁。”[10]究其实质，与其说城市文明带来了解放个人，倒不如说是致使个人原子化，而这必将进一步造成许多社会解组的后果。潘光旦在《童子操刀》一文中指出，现代教育的问题在于过分的科学化，而人文科学过于边缘化。自然科学固然不知人是什么，而社会科学也仅仅去研究各种制度，这就恰恰忽略了人自身，一旦不能自控的人掌握了外界的力量，将招致“童子操刀”，而其后果不仅害人，而且害己。因此，现代教育的问题包含两个方面：一是教育知识以及过程的去人文化；二是与教育去人文化有关的社会后果。

2. 当科学成为“主义”：现代教育的去人文化的表现

清末以来，中国教育一直面临的根本问题是科学与人文之争。一方面，科学本属一种手段性的知识，属于工具理性，故而利害兼有，而一向科学落后的中国对其消极的一面尚无警惕意识，甚至以为科学乃个人自由与国家强大的救赎之不二法门，于是本为手段的科学竟然沦为目的，而成为科学主义。另一方面，许多思想家以为，过于人伦化的传统教育恰是抑制科学思维的枷锁，于是乎不竭余力摒弃传统教育思想与人文性知识。二者的结合就是教育的科学主义。教育的科学主义表现有二：其一是知识对象的科学化。物理、化学之类的理科知识日渐为主流教育者所重视，而与此有关的技术也日益受到强调。此外，与现代民主自由意识有关的政治学、法律等社会科学也相应深受教育者重视，而历史、宗教以及哲学等人文性知识却逐步边缘化。本来，道并行而不悖。与现代性有关的“没有精神的专家”本为韦伯所忧虑，而这种专家却被愤激于“落后就挨打”的教育者们所推崇，人文科学却湮没于他们的视觉盲区。客观言之，教育知识的工具化趋势也早已为一些人文知识分子所觉察，而多数教育者对教育过程的去人文化则有些熟视无睹。潘光旦则不然。例如，他指出，大学不宜设置训导员（类似于今日的辅导员）之类的职务，他不仅批判训导员的政治驯化的一面，还指出，教师本皆有“身正为范，学高为师”的人文性的道德楷模价值，而不该是——如韦伯在《学术与政治》中所言的——“贩卖知识的小贩”。

既有教师之楷模，再有训导员，岂不是画蛇添足？再如，他指出，现代妇女走出家庭带来了亲子教育的缺失，而婴幼儿教育本该由父母亲自养育，幼儿园无法代替父母应有的教育。

3. 无根的个人与悬空的国家：潘光旦对教育科学化的社会解组后果的判断

儒家的社会基础在于家庭，传统教育也旨在培育适合于家庭生活的人。社会之福兮，传统教育功不可没；社会之祸兮，传统教育罪不可恕。教育科学化的积极方面本文存而不论，而仅探究其消极方面。

首先，个人的去根化。教育的科学化转向针对家庭，而旨在启蒙个人与救国。这个理想似乎并不坏，但是，解脱限制（freedom from）不等于真自由（freedom to）。人必须有某种具体的支持或限制，否则将陷入虚空境地。因此，一旦割断了乡土的束缚，接受了现代教育的人，恰成为中国第一代边际人群，而成为无根的人。潘光旦说："目前流行的教育所能造出的公民是多少有些不着边际的，没有重心的，满天飞的，都鄙与城乡之间的头重脚轻的不健全的形势。"[11]现代新儒家牟宗三亦曾说："现代的人都太苦了。人人都拔了根，挂了空。"[12]这何尝不是转型时代下接受了新教育的几乎全部现代知识分子的夫子之道呢？传统士大夫都有安身立命之借，现代知识分子正由于时代巨变而遭遇安身立命之危机，与中国人的根系——故土——终究亲近而又疏远，于是他们才从自我经验出发，进而探寻社会以及民族国家问题。新式学人即便在尚在成型中的国家共同体中寻求慰藉以补偿断裂的家族之根，而终又觉得不够踏实。潘光旦的父亲与他自己就是个鲜明的对比。潘光旦的父亲身为清末翰林，编修帝国历史，在心灵上依旧归属于上海宝山，而潘光旦本人则自 1913 年出上海后，再度回到上海时，并不是一个归人，而是游子。无独有偶，费孝通先生也曾有此感触，自叹回到故乡江苏吴江开弦弓村时，存在一丝难于言传的疏离感。

其次，削弱农村社区团结。几乎所有接受现代教育的人都与故乡存在一定的疏离，因为现代教育与传统教育的宗旨根本不同，传统教育基本上是培育"家的人"，而现代教育则是培育适应于城市生活的人。若从政治角度言之，由于近代以来的国家吞噬社会之故，现代读书人几乎都是"国家的人"。由是之故，一个人越是接受现代城市中心论的教育，越是疏远家乡，社区团结越会因此受到弱化。鉴于此，潘光旦提出"适度的工业化"的论断，因为以农为本是传统国情，"以后应仍以农业为立国的大本"。与此同时，"都市化要受到限制，不能任其自然。因为都市生活是不利于婚姻、居家与子女的养育的"。[13]

再次，城乡失衡。进入现代以来，较之于城市的繁荣，农村社会日益边缘化。农村之所以如此，缘由固然很多。潘光旦提出，较之其他原因，人才的流失是最基本的原因，因为新教育使源于乡土的受教育者成为乡土的"他者"："二三十年来的教育，有能力把农工子弟从乡村吸引出来，却无法把他们送回乡村去，从而改造农村，重新奠定国家的经济与社会基础。”[14]

复次，无根基的国民。民族国家有两个向度，其一是政治性，其二是情感性。梁漱溟曾说，国家情感应该成为中国人的“第六伦”。历史地看，中国人中，只有士大夫阶层由于其“职业的超越性”才有一定的民族情感，而生活于天高皇帝远格局下的老百姓，基本也就囿于乡土情谊。缘于是，近代以降，国民的民族意识与情感亟待培育。潘光旦曾作《论“对民族行其大孝”》一文，其意思是，宜从家族的有后主义扩展到民族的有后主义。[15]儒家以为，若一个人连孝子都谈不上，如何可能成为忠臣？现代以来，对于接受现代教育的人，若无家乡情感，遑论热爱祖国？正是在此意义上牟宗三提出：“对于乡国人类，不应当只是抽象的爱，还要有具体的爱。”[16]

最后，“童子抄刀”——青少年犯罪。教育上科学主义所致的规范知识匮乏，以至于“人是什么”之类的问题被教育者所忽视，这必然导致人与自我以及人与人的沟通理性能力的障碍，结果就是“人对于自身系统中的力，不知善用，对于其意志、理智、情绪、兴趣、欲望，不知如何调度裁节，而但知支配运用身外的种种物质之力，其为运用，必然是一种滥用，滥用的结果必然是伤人实多”。[17]

（四）本末兼顾——以人文学科制衡教育科学化之偏

1. 警惕“文化寄生”：潘光旦的文化自觉意识

张之洞在《劝学篇》中说：“旧者不知通，新者不知本。”传统教育观的顽固坚守者与一意孤行的教育科学化论者也存在这个缺陷。能够汇通古今中西学问的潘光旦则不然，他基于儒家的“执两用中”原则，一直坚持认为，教育应该本末兼顾，而反对执一。不过，他那个时代教育所面临的问题主要是守旧不足，因为现代教育培育的现代知识分子倒是贬义上的“把自己铸造为器”，而与文化意识相关的道的坚守则微弱不已，甚至付之阙如。“近代所谓新教育有许多对不起青年和国家的地方。这种对不起可以用一句话总括起来说：教育没能使受教育者做一个人，做一个士。近代教育没能跳出三个范围：一是公民、平民或义务教育，二是职业或技能教育，三是专家。”[18]忧虑于教育目的的狭隘的寄生趋势与功利化倾向，潘光旦有着明确的文化自觉与自主意识。例如，他的《留学生问题》一文，便是鉴于我国对于留学态度从不屑到何妨乃至时髦的转变，提出应该从追求留学、求教外国到相当程度为止；在所求的学问上“可以自立，便不求别人”，以及要问此通国要求关税自主、裁判权自主的时候，何以无人主张“文化自主”。[19]再如，在《中国人与国故学》一文中，他则明显表露出一种文化担纲者对我族文化失语以及他者化的忧虑：“现在的文化寄生生活，已经很可怜，将来的寄生生活，怕要更加可怜咧！中国好比一个败落的世家，外国十几个暴发的富户。彼此比邻而居，不上几年，世家的遗物不知不觉都落到富户手里去了。”[20]

2.“人文科学必须东山再起”：以人文精神纠科学主义之偏

潘光旦所著的《人文科学必须东山再起》一文，主要指出了知识上科学主义的偏失。首先，潘光旦并不是反对科学，因为他深知，中国文化中的科学意识与科学精神亟待加强，“也并不是说我们用不着科学了，科学还是少不得”。[21]其次，他所反对的是“科学主义”。他曾经说，以前是宗教对于精神的专制，进入现代社会以来，科学成为新的霸主了，宰制了人们的精神。潘光旦指出，科学主义之弊在于：“一是蔽于分而不知合；二是蔽于知与用而不知更高的价值；三是蔽于一尊而不知生活之多元；四是蔽于物而不知人；五是蔽于今而不知古。”再次，在揭示了科学主义的偏塞的基础上，潘光旦进而提出，以人文科学的会通特性化解科学主义之偏弊：“此五端者，人文学科的精神都力能予以是正。人文学科所提供的人生种种共通的情趣、共通的理解、共通的行为准则，显而易见是多元的，无往而不讲人与文的关系，重视经验。”[22]

3. 人格教育：人性实现与社会秩序的不求自致

潘光旦认为，教育是人与环境的互动关系，必须以人为本，而其他的环境、制度等都是手段。故而潘光旦提出“人格教育”的主张：“教育只有一个目的，就是每个人的人格的培养。”[23]人格是人的潜质的实现。至于人的潜质，潘光旦认为，它起码包含社会性（也即通性）、个性以及性别的“三位一体”。教育旨在实现这三个方面的潜质。缘于此，则个人的整体性的人格得以实现，客观上，基于社会性，人与人能够沟通，而社会秩序“不求自致”而得到维护，而个性的实现则是文化繁荣进步的保证，这两者也即社会学创始人孔德所言的“秩序与进步”（order and progress）。潘光旦先进之处在于他进而提出人性基础的性别特质，因为性别有关的事项不仅是男女分工、合作以及家庭生活的基础，更是民族生命维系的生物学基础。

至于教育人文化的具体措施方面，潘光旦固然与其他人文学者一样坚持教育内容的人文化以及教育过程的人文化，在此不详述。他的人文教育思想的较为新颖之处在此列举如下几项：第一，他继承并且发展传统儒家“人性不齐”的人性论。这一方面与今日无视人性基础而以为教育万能的环境论者不同，另一方面也与后世佛教化了儒家“满街都是圣人”的夸张了的“人性皆善论”有所差异。第二，他提出“新母教”的论断。因为现代社会以生产为中心，与此对应，现代教育几乎以制造“劳动者”为职责，几乎无性别意识。具体言之，它将女性视为男性而未能区别对待之。这不仅不利于女性的自主，也不利于民族生命的维系，因为这必将影响到性、婚姻与家庭等方面的事情。他所说的新母教的五个段落为：“择教之教、择父之教、胎养之教、保育之教以及品格教育。”第三，他对于盛行的幼儿园教育提出质疑。他指出，婴幼教育应该遵循“自养与自教的原则”。[24]而如今社会化了的幼儿园无法区别对待个体差异，更不利于婴幼的情感发育。第四，他提出恢复“乡土教育”的论断。教育现代化的一个特征是，它的普世性。而人固然一方面具有通性，另一方面具有地域的个性，而现代教育对后者不加注意，甚至大力打压。第五，人格教育的顺序。潘光旦指出，人格教育讲求本末，包含如下由近及远的教育的内容：“第一步是关于人的，第二步是乡土教育，就是乡土的历史与地理，第三步才是一般的史地教育。”[25]

4. 把“人”带回教育的中心：潘光旦人文教育思想对当今青少年教育的启示

今天，教育科学主义的问题远远甚于潘光旦得出上述说法的 20 世纪三四十年代。首先，至于教育内容，如果说以前还是教育科学主义的话，那么今天随着改革开放以来的世俗化、功利化趋势的日趋加强，教育的这种科学主义退而成为技术主义了，甚至连科学理论亦为人所轻视；与此有关，人文科学随着教育市场化与经济对于社会的宰制力量的加强，较之于潘光旦的年代愈加边缘化，而被视为“无用”；城市化过程以及民工潮造成了农民背井离乡以及精神上的妻离子散，自然也造成农民子弟的亲子教育的缺失，这必将对未来的中国发展留下一笔浓重的阴影。即便对于非留守儿童而言，幼儿园教育普遍化与其说是儿童的福音，倒不如说是儿童过早被迫减少甚至失去父母的关爱。家庭的逐步核心化，除了造成老年问题外，还使得经由代际传递的传统价值得不到传承；始于 21 世纪初的教育集中化致使越来越多的孩子，自幼离开村落，不用说农业知识，就是连本村的人甚至自家亲戚都不认得，乡土知识与情感皆几近付之阙如，这种人文后果必将进一步加剧农村的精神衰落，也造成农村青少年的人格冷漠及其与家乡的疏离感，与此有关，乡土教育依旧被忽视；农村不仅受教育者流失，即便是仅有身体资本的青壮年也逐步离开农村等等。总之，我们依旧面临潘光旦当年的教育科学主义问题，潘光旦的“以人文教育制衡教育科学主义”的论断，对于今天的青少年教育改良，依旧存在启示。

参考文献：

[1][2][4][5][9][11][13][14][15][17][19][20][21][22][23][24][25] 潘光旦. 潘光旦文选——寻求中国人位育之道[M]. 北京：国际文化出版社，1997：698，135，136，141，494-497，626，411，499，421-428，550，13-14，26-27，572，574-575，641，758，625.

[3][6][8] 费正清. 美国与中国[M]. 张理清，译. 北京：世界知识出版社，2003：41，14，16.

[7] 熊十力. 十力书简［M］//深圳大学国学研究所. 中国文化与中国哲学. 北京：三联书店，1987：6.
[10]（德）费迪南·滕尼斯. 新时代精神［M］. 林荣远，译. 北京：北京大学出版社，2006：168.
[12][16] 牟宗三. 生命的学问［M］. 桂林：广西师大出版社，2005：2-5.
[18] 潘光旦. 国难与教育的忏悔［M］//潘光旦. 载潘光旦文集（6）. 北京：北京大学出版社，2000：125.

《北京青年研究》2014 年第 1 期，《青少年导刊》2014 年第 6 期全文转载

转述和转化

——关于当代青少年树立和践行社会主义核心价值观的思考

刘宏森

（上海青年管理干部学院）

促进青少年践行社会主义核心价值观，关键是使青少年内化社会主义核心价值观，自觉在言行中得到充分的体现。而要实现内化，青少年首先必须得到必要信息的“外部输入”。“没有外部输入，人们就无法成为信息传播的受众。不能成为受众，就必然不能采集有关的信息。事实证明，必要和恰当的外部输入对引领全体社会成员不断完善人生理想、人生目标和人生态度有着重要的作用。”对青少年进行社会主义核心价值观的教育，“首先是一个外部输入的过程，是将社会主义核心价值体系的基本内容向人们传达的过程。”[1]

外部输入、宣传教育如何有效进行？笔者认为，我们固然要准确转述社会主义核心价值观的内涵、党政的相关部署和要求，但更要实现对社会主义核心价值观内涵、党政相关部署和要求的转化。只有实现了转化，才能更好地让社会主义核心价值观在青少年中入于脑、入于心、显于行。

一

（一）转述和转化

转述，意指把别人的话说给其他人听。其基本要求是尽可能客观准确地把别人讲话的要点和精神，原汁原味地传达给其他人。在我们的社会生活中，党政重要会议一结束，重要文件一发布，机关、单位总要逐级传达，这已经成为社会生活中的一种惯例和普遍现象。传达者往往尽可能采用会议、文件和领导讲话的语言，甚至引用领导讲话和文件中的原话。因此，传达很多时候实际上就是一种转述。

转述追求客观准确、原汁原味，但如何避免流于照本宣科、简单复述，就是一个值得思考的问题。长期以来，党政提出了许多很好的理念、口号、政策、制度乃至战略，但在实际工作中却往往难以收到预期的实效。这与一些机关、地方往往只是转述（重复）领导讲话、文件精神和内容，而不能因时、因地、因势制宜，加以现实、具体的转化，以实现指示、精神、理念等的具体落实有关。事实上，转述是基础，转化才是关键；转述只是一种手段，转化才是目的。

（二）转化的含义

所谓转化（transformation），一般的理解是："转换变化"；"哲学名词"，指矛盾的双方经过斗争，在一定的条件下走向自己的反面；遗传学名词，主要指细胞通过摄取外源遗传物质（DNA 或 RNA）而发生遗传学改变的过程。[2]本文所指的转化，其内涵主要为按照某种思想、理论的要求，对现有主客观条件进行新的整合和加工，以促成事物发生质的变化，直至产生新的事物。1996年版的《中华人民共和国促进科技成果转化法》对科技成果转化的界定值得借鉴："为提高生产力水平而对科学研究与技术开发所产生的具有实用价值的科技成果所进行的后续试验、开发、应用、推广直至形成新产品、新工艺、新材料，发展新产业等活动。"这一界定突出了"后续试验、开发、应用、推广直至形成新产品、新工艺、新材料，发展新产业等"转化的过程。这一点对于我们把握对重要会议内容和领导讲话精神的转化，具有一定的启示意义。一般来说，对重要会议内容、文件和领导讲话精神的转化主要涉及以下几个方面。

1. 贴近受众实际，阐发具体内涵

首先，人们接受外部信息，往往都受到自身需求和实际境遇的影响。因此，贴近人们的自身需求和实际境遇的信息，往往更容易引起关注，更容易被接受。转化就要努力贴近人们的自身需求和实际境遇，传达重要会议、文件和领导讲话的精神。

其次，通常情况下，重要会议、文件和领导讲话所使用的语汇往往都比较抽象、原则。领导的层级越高，其表述往往越高度概括、高度抽象、高度原则。这与其思考和讲话涉及的面很广有关。涉及面越广，其所使用的概念的外延也就越广。而概念的外延越广，其概念就越大。因此，重要会议文件和领导讲话中往往较多使用属概念、大概念。然而，人们却更倾向于使用和接受具体概念、小概念。这就需要传达者尽可能把重要会议、文件和领导讲话中所使用的较为抽象的概念，转化为更加具体的概念，以便于人们更好地把握住重要会议、文件的主要内容和领导讲话的基本精神。从逻辑上讲，阐发具体内涵，就是把会议和领导所使用的属概念转化为其下属的种概念甚至单独概念。这既不会偏离

会议文件和领导讲话的基本精神，又能使之具体化，还可为后续的转化提供必要的铺垫。李源潮要求团干部联系当前形势，根据不同年龄段青少年的认知特点和群体实际，用青少年听得懂、易接受的语言和方式，把党中央精神迅速传递到广大青年中去。[3]“用青少年听得懂、易接受的语言和方式”，实际上就是对转化提出了明确的要求。

2. 整合主客观条件，夯实转化基础

《舌尖上的中国·转化的灵感》中指出，大豆、水、空气、温度、菌丝、时间等各种客观条件，与人们的“想象力”这一主观条件相遇合，成功地实现了转化，打造出了“霉豆腐”等“令人叹为观止”的“风味和对营养的升华”。对重要会议、文件和领导讲话精神的转化，一方面需要人们紧密结合当时当地的具体情况，因时、因地、因势制宜，把重要会议、文件和领导讲话精神的要求，转化为切实可行的贯彻落实的方案和相关工作推进的计划与方案；另一方面，需要人们充分整合相关的各类资源和主客观条件，为推进和落实工作计划与方案，实现转化创造条件。

3. 催生新的事物，实现转化目的

重要会议也好，领导讲话也好，其目的都是要推动相关地区、相关方面的工作。只有结合各地、各方面工作的实际，通过积极构建载体、发育工作项目，推进和实现了指示、精神、理念等的现实转化，催生出了人们预期的新事物，重要会议和领导讲话才体现出应有的意义和价值。这也进一步说明，转化是目的，而转述只是一种手段。

（三）转化的要求

实现转化绝非易事，对人们的思维、意识、责任感和能力等都提出了很高的要求。

1. 实现转化需要大局观和独立思考

要实现转化，人们就必须对一些全局性的状况和问题有认识、有思考、有观点、有追求。缺少这样一种认识、思考和领会，人们就难以深刻理解重要会议和领导讲话中所使用的属概念的内涵和外延，难以真正把握所转述内容的精髓和要义，往往只能转述，甚至鹦鹉学舌。

2. 实现转化需要准确把握现实

要实现转化，人们就必须通过科学的调查研究，全面、深入、准确地把握当时、当地相关工作的现状、特点和问题。比如，高层会议要求广植水果时，地方领导必须对本地土壤特性、水资源、气象资源、人力资源、市场需求、交通运输等各方面的具体情况都有全面准确的了解和把握，善于灵活机动地根据当地的实际情况，确定应该种植哪种适宜的水果。唯有如此，人们才能把上级的要求转化为符合实际、切实可行的工作思路和办法。

3. 实现转化需要善于构建载体、培育项目

转化的目的是推进相关工作，而推进相关工作自然离不开相应的载体和项目。这就要求人们最大限度地把各方面的主客观条件整合起来，精心构建载体、培育相应项目，以催生新的事物，实现转化。

4. 实现转化需要敢于担当

现实生活中，转述多而转化少，这与转述更加“保险”密切相关。而转化既涉及对重要会议和领导讲话精神的理解，又涉及对实际状况的准确把握、对各种主客观条件的整合、对转化过程的把控等，要求高，出错概率大，有时会有一定风险。因此，在许多缺乏担当精神，不求无功、但求无过的环境中，宁愿学舌，不愿说错；宁愿转述，不敢转化，已经成为一种常见、普遍的现象。缺乏担当，自然对转化少思考、少努力、少实绩。

二

党的十八大以来，社会主义核心价值观的主要内容占据了媒体和各类宣传场所的显著位置，各类宣传轰轰烈烈。很显然，教育和引导青少年践行社会主义核心价值观，需要转述，但更需要大力推进转化。

（一）必须把核心价值观的要求转化为青少年听得懂、易接受的语言

十八大明确的社会主义核心价值观主要表述为“富强、民主、文明、和谐”“自由、平等、公正、法治”“爱国、敬业、诚信、友善”，分别涉及国家层面、社会层面、公民个人层面的价值准则，在当今社会中无疑具有极强的现实针对性。很显然，这三个层面的表述所使用的概念均为属概念，高度概括，高度抽象。如何使之具体化，便于青少年结合自身生活、成长的实际，准确把握、深刻领会其内涵，这是一个现实而迫切的问题。

比如，如何理解“文明”？文明既可以是名词，指人类所创造的物质和精神财富的总和；也可以作为形容词，表明人类生活方式、思维方式、行为方式、社会运行的一种基本属性和基本特征。同时，文明既指国家和社会层面的一种发展状态，也指人类行为的一种特征。因此，文明是个外延、适用范围均极广的概念。

国家、社会、公民个体层面三者之间，个体的文明是基础。只有无数公民个体的文明，才有社会和国家的文明。因此，打造文明国家和文明社会，必须从公民个体做起。作为成长中的公民个体，青少年树立和践行文明这一核心价值观，其重点还在于在学习、了解人类创造的文明成果的同时，学会按照社会

的相关文明规范要求言谈举止。因此，青少年必须从学习和把握社会的相关文明规范要求入手，逐步对文明规范要求入于脑、入于心、显于行。这就要求结合不同年龄阶段青少年个体社会化的具体进程，把文明价值观转化为具有很强针对性的、具体的文明规范要求，比如在家怎么言行、在外如何举止、独处如何自我监督、公共场合恪守哪些公德，等等。仅仅转述“文明”二字，无法使文明价值观在青少年中入于脑、入于心、显于行。抽象的概念借由具体的情境和形象才能更好地进入青少年的大脑和心灵。

毫无疑问，社会主义核心价值观中的 12 个词汇（概念）都面临着具体转化为让青少年听得懂、易接受的问题。这是实现转化的基础性工作。

（二）必须准确把握青少年的特点，为因材施教、分层推进奠定基础

现实生活中，青少年并非铁板一块，而是有着性别、年龄、地域、文化程度、经济地位、生存环境、集群等多方面差异的一个极其庞杂的群体。他们普遍信奉哪些价值?这些价值形成的原因（比如环境）有哪些？其正反两方面的影响如何？教育引导青少年树立和践行核心价值观，有哪些有利因素和不利因素？可资借鉴利用的因素有哪些？如何整合各种有利因素，形成合力，共同推进核心价值观的培育？如何从日常生活场域入手，从实际出发，有效推进？如何润物细无声、由浅入深、由易到难地逐步推进？等等。所有这些问题，都需要经过调查研究，进行深入准确的把握，予以科学的回答和回应。在此基础上，应“坚持联系实际，区分层次和对象，加强分类指导”。

在通过扎实科学的调查研究，准确把握青少年现状方面，不少学者做出了艰辛的努力。比如，西安交通大学工业设计系主任李乐山教授自 2002 年起，持续多年带领学生对地处西安的十多所大学的大学生价值观念状况进行调研。其中，2009 年，他们在西安的 12 所大学调查了 2 200 人，另在 1 所大学发放了 4 000 多份问卷。调查围绕多方面具体问题展开。这些问题包括：“关于人生信念”“关于家庭”“关于购车买房”“理想的就业地区”“关于崇尚自由”“对待金钱的态度”“如何看待求新求变”“和睦重要还是自由竞争重要”“对待环保和经济发展的态度”“大学生是否节俭”“大学生的诚信状况”“大学生是否能吃苦”“遇到挫折后能否百折不挠”“关于合作能力”“大学生是否接受诱惑”“是否尊敬师长”“关于大学生偶像崇拜”，等等。“调查结果表明，在任何一个重大观点上，大学生都缺少核心价值观念。”[4]

上海师范大学的《高校社会主义核心价值体系建设状况调查》[5]显示，上海市大学生对社会主义核心价值体系的认知状况和认同状况，与学校、性别、年龄、专业门类、出生地（城乡等）、父母亲教育程度和职业等多种因素的影响，存在着多方面的差异。据此，研究指出，“采用简单划一的方法提高大学

生对核心价值体系的认同程度，显然是不妥的”，必须针对大学生的性别、年龄、专业门类、生源地、家庭背景、学校等各方面的具体情况，制定不同的教育策略。

值得注意的是，多年来，国内这方面的调研并不算少。除了上述 2 所大学以外，中国青少年研究中心，以及很多省市的青少年研究机构都做过很多相关的调查。不少调研成果样本量很大，效度和信度都很高，理应成为转化的重要参考，然而，遗憾的是，不少成果完成后，往往束之高阁。即使其中的一些成果得以公开发表，甚至通过种种“内参”摆到了相关领导的案头，也未必就能引起足够的重视，更难以被借鉴和运用于实际工作之中。科研成果难以转化为现实的生产力，这大概是当下中国社会的普遍性问题。青少年工作中，这种状况同样普遍存在。只有改变这种状况，才能更好地实现转化，促进青少年践行社会主义核心价值观。

（三）促进青少年践行社会主义核心价值观，需要整合现有资源

社会主义核心价值观不是从天而降的圣训，而是立足传统和现代的厚实基础，对中华优秀传统文化和现代世界优秀文化进行总结、提炼的产物。在教育和引导青少年树立和践行社会主义核心价值观的过程中，应该充分利用中华优秀传统文化和现代世界优秀文化的丰富资源，从中发掘有益成分，使之整合、转化为有血有肉、丰富生动的教材，促进青少年树立和践行社会主义核心价值观。

《关于培育和践行社会主义核心价值观的意见》（以下简称《意见》）对此提出了明确的要求：“建设优秀传统文化传承体系，加大文物保护和非物质文化遗产保护力度，加强对优秀传统文化思想价值的挖掘，梳理和萃取中华文化中的思想精华，作出通俗易懂的当代表达，赋予新的时代内涵，使之与中国特色社会主义相适应，让优秀传统文化在新的时代条件下不断发扬光大。”

对此，不少学者提出了很好的转化方法。比如，有学者提出，今天，要“让礼仪回归家教”。[6]让礼仪回归家教，就要将中华传统礼仪中蕴含的合理思想提炼出来，不是把践行礼仪仅仅当作外在的形式，而是以内在的德行修养为灵魂。在这方面，可以借鉴司马光、朱熹等对传统礼仪简化、改革的经验，选择与日常生活紧密相关的家庭礼仪，融入一些具有传统色彩的礼仪，使家庭礼仪教育在与时俱进中得到延续。

王元化先生指出，人们往往是通过小传统去接受大传统的。“今天许多人的历史知识不是来自正史，而是来自广为流传的小说戏曲，甚至知识阶层中的许多人也不例外。”[7]事实上，小传统不仅给了人们历史知识，对人们的价值

观的形成同样有着巨大的作用。充分发掘小传统中蕴含着的丰富教育资源，这是教育和引导青少年由浅入深地树立和践行社会主义核心价值观过程中的一项重要而艰巨的任务。

在挖掘传统文化资源的同时，还要充分挖掘和吸收现代世界优秀文化资源中的有益成分。当今青少年生长在改革开放的年代，通过流行歌曲、影视作品、商品、洋节等各种载体，比前辈更加熟悉西方的商品和流行文化，也更多受到了其中所包含着的价值观的熏陶和影响。因此，对现代西方文化产品进行必要的辨析，挖掘其中有助于教育和引导青少年树立和践行社会主义核心价值观的有益成分，十分必要。同时，也要关注、重视现代西方国家在传播和灌输其核心价值方面的有益经验，比如美国大片积累的经验。美国大片在转化其社会价值观方面的许多做法尤其值得研究和借鉴。[8]

（四）要努力构建具体有效的转化载体

转化的关键在于构建载体。载体包括活动、项目和机制。

1. *活动*

活动是在一定目标指导、制约下的动作系统。活动在青少年工作中具有十分重要而特殊的作用。几十年来，共青团在组织青少年开展活动方面，积累了非常丰富的经验。从某种意义上讲，共青团就是以活动为其工作的重要特征的。改革开放以来，共青团在引领青年自觉践行社会主义核心价值观方面开展了许多活动。比如，在青少年中开展学雷锋树新风活动、人生意义大讨论活动、“五讲四美”和“五讲四美三热爱”活动、学习张海迪活动、推广“十字”礼貌用语活动、加强国情教育活动、增强共青团员意识主题教育活动、“学党史、知党情、跟党走”主题教育活动，等等。这些活动对于引导青少年思想和价值观，起到了十分重要的作用。

2. *项目*

项目由相互联系的系列活动构成。活动是项目的基础，项目由具有较强专业化特点的系列活动组成。活动往往是一次性的，项目的目标和内涵则比活动更加深入，其组织化程度更高，延续时间更长。因此，项目的即时影响力不一定比得上活动，但在相关工作的深度、实际成效和长远影响等方面，往往超越一般的活动。

一些理念和手段创新的项目，能够更好地吸引青少年参与，使青少年在参与的过程中受到感染和教育。比如，在全社会具有广泛深远影响的“希望工程”“青年志愿者活动”等工作项目，对于引领和促进青年践行社会主义核心价值观具有十分重要的意义。通过参与这些项目，广大青年在服务他人、奉献社会的同时，受到了文明、和谐、诚信、友善等方面的教育和熏陶。这对于他们树立和践行社会主义核心价值观具有十分重要的意义。再比如，近年来一些电视台推出的《远方的家》《舌尖上的中国》《茉莉窨城》《爸爸去哪儿》等系列作品（也是一些项目），形象生动地展示了我国的地大物博、人杰地灵。这样的作品较好地实现了爱国主义价值观的转化，体现出了喜闻乐见、老少咸宜、潜移默化的良好的爱国主义教育效果。类似的作品（项目）就是成功转化的范例。

3. 机制

机制首先意味着多种组成部分；其次，意味着多种组成部分之间形成了相互协调、能够按照一定的逻辑和程序运行的关系。简言之，机制即指事物按照一定的逻辑关系运行的程序。

《意见》对建立和完善相应机制，促进转化提出了明确的要求。“把培育和践行社会主义核心价值观融入国民教育全过程”“培育和践行社会主义核心价值观要从小抓起、从学校抓起”等，要求从纵向建立和完善相应机制。这就是要根据青少年成长发展的不同阶段，形成由低到高、由易到难、由具体到抽象、由理论到实践的教育、培养序列和机制，适时推进；“拓展青少年培育和践行社会主义核心价值观的有效途径”“把培育和践行社会主义核心价值观落实到经济发展实践和社会治理中”，以及习近平关于“要利用各种时机和场合，形成有利于培育和弘扬社会主义核心价值观的生活情景和社会氛围，使核心价值观的影响像空气一样无所不在、无时不有”指示等，则要求从横向建立和完善相应机制。这就是要从一粥一饭到世界人生，从家庭到社会，从个人言行到社会形象，从私德到公德等方方面面，形成相互衔接、相互补充、相互促进的教育、培养的环境、氛围和态势，以减少甚至杜绝所谓“5+2=0”（学生在学校接受的5天正面教育，抵不过2天周末社会负面的影响效果）现象，促进青少年树立和践行社会主义核心价值观。

形成载体，实现转化，这既需要很强的想象力、创造力，更需要深入细致、持续不断的努力。毋庸讳言，从活动中沉淀出项目，使项目机制化运转，进而促进相关工作的机制化，这一直是我们很多工作中的一块短板。多年来，许多活动轰轰烈烈，却少有积累，如夏日飘阵雨，雨过地皮湿，日出尘土飞。比如，近10年前，某部门举行“全国首届××评选”，迄今，尚无第二届，首届成了末届，成了唯一，名副其实的一次性。之所以出现这种状况，其原因就在于不注重发育、形成、深化和完善机制。而在其背后，更多追求短期轰动效应的政绩冲动，而缺少一份在热闹之后的清冷中坚守一个项目、一份事业的善始善终的“长性”，这也许是重要原因。教育和引导青少年树立和践行社会主义核心价值观是一项长期、艰巨的任务，需要人们坚守和善始善终。

三

转化直接关系到促进青少年树立和践行社会主义核心价值观的成效，而实现转化需要主客观多方面条件的支撑，是一项艰难的工作。它需要人们从优化社会环境、甘于“虚”功“实”做、提升转化能力等多方面做出艰辛的努力。

（一）优化社会环境

《意见》应需而生。它的出台，从一个角度说明，我们的社会环境中存在着许多问题。社会环境是一个外延很广的概念，本文难以周全论述，但从转化角度看，当下社会现实与核心价值观要求之间存在着较大的距离和较为严重的脱节现象。这就给转化造成了很大的困难，制约着青少年树立和践行核心价值观。

种种不良社会现象直接影响着青少年社会主义核心价值观的形成。铺张浪费、拜金主义、享乐主义、腐朽生活方式影响着青少年的人生观、财富观；竭泽而渔、掠夺性开发资源、肆意排放污染环境的行为影响着青少年的生态观；一夜成名、“精致的利己主义者”“政治投机者”之类的公众人物影响着青少年的名利观、读书观和成才观；权势者养小三、黄色“产业”泛滥的现实影响着青少年的爱情观、婚恋观；见利忘义、唯利是图、坑蒙拐骗、以权谋私、权钱交易、贪污受贿等社会不良现象影响着青少年的道德观；见死不救、反诬讹人的现象影响着青少年的义利观、诚信观……种种不良社会现象稀释着、消解着社会道德空气，在理论和现实之间形成了巨大的鸿沟，使转化步履维艰。

毫无疑问，种种社会不良现象的出现与官员群体中的问题有关。整体上看，官员群体通过选拔形成，属于社会中的权力精英群体。俞可平指出：权力精英是最受社会羡慕的群体，一些权力部门的职位每年都吸引数千人竞争就是明证。[9]各级官员对全体社会成员事实上起着示范、楷模作用，因而对当今社会中的种种不良社会现象的产生也负有不可推卸的责任。然而，当官员中不断爆出贪腐、自私、不讲诚信等丑闻之时，种种负面信息事实上都对青少年产生了更大的负面影响，极大地冲击和抵消了家庭、学校的正面教育影响力。

因此，党中央在推出《意见》的同时，全力反腐。这有助于填补理论和现实之间的鸿沟，为青少年践行社会主义核心价值观营造良好的社会环境、氛围和条件。人们期待，在全力反腐的同时，切实加强法制建设，创新社会治理体制，使全体社会成员依法行事成为常态，从根本上促进社会环境的优化，拉近理论和现实之间的距离，为转化创设良好的条件。

（二）甘于“虚”功“实”做

多年来，党政先后推出过不少青少年思想教育主题活动，毋庸讳言，其实际成效却不尽如人意。之所以如此，与一些地方的党政未能“虚”功“实”做直接相关。青少年思想教育的要求高、耗时长、见效慢，其成果比较“隐性”和“软性”，不像GDP指标那样刚性和炫目，从某种意义上讲算得上是一种“虚”功，但这种“虚”功却必须“实”做。“实”做要求扎扎实实地推进，取得实实在在的成果。转化即是“实”做的一个主要方面。有系统筹划、扎实具体、有序推进的转化举措和行为，就是“实”做的一个重要表现。

然而，在对GDP政绩指标的普遍焦灼中，一些地方党政官员能腾出多少精力和心血为此“虚”功操那份闲心去“实”做呢？宣传、教育等部门自然上行下效，同构化地追逐着各自的“GDP”政绩指标。比如，教育部门追逐升学率、论文发表数量等“GDP”政绩指标。与“GDP”政绩指标等相比，“培育和践行社会主义核心价值观”是一项“虚”功。然而，这项“虚”功事关国家形象、民众福祉，必须“实”做。

当然，对于党政及其下属的宣传、教育部门来说，其角色和社会位置决定了他们在转化方面的重点不在于提出具体的转化方案和举措，不在于他们亲自冲到第一线去宣传和教育，而在于系统筹划转化的整体方略，整合家庭、学校和社会等各方面的力量，激发专家和民间在转化方面的智慧与创造力，并建立机制予以保障和有序持续推进。因此，有没有形成结合地方实际情况促进系统转化的方案；有没有形成各方联动、相互衔接的转化机制；能不能及时发掘民间在转化方面的好思路、好做法，加以提炼和推广；是不是常抓不懈，有始有终……这些都是转化（“实”做）意识强不强的具体表现。

（三）提升转化能力

现实生活中，一些领导在传达时也会发表一些关于贯彻落实重要会议和领导讲话精神的意见，推出一些转化的方案和计划。但这些意见是怎么形成的？通常情况下，往往由书记等主要领导提出一个大概的方向和思路，由执笔的秘书拟定具体内容，再由班子会议讨论通过。最后，贯彻落实的意见往往就这样出笼，甚至以“红头文件”加盖鲜红公章的形式发布。王岐山近期指出，八项规定出台以后，各地的政研室闻风而动，我们共产党的机关是不缺政研室的。政研室把电脑里的文件调出来，七改八改就出台一堆规定，根本没有“抠”住八项规定的具体条文及实质。[10]这就揭示了一些转化的方案和计划出笼的实质。此种转化的做法能否有效避免长官意志、拍脑袋，能否博采、集中和有机融合相关科学研究成果与民间的智慧，从而真正契合实际，值得深疑！此种贯彻落实能够结出怎样的转化成果？许多青少年思想教育主题活动的实际成效不尽如人意是否与此种做法有关？这些问题同样值得检讨和探究。

转化其实是一种需要很强创造能力的工作，且无更多现成路径可走。这就需要人们分别结合各地、各领域的实际情况进行探索和创新。转化的能力来自于人们的探索和创新。因此，要不断提升转化能力，既需要发挥专家队伍的力量，也需要集中和吸纳民间的智慧。

发挥专家队伍的力量。实现转化需要党政整合相关领域现有的专业性人力、智力资源，建立专家队伍，持续开展相关的调查研究，并且，虚心吸纳专家队伍调查研究的成果。其中，专家队伍的长期稳定是重要前提。专家个体并无三头六臂，未必比书记等主要领导更加高明，但专家个体结成团队，却能形成强大的战斗力。同时，长期稳定也能给专家队伍更多积累和转化的空间与时间。任何研究都需要长期的积累，任何创新都离不开厚实的先期积淀。如果总是处于匆匆忙忙搭班子，心急火燎急就章的状态，那只能说明相关领导的政治大局观不强，政治敏锐性不强，转化意识不强，创新能力不强，工作流于应付。

集中和吸纳民间的智慧。实现转化需要充分发掘民间相关的智慧和创新之举，加以提炼和整合，不拘一格地进行推广。事实上，在促进大学生树立和践行核心价值观方面，许多人在进行着卓有成效的探索和创造。比如，西安交通大学工业设计系教授李乐山经过 20 多年的思考，提出：育人要培养学生成为身心健康的个人、和睦生活的家人、有责任感的社会人、胜任的职业人、有文化的中国人。很显然，这 5 个层面使得社会主义核心价值观更加具体、更加丰富，也使得核心价值观的教育和引导有了具体的抓手和实施方法。值得一提的是，李教授既是一位思想家，也是一位实践家。他在自己的教育教学活动中充分贯彻实施了这样一种育人理念和价值观教育、引导的方法。他让一年级新生给家长和中学老师、同学写信，介绍自己的专业；他让新生讨论什么是“善良”；他让学生走向社会，对大学生的价值观状况、说谎情况、贪玩情况、作弊情况、家庭观念、企业和家庭对大学生的评价等进行调查；他让学生课余做义工，开展志愿服务；他让学生写家谱，了解自己家族演化的脉络；作为工业设计学权威，他告诫学生“我们设计的一切产品最后都要变成垃圾和污染”。[11]他的许多做法令人耳目一新，也取得了很好的成效。其实，当今社会中，类似的努力和探索还有很多，都值得总结、提炼、借鉴和推广。

此外，《远方的家》《寻找最美乡村教师》、“感动中国”人物评选等文化产品和文化活动，是社会主义核心价值观形象生动的教材。同时，广大网友通过新媒体发布的一些作品，富有创意，形式多样，生动活泼，具有很强的感染力，常常能够引发线上线下的热议和追捧。所有这些散见于民间的探索和创意，对实现转化都具有一定的启示意义。“尊重群众的首创精神”，总结、提炼、整合这些蕴含体现在民间作品中的智慧，无疑将有助于提升转化能力，有力地促进青少年树立和践行社会主义核心价值观。

参考文献：

[1] 李进，何云峰. 关于社会主义核心价值体系建设规律的思考［J］. 理论经纬，2010（00）；另见黄山书社，2011.
[2] 辞海［M］. 上海：上海辞书出版社，1999：2260.
[3] 李源潮. 肩负起带领全团为实现中国梦而奋斗的时代重任——在共青团十七届一中全会上的讲话［R］. 2013-06-21. 引自共青团中央文件（中青发〔2013〕14 号）.
[4][11] 李乐山. 现代社会学［M］. 西安：西安交通大学出版社，2010：101，134.
[5] 李进，何云峰. 高校社会主义核心价值体系建设状况调查［J］. 理论经纬，2010（00）；另见黄山书社，2011. 该调查涉及上海市 985 高校、211 高校、非 211 公立学校、民办高校等类型的 8 所高校，调查对象为 1—4 年级 3 500 名本科生。
[6] 陈卫平. 让礼仪回归家教——在上海文庙的演讲［N］. 解放日报，2014-02-15. 转引自高等学校文科学术文摘，2014（2）：128-129.
[7] 王元化. 关于京剧与文化传统答问·清园近思录［M］. 北京：中国社会科学出版社，1998：87.
[8] 赵新泉. 美国电影在其价值观输出中的作用［J］. 青少年研究（山东省团校学报），2008（2）.
[9] 俞可平. 为什么许多官员不自信［OL］. 财经网 http://opinion.hexun.com/2013-07-30/156606509. html.
[10] 王岐山. 八项规定我得抓五年 先整治官员乱作为［OL］. 凤凰网 http://news.ifeng.com/a/20140904/41860743_0.shtml?f=hao123.

《北京青年研究》2014 年第 4 期

扣好人生第一粒扣子

——试论怎样引导青年学生健康成长

曾　骊　汪　慧

（丽水职业技术学院　浙江省团校）

习近平总书记告诫青年学生“人生的扣子从一开始就要扣好”[1]，说到底是解决高校培养什么样的人，怎样培养人的问题。在校园里，尤其是上课前后，笔者经常会问围在身边的学生：“你们怎样看待‘人生的扣子从一开始就要扣好’？”他们想了想，抢着说：“这个扣子应该包括学习的扣子、工作的扣子、思想的扣子、生活的扣子，从进入大学一开始就要注意。”“认真些、看得准一点就不会扣错。”“扣的时候让别人看看对齐没有。”“把两个衣领对齐就不容易扣错。”“不仅是第一粒扣子，下面的扣子也很重要。”也有学生一脸茫然。看来，多数大学生已经知道“扣好人生第一粒扣子”很重要，认为不扣好人生“第一粒扣子”，他们的人生可能就全错了。这是值得庆幸的，也是中华民族永续发展的希望。那么，人生的第一粒扣子指什么？这两个“衣领”是什么呢？高校如何认识并帮助青年学生“扣好人生第一粒扣子”呢？

一、如何认识“人生的扣子从一开始就要扣好”

（一）“人生的第一粒扣子”是指价值观

2014 年 11 月 14 日，《辽宁日报》头版公告并在 4 版整版刊发公开信《老师，请不要这样讲中国》，披露一些高校教师在课堂教学时随意抹黑现实，甚至丑化历史的现象，引起了网民和教育界的热议。2000 年，中共中央《关于加强和改进思想政治工作的若干意见》认为思想政治教育面临“四个多样化”的挑战。2014 年杨叔子院士认为当前我们面临的形势是“四个跟不上”：一是经济建设发展快，文化建设发展跟不上；二是科学技术发展快，人文文化发展跟不上；三是现代化建设发展快，优秀传统继承跟不上；四是向西方学习发展快，民族精神弘扬跟不上。“四个发展快”是好事，“四个跟不上”却严重堪忧，大有隐患。归根结底，就是物质文明建设发展快，精神文明建设发展跟不上。[2]说到底，就是在价值导向上出现了问题。在当前“全面深化改革创新”背景下，高校一定要抓住大学生正确价值观培育这个核心：培养什么样的人，怎样培养人。

党的十八届三中全会做出的《中共中央关于全面深化改革若干重要问题的决定》是新时期我国全面深化改革的一个纲领性文件，其中第 42 条“深化教育领域综合改革”首段第一句话是：“全面贯彻党的教育方针，坚持立德树人，加强社会主义核心价值体系教育，完善中华优秀传统文化教育，形成爱学习、爱劳动、爱祖国活动的有效形式和长效机制，增强学生社会责任感、创新精神、实践能力。”[3]很显然，大前提是“全面贯彻党的教育方针”，教育的根本任务是“立德树人”，根本措施是“加强社会主义核心价值体系教育，完善中华优秀传统文化，形成爱学习、爱劳动、爱祖国的有效形式和长效机制”，最后一句“增强学生社会责任感、创新精神、实践能力”讲的是“立德树人”的根本目的，并运用到实践中去。衣服的第一粒扣子好找，那“人生的第一粒扣子”呢？大学生的价值取向决定了国家社会未来的价值取向，高校教育是学生价值观形成的关键时期，“人生的第一粒扣子”就是价值观，就是高校引导大学生成为德才兼备的人。社会主义核心价值观分国家、社会、个人三个层面，“人生的第一粒扣子”也可分为这三个层面：“对于青年学生个人而言，是理想信念、生活目标；对于社会而言，是精神追求、物质发展；对于国家而言，是人民利益、前进方向。”

（二）扣好“人生的第一粒扣子”就要对齐“思想政治教育、创新创业教育”两个领子

1989 年前后，邓小平同志多次有针对性地指出：“十年最大的失误是教育”，[4]当然这里的教育不单纯指学校教育，也泛指社会教育、国民教育、精神文明教育。所以，他一直强调：一手抓物质文明，一手抓精神文明。2005 年，胡锦涛总书记在全国加强和改进大学生思想政治教育工作会议上强调：“要使大学生成长为中国特色社会主义事业的合格建设者和可靠接班人，不仅要大力提高他们的科学文化素质，更要大力提高他们的思想政治素质。”[5]近年来，习近平总书记又强调指出，要以立德树人作为根本任务，在传授专业知识过程中大力加强思想政治教育。[6]可以看出，虽然时代不同、形势不同、对象不同，但几代领导人坚持培养德才兼备的社会主义事业的建设者和接班人的根本任

务始终未变。《国家中长期教育改革和发展规划纲要（2010—2020 年）》中，认为“高素质专门人才与拔尖创新人才必须具备四方面素质：信念执着、品德优良、知识丰富、本领过硬”。[7]前两方面是德，既要有正确坚定的信念，还要有向上向善的品德；后两方面是才，既要具备丰富的知识，还要有将知识应用实践的能力。“德才兼备，以德为先”，说的是高校培养人要以德（做人）统率才（做事），以才（做事）体现德（做人），先培养德，再培养才。笔者以前上思想政治理论课都讲：“先学会做人，后学会做事”，后来发现这样说是不对的，现在不这么讲了，而是讲“在学会做人的过程中学会做事，做人是通过做事来体现的”。立德树人就是教学生做人做事，思想政治教育主要教学生做人，创新创业教育主要教学生做事，做人做事这两个衣领对齐了，培养人这个目标一致了，下面的扣子就不容易扣错，歪风邪气也不会从衣领乘虚而入，人生的第一粒扣子肯定能扣好。

二、两个引领之一：思想政治引领就是要正确处理国家、集体、个人三者之间的关系

（一）当前思想政治教育的时代主题是把“个人梦”与“中国梦”紧密结合在一起

中国梦是当前大学生思想政治教育的重要主题。当前世情、国情、民情、教情都发生了深刻变化，而且社会发展快、转型大、诱惑多，大学生在理想信念和价值取向上的独立自主、多样选择、个性差异也越来越明显。将个人梦想与中国梦结合在一起，引领更多大学生敢于有梦、乐于筑梦、勇于追梦、勤于圆梦，要正确处理国家、集体、个人三者的利益关系。

中国梦是“实现中华民族伟大复兴，就是中华民族近代以来最伟大的梦想”。[8]中国梦强调国家、人民、集体的利益摆在首位，并非否定个人的利益。何为首位？有第二位、第三位，才有第一位。虽然“国泰民安”“国破家亡”都以国在先，然而毕竟人民安居才能乐业，乐业才能兴国。没有个体，哪来集体？没有集体，哪来国体？所以，个体梦想在于服务集体的梦想，同时集体的梦想又要以实现个体的梦想为前提。前者起导向作用，后者起支撑作用。国家、集体、个人的梦想不可分割，互相作用，是一对整体与个体、全局与局部的关系。

习近平总书记说：“中国梦归根结底是人民的梦。中国梦的最大特点，就是把国家、民族和个人作为一个共同体，把国家利益、民族利益和每个人的具体利益紧紧联系在一起。”[9]这一论断分为国家、民族、个人三个层面。从国

家层面来看，国家梦总是反映着一个国家发展的主导理想和价值追求[10]，实现中国梦必须走中国道路，就是中国特色社会主义道路[11]；从民族层面来看，中国梦是对近百年振兴中华民族奋斗历史的概括，更是时下中华优秀儿女对未来充满希冀的表达；从个人层面来看，中国梦是全国各族人民的共同奋斗目标，促进每个中国人的全面发展，实现共同富裕，创造美好生活。国家富强、民族振兴、个人幸福这三维层面缺一不可，体现出毛泽东同志多次强调的正确处理好国家、集体和个人这三者主体利益的关系。青年学生是最有朝气、最有梦想的一个群体，中国梦归根结底是青年的梦，大学生有理想、有信念、有知识、有担当，更应该“国家兴亡，匹夫有责”，将个人奋斗、民族希望和国家前途融为一体。

（二）以道德建设深化大学生社会主义核心价值观的培育

百行德为先。[12]习近平同志深刻指出，“核心价值观，其实就是一种德，既是个人的德，也是一种大德，就是国家的德、社会的德”。[13]在高校学生中培育社会主义核心价值观，提高对各类问题的价值意识和辨别能力，要立足道德领域的主要问题，从国家、社会、个人三个视角引导大学生形成正确的价值取向，养成优秀的道德品行，可以采取当面启迪法、媒体传导法、实践体验法、典型示范法、文化熏陶法、服务渗透法等，[14]关键要从知、情、行上建立常态机制。

知：加强道德主题宣传教育，坚持社会主义核心价值观“三进”工作。真正发挥好课堂教学的功能，将社会主义核心价值观全面渗透到思想政治理论课、专业课的各个环节。充分结合中国传统文化的创造性继承发展，特别是中华传统美德的世代相传发展，引导大学生树立向上向善的理念，追求讲道德、尊道德、守道德的生活。高校要建立高素质道德宣传队伍，包括各行各业“德师”队伍、文艺宣传队伍，把社会主义核心价值观教育融入大学传统、大学精神和大学章程，发挥重大节庆和仪式作用，利用校园文化和主题宣传教育让学生在价值观上获得更大范围的文化认同。

情：加强道德情感体验教育，引导学生将社会主义核心价值观内化于心。设立“高校文化礼堂”，展示历史文化遗产，了解优秀民风民俗，组织研读经典，参与中华优秀传统文化，只有注入新时代生命力的道德体验才能强化大学生对核心价值观的心灵共鸣和接受。设立“高校道德讲堂”，通过网上网下“双网互动”的体验，用身边人、身边事树立社会主义核心价值观的践行典范，让学生充分感受美德的魅力。设立“高校制度学堂”，组织学生参与大学章程的酝酿、制定和实施，在讨论、核准中明晰规章制度蕴藏的价值取向，亲身感受制度的力量，共同形成追求真善美的行为准则。

行：加强道德实践育人教育，实现学生将社会主义核心价值观外显于行。完善高校师生社会实践体系，发动学生结合“中国梦”主题深入社会大课堂，将书本知识付诸社会实践，在身体力行中践行社会主义核心价值观。完善高校师生志愿服务体系，发挥高校道德高地作用，让“雷锋”在校园安家落户，推进学雷锋在师生学习、工作和生活中的常态化，在服务社会、奉献他人中实现国家、社会和个人价值的一致性。

三、两个引领之二：创新创业引领就是要培养学生的创新精神、创业意识、创新创业能力

（一）创新创业教育是提高人才培养质量的基本途径

创新创业教育已成为全球高校人才培养的重要组成部分。党的十八大报告提出：“中国特色社会主义事业是面向未来的事业，需要一代又一代有志青年接续奋斗。全党都要关注青年、关心青年、关爱青年，倾听青年心声，鼓励青年成长，支持青年创业。”[15]事实上，创新创业已成为推动世界各国经济社会前进的重要杠杆，大学生的创新创业更是影响国家的崛起和可持续发展。因此，应认为创新创业教育是高校教育的重要组成部分。只有充分认识到大学生创新创业教育的重要性，才能有效推进我国教育实践改革，促进青年学生成长成才。[16]

高校人才培养理念的革新需要加强创新创业教育。高等教育大众化阶段，严峻的就业形势暴露了原有的就业理念已不能适应社会经济发展。高校教育是一种就业教育，创业教育是更高层次的就业教育。但不能将高校教育简单等同于就业教育，而要转变人才培养理念，准确理解“大学生不仅仅是求职者，也可以是工作岗位的创造者”，将知识创业与岗位创业有效结合起来。因此，高校创业教育不仅仅是解决就业问题，也是高等教育赋予大学生一生发展的“红利”，要注重培养学生善于思考、勇于创新、敢于尝试的能力。

高校人才培养机制的完善需要加强创新创业教育。不少高校流水线式的教育，培养出来的学生千人一面，缺乏个性、缺乏竞争力，不能适应社会需求。我国正在深入推进高校教育体制改革，完善人才培养机制，加强大学生创新创业教育就是一项重要的改革举措。中国从 2015 年起全面深化高校创新创业教育改革，国务院办公厅《关于深化高等学校创新创业教育改革的实施意见》提出：到 2020 年建立健全课堂教学、自主学习、结合实践、指导帮扶、文化引领为一体的高校创新创业教育体系，人才培养质量显著提升，学生的创新精神、创业意识和创新创业能力明显增强，投身创业实践的学生显著增加。[17]因此推

进大学生创新创业教育，需要突破原有教育体制的约束，打破学校教育教学管理限制，立足高校类型、教育对象、学科专业、知识层次、个性爱好等方面的不同，分年级、分专业、分兴趣因材施教。

高校人才培养模式的优化需要加强创新创业教育。模式是高校人才培养的关键，教育是高校培养创新人才的路径。我国部分高校在人才培养模式上存在诸多不足，如准入准出制度、课程设置、教学方式、评价指标等方面，造成大学生知识体系不健全、适应环境能力不够、创新意识不强等问题。创业教育不仅仅是培养创新创业人才，也是培养学生以后从事其他工作的可持续发展能力，如计划性、责任心、执行力、意志力和探索精神等。良好的大学生创新创业能力教育，有利于实现课堂教学与社会实践的对接、专业设置与市场需求的对接、学校教育与社会发展的对接，提高人才培养的目标性、应用性和前瞻性，有效解决“就业难”与“人才难”的壁垒，培养出实现“中国梦”需求的创新创业人才。

（二）如何加强高校创新创业教育

“创新驱动发展”是李克强总理2015年政府工作报告的核心内容之一，创业教育既是在创建创新型国家建设、注重人性化发展的教育体系中呈现的新的教育特质，也是对传统教育内容的新拓展。[18]现有教育模式并没有很好激发学生创新创业的激情、能力和实践水平，一部分高校并没有从实际行动上支持学生创业，教育部将出台“加强高校创新创业教育”人才培养模式改革方案。因此，我国高校创新创业教育还处于初步发展阶段，如何形成一个创新的教育理念、完备的教育模式、完整的教育体系，要处理好以下三对协同关系。

1. 全面发展与个性发展的协同发展关系，这是一对方向与内在的关系

大学生是有多方面需求的完整生命个体，全面发展并非德、智、体、美、劳的均衡发展，而是各方面的充分发展，它既需要书本知识教育，也需要注重道德、能力和素质的培育。个性化发展不是片面发展，是立足人的特长、爱好、秉性、风格的解放，实现一方面或几方面的突出发展。所以，全面发展是个性化发展的前提，个性化发展是全面发展的拓展。创新创业教育可以从以下途径实现大学生全面发展与个性化发展：一是教学目标要立足提高大学生身心素质，树立正确的“三观”，着重培养创新意识、创业能力、实践本领，开发大学生的智商、情商、创商。二是教学内容要遵从前瞻性、开放性、实用性、实践性原则，结合新常态下的经济发展需求，注重新知识、新技术、新工艺和新方法，融合素质教育与专业教育知识。三是教学场所可以在校园、在创业园区、在企业、在商场超市、在人力资源市场等。四是教学方式可以多样化，策略、技巧、方法和手段要多样化，像角色扮演、模拟实践、实践锻炼就很好，这样

才能让创新创业教育促进人的全面发展与个性化协调发展。

2. 注重价值与主体性协同发展，这是一对目标与本质的关系

价值发展的核心包括社会价值发展和物质价值发展。主体性发展指人与客体互相作用表现出的能动性、创造性、主导性何以实现发展，引导大学生在创新创业中能动发挥主体性时要同时兼顾社会价值与自我价值创新。创业教育中，就社会价值而言，高校应该站在马克思主义和社会主义核心价值观培育的制高点，整合社会力量和“互联网+”优势，特别是通过网店经营促进大学生创业并就创业带动就业[19]，拓展个人在创业发展中的社会责任感，正确认识个人与自然、社会的利用改造关系，培养科学的生存生活理念。就物质价值而言，引导大学生树立正确的信仰，勤奋地学习，努力地实践，让小我融入大我，将个人价值同国家、同社会、同人类的命运紧紧结合在一起。需要强调的是，当代中国社会精神文明和物质文明都有了极大改善，大学生主体性意识表现更为强烈和迫切。创新创业教育是一种价值性与主体性并存的载体，它的实践能动作用符合尊重大学生人格、主体、参与的原则，积极激发大学生的道德性、自发性和创造性，培育学生主动思考问题、分析问题和解决问题的态度，在充分了解掌握创业规律和特点的前提下运用知识开展创业实践，提升创业者综合素质。

3. 注重创新性与和谐性协调发展，这是创业教育中一对特征与理性的关系

创新性发展起于高校创业人才培养多样化的教学体系、教育机制和教育平台需求，是检验、解决创业教育的一个时代命题、现实问题和质量考题。和谐性发展认为创业教育是创新思维、创造事业的教育，创业成功人士应树立积极向上的道德信仰、追求健康愉悦的精神生活、营造和谐统一的自然社会。因此，实现创业教育创新性与和谐性协调发展，主要从三个方面开展：一是创业教学体系上，立足实现“中国梦”对人才素质的综合要求，体现社会主义核心价值观的践行要求，结合经济新常态的特点，构建高校创业教育紧密结合经济社会发展“政产学研金介用”（政府、产业、学校、研究、金融、中介、应用）的教学桥梁，引导学生自觉把理想建立在为人类、为国家、为社会、为人民服务上，帮助学生德与智、智与能、能与心、心与身的和谐发展，实现高校人才培养从就业走向创业、从职业走向社会、从传承走向创新。二是创新教育机制上，制定与创业教育配套的教育教学政策，实事求是地实施学分制、休学制、转专业制等弹性学制，处理好创业实践与学业考核、创业课程与创业实践、孵化基地与产业实体的关系，建立有利于人才创业创富的创新性教育制度与机制。三是创业教育平台上，重视产学研过程与结果，利用校内外课堂、网络教育等多种手段，发现、培育、扶植一批大学生创业创新品牌项目。增强竞争意识和原

创意识，支持师生共同开展科技类创新创业项目开发，建立创业班、创业街、创业网、创业园、创客空间等创新性发展平台，帮助学生在创业中认识人与自然、人与社会、人与人之间的关系，真正从思想与行动上实现热爱自然、理解社会、服务人民的目标。

参考文献：

［1］凤凰网. 习总书记对青年都有哪些寄语？［OL］. 凤凰网 http://news.ifeng.com/a/20150504/43684877_0.shtml，2015-05-03. 习近平总书记上任以来，多次寄语青年，如 2013 年五四寄语“青年有担当国家就有前途”，2014 年五四寄语“人生的扣子从一开始就要扣好”，2015 年 4 月 7 日就传承和发扬青奥会宝贵财富作出重要指示等。

［2］杨叔子. 对加强社会主义核心价值体系教育的一点理解［J］. 高等教育研究，2014（4）.

［3］中共中央关于全面深化改革若干重大问题的决定［OL］. 新华网 http://www.sn.xinhuanet.com/2013-11/16/c_118166672.htm，2013-11-16.

［4］邓小平对我国教育的十大贡献［OL］. 广东教育 http://edu.qq.com/a/20140821/027692.htm，2014-08-21.

［5］胡锦涛. 大力培养社会主义事业建设者和接班人［OL］. 新浪网 http://news.sina.com.cn/c/2005-01-18/22244874605s.shtml，2005-01-18.

［6］为办好中国特色社会主义大学提供坚强保证——论学习贯彻习近平总书记对高校党建工作重要指示精神［N］. 中国教育报，2014-12-30.

［7］国家中长期教育改革和发展规划纲要（2010-2020 年）［OL］. 百度百科 http://baike.baidu.com/link?url=CKoGY7dBldKjGmUmaI9v0-HgtdWvss-K26Zg1SyRLIH--SHczdM7Or4qJi_PTxpTN0FDBSfT59mHR4Qi7zazSq，2010.

［8］中国梦（习近平总书记提出的指导思想）［OL］. 百度百科 http://baike.baidu.com/link?url=Vm7f6v8CG9mwxgS-VnalownZUEZUXXl1FgysTNUEakHn-TTLTt1feLtoSF-jEwzCrEhnQbbhbQ21BkNQBlMZWM_22kLCiVnQGudT03Qi7Pa，2014.

［9］中国梦的最大特点，就是把国家、民族和个人作为一个命运共同体［OL］. http://forum.home.news.cn/thread/131905994/1.html，2014-04-17.

［10］黄蓉生. 青年大学生思想政治教育的时代主题［N］. 光明日报，2013-07-02.

［11］习近平. 实现中国梦必须走中国道路，这就是中国特色社会主义道路［OL］. http://hz.wenming.cn/news/201304/t20130415_602355.htm，2013-04-15.

［12］西晋时期陈寿认为：“士有百行，以德为先”，转自 http://www.vsread.

com/article-423230.html，2014-04-22.
［13］习近平. 核心价值观其实就是一种德，国无德不兴［OL］. 人民网 http://politics.people.com.cn/n/2014/0505/c1024-24975911.html，2014-05-05.
［14］曾骊. 大学生理想信念教育引导论略［J］. 学校党建和思想教育，2012（1）.
［15］怎样理解中国特色社会主义事业是面向未来的事业，需要一代又一代有志青年接续奋斗？［OL］. 求是理论网 http://www.qstheory.cn/zl/ bkjx/201303/t20130326_218704.htm.
［16］国务院办公厅. 关于深化高等学校创新创业教育改革的实施意见［OL］. 人民网 http://politics.people.com.cn/n/2015/0513/c70731-26995564.html?appinstall=0，2015-05-13.
［17］郭冰清. 加强大学生创业教育有利于我国教育体制改革［N］. 光明日报，2013-07-29.
［18］蒋德勤，许正宏. 创业教育的六个关键词［N］. 光明日报，2012-09-16.
［19］曾骊. 大学生网店创业的现状与生态环境构建［J］. 青年探索，2013（6）.

《北京青年研究》2016 年第 1 期

儒学对于现代青少年人性教育的意义：道德教育与治疗的融合

（韩）权相佑

（韩国启明大学）

一、人性教育：向以学生为主体回归

虽然人性教育从20世纪90年代开始已被讨论，而且直到现在还受到重视，青少年的品德却丝毫没有显现出将会得到改善的征象。最近从自杀、儿童暴力、游戏中毒等和青少年相关的各种社会现实来看，情况反而比90年代还要糟糕。虽然问题的主要原因当然应该从竞争愈加激烈的社会环境中去寻找，但是难道就不该认为人性教育没有收到很好的效果也是原因之一吗？

从最近的人性教育活动和研究事例上看，人性教育似乎是比起改善学生的人性，更具有一味重视教育方法的倾向。如果人性教育的目的是增强学生的道德涵养并且培养他们实践道德品质的能力的话，就不应该把重点放在“怎样教青少年”上，而应该放在“怎样能够实际提高青少年的品德上”。

人性教育首先应该从学生的现实认识上开始。从最近韩国社会中青少年所表现出来的问题来看，青少年们存在着心理上的不安和痛苦，所以应从他们内心的痛苦感和负面情绪出发。现在青少年从外表上看好像是由于发达的物质文明而拥有比他们的父辈更幸福的外在生活，但事实上他们的内心世界却不能说是幸福的。他们的自制力薄弱，并且对很多事情表现得不抱希望。他们想通过性、饮酒、游戏、暴力等来排遣这样的无助感。韩国的青少年产生这种现象的原因很可能是由于他们对于生活的态度引起的。他们从父母和学校中受到了以出人头地为目标的教育，在这样的教育下成长，不可能不表现出对自己的人生没有足够认识的现象。在这样的心理状态下，“应该成为具有道德性的人”的教育就像在虚空中回荡的回音一样缥缈。举一个片面的例子，在学校里教师惩罚学生的错误行为时，有的学生不但不反省自己的错误，反而仅仅想着如何逃脱惩罚或者甚至反抗教师。在学生们这种不端正的心理状态下，不管多好的教育内容和方法都无法被学生所接受。所以要想使人性教育真正落到实处，关心学生的心理状态比什么都重要。

但是不能说心理治愈就是人性教育的全部，道德教育还占有很大的比重。虽不能说人性教育就是道德教育，但是如果除去道德修养这个教育目标的话根本无法讨论人性教育。那么，人性教育就需要成为不仅能维持青少年健康的心理状态，还要能提高他们的道德修养的教育。所以，人性教育中有必要探索把增进道德性和心理治愈融合在一起的教育模型，即有必要探索使道德性的恢复作为心理治愈的方法，心理治愈也作为实现道德性恢复的方法的人性教育。文中把这种类型的人性教育称为“道德治愈”。

对于作为人性教育的一环的“道德治愈”的讨论，必须以对“道德性”和心理或性格问题的关系的理解为前提。所以本文中首先考察心理学上的人性教育和道德教育的长处和短处，同时把最近流行的“意义治疗”当作道德治愈的“理论基础”，并在此基础上对儒学思想有所关注。

儒学把很好地控制自己并且向人的道德本性回归作为最终目标，所以非常重视使人能以真实的自我去生活的修养方法，把儒家的修养论用现代的学术用语去表达的话就可以叫作哲学性治疗或心理咨询。[1]实际上，儒学内部也曾在治疗的角度上解读修身，并且可以找到通过治愈学习者的内心实现向道德本性回归的事例。儒学中说的“心病”的含义是和身体疾病以及精神疾病截然不同的，即把它理解为道德本性的丧失，并把调节和控制自己的欲望，意识到自己的真实自我并且恢复真实自我作为问题的解决方案。所以本文将以儒家思想为中心讨论“道德治愈”的可能性。

二、道德性和心理治愈的融合

要对人性教育进行讨论就应该首先对要培养怎样的人性这个问题有清晰的认识。但是，人性这个概念被理解为既包含作为一个人应有的内在品性和心性的含义，又包含把这种品性和心性通过外在的行为表现出来的含义。如果说这里的个人的内在品性和心性是指作为一个人的根源性和本质性的层面的话，那么态度就是指人的内心和以内心为根据出现的外在行为。虽然品性和态度根据解释角度的不同会指代不同的意思，但是一般情况下如果说前者是道德和伦理学领域的人性教育中主要使用的概念的话，那么后者则是心理学领域的人性教育中使用的概念。在道德和伦理学中把人格教育看成是人性教育，心理学领域则把性格的发展和矫正看成是人性教育。这两个领域的人性教育都有理论上的合理性，但是也有实践上的局限性。

最近，在道德和伦理领域的人性教育中统合型人格教育正在得到重视。统合型人格教育以道德性情感和道德性实践教育来对以道德性的认知能力为主的道德教育进行补充，不只有关于基于道德性的推论能力的内容，还广泛地包含了志愿服务活动、礼仪学习、养成良好习惯的实践教育和通过了解有名人士的故事或者历史性事件提高道德性情感的涵养等内容。但是这样的教育如果是仅仅被拘束于形成人性的方法或内容本身的话，人性教育就会沦为另一种强迫性和压迫性的教育。如果人格是指通过对人的自然倾向的升华或克服而形成的文化性和道德性自我的话，那么这种道德性自我可能会被认为是脱离学生生活现实的理想性自我，并且成为加重青少年的心理压迫感和自卑感的原因。所以对于作为人性教育的道德教育来说，重要的是使学生具备接受教育内容的心理状态，这样才能期待这种教育的效果。教师无论有多丰富的教育内容和多优越的教育方法，这种教育内容如果在学生的内心世界以外的话，那么就无法对人性教育提供任何帮助了，特别是对于处在非正常心理状态下的学生来说更是如此。从这种意义上看，心理学领域的人性教育似乎比较有用。

在心理学中人性教育被理解为“帮助个人形成实现协调生活的心理控制能力”[2]的教育。所以心理学上把人性规定为价值中立性的概念，并且不是把确立道德性和价值观的教育，而是把消除形成错误人性的原因或矫正错误的人性视为人性教育。例如，行动主义心理学者主张人的行动是由“强化”来决定的，如果行动上有不足的部分可以用称赞或批评、赏罚等强化物来纠正。又如，如果心理疾病患者常常发脾气，则可以通过培养对于世事的积极性看法来矫正。如此，通过心理矫正或治愈，可以提高个人的自我满足感、幸福度、安全感。这种心理矫正或治愈特别是在可能使青少年得以获得心理上的安定和幸福生活的角度上获得积极性的评价。

最近又出现了应该把弗洛伊德的精神分析学作为人性教育的一环来运用的主张。固然可以把弗洛伊德的精神分析学或者他的批判性继承者——阿德勒的个体心理学应用到人性教育中去，也可以通过精神分析学式的方法去排解青少年被压抑的各种欲望并且治疗他们的自卑感。但是这样的人性教育虽然能够矫正或治疗一部分非正常的心理状态，却无法成为从根本上解决问题的措施。因为无助感或空虚感可能是由于器质性原因或性格问题而产生，但也可能是由于他们的生活上的问题或者价值观的问题而引起的。正是由于基于心理学的人性教育无法为青少年树立伦理道德体系并且解决他们生活上的问题，所以无法从根本上解决他们的心理障碍。正如前文所说，道德和伦理学中把增进道德性视为人性教育，而心理学中把心理上的安定视为人性教育。但是前者即使能增进道德性，却会疏忽心理，后者只追求个人的心理安定却无法培养道德性和价值观，所以它们都不能成为好的人性教育方式。在心理上不安定的状态下我们无法期待道德教育的效果，同样不以道德性的增进为前提的心理安定和幸福感也不会长久保持。所以，可以说必须是二者合一的人性教育才是今天我们需要的。

虽然有必要把这两个领域的人性教育结合起来，但是这种结合如果是单纯的机械式结合的话，就会有引发其他问题的危险，即二者很有可能会发生冲突。如果把重点放在心理治疗上就可能会否定道德性，而如果把重点放在增进道德性上又可能会增长心理上的不安定。所以这种结合不应该是仅仅把二者单纯地结合起来，而应该是使二者融合为一体。也就是说，需要成为心理治愈的同时可以增加道德涵养，道德涵养本身又可以实现心理治愈的人性教育。这样的人性教育要想成立就必须首先明确心理障碍的原因在哪里以及应该怎样定义人性。这就有必要从奠定了西方的心理治疗学基础的弗洛伊德和阿德勒的理论开始进行探讨。

弗洛伊德认为人的内心冲动是反道德性的，所以无法被自身接受的情况很多。于是这种欲望和人自身的道德规范相互冲突导致了不安情绪或总想以过度的方式来表现自己的行为，从而产生了心理障碍。与此相反，阿德勒认为所有心理疾病的原因都在于自卑感，怀有自卑感的人为了掩盖自己的自卑感而常常用过度的表现方式去表现自己。如果说弗洛伊德把人的心理活动理解为快乐的得失的话，那么阿德勒则是把它理解为自卑等心理异常的状态。

维克多・弗兰克把弗洛伊德的精神分析学解读为“享有快乐的意志”，把阿德勒的个体心理学解读为“超越大众的欲望”。[3]但是他认为人的本性不能仅仅归结为对欲望和权力的追求。人的心理障碍虽然可以由于这种欲求得不到满足而产生，但是也可能由于另一个原因，即生活意义的丧失而产生。弗兰克认为心理障碍不是因为弗洛伊德主张的对于性和快乐的欲望不被满足或阿德勒主张的由于自卑感而产生的，而是认为这是由于人们没有找寻生活的意义而产生的。所以他指出为了治愈心理障碍，追问并寻找自身生活意义的意志是十分重要的，并创立了“意义治疗学”。

弗兰克反对把人看成是由生物学的、心理学的或者是社会性因素形成的存在。他说：“人即使在纳粹集中营那样可怕的环境中仍能保持精神上的自由和独立的思维方式。在集中营里生活过的我们现在仍然记得从营帐前面经过的囚犯对其他囚犯说安慰的话甚至把自己仅剩下的一点面包给其他囚犯的情景。虽然能够那样做的人仅仅是极少数，他们却为我们提供了一个可以获得欣慰的证据。即即使可以剥夺人的一切，也无法剥夺一种东西——不管在任何环境下都能够选择自己的态度和自己要走的路的自由。”[4]他把人理解为怀有自由意志以及寻找人生意义的意志的存在。他又认为人是具有在无论多么艰难的逆境中都能向着创造和价值努力的先天属性的，[5]并且先天就具有追求道德性的意志和需求的存在。如他所说，可以把人的空虚感和无助感理解为在未找到生活意义的情况下生活而产生的问题。那么，就可以说人存在的意义不是指向欲望和权力，而是在于无论在任何环境中都能通过爱和他人共同生活的道德性自由。

约翰·布拉德肖把人的利己性的和非道德性的行为理解为非正常行为的产物。从反面来说的话，人的本性是有道德的。他说："我们存在于这个世界上这句话和我们什么都不是这句话是完全对立的。我们存在于这个世界上的事实就已经承认了我们正在存在，我们仅以正在存在这一点就已经证明了我们并非什么都不是。并且我们可以通过接受我们正存在于这个世界上的事实来恢复到我们真实的自我。"[6]人强调在这个世界上存在的意义。但是他认为大多数人由于丧失了真正的自我，所以在无法认识到自身的存在价值的状态下生活。他认为在人的本性由于社会性或环境性的原因而丧失的情况下，人就会以虚假的形象来包装自己。这样，如果成为并非自身而是任何其他人的话就不是真实的自我。艾利斯米勒把脱离了真实的自我而成为其他人的过程叫作"对灵魂的杀害"。[7]这样的话，人就会沦落为像动物一样的存在了。即变得不追求真实的自我，反而追求其他的状态。丧失真实的自我的话，人们会希望通过虚荣和奢侈等外在的包装来掩盖自己的空虚感或者通过别人的痛苦来获得快乐。所以假的自我在时常做利己性的、自闭性的、暴力性的行为的同时还不会感受到负罪感。这样的心理障碍是由于真实自我的丧失而引起的。

和上面两位学者的观点一样，我们可以把道德性和超越性理解为人性，心理障碍看成是在丧失这种人性的时候产生的。那么，心理的治愈就要从找寻自身的存在意义上开始。弗兰克和约翰·布拉德肖的心理学和弗洛伊德、阿德勒所主张的理论体系，即人追求欲望的满足是明显不同的。实际上，在我们身边牺牲自己的性命来救助他人，并且为了他人和社会一生志愿服务的人也确实存在。我们如果承认这个事实的话，就应该承认心理障碍是由于人的本性的丧失引起的，而它的治愈就在于对自身内心的充分认识和恢复生活意义的过程。所以心理障碍可以通过使人认识到自己是生活的主体和自己应该怎样生活而治愈。

人本来就是怀有寻找生活意义的意志的存在。虽然我们不能否认遗传因素导致的客观身心条件在决定人现在的心理状态上发挥着重要作用，但是人确实持有在决定自身行为时能够超越这种心理现象支配的道德能力。所以人的本性是属于和形态主义心理学以及结构主义心理学不同范畴的其他性质的心理学，它不能被仅仅认为是为了满足欲望或追求力量的意志。快乐和力量虽然可以使我们得到满足，但是它们仅仅是使我们获得有意义有价值的生活的手段。追求道德性的意志绝不是它们的副产品，而可以说是为了获得人生意义的目的本身。所以这样的追求道德性的意志远远超越了一般的逻辑性理性思维的层次，具有把心理性和器质性问题一齐解决的作用。

如果今天的人性教育有必要在教育内容里包含心理治愈的话，那么就要使得学生能够探索自己的真实自我，并且向着这种状态回归。所以道德性的增进和心理治愈相融合的形态的人性教育正是当下的现实中所需要的。因为它可以在解决学生的空虚感和无意义感等心理问题的同时增进他们的道德性。这样的人性教育可以称为“道德治愈”。道德治愈不是像品德教育一样仅把道德性的增进作为目的，也不是像心理或性格教育一样仅把心理治愈作为目的。人和单纯追求满足自身欲望的动物截然不同，使人能够实现这种与一般动物不同的特性的内心才是人真正的内心。即知道人是什么和自身生活的意义是什么，并且在犯错误的同时能感到罪责感的内心可以说是人真正的内心。这样的本质性的内心可以理解为人的心性。所以人性教育比起单纯培养人的品德来反而应该使学生能够恢复思考人存在的意义，并能对自己的生活进行反省的人的真正内心。所以人的正常的心理活动必须应该符合道德，即含有道德上的合理性。这样的话，人性就不是需要通过重新形成或改变而实现，而是需要纠正以往由于外在因素而被歪曲的内心，回归本来的内心才可以实现。

如上所述，人的内心本来是具有道德性的，这样的道德性丧失了的时候会产生很多种病理现象。所以今天的人性教育有必要从把心理治愈和道德性的恢复相融合的“道德治愈”开始。那么，我们可以在儒学中寻找这种道德治愈的可能性。

三、儒学的道德治愈

儒学的人性教育也可以说是心理治愈吗？人性教育是培养人的内心的教育，这和现代社会中出现的精神病理现象密切相关。儒学是一门教人学习如何做人的学问，它和单纯学习知识的科学是不同层次。孟子说：“学问之道无他，求其放心而已矣。”（《孟子·告子上》）意思是说：学问的正路不是别的，就是找回自己失去的心性。就像这样，儒学是为了回归真实自我而终生学习并实践的自身修养过程。所以我们可以从这种“为己之学”的传统学问上寻找解决最近社会中道德丧失和找不到人生意义的问题的方法。

最近由于人性教育受到重视，儒学正在受到关注。但是现有的研究往往具有无视学生们的实际生活的倾向。儒学式人性教育中当然也重视传统规范的教育或道德情感的培养。但是更根本的是省察自身的生活。儒学中做学问的基本出发点在于“反求诸己”上，这正是学生要从对外部世界的关心中脱离出来，省察自己的生活的意思。通过这样的省察，可以获得对人本身的存在意义以及生活的意义的认识。正如前文所述，现代人的空虚感和无助感是由于对自身存在和生活的省察和认识的不足造成的。人也是由于丧失了人生的意义才患上心理疾病，在丧失了人生意义的情况下人会变得无助并对做任何事都没有动机。所以为了解决这样的问题比起学习道德知识或矫正情绪来，反而要从对自身进行省察开始。

儒学中把受到欲望的支配而把自己埋在外部的条件和环境中，以至于丧失了自身作为人的存在意义的状态用“心痛”“心疾”等医学用语来表达，并把它理解为疾病。所以明末清初的方以智说儒学、道学、佛教都是“治疗心病的药”，而且把孔子、孟子、佛祖等历史上的圣人称为“大医王”。[8]他不仅指出了儒学可以治疗这种心疾，而且和他生活在同一时期的李颙也把儒学的“修己”称为“自疗”，[9]并且把孔子、孟子、周敦颐、张载、朱子等以及明朝的儒学者们全部都称为“名医”，把儒学的经典和儒学者的语录全部看作医书：“孔、颜、思、孟及宋之清濂、洛、关、闽、明之河、会、姚、泾俱是医人之名医；五经四书及诸贤儒语录俱是医人的良方。”[10]这时圣贤们主张的治疗的意义不是身体疾病的治疗或精神分析学意义上的治疗，而是治疗人的内心的意思。所以可以叫作“内心治疗”。儒学的文献中对于心病的提及可以在朱子和吕祖谦的对话中找到。

朱子曰：“向见吕伯恭，说少时性气粗暴，嫌饮食不如意，便打破家事，后日久病，只将一册论语，早晚间看，至躬自厚而薄责于人，忽然觉得，意思一时平了，遂终身无暴怒。此可为变化气质法。”[11]

从上面的引文部分中可以看到吕祖谦在读《论语》之前脾气十分暴烈，而且行动粗野，所以可以知道他有一定程度的性格或心理障碍。这和现在精神医学上的“癔症”很相似。但是吕祖谦为了治疗自己的障碍不是采用药物或催眠一样的精神分析式治疗，而是通过阅读《论语》，获得对自身内心的省察实现了维持情绪的平稳。儒学中认为，虽然为了治愈心理障碍可能需要一定的外部帮助，但是最终还是要让患者自行实现治愈。从这里可以知道儒学不是使用行为心理学或精神分析式的方法，而是通过使人省察自身的方法来达到治愈的目的。这种对于自身内心的省察使得个人可以由从属于外部环境或自身欲望的存在变为支配外部环境和自身欲望的存在。孟子的“万物皆备于我”的名言就是这种含义。他强调人要成为使万物都从属于他的精神性主体，就是因为有了人这个主体的存在，他人和宇宙万物才能存在的意思。人可以通过认识到自己绝对不是从属于外物的，而是站在宇宙中心的位置上与他人和万物进行交流的主体这一点而成为宇宙万物的主体。

儒学认为人的内心中必须要有根据“义”来控制内心的道德意志，这样的道德意志可以成为内心的主体。孟子主张说内心的机能在于思考。他说的“思考”的实质在于“先立乎其大者”。思考是为了树立大的框架，是去思考怎样树立大的框架。所以思考的过程也是树立的过程。就像这样，思考和树立实际上合为一体。这里“树立”的意思不是指抽象的和理论性的思维，而是指树立信念或意志。[12]所以他把为了发现真实自我并实现生活意义的实践学习视为是具有自主性和自立性，并且取决于个人意志的。

那么儒家中所说的内心应该指向的价值方向是什么呢？在儒学中内心是指向人的道德本性的。

所以谓人皆有不忍人之心者，今人乍见孺子将入于井，皆有怵惕恻隐之心，非所以内交于孺子之父母也，非所以要誉于乡党朋友也，非恶其声而然也。由是观之，无恻隐之心，非人也；无羞恶之心，非人也；无辞让之心，非人也；无是非之心，非人也。恻隐之心，仁之端也；羞恶之心，义之端也；辞让之心，礼之端也；是非之心，智之端也。人之有是四端也，犹其有四体也。(《孟子·公孙丑上》)

从上面的引文中可以看出，人的存在意义正在于“恻隐之心”。儒学中认为人在生活中不管遇到什么困难的环境也是只有在怀有并实践这种恻隐之心时才能算是一个人。人和动物的区别也正在于人怀有恻隐之心并会为了把它实践出来而努力。并且儒学中认为实现这种道德性是人生活的意义所在，所以儒学强调人要成为道德性的人。这样的道德性行为并非是为了从他人那里得到荣誉，也不是为了追求利益，而是基于人所固有的内心。实现这样的内心被理解为作为人存在的意义，这样的话，人的生活就不会是空虚的或无意义的。虽然所有人都有这样的道德性内心，现实中的人却是很多都丧失了道德本性以至于出现对于生活的彷徨并被心理疾病困扰。所以儒学主张说这种心理疾病可以通过恢复道德性去治愈。

可以说儒学中的内心不是指今天的现象学式的心理学，反而是指基于超越性的道德心。如果把内心理解为实现人的本性的主体的话，那么这个主体虽然看似只依据人的理性，实质上则是和天理联结在一起。即由于人的本性是从上天接受的，所以人具有实现天理的道德义务，这样的义务需要通过内心去实现。所以，儒学中把人的内心看成是实现天理的主体，也把人的内心扩大解读成“天地之心”。如此，儒学上说的“心理”实际上就是指“人的内心实现天理（人的本性）”的意义。所以孟子说：“尽其心者，知其性也。知其性则知天也。存其心，养其性，所以事天也。”（《孟子·尽心下》）这句话指出通过自己的内心不仅能了解人的本质，甚至能领悟超越性的真理，为此人需要通过加强内心修养和道德实践来尽上天赐予人的使命。如此，孟子指出了人的内心不只是心理现象，还是完成自我实现的主体。

儒学中的内心和西方的行动主义心理学、性格心理学仅研究人的心理现象的科学截然不同。人当然是会受性情或社会性因素影响的，但是人同时具有突破环境的制约去实现自我的意志。孔子说："朝闻道，夕死可矣。"（《论语·里仁》）即不顾生命的威胁也要实践有道德性的行为。儒学中把这种内心称为"实现天理的内心"，我们可以把它通俗地称为"道德性心理"。正是这样的道德之心才使人成为真正意义上的人。西方的心理学虽然通过多种多样的方法被使用，但对于伦理道德体系和生活的意义能说明的部分却少之又少。但是人绝对不是西方的心理学描述的机械式存在，人是在哪怕非常极端的情况下仍能具有实现道德性意志的。所以，儒学的道德性心理对人应该怎样生活做出了正确的揭示。

儒学中的内心并不仅仅强调道德性，它还可以受到环境以及性情因素的影响。儒学中把前者称为"道心"，把后者称为"人心"，指出在实际生活中"人心惟危，道心惟微"，即人心常常险恶，而道心却极其微小。人的内心完全根据人的道德本性的话虽然是正常的和善良的，但是实践起来却很困难；相反，如果人的内心一味顺从性情或环境的影响的话就有可能成为非正常的和邪恶的，所以，存在危险。因此，人内心的正常性和非正常性是内心由性情或环境性因素支配还是由人具有的超越性的本性支配来决定。这一点可以从退溪先生和他的弟子金诚一的对话中知道。金诚一提问说自己内心为什么复杂而又混乱，退溪先生就用下面的话回答了他。

论持敬，先生曰夫人合理气而为心，理为主而帅其气，则心静而虑一，自无间思虑；理不能为主而为气所胜，则此心纷纶胶扰，无所底极，邪思妄想，交至叠臻。正如翻车之环转，无一息之定点也。又曰人不可无思虑，只要去间思虑耳。其要不过敬而已，敬则心便一，一则思虑自净矣。[13]

退溪先生认为根据内心是由理主导还是由气主导可以实现自身存在的意义，也可以被病痛折磨。理来主导就是基于人的道德本性的内心，气来主导就是由性情因素来支配的内心。他认为人不依据自身的道德本性而依据自己的性情时，就会出现奸邪的想法从而产生心病。所以儒学中说的疾病是指丧失了人的道德本性而产生的疾病。虽有作为人的道德本性，但是却不能发挥它是人就会忘掉自己存在的意义。忘掉自己存在的意义（大体）而根据欲望（小体）去生活的时候所感受到的痛苦是一种"存在性疾病"（即由于对自身的存在和生活的意义不明确而产生的痛苦状态）。儒家认为心理障碍就是由于在欲望和道德性的关系中，道德性没有发挥应有的作用而产生的伴随着痛苦的状态。所以儒家主张心理治愈应该通过道德本性的恢复来获得人格的健全来实现。

在儒学中绝对不是仅仅强调道德本性的实现而否定个人的心理或情绪差异。儒学在重视喜、怒、哀、乐、爱等情感的同时，还认为情感需要通过和道德性相符的方式去表达。例如，孔子的喜和舜的怒以及孔子的爱和恨都是符合“理”而产生的，所以不会对心理造成问题。但是如果是心理障碍则会使得人的情绪调节能力减弱，从而使愤怒和担心这类负面情绪被以不符合情况的方式表达出来。儒学认为情感被加以调控而得以符合“天理”（道德本性）的方式表达时，人的情绪才会得到正常的排解。所以当人的内心把人的道德本性以情感表达出来的时候，人可以得到情绪上的“净化”，从而获得内心的喜悦和安定。孟子说：“口之于味也，有同耆焉；耳之于声也，有同听焉；目之于色也，有同美焉。至于心，独无所同然乎？心之所同然者何也？谓理也，义也。圣人先得我心之所同然耳，故理义之悦我心，犹刍豢之悦我口。”（《孟子·告子上》）孟子把通过实现人的道德本性获得的喜悦看成好像是人通过感官或生理获得的喜悦一样。孟子又说：“仁义理智根于心，其生色也，睟然见于面，盎于背，施于四体，四体不言而喻。”（《孟子·尽心上》）就像这样，孟子认为基于仁和义的心理需求被实现的时候，人获得的喜悦是直接和感官以及生理相连的。这样，不仅能使人获得好的性格，还能给予人情绪上的喜悦感，因此自我实现和圆满的人际关系就绝不是遥不可及的。

如上所述，儒家的人性教育可以说是“道德教育”或者是“道德治愈”。对于人由于道德性的丧失而导致的心理障碍，它不以弗洛伊德的精神分析或阿德勒的个体心理学一样的角度来看待，而是认为可通过使人明白道德性的实现是人生的意义所在，并不断实践这一点来治愈。所以对于现代人的生活意义丧失和道德性丧失问题，儒家的道德治愈可成为既治愈心理障碍又增进道德性的具有根本性意义的解决方案。

四、儒学的道德治愈方法

儒学的人性教育是以增进道德性为目的的，儒学中体现人性的就是人的内心。儒学中的人性就是人的道德本性，它以“仁义理智”为前提。儒学中认为人被上天赋予了道德性，所以具有把这种道德性实践出来的义务，这种道德上的义务感必须能够通过人的内心来实现。所以从儒家的人性可以通过人的内心来体现这一点上看，儒家的人性教育可以称为“心性教育”。这样的内心就是实现人性的主体，可以称为“人性的主宰”。我们知道通过儒家的“内心修养”可以获得和西方的性格教育同样的效果。西方的性格教育认为通过教育可以使人改变自身的某些固有因素。儒学中也并不否认这种性格教育的有效性。但是儒学的人性教育不仅仅是让人解决自身的性格缺陷，还强调恢复人的道德本性。

儒学中把改善所有固有因素的问题的方法归结于学习。这里“学习”指的是使人恢复道德本性并完成健全人格的“内心修养论”。儒学的修养论不仅包括脑力活动，还通过体育活动促进人体循环，并且通过读书和音乐等来陶冶人的道德情操。该理论认为通过这样的活动可以使人获得快乐、幸福感和心理上的安定。

但是儒学的人性教育不是由外部来教授人的本性，而是诱导人领悟到自己的本性。所以教师在教授时要使学生能够从自身的日常生活中推论出“道”，并且通过这个“道”来领悟人的本性是非常重要的。通过这一点可以使学生对自身的问题产生关心。也就是说，只有知道“真实的自我”是什么样的才能醒悟到自己的心理状态处于非正常的状态之中，进而追求健康的心理状态。

儒学中的内心是以自身的本性为根据的，即使这样的本性丧失了，也可以依靠自身进行诊断和治愈。儒学中说发觉自我丧失的能力内在于人的本性之中。前面提到了人无法实现自身的道德本性的原因是人对于自身外部的事物怀有不当的欲望。儒家哲学把自发地认识到自己的过失的能力表达为“羞耻心”。孔子说：“道之以政，齐之以刑，民免而无耻。”（《论语・为政》）这种羞耻心和违反法令或制度时感到的罪责感不同。如果说这里的罪责感是由外部赋予的情感的话，羞耻心就是所有人都怀有的主观性心理。这样的道德情感可以成为感知、诊断并解决自身问题的契机。所以孟子说了如下的话：

孟子曰：“人不可以无耻，无耻之耻，无耻矣。”

孟子曰：“耻之于人，大矣。为机变之巧者，无所用耻焉。不耻不若人，何若人有。”（《孟子・尽心上》）

孟子认为这种羞耻心是人固有的情感，如果把这种羞耻心好好保存下去的话可以成为圣贤，但是如果失去它的话，就会变得和禽兽无异。即通过这种羞耻心可以恢复人的道德本性，但是如果没有羞耻心的话就会逐渐向着抛弃自身本性的方向发展。所以掩饰自己的羞耻感就等于放弃自身。如此，孟子指出了羞耻心对于人恢复道德本性是十分重要的。人对于自身内心中怀有道德本性的坚信和自身固有的羞耻心可以培养人实践道德的勇气。根据朱熹的解读，羞耻感是由认识到自身是犯错误的主体而产生的情感。羞耻心是基于“义”的本性的，也是培养人的道德本性和实践道德的勇气的核心因素。[14]人产生羞耻感是以能够认识到犯错误的主体是自身为前提的。这种道德上的羞耻感从认知的角度上看就是人能够看清自己是谁，分辨自己的行为是否光明磊落。儒学中通过省察自身的行为和道德性的自我认知来使人免于做出使自己感到羞耻的行为，这样的内心修养法又被性理学发展为“敬”和“诚”。

儒学者认为人在经历了羞耻感之后为了恢复自身的道德本性需要经历几个步骤。首先，为了恢复真实的自我需要转变思想。儒学认为小人的追求欲望的心必须转变为君子的追求道德性生活的心，为此首先要让学生相信自己也可以成为君子，对此有信心。但是这种信心并不需要太刻意寻求，如果刻意寻求的话就会产生新的压力。使学生认识到自己内心中也存在道德本性，并能通过自己的内心省察自身的道德本性，是十分重要的。在儒学中可以看到关于把自身和圣贤等同视之的内容。学生们有了成为君子的心之后就要培养他们付诸实践的意志。

孔子把道作为生活的目标。这是指把在日常生活中发现真实的自我并且回归自我、回归主体性当成人生的最终目的。所以李珥说了下面的话。

> 初学先须立志，必以圣人自期，不可有一毫自小退托之念……孟子道性善，而必称尧舜以实之曰。人皆可以为尧舜，岂诈我哉。[15]

学生在对所学的知识树立意志的时候没有必要认为自己的能力不足而悲观。任何人都可以先树立意志，然后不断精进，最终成为尧舜那样的圣人。由此可以看出，圣人和凡人的差异就在于是否树立意志。所以学生必须怀着成为圣人的意志来克服自己内心的欲望。如此，在儒学中树立意志是指抛弃以往的使欲望成为自己主人的凡人式生活，而怀有成为圣人的意志。

儒学认为树立了成为圣人的意志但却不能精进是由于以前的习惯的阻碍。所以树立了意志却没有根绝过去的旧习的话就无法学习任何东西。过凡人的生活时，个人把追求名誉和权力的动机和行为视为理所当然，但是现在既然树立了过君子的生活的意志就要意识到自己以前的生活是非正常状态，并且摒弃它。

再下一个阶段就是为了纠正自身错误而行动。儒学认为纠正错误的内心绝不仅仅止于从思想上认识到它的错误性，而必须伴随着保存天理并消除人欲的实践性学习，需要消解内心的不当的物欲和权力欲、名誉欲等。克服了这种导致人回避自己真实自我的因素，才可以使内心自然而然地回归原本的状态。所以儒学中的“治愈”指的是恢复原本被欲望遮盖的真实自我。在这个过程中把恢复人所固有的本性作为目标，即把这看作是从作为凡人受自身欲望的支配而使自身的本性被掩盖的状态中找回真实自我的过程。不断反省过去的自己并发现真实的自我叫作“自新”。所以自新的意思原本就是指回归真实自我的过程，而不是指创造新的事物。这个阶段是一个自己发现并纠正自己错误的内心、回归真实自我并解决自身问题的过程。通过这个“自疗”的过程，个人可以重生为一个具有道德性的个体。[16]

儒学认为人的本性只是被欲望所掩盖而已，通过适当的方法来调节欲望的话可以再次显现出来。儒学的“治愈”超出了心理治愈的范畴，可以说是道德治愈。儒学认为通过治愈可以恢复道德本性，通过实践道德本性可以获得快乐。这暗示了道德治愈的效果不仅在于提高人的自我尊重感，还会对身体和心理等方面产生积极影响。

五、结语

本文从道德治愈的观点出发讨论了儒学的人性教育。现代青少年比起老一辈，青少年时期在外表上看起来就比较成熟，但是精神上却并不成熟。他们常常缺乏深思熟虑，自我控制力弱，而且看起来没有进取心。之所以出现这种现象，根本原因就在于他们没有找到自身生活的意义。为了对抗这种空虚感，他们试图通过性、毒品、饮酒、大肆消费、游戏等来获得安逸和快乐。韩国青少年的这种问题是由于他们对生活的态度产生的。他们往往仅专念于学校里以知识为主的学业，在几乎没有对自身和生活进行省察的情况下成长。

今天，社会、学校、家庭、民间团体比以往任何时候都更加强调人性教育。虽然有许多教育方法和内容，却未能取得预想的效果。这一点不能一味归咎于青少年对这样的教育毫不关心或教师没有能力。只要韩国社会不断向激烈的竞争体制发展，现行的青少年人性教育就很可能无法取得效果。但是，我们也不能放弃人性教育。所以笔者认为理解学生的空虚感，使学生通过自己的生活省察而获得自我觉醒的人性教育可能更加合适。因此，本文在儒学思想的范围内探讨了“道德治愈”形态的人性教育。

儒学在传统社会中担当了人性教育的角色，而且教育效果不容否定。儒学的学问体系中具有为了涵养人性的庞大而严密的理论体系，也有研究和开发关于人性的理论和实践方法的漫长历史。它的思想资源对于今天的人性教育也有积极意义。但是由于社会的巨变，在现代社会中却无法断言儒学可以完全担任现代人的人性教育的重任。所以要想把儒学更好地运用到人性教育中去，开发出符合青少年情绪特点的教育方法和内容是十分迫切的。无论学生外部有多么丰富的教育资料，如果它超出了学生内部的接受能力，无法成为学生自己的东西，它就不会对学生的内心发展产生作用。

所以儒学要想在今天的人性教育中切实发挥作用，就要既能减轻学生们内心的痛苦感，又能增进学生的道德性。因此人性教育必须开发出符合学生的情绪和情况的教育方法和内容，成为帮助学生们对自己的内心进行自我省察并确立正确的人生观和价值观的教育。

参考文献：

[1]（韩）郑仁在. 哲学实践和相谈［M］. 第1辑，韩国哲学相谈学会，2010：150.

[2]（韩）金泳来. Freud无意识理论之人性教育论的意义［J］. 教育哲学，2011（43）.

[3]（奥地利）维克多·弗兰克. 心理的发现［M］. 姜润英，译，清雅出版社，2008：165-166.

[4]（奥地利）维克多·弗兰克. 在于死亡的收容所［M］. 李时亨，译，清雅出版社，2007：119-120.

[5]（奥地利）维克多·弗兰克. 找着生的意义［M］. 李时亨，译，清雅出版社，2005：55-75.

[6][7]（美）约翰·布拉德肖. 羞耻心的治疗［M］. 金弘灿、高英周，译. 社团法人韩国基督教相谈研究院，2006：43，12.

[8] 方以智. 药地炮庄序［M］. 广文书局，1975.

[9][16]（韩）郑炳硕. 李颙之悔过自新说和治疗的思维［M］. 哲学第98辑，韩国哲学会，2008：18.

[10] 李颙. 常州府武进县庠汇语［M］. 卷三. 北京：中华书局，1996.

[11] 李珥. 圣学辑要［M］. 栗谷全书.

[12] 蒙培元. 中国哲学的主体的思维［M］. 金容涉，译. 哲学和现实社，2005：51.

[13] 李晃. 言行录卷一，退溪集.

[14]（韩）郑龙焕. 在孟子的道德感情里的羞耻心的意义［M］. 哲学论丛第66辑，新韩哲学学会，2011：149.

[15] 李晃. 击蒙要诀·立志章. 退溪集.

《北京青年研究》2016年第2期，《青少年导刊》2016年第9期全文转载

网络热门影视对青少年认知、情感、行为的影响

周　敏

（北京青年政治学院）

据中国互联网信息中心发布的《第 32 次中国互联网络发展状况统计报告》数据，截至 2013 年 6 月底中国网络视频用户达到 3.886 1 亿人，网民中上网收看视频的用户比例较 2012 年 12 月提升了 4.5 个百分点，达到 65.8%，仅次于即时通信、搜索引擎、网络新闻、个人空间等应用，超越了微博、网络游戏、社交网站、网络购物等的应用。[1]报告同时显示，年轻、高学历居民收看视频比例超过电视，10—29 岁网民收看视频的比例已经超过了群体的一半。而《2009 年中国青少年上网行为调查报告》显示，青少年当年网络视频的普及率是 67%，其中大学生的普及率为 85.4%，这一比例远远高于中小学生及非学生群体。[2]以上数据表明，网络视频在青少年尤其在大学生中的应用已相当普遍。

当一种互联网应用在特定群体中得以普及，它的意义自然就超越了娱乐本身，具有了更多的社会意义。而事实上，当“90 后”成为大学生主体，当传统教育与文化传承遭遇互联网冲击而不知所措时，我们不得不去关照互联网热门应用与青少年文化归属困惑之间的联系。我们暂且从网络热门影视切入，一起去探寻其对青少年认知、情感、行为的影响。这一议题，不仅关乎影视发展、文化传播，更是关乎青少年发展的重要课题。

一、网络影视的热门类型

以 2013 年 10 月 14 日的百度视频热门搜索排行榜为例，《小时代》排名热门电影榜首，《小爸爸》排名热门电视剧榜首；热门综艺方面，《中国好声音》以 22.3 万人次的点击量排名榜首；动漫方面，日本动漫《进击的巨人》《名侦探柯南》《海贼王》，其点击量远远超越国产动漫《喜羊羊与灰太狼》。而同一

天的优酷播放排行数据，电影方面，排名前三的是《莫陌 2》《爱爱囧事》与《小时代》，播放量均在 110 万人次以上；在电视剧方面，《神枪狙击队》《终极一班 3》以及《小爸爸》排名靠前，点击量均在 500 万人次以上，最高达 1 600 多万人次；综艺方面，湖南卫视《爸爸去哪儿》排名榜首，其他两个优酷自制节目排名第二、三位；动漫方面，《名侦探柯南》以 1 556 743 人次的播放量位列第一。百度作为搜索引擎老大，优酷作为视频网站的专家，其数据综合，足以反映当下青少年网民的网络视频收视倾向。以下对数据进行细致分析，总结概括青少年热衷的网络影视类型。

1. 青春偶像片（剧）

《小时代》《致青春》《莫陌 2》《爱爱囧事》等较高的点击率说明，偶像剧拥有的俊男美女、流行元素、奢华场景以及虚幻爱情等元素依然是青少年极力追崇的。当前，网络视频点播平台上的偶像剧和偶像电影主要来自日韩、中国台湾以及内地。虽然这些影视片多为引进剧（片）与合拍剧（片），但是这并不影响内地青少年的接受程度。一方面，日本、韩国及中国台湾地区属于东方文化体系，影视剧中渗透的文化具有地域上的接近性。另一方面，这些影视片极力打造的虚幻、奢华的情境，给内地青少年制造了极大的新奇性。值得注意的是，近年来，随着内地影视剧制作水平的逐渐提高以及本土文化特有的亲近感，内地青春偶像片在观众的收视与追崇方面有逐渐上升的势头。由小说拍成电影，成为内地青春偶像片的主要创作规律，《致青春》如此，《小时代》也如此。

2. 国产情感、伦理剧

爱情是人类永恒的话题，家庭是每个人都生存的空间，因此国产情感、伦理剧是当前电影、电视剧创作的主要选题。与家庭收视热剧不同的是，网络热门情感、伦理剧具有主角年轻化、演员偶像化、话题年轻化、现代情感古装化、网络小说改编化、轻喜剧化等诸多特点。因此，网络小说改编的《甄嬛传》不仅是电视剧收视热点，也成为网络点播热剧，同样的还有《小爸爸》等。

3. 美国悬疑、科幻剧

对于很多青少年来说，追美剧成为一种习惯与身份的象征。美剧区别于内地剧的日播形式，采用“季”播，每周一集，一季大约 24 集。据曹书乐、何威《谁是美剧迷？——互联网上中国观众的美剧观看与接受》2010—2011 年间的调查数据，18—31 岁的受众占 64%，“80 后”为主体。“情节精彩”（52.6%）、“了解美国社会和文化”（52.3%）、“学习英语”（51.1%）成为中国观众观看美剧的三大重要原因。而中国美剧迷观赏美剧的最主流方式就是互联网，这其中包括收看在线视频（37%）、网络电视台（22%）、视频分享网站（12%）、P2P 软件下载（11%）、FTP 站点下载（2%）。[3]

4. 娱乐综艺节目

百度视频综艺排行榜上，排名前四的是《快乐大本营》《快乐男声》《康熙来了》《我们结婚了》。优酷排名前四的除两档自制节目外，分别是《爸爸去哪儿》《快乐大本营》。搜狐视频排名前三的分别是《中国好声音》《大鹏嘚吧嘚》《快乐大本营》。另外前十名中还有《非诚勿扰》。如此数据足以表明以下五点：一是湖南卫视综艺娱乐节目的优势地位及在青少年中的名牌效应；二是内地综艺娱乐节目制作水准日渐提高，已能与港台及外来节目抗衡；三是选秀节目依然占据主导地位；四是网站自制节目拥有一定的人气；五是婚恋节目也是青少年追崇的热点。选秀节目、脱口秀节目、真人秀节目、婚恋类节目等是青少年喜爱的主要综艺节目类型。

5. 韩剧

家长里短、俊男美女、时尚服装、细腻的情节、温婉的情感、相同的伦理文化等，这些因素成为韩剧吸引青少年尤其是青少年群体中的女性观众的重要缘由。这些韩剧既包含现代时装剧，也包含古代宫廷剧，不管是哪种类型，均能吸引众多的点击量。时装剧《主君的太阳》以 192 095 862 人次的播放量排名韩剧第一，而影片《后宫：帝王之妾》也以 36 567 593 人次的总播放量遥遥领先。

6. 香港动作、爱情片

香港素有“东方好莱坞”之称，其动作片是中国电影的重要类别，也曾经开创了中国电影的辉煌。侠义情结、铁骨柔肠是吸引青少年网民的主要原因。而以繁华都市中混杂多变的爱情为主题的香港爱情电影、电视剧也吸引着内地青少年网民。这不仅因为爱情是人类统一的主题，而且随着内地城市的不断发展变化，情感随着环境变动的“不定性”也成为内地青少年网民寻找共鸣、学习参考的重要文本。当然，香港最擅长的警匪片依然是青少年追崇的焦点。

7. 日本动画片

“80 后”“90 后”作为互联网的应用主体，不仅是动画片的忠实爱好者，更是在日本动画片中成长起来的一代。因此，对于动画片，对于日本动画片，青少年有一种特殊的情结。加之日本动画片的精良制作及生动情节的融入，其成为网络热门顺其自然。

以上青少年接触网络影视的热点类型按照热度依次排列，从几大网站点播数据分析，内地青少年对海外影视剧的接受并非想象的狂热；反之，他们对于本土影视剧的消费更具热情。这一方面与内地影视剧制作水平的提升相关；另一方面，“文化折扣论”的确适用于海外影视在内地的传播，青少年对本土文化更具亲近性。

二、网络热门影视对青少年认知的影响

“认知”（cognition），是指通过心理活动（如形成概念、知觉、判断或想象）获取知识。网络热门影视并不像电视节目以内地节目为主，其涉及多个国家和地区，因此，青少年通过网络热门影视形成的社会认知包括对他国的认知、对港台地区的认知、对大陆的认知、对多地区感知后形成的社会整体认知。

1. 对他国的认知

青少年对美国的认知是：科技发达；人们生活富裕；社会平等自由，法律公正；个体幽默开放，具有足够的智慧，能够勇敢机智地化解困局，走出阴影。对韩国的认知是：家庭观念十足；人们衣着讲究，外表美观，气质内敛；女性结婚后则居家过日子，不再工作；菜品多样美味，引发食欲。对于日本，与前辈们鲜明的民族意识不同，大多“90 后”认为：日本是漫画国度，动画片好看；日本人彬彬有礼，机智勇敢；女性穿和服；男性常工作后外出消遣，家庭观念淡薄，他们进取心十足，一旦失败则备受打击。

2. 对港台地区的认知

内地青少年对香港的认知是科技发达，人们操着粤语，穿着时尚，黑社会活动猖獗，社会犯罪事件频发，警察异常神勇，枪战场面常见。对于台湾地区的认知是，人们说话温柔和气，语言、生活方式、思维方式等与内地基本接近。帅哥美女常见，铁骨柔情泛滥。

3. 对大陆的认知

由于对境外的影视接受，青少年对内地的认知往往带有比较的意味。他们认为内地还不够发达，人口密集，环境污染严重，社会常出现不公平现象，“富二代”“官二代”普遍。人们的纯真情感也逐渐地被金钱包裹，抵不住外在的诱惑。大多数普通百姓在城市中为房子、车子、孩子忙碌而困惑，不自觉地现实化了。

网络热门影视造就了青少年对社会的整体认知，他们对国外认可度较高，对国内种种现象不太认同。认同困惑成为当下青少年的普遍问题。

三、网络热门影视对青少年情感的影响

“情感”（affect）是态度这一整体中的一部分，它与态度中的内向感受、意向具有协调一致性，是态度在生理上的一种较复杂而又稳定的生理评价和体验。情感包括道德感和价值感两个方面，具体表现为爱情、幸福、仇恨、厌恶、美感等。《心理学大辞典》中认为：“情感是人对客观事物是否满足自己的需要

而产生的态度体验。”针对青少年在网络影视中的情感体验，我们暂且分为爱情、亲情和其他情感三大方面来细致分析。

1. 关于爱情

爱情是青少年网络影视欣赏中最热衷的情感因素。不管是好莱坞大片还是日韩剧以及内地情感伦理剧、港台影视片，其间都普遍贯穿着爱情线，这根情感线无形中影响着青少年的爱情观念。但是，不同地区的影视作品中爱情有着不一样的呈现，对青少年的影响存在着差别。一方面，好莱坞大片、台湾偶像剧以及韩剧等往往描绘纯真爱情，极力创造一种超现实的爱情环境。因此，内地青少年往往憧憬着影视片中的浪漫情感，期待着某次邂逅的一见钟情，向往着俊男美女式的爱情对象。他们并不认为爱情和婚姻有着必然的联系，“不管天长地久，但求曾经拥有”的爱情理念普遍影响着青少年。另一方面，近期，随着国产影视剧尤其是青春题材创作的主题转向，青少年也逐渐地被实用主义爱情观所覆盖。典型的影片包括《小时代》《致青春》，前者在宣扬极度的奢华，极力展现上流社会，构架超现实的生活；后者则通过男女主角情感敌不过前程来向纯真的爱情告别，向无奈的现实低头。而俯瞰国产情感剧、伦理剧，《蜗居》《裸婚》《男人帮》《小爸爸》……这些不断制造青年“话题”，并通过“话题”影响青少年的作品让青少年感受到了现实的压力。一方面向往纯真爱情，另一方面迫于现实压力选择妥协，青少年陷入了父辈们无从感受到的爱情观困局。

2. 关于亲情

亲情在不同的影视片中有不同的呈现。韩剧偏向展现亲情，“孝”字表现得淋漓尽致，尊重长辈，听取长辈意见成为影片中青少年的一致行为。这与1998 年亚洲金融风暴后韩国推行的“文化立国”战略有关。因为东西方文化的差异，好莱坞大片及美剧中对于亲情、大家庭的表现少之又少。青少年往往作为独立个体穿行于各种事件及复杂矛盾之中，具有叛逆、独立的个性。而在国产影视片中，“啃老族”“富二代”“官二代”被表现得淋漓尽致。于是，现实生活中的溺爱环境与影视作品中的畸形亲情共同作用，形成了当下青少年的亲情观念：他们崇尚欧美独立、叛逆行为，却往往因为能力不济与现实压力，不自觉地加入“啃老一族”。

3. 关于其他情感

同性情感、婚外情、忘年恋等在网络热门影视中都有不同程度的呈现。《蜗居》曾经是网络最热电视剧，年轻的女主角通过个人奋斗无法改变生活，成为“小三”后不仅不用再“蜗居”，而且找到了“真感情”。这样的故事对于成人世界来说是对现实的有力批判，但是对于青少年来说，却是他们现实路径的教科书。而事实上，畸形情感在青少年中已经较为普遍。

其实，网络热门影视是将另一种世界传递给了青少年。这一世界并不是现实的真实写照，因为不同的地区制造，不同的制作人制作，这一影像世界具有超现实特征。它有时比现实虚幻，有时比现实夸张，时而放大社会的阴暗面，时而放大社会的纯真面。所谓的“情感”也带有极大的“超现实”色彩。但是，这些或颠覆传统，或跨越文化的情感却真实地影响着现实社会中的青少年。因此，当下青少年情感构建环境应有双重内涵，一种是现实环境，一种是媒介环境。因此，这也解释了青少年情感叛逆的缘由，同时对于青少年情感塑造提出了媒介塑造的迫切要求。

四、网络热门影视对青少年行为的影响

“行为”(behavior)，即举止行动，是指受思想支配而表现出来的外表活动。网络热门影视对于青少年行为的影响已经呈现在了语言、形象、消费、交友、婚恋、工作等从个体行为到社会行为多个层面。

1. 语言模式

美剧是青少年，尤其是青年追捧的网络影视热门类型。曹书乐、何威调查显示，内地观众观看美剧的重要原因之一是“学习英语”。[4]事实上，因为看美剧而努力学习英语，并在言语中夹杂英语已经成为美剧爱好者的普遍追求。笔者曾经教学的班上有一个日剧爱好者，业余时间兼职日剧字幕组工作。每每作业，该生均用中日两国语言完成，也常发日语微博，并表示日后将进入日资企业工作。这是海外剧对青少年语言模式的影响。而内地热门影视中的话题、热词等也极容易进入青少年语汇，构建青少年的话题新体系，比如“致我们终将逝去的青春”等。

2. 自我形象塑造

看网络视频，模仿人物造型已经成为当下青少年服饰选择的方向。从少年的巴拉巴拉小魔仙服装、超人造型到青年群体中韩国服饰热、欧美大牌仿制品热、发型热、整容热等都呈现出了青少年这一年龄阶段缺乏自我独立品质塑造，模仿色彩浓重的特色。以当下网络最火的视频《爸爸去哪儿》为例，笔者女儿在看完第一期节目后就强烈要求扎节目中小姑娘的发型，可见，热门影视对青少年形象塑造的巨大影响力。

3. 消费习惯

近年来韩餐在内地的渐热不得不归功于韩剧在内地的热播。对于观众来说，电影电视是时尚的风向标；对于青少年来说，网络热门影视便成了他们生活的风向标。可以说，当下青少年在服装、美食、发型、玩偶等方面的消费习惯远远超越家庭习惯，而更多地来自网络热门影视。这极容易导致青少年过度

消费，影响成人后的良好的消费习惯的养成。

4. 交友、婚恋等模式

“高富帅”“白富美”是当下青少年理想的交友对象。尤其对于女性来说，他们往往将理想伴侣锁定为帅气的、有钱的、生活在城市的、有内涵的、有气质的男性。其实从网络上较热的婚恋交友栏目《非诚勿扰》已经能够窥见一斑。“宁愿坐在宝马车里哭，不愿骑在自行车上笑”是当下女性青年的一种典型婚恋取向。而网络铺天盖地的明星离婚信息也让很多青少年网友感叹“这世界还有真爱吗”，于是，不婚族、闪婚族、闪离族等在青年中较为普遍。

五、小结

在成人世界中，人们往往将“80 后”“90 后”称为“叛逆一代”，认为青年亚文化普遍存在，与传统文化偏离较远。但是，一代代青少年的变化离不开环境的变迁，而环境中“媒介”的作用已成为关键。毕竟，在当下的中国，青少年学校之外的休闲娱乐方式还远没有欧美青少年丰富多彩，足球、篮球、橄榄球，甚至国球乒乓球的普及率并不乐观。在线影视欣赏成为他们的一种重要生活方式。美剧、偶像剧、韩剧、港剧等热门网络影视造就了青少年对世界的认知、情感、行为特点。而这些特点显然区别于浸染于红色文化中的“50 后”“60 后”“70 后”身上的特点。因此，当青少年问题成为当下整个社会关注的焦点的时候，当我们还出于习惯，从学校教育中通过思想政治理论课来强塑青少年价值观、人生观的时候，不妨加强对网络视频的把关与引导。毕竟，这里相较院校和电视台，是一个更加开放、更加复杂、更具吸引力的平台。此外，影视创作中的“文化塑造”至关重要。这一点，韩国的“文化立国”战略与实际行动值得我们借鉴。

参考文献：

［1］中国互联网信息中心（CNNIC）. 第 32 次中国互联网络发展状况统计报告［R/OL］. http://www.cnnic.cn/hlwfzyj/hlwxzbg/hlwtjbg/201301/ P020130801546406723463.pdf.

［2］中国互联网信息中心（CNNIC）. 2009 年中国青少年上网行为调查报告［R/OL］. http://www.cnnic.cn/hlwfzyj/hlwxzbg/qsnbg/201206/ P020120612495427926229.doc.

［3］［4］曹书乐，何威. 谁是美剧迷？——互联网上中国观众的美剧观看与接受［J］. 国际新闻界，2012（9）.

《北京青年研究》2014 年第 1 期，《青少年导刊》2014 年第 5 期全文转载

德国对青少年的网络聊天管理及保护

姜闽虹

（北京青年政治学院）

德国是欧盟人口最多的国家，居世界人口数量第 14 位。2010 年 1 月的统计数据表明，德国人口约有 8 231 万人。[1] 2011 年 2 月，美国中央情报局（U.S. Central Intelligence Agency）的《世界概况》（*World Factbook*）最新列出的网民人数前 50 的国家和地区（以及与其去年 12 月给出的数字的差额）表明，德国在 2011 年的网民人数达到了 6 512.5 万人，占到了世界网民总数的 3.58%，占到德国总人口的近 80%。由此可以说明，互联网在德国是比较普遍的。

德国法制严谨，管理精细，在互联网的管理上一向以严格著称。“德国舆论普遍认为，互联网是社会大众共有的虚拟世界，但不应是绝对的自由平台。”[2] 2003 年 12 月，德国总理施罗德来华访问，陪同的德国联邦政府司法部部长齐普里斯应邀到中国政法大学访问，在回答记者的“德国的宪法有保护言论自由的条文，但你们也会对互联网的言论进行过滤，比如说一些不利于青少年的言论和不利于政府的言论，这是否意味着对言论自由的一种侵犯，或者说一种民主的两难悖论”的提问时回答说：“在德国，每个人的基本权利都受到法律的保护，但是，这里面有一个衡量权的问题。如果国家认为一个权利比另一个高，比如说保护青年比保护言论自由更重要，那么凭这一点就可以对某些言论进行一定的管制。”“在信息化时代，国家的一个重要任务就是制止滥用互联网。”[3]

一、管理机构和主要法律、法规

既然要防止互联网被滥用甚至影响到青少年健康成长，危及国家的安全，必然会有组织机构和相关措施来进行相应的管理。德国政府的网络监控，采取联邦政府和州政府二级管理。在联邦政府层面，联邦内政部是负责互联网信息安全的最高国家行政机构，负责对互联网内容的管理。联邦内政部下属有信息技术安全局，负责网络安全问题，同时提供网络安全的技术支持。“目前，德国有权实施网页内容审核的政府部门主要有两个，一是内政部下属的联邦刑警局，二是家庭部下辖的‘青少年有害媒体审核署’。”[4] 2001 年，德国联邦刑警局（Bundes Krimin Alamt，BKA）等部门组建了“网络警察”部队，负责在互联网上 24 小时巡逻，监控有害信息的传播，查封有违法言论和图片的网站。德国各个联邦州的警察部门也都建立了相应的机构。

在州政府一级，则由各州媒体主管部门负责监察媒体执行《青少年媒体保护州际协议》，并由各州联合组建了“青少年媒体保护委员会”（Kommission fur Jugend Medienschutz，KJM），作为跨州的媒体监管机构。[5]青少年媒体保护委员会共由 12 人组成，其中 6 人为各州媒体管理部门的负责人，2 人为联邦青少年保护机构的人员，4 人为各州青少年保护机构的人员。青少年媒体保护委员会的主要职能是：内容监管，对媒体进行认证等。青少年媒体保护委员会如果需将某广电或网络列入危害青少年出版品的名单中并加以限制，须向联邦主管机构提出申请，而联邦主管机构只有在理由不充足或未能通过审查的情况下，才能驳回申请。青少年媒体保护委员会实施网络内容监管的职责，主要由其下设的青少年保护网络有限公司执行，它专门负责网络内容的审查和监管，是德国网络色情信息管控的重要机构。该公司的主要工作是：对服务商提出遵守法律法规和政府规定的要求；对各网站进行检查；敦促网站删除不符合规定的内容；将执行情况通报联邦政府网络主管机构；开展广泛的国际合作。

青少年媒体保护委员会还有一项职能，即对电子媒体的自愿自律组织进行认证。自律组织如需进行认证，必须做到本媒体组织能够有效保护青少年，并有相应的管理规定，包括检查、处罚、更正等措施。

德国在互联网方面的法制建设走在了世界的前列，是世界上第一个制定网络成文法的国家。德国最早建立的有关互联网管理的文件是《信息和通信服务规范法》（Informations-und Kommunikations Dienste-Gesetz，IUKDG），也被称作《多媒体法》，于 1997 年 8 月 1 日起开始实施。德国《多媒体法》是一个综合性法案，“分别于各条文中就多媒体数字化时代中所面临之问题，作各种新法案之立法或现行相关法律之修正规定，其中包括‘电信服务使用法’（Act on the Utilization of Teleservice）（Article 1）、‘电信服务使用之个人数据保护法’（Act on the Protection of Personal Data in Teleservice）（Article 2）、‘数位签章法’（Digital Signature Act）（Article 3）、‘刑法之修正’（Amendment of the Penal Code）（Article 4）、‘行政违反法之修正’（Amendment of the Administrative Offences Act）（Article 5）、‘散布危害青少年出版品法之修正’（Amendment of the Law on the Dissemination of Publications Morally Harmful to Youth）（Article 6）、‘著作权法之修正’（Amendment of the Copyright Act）（Article 7）、‘价格

标示法之修正’（Amendment of the Price Indication Ac））（Article 8）、‘价格标示细则之修正’（Amendment of the Price Indication Act）（Article 9）等”。[6]

《多媒体法》规定，其一，网络服务商对其提供他人浏览和使用的内容，应按照一般法律规定负责，即提供内容的行为本身，就是网络服务商本身的行为，因此，应按照有关法律负责。

其二，如果传播的内容为第三方提供且被人使用，网络服务商不必负责。若该服务商知悉此内容违法，“且在技术上能够又可被合理地期望能阻绝他人对该内容之使用时”，网络服务商则需与内容提供者共同对此负责。

其三，如果传播之内容系第三方提供，而网络服务商本身只是提供利用人使用电信服务者，对传播内容无须负责。由于利用者之使用，而自动且暂时性地储存第三人之内容者，应被认为是提供利用人使用电信服务。于此情形，应由重制该内容及传播该内容之人自行负其责任。

其四，依据《电信传播法》（Telecommunication Act）第85条有关电信传播保密义务，网络服务商传播内容违法，在技术上能够采取技术手段阻止该内容传播，应当按照行政或司法机关之命令“阻绝非法内容被使用”。

根据《多媒体法》的规定，“任何人可以自由从事网络传播和经营，不受限制”。但是法律也规定，“所有权利都要受到一般法律的限制”。[7]也就是说，在互联网上的任何行为，都必须在现行法律允许的条件下运行，否则必定受到法律制裁。

2003年4月起，德国联邦政府制定了新的《青少年保护法》，替代1985年制定的《散布不良内容残害青少年法》。各州之间则签订了《青少年媒体保护州际协议》，对青少年网络媒体保护做出了更详细的规定。《青少年保护法》规定：14岁以下者为儿童，14～18岁为青少年。该法案对不适宜青少年和儿童的公共活动场合做了明确的划定，并做出相关规定，还对媒体资料和电子媒体做出区别。《青少年保护法》还规定，成立直属于联邦家庭、老年、女性与青年部（Bundesministerium für Familie，Senioren，Frauen und Jugend）的“青少年有害媒体审核署”（Bundes Prüfstelle für Jugendgefährdende Medien，BPJM），对青少年、儿童的教育和发展有不良影响的媒体内容进行管控。

此外，德国政府于2009年还颁布了一部反儿童色情法案——《阻碍网页登录法》。根据此法案的规定，联邦刑警局将对拟封闭的网站进行列表，并每日更新。互联网服务商应根据联邦刑警局提供的上述列表封锁此类儿童色情网站，以保护青少年和儿童。[8]

互联网不是虚无缥缈的空间，同样受到各种现行法律法规的约束。除《多媒体法》等专门针对互联网管理的法案外，德国在普通的法律制度方面也注意不断进行修改和充实，如德国的《刑法典》《民法典》《信息自由法》《公共秩序法》《电信服务法》《电脑服务数据保护法》《版权法》等多部法律有与网络言论管理的相关条款，直接适用于网络言论管理。[9]

由此看来，德国的网络管理组织是十分严密的，不仅在联邦政府层面有专管机构，在州一级政府也有相应的二级管理机构，并组成了跨州际的合作组织，共同监控网络信息。此外，德国政府专设的“网络警察”，对于网络的监控 24 小时不间断，确保网络信息的核发和健康。我们还看到，德国有关互联网的法案建立得比较早，体系比较完善，特别是针对互联网的不断发展，相关的法律条文都在进行不断的修订。值得重视的是，德国“从制度层面明确界定了什么是互联网上的不良信息，什么样的言论应受法律保护或制裁等”。[10]更重要的是，在德国，对青少年的保护可以说是不遗余力，在法规、组织、执法等方面都有许多值得我们汲取的地方。

二、青少年网络聊天管理

德国是一个非常关注青少年健康成长的国度，因此在青少年保护方面采取了很多的措施。除了上文所介绍的有关青少年的互联网的法案、网络警察的设置和青少年网络保护机构的组建外，德国还采取了如下机制。

（一）加强对青少年手机用户的管制

在德国，手机入网需实名登记。德国电信移动公司的工作人员介绍说，手机购买者在购买手机时，必须提交个人身份证，运营商必须严格履行检验用户身份证的手续。这些手续包括查验购买者的身份证、户口簿住址和银行账户等，并登录在数据库中。在与用户签订购买合同时，明文规定禁止传播色情等垃圾信息，违法者将会受到制裁。对于青少年客户（未成年人客户），手机运营商须在他们的手机卡中设置防色情的软件，以免青少年受到不良信息的骚扰和毒害。[11]

德国在 2003 年颁布了《联邦反垃圾邮件法案》，该法案也适用于手机通信，即手机短信也在管制范围之内。该法案规定，向用户推销商品和服务的商业广告短信，必须征得手机用户的书面同意。而从 21 时至次日 8 时发送的广告需要再次征得用户的同意。即使用户同意了，商家短信也必须注明“广告”字样。德国政府和监察部门还成立了监督垃圾邮件和垃圾短信的处理中心，用户可以随时进行举报。对于滥发垃圾短信和色情信息者，将会被处以最高 5 万欧元的罚款。[12]对于利用手机或网络传播青少年（14～18 岁）色情和儿童（14 岁以下）色情内容者，要严厉打击：拥有儿童色情内容者，可判处最多 2 年的徒刑，或处以罚金；传播儿童色情内容者，可判处最高 5 年的徒刑，不可以以罚代刑；

如果是出于商业目的或团伙犯罪，可加重判处最高至 10 年徒刑。[13]

一位中国记者在德国生活多年，几乎没有收到过垃圾短信，充分说明了德国的手机网络是一个比较纯净的网络世界。在这样的手机世界中，青少年受到的保护是不言而喻的。

（二）严格控制网吧

德国的网吧与中国的网吧大相径庭。由于网吧对青少年的影响非常之大，所以德国在网吧的管理上非常严格。德国政府规定，所有网吧的计算机必须配置色情信息过滤器和网站监控系统。如果有网民登录色情网站，计算机就会发出警告。如果执意不听从警告，将被处以罚款并接受指控。

除了消防、卫生等各项常规要求外，德国从顾客年龄、装有游戏程序的计算机数量等方面对网吧进行了详细规定，只有年满 16 周岁者方可进入网吧，有些网吧甚至规定只接受年满 18 周岁的顾客。晚上 10 点以后，只允许 18 周岁以上的成年人进入网吧。周一至周五的上午 9 点至下午 3 点，为学生上课时间，严禁中学生出入网吧。警方和青少年保护机构的人员还经常抽查网吧，如果发现违规经营，将会给予罚款、没收设备或者吊销营业执照的处罚。[14]

德国《公共场所青少年保护法》规定，网吧经营者不得向未成年人提供可能危害他们身心健康的游戏软件。对传播黄色信息的网吧或个人，将进行处罚，最高可处以 15 年监禁。因此，德国 90%的网吧禁止电脑游戏，在其余的 10%的网吧中，也只有 50%以下的计算机安装有电脑游戏，且只能进行有限低级别的电脑游戏。这是因为德国法律规定，网吧中的计算机不能全部或大部安装联网游戏程序，否则将被视为游戏厅，需要申请特别营业许可，缴纳特别税收。

社会的网吧处于经营状态，在遵守政府相关的法律法规下，政府和相关的社会机构对其经营活动不能干涉过多。为了有效引导青少年，德国政府和青少年保护机构另一个关注的重点就是青少年的重要活动场所——学校和青少年活动中心，政府等在这些场所设置了专门的网吧供青少年娱乐和使用。进入网吧要在相关管理规定上签名，保证了青少年有一个快乐的闲暇时间，并能够快乐成长。

由于网吧管理严格，所以青少年出入此类场所也受到一定的限制，网络成瘾者受到控制，而信息的净化也使青少年受益匪浅。

（三）采取屏蔽和过滤措施

2000 年 8 月，德国著名传媒及信息技术集团贝特尔斯曼公司的一个基金会宣布，基金会将与德国联邦刑警局合作，推出一个互联网过滤系统。项目负责人表示，对家长而言，这个过滤系统将能够“极大地降低子女们接触到有害网页的可能性”。德国联邦刑警局局长也对此项目表示欢迎，强调“借助于网页过滤系统，有关当局可以不再对互联网中毒害青少年的内容束手无策，而是能有针对性地将其过滤掉”。[15]

2009 年，由德国联邦家庭部发起，德国联邦数个部委参与制定的阻止个人电脑上儿童色情内容“过滤制度”的草案正在拟定之中。

德国的五大网络运营商也同德国政府签订了合约，他们根据警方提供的信息删除或者屏蔽互联网不宜的内容，最主要的是关于儿童色情、美化纳粹、宣扬暴力等。这样的内容也不能通过搜索引擎搜索出来。“2009 年，德国政府先后 199 次要求谷歌公司提供网络用户资料或屏蔽特定网页，数量在全球仅次于巴西，其中 94 次要求谷歌在搜索结果中不显示特定网站，10 次要求屏蔽‘违法博客’。此外，若涉及本地科、教、文、卫领域问题，各联邦州政府也可下令关闭网站。”此外，德国政府还加强了与媒体的“联手”管控。2011 年 4 月，德国之声编辑部有员工声称部门内设有“意识形态监察员”一职，所有文章均须提供监察员审核后方能发表。2008 年，德国《时代》杂志一名记者因揭露德国邮政公司内幕被杂志社以“损害国家安全”名义开除。[16]

（四）大力开展“青少年网络行动”

在一个信息化时代，特别是在一个网民人数达到了 6 500 多万人，占人口总数近 80%的国度，严格限制网吧，只是保护青少年的一项措施而已，更重要的是进行很好的引导。为了保证青少年不至于在信息化时代落伍，有丰富的互联网生活，政府部门大力推进“青少年网络活动”。活动内容包括：（1）设立集信息学习和休闲娱乐为一体的综合性网站，为青少年提供专门服务；（2）研发和推出健康的游戏软件和学习软件，提供给青少年使用；（3）为家长提供指导青少年网络活动的指导手册；（4）发行专门手册，推荐适合青少年浏览的网站；（5）与媒体联合，发起健康上网行动，营造良好网络氛围，帮助青少年正确使用互联网。[17]

可以看出，在进行有效管理的同时，德国政府并没有采取一味地“堵截”方式，而是采取了许多实用的疏通措施，保证了青少年在一个健康的环境中成长。我们还看到，德国的互联网管理的执法也是非常严格的，有令必行，有法必依，这是值得我们认真学习和借鉴的。

参考文献：

［1］Key Figures on Europe. Belgium：European Union. 2011：37, doi：10.2785/623.ISBN 978-92-79-18441-3.

［2］柴野. 德国：互联网不是自由天地［N］. 光明日报，2012-06-13（8）

［3］高燃. 制止滥用互联网是国家的重要任务之一［J］. 中国信息界，2003（16）.
［4］［9］［16］德国多种方法遏制网络谣言，加强舆论引导开展审查［N］. 中国青年报，2012-04-24（3）.
［5］［8］温静. 德国保护青少年的网络媒体法制［D］. 上海交通大学法律硕士论文，2010：19，8.
［6］章忠信. 网络服务业者（Internet Service Provider）之著作权侵害责任［J］. 万国法律，1987-02（97）.
［7］［17］孟威. 宽容有度的德国网络内容监管制度［J］. 中国社会科学院院报，2008-02-14（2）.
［10］童巍. 德国互联网管理及启示［D］. 黄冈日报，2011-09-20（4）.
［11］沈青松. 德国“三道防护网”打击网络色情［N］. 光明日报，2009-12-25（8）.
［12］发垃圾短信要重罚［N］. 人民日报，2012-04-13（2）. 转自人民网 http://finance.people.com.cn/GB/17644555.html.
［13］林兴发，杨雪. 德国、日本手机网络色情监管比较［J］. 中国集体经济，2010（11）.
［14］德国：宽严有度管网吧［J］. 求知，2004（5）：45.
［15］刘钢. 德国将建立互联网过滤系统［N］. 人民日报，2000-09-01（7）.

《北京青年研究》2014 年第 1 期，《青少年导刊》2014 年第 4 期全文转载